SITUATIONS, III

JEAN-PAUL SARTRE

SITUATIONS, III

LITTÉRATURE ET ENGAGEMENT

FÉVRIER 1947 - AVRIL 1949

Nouvelle édition revue et augmentée
par Arlette Elkaïm-Sartre

GALLIMARD

QU'EST-CE QUE
LA LITTÉRATURE ?

Paru pour la première fois dans Les Temps Modernes *(TM) en plusieurs livraisons, de février à juillet 1947, cet essai a été repris l'année suivante avec quelques modifications et d'importants ajouts de notes à l'occasion de sa publication dans* Situations, II*, *plus tard publié en volume séparé.*

Qu'est-ce que la littérature ? se voulait une réponse aux critiques suscitées par le principe d'engagement énoncé dans sa « Présentation des Temps Modernes *» (cf.* Situations, II, *2012), critiques émises par des écrivains que Sartre pouvait, par ailleurs, estimer. Une réflexion approfondie sur la condition d'écrivain s'imposait, un réexamen de ce que le directeur des* TM *entendait par « engagement littéraire » et la réaffirmation de son urgence. L'organisation sociale de la France devait être repensée, les exigences exprimées et rendues publiques : qui pouvait être le libre interprète dont la collectivité avait besoin, sinon celui dont le métier est d'écrire, qui a le loisir de penser et les outils pour argumenter ? Pour en convaincre l'écrivain, il ne suffisait pas de le rappeler à ses obligations de citoyen, il fallait aussi, selon Sartre, qu'il s'interroge sur l'authenticité de son rapport à l'écriture.*

Définir publiquement ce que devrait être le rôle social de la littérature équivalait à prononcer un serment devant témoins, qu'il aurait à tenir toute sa vie. Un serment qui impliquait un sacrifice.

---

* Les notes de l'auteur, dont certaines sont postérieures à la version *TM*, sont appelées par des lettres et regroupées en fin de chapitre. Les notes de l'éditrice sont appelées en chiffres arabes et regroupées en fin de volume (cf. page 409).

Ce serment, Sartre le renouvelait à un moment où la survie de l'humanité était en jeu. Lorsqu'il écrivait son « manifeste », à l'automne 1944, Américains et Russes étaient des alliés : de concert ils combattaient pour éradiquer d'Europe la peste nazie. Paris venait d'être libéré ; la France allait être une table rase sur laquelle reconstruire ; la devise du quotidien Combat, que dirigeait alors Albert Camus, « De la Résistance à la Révolution », indiquait un but facile à concevoir et à défendre, sinon à atteindre. Mais en 1947 les espoirs de révolution sont paralysés, empoisonnés par la perspective d'une « guerre atomique » entre les États-Unis et l'U.R.S.S., capable d'anéantir la planète — l'U.R.S.S., pour le prolétariat la Révolution personnifiée. Engager son métier d'écrivain — tenter de décrypter et de juger, à travers les événements, les intentions et les objectifs lointains des géants ennemis dans l'atmosphère d'effroi et de suspicion généralisée qui régnait alors — se révélait source de tourments. Par ses articles, interventions, participation à des congrès et, brièvement, à un groupement politique même (le R.D.R.), Sartre s'efforcera de casser la logique de guerre entre les deux camps dans l'opinion publique, sans perdre de vue l'espoir d'une révolution, raillé par les gaullistes du R.P.F. auquel Raymond Aron s'était rallié, aussi bien que par le parti communiste, résolument stalinien, qui semblait mettre sa vocation révolutionnaire en veilleuse en attendant une directive du Kremlin. Toute cette activité politique, il s'y prêtait sous le signe de l'échec : il y avait peu de chance pour que le désir de paix des peuples soit considéré comme un paramètre important par les protagonistes de cette paix belliqueuse qu'on appellerait dans peu de temps « la guerre froide ». Rappelons aussi que son engagement s'alourdissait d'un autre sujet de préoccupation auquel il fait ici quelques allusions — et sa revue en témoigne déjà : la guerre d'Indochine. Le Viêt-minh y avait pris le pouvoir à la fin de la Seconde Guerre mondiale, sous la direction du communiste Ho Chi Minh : les hostilités contre la présence coloniale française étaient ouvertes depuis le 19 novembre 1946. À l'époque où Sartre compose son essai les premières opérations militaires sont en cours.

Qu'est-ce que la littérature ? n'a donc pas été écrit d'une plume sereine. Son adresse aux écrivains est raide, presque agressive. Son propos oscille parfois. Entre l'exaltation de la littérature, du roman en particulier — dévoilement libre d'un aspect du monde à travers un objet imaginaire, « pacte de générosité » entre auteur et lecteur

— *qui s'exprime dans la partie intitulée « Pourquoi écrire ? » et les consignes strictes énoncées dans la dernière, « Situation de l'écrivain en 1947 » (« Il faut prendre position* dans *notre littérature... repousser dans tous les domaines les solutions qui ne s'inspireraient pas rigoureusement de principes socialistes »), une certaine discordance est perceptible... La mise à nu des postures successives du littérateur dans la société est cruelle ; sans doute l'est-elle d'autant plus que la part d'autocritique est grande : Sartre se voit écrivain bourgeois avec les yeux du prolétaire qui, lui, n'est pas libre. En prenant ses distances avec tout ce qui a nourri sa sensibilité et son intellect, il se fait violence. Les nombreux ajouts rédigés un an plus tard pour la publication de son essai dans* Situations, II — *la longue note sur le surréalisme (p. 253 et suiv.), l'alinéa inséré dans la dernière partie qui, manifestement, veut atténuer sa dépréciation de la littérature de l'« exis » (voir note 154) — sont autant de répliques, tantôt défensives, tantôt offensives, aux critiques qui l'ont atteint ; l'incertitude même, dans cet alinéa, de son vocabulaire (la littérature non engagée est dite tantôt « de l'exis », tantôt désignée par un terme plus méprisant : « de consommation ») trahit son trouble. Parmi les critiques contemporains qui ont rendu compte de* Qu'est-ce que la littérature ? *Rachel Bespaloff fut la seule, à notre connaissance, à le percevoir. Il induisit chez cet auteur estimé d'essais littéraires et philosophiques un trouble en retour qui s'exprima en deux jugements successifs, en partie contradictoires.*

Sans attendre la dernière livraison de l'ouvrage dans les TM, *l'essayiste en avait fait un commentaire acerbe ; indignée par la mise à mal d'écrivains qu'elle aimait, elle démontait en particulier le « réquisitoire » de Sartre contre Baudelaire, lui reprochant de vouloir « annexer la littérature à la politique » sous prétexte de la libérer. (Voir* Fontaine *n° 63, novembre 1947.) Quelques semaines plus tard, de New York où elle avait émigré en 1942, fuyant les persécutions nazies, elle écrivait à Sartre une lettre d'excuses : « Le numéro de juillet des* Temps Modernes *n'est arrivé ici qu'en octobre : je n'avais donc pas lu la dernière partie de* Qu'est-ce que la littérature ? *lorsque j'ai écrit ces pages qui ont paru ou vont paraître dans* Fontaine... *Je vous ai comparé à Pierre Verkhovensky [personnage détestable des* Possédés *de Dostoïevsky], j'ai eu tort. La sincérité avec laquelle vous vivez le drame du médiateur écartelé entre deux classes... interdit cette comparaison. Il est trop facile de considérer l'histoire comme un cloaque, soit pour liquider toute justice, soit pour se dispenser des tâches réelles. Vous avez raison de revendiquer pour l'homme le pouvoir d'exercer ses facultés créatrices dans le domaine de l'histoire »* (Lettres à Jean Wahl, Annexes III et IV, Éditions Claire Paulhan, 2003).

Dans des notes autobiographiques prises en 1953 et 1954 (cf. « Bibl. de la Pléiade », Les Mots et autres écrits autobiographiques, 2010, p. 949 et suiv.) *Sartre, évoquant les premières années d'après-guerre, parlera de solitude. Albert Camus en 1948 ne dit pas autre chose : « Nous sommes à la veille du jugement, mais il s'agit d'un jugement où l'homme se jugera lui-même. Voilà pourquoi chacun est séparé, isolé dans ses pensées, comme chacun est inculpé d'une certaine manière »* (Actuelles, Gallimard, 1950). *L'auteur de* La Nausée *n'était ni un homme politique ni militant d'un parti en 1947. Qu'avait-il espéré en lançant ce deuxième appel aux écrivains, plus explicite, plus fiévreux aussi ? Sans doute que nombre d'entre eux, en accord sur l'essentiel — nécessité d'une réorganisation sociale de la France, aspiration à la paix —, constitueraient par leurs écrits une sorte d'union informelle plus apte qu'une simple revue à peser sur les débats publics. Mais, même entre écrivains d'une sensibilité politique proche, les menaces de guerre y faisaient obstacle ; la moindre divergence d'appréciation sur les rapports souhaitables entre la France et chacun des deux « blocs » semblait une traîtrise à l'encontre de l'indépendance nationale, ou de la révolution, ou même à l'encontre de l'une et de l'autre : Sartre égrène dans ces mêmes notes autobiographiques les noms d'écrivains avec lesquels ses relations se sont distendues, ou qui se sont éloignés les uns des autres.*

Relisant son essai en 1953, il constatera : « Contre la menace de guerre et contre ce piège, je me débats comme un rat dans une ratière... J'ai pensé contre moi dans Qu'est-ce que la littérature ?*... Mon idée profonde à l'époque : on ne peut rien faire que témoigner d'un mode de vie qui est condamné à disparaître mais qui renaîtra et peut-être les meilleures œuvres témoigneront à l'avenir de ce mode de vie et permettront-elles de le sauver. »*

A. E.-S.

À Dolorès

« Si vous voulez vous engager, écrit un jeune imbécile, qu'attendez-vous pour vous inscrire au P.C. ? » Un grand écrivain qui s'engagea souvent et se dégagea plus souvent encore, mais qui l'a oublié, me dit : « Les plus mauvais artistes sont les plus engagés : voyez les peintres soviétiques. » Un vieux critique se plaint doucement : « Vous voulez assassiner la littérature ; le mépris des Belles-Lettres s'étale insolemment dans votre revue. » Un petit esprit m'appelle forte tête, ce qui est évidemment pour lui la pire injure ; un auteur qui eut peine à se traîner d'une guerre à l'autre et dont le nom réveille parfois des souvenirs languissants chez les vieillards me reproche de n'avoir pas souci de l'immortalité : il connaît, Dieu merci, nombre d'honnêtes gens dont elle est le principal espoir. Aux yeux d'un folliculaire américain, mon tort est de n'avoir jamais lu Bergson ni Freud ; quant à Flaubert, qui ne s'engagea pas, il paraît qu'il me hante comme un remords. Des malins clignent de l'œil : « Et la poésie ? Et la peinture ? Et la musique ? Est-ce que vous voulez aussi les engager ? » Et des esprits martiaux demandent : « De quoi s'agit-il ? De la littérature engagée ? Eh bien, c'est l'ancien réalisme socialiste, à moins que ce ne soit un renouveau du populisme, en plus agressif. »

Que de sottises ! C'est qu'on lit vite, mal et qu'on juge avant d'avoir compris. Donc, recommençons. Cela n'amuse personne, ni vous, ni moi. Mais il faut enfoncer le clou. Et puisque les critiques me condamnent au nom de la littérature, sans jamais dire ce qu'ils entendent par là, la meilleure réponse à leur faire, c'est d'examiner l'art d'écrire, sans préjugés. Qu'est-ce qu'écrire ? Pourquoi écrit-on ? Pour qui ? Au fait, il semble que personne ne se le soit jamais demandé.

I

Qu'est-ce qu'écrire ?

Non, nous ne voulons pas « engager aussi » peinture, sculpture et musique, ou, du moins, pas de la même manière[1]. Et pourquoi le voudrions-nous ? Quand un écrivain des siècles passés exprimait une opinion sur son métier, est-ce qu'on lui demandait aussitôt d'en faire l'application aux autres arts ? Mais il est élégant aujourd'hui de « parler peinture » dans l'argot du musicien ou du littérateur, et de « parler littérature » dans l'argot du peintre, comme s'il n'y avait, au fond, qu'un seul art qui s'exprimât indifféremment dans l'un ou l'autre de ces langages, à la manière de la substance spinoziste que chacun de ses attributs reflète adéquatement. Sans doute peut-on trouver, à l'origine de toute vocation artistique, un certain choix indifférencié que les circonstances, l'éducation et le contact avec le monde particulariseront seulement plus tard. Sans doute aussi les arts d'une même époque s'influencent mutuellement et sont conditionnés par les mêmes facteurs sociaux. Mais ceux qui veulent faire voir l'absurdité d'une théorie littéraire en montrant qu'elle est inapplicable à la musique doivent prouver d'abord que les arts sont parallèles. Or ce parallélisme n'existe pas. Ici, comme partout, ce n'est pas seulement la forme qui différencie, mais aussi la matière ; et c'est une chose que de travailler sur des couleurs et des sons, c'en est une autre de s'exprimer par des mots. Les notes, les couleurs, les formes ne sont pas des signes, elles ne renvoient à rien qui leur soit extérieur. Bien entendu, il est tout à fait impossible de les réduire strictement à elles-mêmes et l'idée d'un son pur, par exemple, est une abstraction : il n'y a, Merleau-Ponty[2] l'a bien montré dans la *Phénoménologie de la perception*, de qualité ou de sensation si dépouillées qu'elles ne soient pénétrées de signification. Mais le petit sens obscur qui les habite, gaîté légère, timide tristesse, leur demeure immanent ou tremble autour d'elles comme une brume de chaleur ; il *est* couleur ou son. Qui pourrait distinguer le vert-pomme de sa gaîté acide ? Et n'est-ce pas déjà trop dire que de nommer « la gaîté acide du vert pomme » ? Il y a le vert, il y a le rouge, c'est tout ; ce sont des choses, elles existent par elles-mêmes. Il est vrai qu'on peut leur conférer par convention la valeur de signes. Ainsi parle-t-on du langage des fleurs. Mais si, après accord, les roses blanches signifient pour moi « fidélité », c'est que j'ai cessé de les voir comme roses : mon regard les traverse pour viser au-delà d'elles cette vertu abstraite ; je les oublie, je ne prends pas garde à leur foisonnement mousseux, à leur doux parfum croupi ; je ne les ai pas même perçues. Cela veut dire que je ne me suis pas comporté en artiste. Pour l'artiste, la couleur, le bouquet, le tintement de la cuiller sur la soucoupe sont *choses* au suprême degré ; il s'arrête à la qualité du son ou de la forme, il y revient sans cesse et s'en enchante ; c'est cette couleur-objet qu'il va transporter sur sa toile et la seule modification qu'il lui fera subir, c'est qu'il la transformera en objet *imaginaire*. Il est donc le plus éloigné de considérer les couleurs et les sons comme un *langage*[a][*]. Ce qui vaut pour les éléments de la création artistique vaut aussi pour leurs combinaisons : le peintre ne veut pas tracer des signes sur sa toile, il veut créer[b] une chose ; et s'il met

---

* Voir p. 39. *(N.d.É.)*

ensemble du rouge, du jaune et du vert, il n'y a aucune raison pour que leur assemblage possède une signification
définissable, c'est-à-dire renvoie nommément à un autre
objet. Sans doute cet assemblage est-il habité, lui aussi,
par une âme, et puisqu'il a fallu des motifs, même cachés,
pour que le peintre choisisse le jaune plutôt que le violet,
on peut soutenir que les objets ainsi créés reflètent ses tendances les plus profondes. Seulement, ils n'expriment
jamais sa colère, son angoisse ou sa joie comme le font
des paroles ou un air de visage : ils en sont imprégnés ; et
pour s'être coulées dans ces teintes qui, par elles-mêmes,
avaient déjà quelque chose comme un sens, ses émotions
se brouillent et s'obscurcissent ; nul ne peut tout à fait les
y reconnaître. Cette déchirure jaune du ciel au-dessus du
Golgotha[3], le Tintoret ne l'a pas choisie pour *signifier*
l'angoisse, ni non plus pour *la provoquer* ; elle *est* angoisse,
et ciel jaune en même temps. Non pas ciel d'angoisse, ni
ciel angoissé ; c'est une angoisse faite chose, une angoisse
qui a tourné en déchirure jaune du ciel et qui, du coup,
est submergée, empâtée par les qualités propres des choses, par leur imperméabilité, par leur extension, leur permanence aveugle, leur extériorité et cette infinité de
relations qu'elles entretiennent avec les autres choses ;
c'est-à-dire qu'elle n'est plus du tout lisible, c'est comme
un effort immense et vain, toujours arrêté à mi-chemin du
ciel et de la terre, pour exprimer ce que leur nature leur
défend d'exprimer. Et pareillement la signification d'une
mélodie — si on peut encore parler de signification —
n'est rien en dehors de la mélodie même, à la différence
des idées qu'on peut rendre adéquatement de plusieurs
manières. Dites qu'elle est joyeuse ou qu'elle est sombre,
elle sera toujours au-delà ou en deçà de tout ce que vous
pouvez dire sur elle. Non parce que l'artiste a des passions
plus riches ou plus variées, mais parce que ses passions,
qui sont peut-être à l'origine du thème inventé, en s'incor-
porant aux notes, ont subi une transsubstantiation et une

dégradation. Un cri de douleur est signe de la douleur qui le provoque. Mais un chant de douleur est à la fois la douleur elle-même et autre chose que la douleur. Ou, si l'on veut adopter le vocabulaire existentialiste, c'est une douleur qui *n'existe* plus, qui *est*. Mais le peintre, direz-vous, s'il fait des maisons ? Eh bien, précisément, il en *fait*, c'est-à-dire qu'il crée une maison imaginaire sur la toile et non un signe de maison. Et la maison ainsi apparue conserve toute l'ambiguïté des maisons réelles. L'écrivain peut vous guider et s'il vous décrit un taudis, y faire voir le symbole des injustices sociales, provoquer votre indignation. Le peintre est muet : il vous présente *un* taudis, c'est tout ; libre à vous d'y voir ce que vous voulez. Cette mansarde ne sera jamais le symbole de la misère ; il faudrait pour cela qu'elle fût signe, alors qu'elle est chose. Le mauvais peintre cherche le type, il peint l'Arabe, l'Enfant, la Femme ; le bon sait que ni l'Arabe, ni le Prolétaire n'existent dans la réalité, ni sur sa toile ; il propose un ouvrier — un certain ouvrier. Et que penser d'*un* ouvrier ? Une infinité de choses contradictoires. Toutes les pensées, tous les sentiments sont là agglutinés sur la toile dans une indifférenciation profonde ; c'est à vous de choisir. Des artistes à belles âmes ont parfois entrepris de nous émouvoir ; ils ont peint de longues files d'ouvriers attendant l'embauche dans la neige, les visages émaciés des chômeurs, les champs de bataille. Ils ne touchent pas plus que Greuze avec son *Fils prodigue*. Et le *Massacre de Guernica*, ce chef-d'œuvre, croit-on qu'il ait gagné un seul cœur à la cause espagnole ? Et pourtant quelque chose est dit qu'on ne peut jamais tout à fait entendre et qu'il faudrait une infinité de mots pour exprimer. Les longs Arlequins de Picasso, ambigus et éternels, hantés par un sens indéchiffrable, inséparable de leur maigreur voûtée et des losanges délavés de leurs maillots, ils sont une émotion qui s'est faite chair et que la chair a bue comme le buvard boit l'encre, une émotion méconnaissable, perdue, étrangère à elle-même, écartelée aux quatre coins de l'espace et pourtant présente. Je ne doute pas que la charité ou la colère puissent produire d'autres objets, mais elles s'y enliseront pareillement, elles y perdront leur nom, il demeurera seulement des choses hantées par une âme obscure. On ne peint pas les significations, on ne les met pas en musique ; qui oserait, dans ces conditions, réclamer du peintre ou du musicien qu'ils s'engagent ?

L'écrivain, au contraire, c'est aux significations qu'il a affaire. Encore faut-il distinguer : l'empire des signes, c'est la prose ; la poésie est du côté de la peinture, de la sculpture, de la musique. On me reproche de la détester : la preuve en est, dit-on, que *Les Temps Modernes* publient fort peu de poèmes. C'est la preuve que nous l'aimons, au contraire. Pour s'en convaincre, il suffit de jeter les yeux sur la production contemporaine. « Au moins, disent les critiques triomphalement, vous ne pouvez même rêver de l'engager. » En effet. Mais pourquoi le voudrais-je ? Parce qu'elle se sert des mots comme la prose ? Mais elle ne s'en sert pas de la même manière ; et même elle ne s'en *sert* pas du tout ; je dirais plutôt qu'elle les sert. Les poètes sont des hommes qui refusent d'*utiliser* le langage. Or, comme c'est dans et par le langage conçu comme une certaine espèce d'instrument que s'opère la recherche de la vérité, il ne faut pas s'imaginer qu'ils visent à discerner le vrai ni à l'exposer. Ils ne songent pas non plus à *nommer* le monde et, par le fait, ils ne nomment rien du tout, car la nomination implique un perpétuel sacrifice du nom à l'objet nommé ou, pour parler comme Hegel, le nom s'y révèle l'inessentiel, en face de la chose qui est essentielle. Ils ne parlent pas ; ils ne se taisent pas non plus : c'est autre chose. On a dit qu'ils voulaient détruire le verbe par des accouplements monstrueux, mais c'est faux ; car il faudrait alors qu'ils fussent déjà jetés au milieu du langage utilitaire et qu'ils cherchassent à en retirer les mots par petits groupes singuliers, comme par exemple « cheval » et

« beurre » en écrivant « cheval de beurre[c] ». Outre qu'une
telle entreprise réclamerait un temps infini, il n'est pas
concevable qu'on puisse se tenir sur le plan à la fois du
projet utilitaire, considérer les mots comme des ustensiles
et méditer de leur ôter leur ustensilité. En fait, le poète
s'est retiré d'un seul coup du langage-instrument ; il a
choisi une fois pour toutes l'attitude poétique qui considère les mots comme des choses et non comme des signes.
Car l'ambiguïté du signe implique qu'on puisse à son gré le
traverser comme une vitre et poursuivre à travers lui la
chose signifiée ou tourner son regard vers sa *réalité* et le
considérer comme objet. L'homme qui parle est au-delà
des mots, près de l'objet ; le poète est en deçà. Pour le premier, ils sont domestiques ; pour le second, ils restent à
l'état sauvage. Pour celui-là, ce sont des conventions utiles,
des outils qui s'usent peu à peu et qu'on jette quand ils ne
peuvent plus servir ; pour le second, ce sont des choses
naturelles qui croissent naturellement sur la terre comme
l'herbe et les arbres.

Mais s'il s'arrête aux mots, comme le peintre fait aux
couleurs et le musicien aux sons, cela ne veut pas dire
qu'ils aient perdu toute signification à ses yeux ; c'est en
effet la signification seule qui peut donner aux mots leur
unité verbale ; sans elle ils s'éparpilleraient en sons ou en
traits de plume. Seulement elle devient naturelle, elle
aussi ; ce n'est plus le but toujours hors d'atteinte et toujours visé par la transcendance humaine ; c'est une propriété de chaque terme, analogue à l'expression d'un
visage, au petit sens triste ou gai des sons et des couleurs.
Coulée dans le mot, absorbée par sa sonorité ou par son
aspect visuel, épaissie, dégradée, elle est chose, elle aussi,
incréée, éternelle ; pour le poète, le langage est une structure du monde extérieur. Le parleur est *en situation* dans
le langage, investi par les mots ; ce sont les prolongements
de ses sens, ses pinces, ses antennes, ses lunettes ; il les
manœuvre du dedans, il les sent comme son corps, il est

entouré d'un corps verbal dont il prend à peine conscience et qui étend son action sur le monde. Le poète est hors du langage, il voit les mots à l'envers, comme s'il n'appartenait pas à la condition humaine et que, venant vers les hommes, il rencontrât d'abord la parole comme une barrière. Au lieu de connaître d'abord les choses par leur nom, il semble qu'il ait d'abord un contact silencieux avec elles puis que, se retournant vers cette autre espèce de choses que sont pour lui les mots, les touchant, les tâtant, les palpant, il découvre en eux une petite luminosité propre et des affinités particulières avec la terre, le ciel et l'eau et toutes les choses créées. Faute de savoir s'en servir comme *signe* d'un aspect du monde, il voit dans le mot l'*image* d'un de ces aspects. Et l'image verbale qu'il choisit pour sa ressemblance avec le saule ou le frêne n'est pas nécessairement le mot que nous utilisons pour désigner ces objets. Comme il est déjà dehors, au lieu que les mots lui soient des indicateurs qui le jettent hors de lui, au milieu des choses, il les considère comme un piège pour attraper une réalité fuyante ; bref, le langage tout entier est pour lui le Miroir du monde. Du coup, d'importants changements s'opèrent dans l'économie interne du mot. Sa sonorité, sa longueur, ses désinences masculines ou féminines, son aspect visuel lui composent un visage de chair qui *représente* la signification plutôt qu'il ne l'exprime. Inversement, comme la signification est *réalisée*, l'aspect physique du mot se reflète en elle et elle fonctionne à son tour comme image du corps verbal. Comme son signe aussi, car elle a perdu sa prééminence et, puisque les mots sont incréés, comme les choses, le poète ne décide pas si ceux-là existent pour celles-ci ou celles-ci pour ceux-là. Ainsi s'établit entre le mot et la chose signifiée un double rapport réciproque de ressemblance magique et de signification. Et comme le poète n'*utilise* pas le mot, il ne choisit pas entre des acceptions diverses et chacune d'elles, au lieu de lui paraître une fonction autonome, se donne à lui

comme une qualité matérielle qui se fond sous ses yeux
avec les autres acceptions. Ainsi réalise-t-il en chaque mot,
par le seul effet de l'*attitude* poétique, les métaphores dont
rêvait Picasso lorsqu'il souhaitait faire une boîte d'allumettes qui fût tout entière chauve-souris sans cesser d'être
boîte d'allumettes. Florence est ville et fleur et femme, elle
est ville-fleur et ville-femme et fille-fleur tout à la fois. Et
l'étrange objet qui paraît ainsi possède la liquidité du
fleuve, la douce ardeur fauve de l'*or* et, pour finir, s'abandonne avec *décence* et prolonge indéfiniment par l'affaiblissement continu de l'*e* muet son épanouissement plein
de réserves. À cela s'ajoute l'effort insidieux de la biogra-
phie. Pour moi, Florence est aussi une certaine femme,
une actrice américaine qui jouait dans les films muets de
mon enfance et dont j'ai tout oublié, sauf qu'elle était longue comme un long gant de bal et toujours un peu lasse et
toujours chaste, et toujours mariée et incomprise, et que je
l'aimais, et qu'elle s'appelait Florence. Car le mot, qui arrache le prosateur à lui-même et le jette au milieu du monde,
renvoie au poète, comme un miroir, sa propre image. C'est
ce qui justifie la double entreprise de Leiris qui, d'une part,
dans son *Glossaire*, cherche à donner de certains mots une
définition poétique, c'est-à-dire qui soit par elle-même une
synthèse d'implications réciproques entre le corps sonore
et l'âme verbale, et, d'autre part, dans un ouvrage encore
inédit, se lance à la recherche du temps perdu en prenant
pour guides quelques mots particulièrement chargés, pour
lui, d'affectivité[4].

Ainsi le mot poétique est un microcosme. La crise du langage qui éclata au début de ce siècle est une crise poétique.
Quels qu'en aient été les facteurs sociaux et historiques, elle
se manifesta par des accès de dépersonnalisation de l'écrivain en face des mots. Il ne savait plus s'en servir et, selon
la formule célèbre de Bergson, il ne les reconnaissait qu'à
demi ; il les abordait avec un sentiment d'étrangeté tout à
fait fructueux ; ils n'étaient plus à lui, ils n'étaient plus lui ;

mais dans ces miroirs étrangers se reflétaient le ciel, la terre et sa propre vie ; et pour finir ils devenaient les choses elles-mêmes ou plutôt le cœur noir des choses. Et quand le poète joint ensemble plusieurs de ces microcosmes, il en est de lui comme des peintres quand ils assemblent leurs couleurs sur la toile ; on croirait qu'il compose une phrase, mais c'est une apparence : il crée un objet. Les mots-choses se groupent par associations magiques de convenance et de disconvenance, comme les couleurs et les sons, ils s'attirent, ils se repoussent, ils se *brûlent* et leur association compose la véritable unité poétique qui est la *phrase-objet*. Plus souvent encore, le poète a d'abord dans l'esprit le schème de la phrase et les mots suivent. Mais ce schème n'a rien de commun avec ce qu'on nomme à l'ordinaire un schème verbal : il ne préside pas à la construction d'une signification ; il se rapprocherait plutôt du projet créateur par quoi Picasso préfigure dans l'espace, avant même de toucher à son pinceau, cette *chose* qui deviendra un saltimbanque ou un Arlequin.

Fuir, là-bas fuir, je sens que des oiseaux sont ivres
Mais ô mon cœur entends le chant des matelots[5]

Ce « mais », qui se dresse comme un monolithe à l'orée de la phrase, ne relie pas le dernier vers au précédent. Il le colore d'une certaine nuance réservée, d'un « quant-à-soi » qui le pénètre tout entier. De la même façon certains poèmes commencent par « et ». Cette conjonction n'est plus pour l'esprit la marque d'une opération à effectuer : elle s'étend tout à travers le paragraphe pour lui donner la qualité absolue d'une *suite*. Pour le poète, la phrase a une tonalité, un goût ; il goûte à travers elle et pour elles-mêmes les saveurs irritantes de l'objection, de la réserve, de la disjonction ; il les porte à l'absolu, il en fait des propriétés réelles de la phrase ; celle-ci devient tout entière objection sans être objection *à* rien de précis. Nous retrouvons ici ces relations d'implication réciproque que nous signalions tout à l'heure entre le mot poétique et son sens : l'ensemble des mots choisis fonctionne comme *image* de la nuance interrogative ou restrictive et, inversement, l'interrogation est image de l'ensemble verbal qu'elle délimite.

Comme dans ces vers admirables :

> *Ô saisons ! Ô châteaux !*
> *Quelle âme est sans défauts ?*

Personne n'est interrogé ; personne n'interroge : le poète est absent. Et l'interrogation ne comporte pas de réponse ou plutôt elle est sa propre réponse. Est-ce donc une fausse interrogation ? Mais il serait absurde de croire que Rimbaud a « voulu dire » : tout le monde a ses défauts. Comme disait Breton de Saint-Pol Roux : « S'il avait voulu le dire, il l'aurait dit[6]. » Et il n'a pas non plus *voulu dire* autre chose. Il a fait une interrogation absolue ; il a conféré au beau mot d'âme une existence interrogative. Voilà l'interrogation devenue chose, comme l'angoisse du Tintoret était devenue ciel jaune. Ce n'est plus une signification, c'est une substance ; elle est vue du dehors et Rimbaud nous invite à la voir du dehors avec lui, son étrangeté vient de ce que nous nous plaçons, pour la considérer, de l'autre côté de la condition humaine ; du côté de Dieu.

S'il en est ainsi, on comprendra facilement la sottise qu'il y aurait à réclamer un engagement poétique. Sans doute l'émotion, la passion même — et pourquoi pas la colère, l'indignation sociale, la haine politique — sont à l'origine du poème. Mais elles ne s'y *expriment* pas, comme dans un pamphlet ou dans une confession. À mesure que le prosateur expose ses sentiments, il les éclaircit ; pour le poète, au contraire, s'il coule ses passions dans son poème, il cesse de les reconnaître : les mots les prennent, s'en pénètrent et les métamorphosent : ils ne les signifient pas, même à ses yeux. L'émotion est devenue chose, elle a maintenant l'opacité des choses ; elle est brouillée par les propriétés ambiguës des vocables où on l'a enfermée. Et surtout il y a toujours beaucoup plus, dans chaque phrase, dans chaque vers, comme il y a dans ce ciel jaune au-dessus du Golgotha plus qu'une simple angoisse. Le mot, la phrase-chose, inépuisables comme des choses, débordent de partout le sentiment qui les a suscités.

Comment espérer qu'on provoquera l'indignation ou l'enthousiasme politique du lecteur quand précisément on le retire de la condition humaine et qu'on l'invite à considérer, avec les yeux de Dieu, le langage à l'envers ? « Vous oubliez, me dira-t-on, les poètes de la Résistance. Vous oubliez Pierre Emmanuel[7]. » Hé ! non : j'allais justement vous les citer à l'appui[d].

Mais qu'il soit défendu au poète de s'engager, est-ce une raison pour en dispenser le prosateur ? Qu'y a-t-il de commun entre eux ? Le prosateur écrit, c'est vrai, et le poète écrit aussi. Mais entre ces deux actes d'écrire il n'y a de commun que le mouvement de la main qui trace les lettres. Pour le reste leurs univers demeurent incommunicables et ce qui vaut pour l'un ne vaut pas pour l'autre. La prose est utilitaire par essence ; je définirais volontiers le prosateur comme un homme qui *se sert* des mots. M. Jourdain faisait de la prose pour demander ses pantoufles et Hitler pour déclarer la guerre à la Pologne. L'écrivain est un *parleur* : il désigne, démontre, ordonne, refuse, interpelle, supplie, insulte, persuade, insinue. S'il le fait à vide, il ne devient pas poète pour autant : c'est un prosateur qui parle pour ne rien dire. Nous avons assez vu le langage à l'envers, il convient maintenant de le regarder à l'endroit[e].

L'art de la prose s'exerce sur le discours, sa matière est naturellement signifiante : c'est-à-dire que les mots ne sont pas d'abord des objets, mais des désignations d'objets. Il ne s'agit pas d'abord de savoir s'ils plaisent ou déplaisent en eux-mêmes, mais s'ils indiquent correctement une certaine chose du monde ou une certaine notion. Ainsi arrive-t-il souvent que nous nous trouvions en possession d'une certaine idée qu'on nous a apprise par des paroles, sans pouvoir nous rappeler un seul des mots qui nous l'ont transmise. La prose est d'abord une attitude d'esprit : il y a prose quand, pour parler comme Valéry, le mot passe à travers notre regard comme le soleil au travers du verre. Lorsqu'on est en danger ou en difficulté, on empoigne n'importe quel outil. Ce danger passé on ne se rappelle même plus si c'était un marteau ou une bûche. Et d'ailleurs on ne l'a jamais su : il fallait tout juste un prolongement de notre corps, un moyen d'étendre la main jusqu'à la plus haute branche ; c'était un sixième doigt, une troisième jambe, bref une pure fonction que nous nous sommes assimilée. Ainsi du langage : il est notre carapace et nos antennes, il nous protège contre les autres et nous renseigne sur eux, c'est un prolongement de nos sens. Nous sommes dans le langage comme dans notre corps ; nous le *sentons* spontanément en le dépassant vers d'autres fins, comme nous sentons nos mains et nos pieds ; nous le percevons, quand c'est l'autre qui l'emploie, comme nous percevons les membres des autres. Il y a le mot vécu, et le mot rencontré. Mais dans les deux cas, c'est au cours d'une entreprise, soit de moi sur les autres, soit de l'autre sur moi. La parole est un certain moment particulier de l'action et ne se comprend pas en dehors d'elle. Certains aphasiques ont perdu la possibilité d'agir, de comprendre les situations, d'avoir des rapports normaux avec l'autre sexe. Au sein de cette apraxie, la destruction du langage paraît seulement l'effondrement d'une des structures : la plus fine et la plus apparente. Et si la prose n'est jamais que l'instrument privilégié d'une certaine entreprise, si c'est l'affaire du seul poète que de contempler les mots de façon désintéressée, dès lors on est en droit de demander d'abord au prosateur : à quelle fin écris-tu ? dans quelle entreprise es-tu lancé et pourquoi nécessite-t-elle de recourir à l'écriture ? Et cette entreprise, en aucun cas, ne saurait avoir pour fin la pure contemplation. Car l'intuition est silence et la fin du langage est de communiquer. Sans doute peut-il *fixer* les résultats de l'intuition, mais en ce cas quelques mots jetés à la hâte sur le papier suffiront : l'auteur s'y reconnaîtra toujours assez. Si les mots sont assemblés en phrases avec un souci de clarté, il faut qu'une décision étrangère à l'intuition, au langage même, soit intervenue : la décision de livrer à d'autres les résultats obtenus. C'est de cette décision qu'on doit, en chaque cas, demander raison. Et le bon sens, que nos doctes oublient trop volontiers, ne cesse de le répéter. N'a-t-on pas coutume de poser à tous les jeunes gens qui se proposent d'écrire cette question de principe : « Avez-vous quelque chose à dire ? » Par quoi il faut entendre : quelque chose qui vaille la peine d'être communiqué. Mais comment comprendre ce qui en « vaut la peine » si ce n'est par recours à un système de valeurs transcendant ?

D'ailleurs, à considérer seulement cette structure secondaire de l'entreprise qu'est le *moment verbal*, la grave erreur des purs stylistes c'est de croire que la parole est un zéphyr qui court légèrement à la surface des choses, qui les effleure sans les altérer. Et que le parleur est un pur *témoin* qui résume par un mot sa contemplation inoffensive. Parler c'est agir : toute chose qu'on nomme n'est plus tout à fait la même, elle a perdu son innocence. Si vous nommez la conduite d'un individu vous la lui révélez : il se voit. Et comme vous la nommez, en même temps, à tous les autres, il se sait *vu* dans le moment qu'il se *voit* ; son geste furtif, qu'il oubliait en le faisant, se met à exister énormément, à exister pour tous, il s'intègre à l'esprit objectif, il prend des dimensions nouvelles, il est récupéré. Après cela comment voulez-vous qu'il agisse de la même manière ? Ou bien il persévérera dans sa conduite par obstination et en connaissance de cause, ou bien il l'abandonnera. Ainsi, en parlant, je dévoile la situation par mon projet même de la changer ; je la dévoile à moi-même et aux autres *pour* la changer ; je l'atteins en plein cœur, je la transperce et je la fixe sous les regards ; à présent j'en dispose, à chaque mot que je dis, je m'engage un peu plus dans le monde, et du même coup, j'en émerge un peu davantage puisque je le dépasse vers l'avenir. Ainsi le prosateur est un homme qui a choisi un certain mode d'action secondaire qu'on pourrait nommer l'action par dévoilement. Il est donc légitime de lui poser cette question seconde : quel aspect du monde veux-tu dévoiler, quel changement veux-tu apporter au monde par ce dévoilement ? L'écrivain « engagé » sait que la parole est action : il sait que dévoiler c'est changer et qu'on ne peut dévoiler qu'en projetant de changer. Il a abandonné le rêve impossible de faire une peinture impartiale de la société et de la condition humaine. L'homme est l'être vis-à-vis de qui aucun être ne peut garder l'impartialité, même Dieu. Car Dieu, s'il existait, serait, comme l'ont bien vu certains mystiques, *en situation* par rapport à l'homme. Et c'est aussi l'être qui ne peut même voir une situation sans la changer, car son regard fige, détruit, ou sculpte ou, comme fait l'éternité, change l'objet en lui-même. C'est à l'amour, à la haine, à la colère, à la crainte, à la joie, à l'indignation, à l'admiration, à l'espoir, au désespoir que l'homme et le monde se révèlent *dans leur vérité*. Sans doute l'écrivain engagé peut être médiocre, il peut même avoir conscience de l'être, mais comme on ne saurait écrire sans le projet de réussir parfaitement, la modestie avec laquelle il envisage son œuvre ne doit pas le détourner de la construire *comme si* elle devait avoir le plus grand retentissement. Il ne doit jamais se dire : « Bah, c'est à peine si j'aurai trois mille lecteurs » ; mais « qu'arriverait-il si tout le monde lisait ce que j'écris ? ». Il se rappelle la phrase de Mosca devant la berline qui emportait Fabrice et Sanseverina : « Si le mot d'Amour vient à surgir entre eux, je suis perdu[8]. » Il sait qu'il est l'homme qui nomme ce qui n'a pas encore été nommé ou ce qui n'ose dire son nom, il sait qu'il fait « surgir » le mot d'amour et le mot de haine et avec eux l'amour et la haine entre des hommes qui n'avaient pas encore décidé de leurs sentiments. Il sait que les mots, comme dit Brice Parain[9], sont des « pistolets chargés ». S'il parle, il tire. Il peut se taire, mais puisqu'il a choisi de tirer, il faut que ce soit comme un homme, en visant des cibles et non comme un enfant, au hasard, en fermant les yeux et pour le seul plaisir d'entendre les détonations. Nous tenterons plus loin de déterminer ce que peut être le but de la littérature. Mais dès à présent nous pouvons conclure que l'écrivain a choisi de dévoiler le monde et singulièrement l'homme aux autres hommes pour que ceux-ci prennent en face de l'objet ainsi mis à nu leur entière responsabilité. Nul n'est censé ignorer la loi parce qu'il y a un code et que la loi est chose écrite : après cela, libre à vous de l'enfreindre, mais vous savez les risques que vous courez. Pareillement la fonction de l'écrivain est de faire en sorte que nul ne puisse ignorer le monde et que nul ne s'en puisse dire innocent. Et comme il s'est une fois engagé dans l'univers du langage, il ne peut plus jamais feindre qu'il ne sache pas parler : si vous entrez dans l'univers des significations, il n'y a plus rien à faire pour en sortir ; qu'on laisse les mots s'organiser en liberté, ils feront des phrases et chaque phrase contient le langage tout entier et renvoie à tout l'univers ; le silence même se définit par rapport aux mots, comme la pause, en musique, reçoit son sens des groupes de notes qui l'entourent. Ce silence est un moment du langage ; se taire ce n'est pas être muet, c'est refuser de parler donc parler encore. Si donc un écrivain a choisi de se taire sur un aspect quelconque du monde ou, selon une locution qui dit bien ce qu'elle veut dire, de le *passer sous silence*, on est en droit de lui poser une troisième question : pourquoi as-tu parlé de ceci plutôt que de cela et — puisque tu parles pour changer — pourquoi veux-tu changer ceci plutôt que cela ?

Tout cela n'empêche point qu'il y ait la manière d'écrire. On n'est pas écrivain pour avoir choisi de dire certaines choses mais pour avoir choisi de les dire d'une certaine façon. Et le style, bien sûr, fait la valeur de la prose. Mais il doit passer inaperçu. Puisque les mots sont transparents et que le regard les traverse, il serait absurde de glisser parmi eux des vitres dépolies. La beauté n'est ici qu'une force douce et insensible. Sur un tableau elle éclate d'abord, dans un livre elle se cache, elle agit par persuasion comme le charme d'une voix ou d'un visage, elle ne contraint pas, elle incline sans qu'on s'en doute et l'on croit céder aux arguments quand on est sollicité par un charme qu'on ne voit pas. L'étiquette de la messe n'est pas la foi, elle y dispose ; l'harmonie des mots, leur beauté, l'équilibre des phrases *disposent* les passions du lecteur sans qu'il y prenne garde, les ordonnent comme la messe, comme la musique, comme une danse ; s'il vient à les considérer par eux-mêmes, il perd le sens, il ne reste que des balancements ennuyeux. Dans la prose, le plaisir esthétique n'est pur que s'il vient par-dessus le marché. On rougit de rappeler des idées si simples, mais il semble aujourd'hui qu'on les ait oubliées. Viendrait-on sans cela nous dire que nous méditons l'assassinat de la littérature ou, plus simplement, que l'engagement nuit à l'art d'écrire ? Si la contamination d'une certaine prose par la poésie n'avait brouillé les idées de nos critiques, songeraient-ils à nous attaquer sur la forme quand nous n'avons jamais parlé que du fond ? Sur la forme il n'y a rien à dire par avance et nous n'avons rien dit : chacun invente la sienne et on juge après coup. Il est vrai que les sujets proposent le style : mais ils ne le commandent pas ; il n'y en a pas qui se rangent *a priori* en dehors de l'art littéraire. Quoi de plus engagé, de plus ennuyeux que le propos d'attaquer la Société de Jésus ? Pascal en a fait *Les Provinciales*. En un mot, il s'agit de savoir de quoi l'on veut écrire : des papillons ou de la condition des Juifs. Et quand on le sait, il reste à décider comment on en écrira. Souvent les deux choix ne font qu'un, mais jamais, chez les bons auteurs, le second ne précède le premier. Je sais que Giraudoux disait : « La seule affaire c'est de trouver son style, l'idée vient après. » Mais il avait tort : l'idée n'est pas venue. Que l'on considère les sujets comme des problèmes toujours ouverts, comme des sollicitations, des attentes, on comprendra que l'art ne perd rien à l'engagement ; au contraire ; de même que la physique soumet aux mathématiciens des problèmes nouveaux qui les obligent à produire un symbolisme neuf, de même les exigences toujours neuves du social ou de la métaphysique engagent l'artiste à trouver une langue neuve et des techniques nouvelles. Si nous n'écrivons plus comme au XVIIᵉ siècle, c'est bien que la langue de Racine et de Saint-Évremond ne se prête pas à parler des locomotives ou du prolétariat. Après cela, les puristes nous interdiront peut-être d'écrire sur les locomotives. Mais l'art n'a jamais été du côté des puristes.

Si c'est là le principe de l'engagement, que peut-on lui objecter ? Et surtout, que lui a-t-on objecté ? Il m'a paru que mes adversaires n'avaient pas beaucoup de cœur à l'ouvrage et leurs articles ne contenaient rien de plus qu'un long soupir de scandale qui se traînait sur deux ou trois colonnes. J'aurais voulu savoir *au nom de quoi*, de quelle conception de la littérature ils me condamnaient : mais ils ne le disaient pas, ils ne le savaient pas eux-mêmes. Le plus conséquent eût été d'appuyer leur verdict sur la vieille théorie de l'art pour l'art. Mais il n'est aucun d'eux qui puisse l'accepter. Elle gêne aussi. On sait bien que l'art pur et l'art vide sont une même chose et que le purisme esthétique ne fut qu'une brillante manœuvre défensive des bourgeois du siècle dernier, qui aimaient mieux se voir dénoncer comme philistins que comme exploiteurs. Il faut donc bien, de leur aveu même, que l'écrivain parle de quelque chose. Mais de quoi ? Je crois que leur embarras serait extrême si Fernandez n'avait trouvé pour eux, après l'autre

guerre, la notion de *message*[10]. L'écrivain d'aujourd'hui,
disent-ils, ne doit en aucun cas s'occuper des affaires temporelles ; il ne doit pas non plus aligner des mots sans
signification ni rechercher uniquement la beauté des phrases et des images : sa fonction est de délivrer des messages
à ses lecteurs. Qu'est-ce donc qu'un message ?

Il faut se rappeler que la plupart des critiques sont des
hommes qui n'ont pas eu beaucoup de chance et qui, au
moment où ils allaient désespérer, ont trouvé une petite
place tranquille de gardien de cimetière. Dieu sait si les
cimetières sont paisibles : il n'en est pas de plus riant
qu'une bibliothèque. Les morts sont là : ils n'ont fait
qu'écrire, ils sont lavés depuis longtemps du péché de vivre
et d'ailleurs on ne connaît leur vie que par d'autres livres
que d'autres morts ont écrits sur eux. Rimbaud est mort.
Morts Paterne Berrichon et Isabelle Rimbaud[11] ; les gêneurs
ont disparu, il ne reste que les petits cercueils qu'on range
sur des planches, le long des murs, comme les urnes d'un
columbarium. Le critique vit mal, sa femme ne l'apprécie
pas comme il faudrait, ses fils sont ingrats, les fins de
mois difficiles. Mais il lui est toujours possible d'entrer
dans sa bibliothèque, de prendre un livre sur un rayon et
de l'ouvrir. Il s'en échappe une légère odeur de cave et une
opération étrange commence, qu'il a décidé de nommer la
lecture. Par un certain côté, c'est une possession : on prête
son corps aux morts pour qu'ils puissent revivre. Et par un
autre côté, c'est un contact avec l'au-delà. Le livre, en effet,
n'est point un objet, ni non plus un acte, ni même une
pensée : écrit par un mort sur des choses mortes, il n'a
plus aucune place sur cette terre, il ne parle de rien qui
nous intéresse directement ; laissé à lui-même il se tasse et
s'effondre, il ne reste rien que des taches d'encre sur du
papier moisi, et quand le critique ranime ces taches,
quand il en fait des lettres et des mots, elles lui parlent de
passions qu'il n'éprouve pas, de colères sans objets, de
craintes et d'espoirs défunts. C'est tout un monde désin-

carné qui l'entoure où les affections humaines, parce qu'elles ne touchent plus, sont passées au rang d'affections exemplaires et, pour tout dire, de *valeurs*. Aussi se persuade-t-il d'être entré en commerce avec un monde intelligible qui est comme la vérité de ses souffrances quotidiennes et leur raison d'être. Il pense que la nature imite l'art comme, pour Platon, le monde sensible imitait celui des archétypes. Et, pendant le temps qu'il lit, sa vie de tous les jours devient une apparence. Une apparence sa femme acariâtre, une apparence son fils bossu : et qui seront sauvées parce que Xénophon a fait le portrait de Xanthippe[12] et Shakespeare celui de Richard III. C'est une fête pour lui quand les auteurs contemporains lui font la grâce de mourir : leurs livres, trop crus, trop vivants, trop pressants passent de l'autre bord, ils touchent de moins en moins et deviennent de plus en plus beaux ; après un court séjour au purgatoire, ils vont peupler le ciel intelligible de nouvelles valeurs. Bergotte, Swann, Siegfried, Bella et Monsieur Teste : voilà des acquisitions récentes. On attend Nathanaël et Ménalque[13]. Quant aux écrivains qui s'obstinent à vivre, on leur demande seulement de ne pas trop remuer et de s'appliquer à ressembler dès maintenant aux morts qu'ils seront. Valéry ne s'en tirait pas mal, qui publiait depuis vingt-cinq ans des livres posthumes. C'est pourquoi il a été, comme quelques saints tout à fait exceptionnels, canonisé de son vivant. Mais Malraux scandalise. Nos critiques sont des cathares : ils ne veulent rien avoir à faire avec le monde réel sauf d'y manger et d'y boire et, puisqu'il faut absolument vivre dans le commerce de nos semblables, ils ont choisi que ce soit dans celui des défunts. Ils ne se passionnent que pour les affaires classées, les querelles closes, les histoires dont on sait la fin. Ils ne parient jamais sur une issue incertaine et comme l'Histoire a décidé pour eux, comme les objets qui terrifiaient ou indignaient les auteurs qu'ils lisent ont disparu, comme à deux siècles de distance la vanité de disputes sanglantes apparaît clairement, ils peuvent s'enchanter du balancement des périodes et tout se passe pour eux comme si la littérature tout entière n'était qu'une vaste tautologie et comme si chaque nouveau prosateur avait inventé une nouvelle manière de parler pour ne rien dire. Parler des archétypes et de l'« humaine nature », parler pour ne rien dire ? Toutes les conceptions de nos critiques oscillent de l'une à l'autre idée. Et naturellement toutes deux sont fausses : les grands écrivains voulaient détruire, édifier, démontrer. Mais nous ne retenons plus les preuves qu'ils ont avancées parce que nous n'avons aucun souci de ce qu'ils entendaient prouver. Les abus qu'ils dénonçaient ne sont plus de notre temps ; il y en a d'autres qui nous indignent et qu'ils ne soupçonnaient pas ; l'Histoire a démenti certaines de leurs prévisions et celles qui se réalisèrent sont devenues vraies depuis si longtemps que nous avons oublié qu'elles furent d'abord des traits de leur génie ; quelques-unes de leurs pensées sont tout à fait mortes et il y en a d'autres que le genre humain tout entier a reprises à son compte et que nous tenons pour des lieux communs. Il s'ensuit que les meilleurs arguments de ces auteurs ont perdu leur efficience ; nous en admirons seulement l'ordre et la rigueur ; leur agencement le plus serré n'est à nos yeux qu'une parure, une architecture élégante de l'exposition, sans plus d'application pratique que ces autres architectures : les fugues de Bach, les arabesques de l'Alhambra.

Dans ces géométries passionnées, quand la géométrie ne convainc plus, la passion émeut encore. Ou plutôt la représentation de la passion. Les idées se sont éventées au cours des siècles, mais elles demeurent les petites obstinations personnelles d'un homme qui fut de chair et d'os ; derrière les raisons de la raison, qui languissent, nous apercevons les raisons du cœur, les vertus, les vices et cette grande peine que les hommes ont à vivre. Sade s'évertue à nous gagner et c'est tout juste s'il scandalise : ce n'est plus qu'une âme rongée par un beau mal, une huître perlière.

La *Lettre sur les spectacles* ne détourne plus personne d'aller au théâtre, mais nous trouvons piquant que Rousseau ait détesté l'art dramatique. Si nous sommes un peu versés dans la psychanalyse, notre plaisir est parfait : nous expliquerons le *Contrat social* par le complexe d'Œdipe et l'*Esprit des Lois* par le complexe d'infériorité ; c'est-à-dire que nous jouirons pleinement de la supériorité reconnue que les chiens vivants ont sur les lions morts. Lorsqu'un livre présente ainsi des pensées grisantes qui n'offrent l'apparence de raisons que pour fondre sous le regard et se réduire à des battements de cœur, lorsque l'enseignement qu'on peut en tirer est radicalement différent de celui que son auteur voulait donner, on nomme ce livre un message. Rousseau, père de la révolution française, et Gobineau[14], père du racisme, nous ont envoyé des messages l'un et l'autre. Et le critique les considère avec une égale sympathie. Vivants, il lui faudrait opter pour l'un contre l'autre, aimer l'un, haïr l'autre. Mais ce qui les rapproche avant tout, c'est qu'ils ont un même tort, profond et délicieux : ils sont morts.

Ainsi doit-on recommander aux auteurs contemporains de délivrer des messages, c'est-à-dire de limiter volontairement leurs écrits à l'expression involontaire de leurs âmes. Je dis involontaire car les morts, de Montaigne à Rimbaud, se sont peints tout entiers, mais sans en avoir le dessein et par-dessus le marché ; le surplus qu'ils nous ont donné sans y penser doit faire le but premier et avoué des écrivains vivants. On n'exige pas d'eux qu'ils nous livrent des confessions sans apprêts, ni qu'ils s'abandonnent au lyrisme trop nu des romantiques. Mais, puisque nous trouvons du plaisir à déjouer les ruses de Chateaubriand ou de Rousseau, à les surprendre dans le privé au moment qu'ils jouent à l'homme public, à démêler les mobiles particuliers de leurs affirmations les plus universelles, on demande aux nouveaux venus de nous procurer délibérément ce plaisir. Qu'ils raisonnent donc, qu'ils affirment, qu'ils nient, qu'ils

réfutent et qu'ils prouvent ; mais la cause qu'ils défendent
ne doit être que le but apparent de leurs discours : le but
profond, c'est de se livrer sans en avoir l'air. Leurs raisonnements, il faut qu'ils les désarment d'abord, comme le
temps a fait pour ceux des classiques, qu'ils les fassent
porter sur des sujets qui n'intéressent personne ou sur des
vérités si générales que les lecteurs en soient convaincus
d'avance ; leurs idées, il faut qu'ils leur donnent un air de
profondeur, mais à vide, et qu'ils les forment de telle
manière qu'elles s'expliquent évidemment par une enfance
malheureuse, une haine de classe ou un amour incestueux.
Qu'ils ne s'avisent pas de penser pour de bon : la pensée
cache l'homme et c'est l'homme seul qui nous intéresse.
Un sanglot tout nu n'est pas beau : il offense. Un bon raisonnement offense aussi, comme Stendhal l'avait bien vu.
Mais un raisonnement qui masque un sanglot, voilà notre
affaire. Le raisonnement ôte aux pleurs ce qu'ils ont d'obs-
cène ; les pleurs, en révélant son origine passionnelle,
ôtent au raisonnement ce qu'il a d'agressif ; nous ne serons
ni trop touchés, ni du tout convaincus et nous pourrons
nous livrer, en sécurité, à cette volupté modérée que pro-
cure, comme chacun sait, la contemplation des œuvres
d'art. Telle est donc la « vraie », la « pure » littérature : une
subjectivité qui se livre sous les espèces de l'objectif, un discours si curieusement agencé qu'il équivaut à un silence,
une pensée qui se conteste elle-même, une Raison qui n'est
que le masque de la folie, un Éternel qui laisse entendre
qu'il n'est qu'un moment de l'Histoire, un moment historique qui, par les dessous qu'il révèle, renvoie tout à coup à
l'homme éternel, un perpétuel enseignement, mais qui se
fait contre les volontés expresses de ceux qui enseignent.

Le message est, au bout du compte, une âme faite objet.
Une âme ; et que fait-on d'une âme ? On la contemple à
distance respectueuse. On n'a pas coutume de montrer son
âme en société sans un motif impérieux. Mais, par convention et sous certaines réserves, il est permis à quelques

personnes de mettre la leur dans le commerce et tous les adultes peuvent se la procurer. Pour beaucoup de personnes, aujourd'hui, les ouvrages de l'esprit sont ainsi de petites âmes errantes qu'on acquiert pour un prix modeste : il y a celle du bon vieux Montaigne, et celle du cher La Fontaine, et celle de Jean-Jacques, et celle de Jean-Paul, et celle du délicieux Gérard. On appelle art littéraire l'ensemble des traitements qui les rendent inoffensives. Tannées, raffinées, chimiquement traitées, elles fournissent à leurs acquéreurs l'occasion de consacrer quelques moments d'une vie tout entière tournée vers l'extérieur à la culture de la subjectivité. L'usage en est garanti sans risques : le scepticisme de Montaigne, qui donc le prendrait au sérieux, puisque l'auteur des *Essais* a pris peur quand la peste ravageait Bordeaux ? Et l'humanisme de Rousseau, puisque « Jean-Jacques » a mis ses enfants à l'asile ? Et les étranges révélations de *Sylvie*[15], puisque Gérard de Nerval était fou ? Tout au plus, le critique professionnel instituera-t-il entre eux des dialogues infernaux et nous apprendra-t-il que la pensée française est un perpétuel entretien entre Pascal et Montaigne. Par là, il n'entend point rendre Pascal et Montaigne plus vivants, mais Malraux et Gide plus morts. Lorsqu'enfin les contradictions internes de la vie et de l'œuvre auront rendu l'une et l'autre inutilisables, lorsque le message, dans sa profondeur indéchiffrable, nous aura enseigné ces vérités capitales : que « l'homme n'est ni bon ni mauvais », qu'« il y a beaucoup de souffrance dans une vie humaine », que « le génie n'est qu'une longue patience », alors le but ultime de cette cuisine funèbre sera atteint et le lecteur, en reposant son livre, pourra s'écrier, l'âme tranquille : « Tout cela n'est que littérature. »

Mais puisque, pour nous, un écrit est une entreprise, puisque les écrivains sont vivants avant que d'être morts, puisque nous pensons qu'il faut tenter d'avoir raison dans nos livres et que, même si les siècles nous donnent tort par après, ce n'est pas une raison pour nous donner tort par

avance, puisque nous estimons que l'écrivain doit s'engager tout entier dans ses ouvrages, et non pas comme une
passivité abjecte, en mettant en avant ses vices, ses malheurs et ses faiblesses, mais comme une volonté résolue et
comme un choix, comme cette totale entreprise de vivre
que nous sommes chacun, alors il convient que nous
reprenions du début ce problème et que nous nous demandions à notre tour : *pourquoi* écrit-on ?

NOTES DE L'AUTEUR[16]

a. Du moins, en général. La grandeur et l'erreur de Klee résident dans sa tentative de faire une peinture qui soit à la fois signe et objet.

b. Je dis « créer », non pas « imiter », ce qui suffit à réduire au néant tout le pathos de M. Charles Estienne, qui n'a visiblement rien compris à mon propos et qui s'acharne à pourfendre des ombres[17].

c. C'est l'exemple cité par Bataille dans *L'Expérience intérieure*.

d. Si l'on veut connaître l'origine de cette attitude envers le langage, je donnerai ici quelques brèves indications.

Originellement la poésie crée le *mythe* de l'homme, quand le prosateur trace son *portrait*. Dans la réalité, l'acte humain, commandé par les besoins, sollicité par l'utile, est, en un sens, *moyen*. Il passe inaperçu et c'est le résultat qui compte : quand j'étends la main *pour* prendre la plume, je n'ai qu'une conscience glissante et obscure de mon geste : c'est la plume que je vois ; ainsi l'homme est-il aliéné par ses fins. La poésie inverse le rapport : le monde et les choses passent à l'inessentiel, deviennent prétextes à l'acte qui devient sa propre fin. Le vase est là pour que la jeune fille ait ce geste gracieux en le remplissant, la guerre de Troie pour qu'Hector et Achille livrent ce combat héroïque. L'action, détachée de ses buts qui s'estompent, devient prouesse ou danse. Cependant, pour indifférent qu'il soit au succès de l'entreprise, le poète, avant le XIX⁰ siècle, reste d'accord avec la société dans son ensemble ; il n'use pas du langage pour la fin que poursuit la prose, mais il lui fait la même confiance que le prosateur.

Après l'avènement de la société bourgeoise, le poète fait front commun avec le prosateur pour la déclarer invivable. Il s'agit toujours pour lui de créer le mythe de l'homme, mais il passe de la magie blanche à la magie noire. L'homme est toujours présenté comme la fin absolue, mais par la réussite de son entreprise il s'enlise dans une collectivité utilitaire. Ce qui est à l'arrière-plan de son acte, et qui permettra le passage au mythe, ce n'est donc plus le succès, mais l'échec. L'échec seul, en arrêtant comme un écran la série infinie de ses projets, le rend à lui-même, dans sa pureté. Le monde demeure l'inessentiel mais il est là, maintenant, comme prétexte à la défaite. La finalité de la chose c'est de renvoyer l'homme à soi en lui barrant la route. Il ne s'agit pas, d'ailleurs, d'introduire arbitrairement la défaite et la ruine dans le cours du monde, mais plutôt de n'avoir d'yeux que pour elles. L'entreprise humaine a deux visages : elle est à la fois réussite et échec. Pour la penser, le schéma dialectique est insuffisant : il faut assouplir encore notre vocabulaire et les cadres de notre raison. J'essaierai quelque jour de décrire cette étrange réalité, l'Histoire, qui n'est ni objective ni jamais tout à fait subjective, où la dialectique est contestée, pénétrée, corrodée par une sorte d'antidialectique, pourtant dialectique encore. Mais c'est l'affaire du philosophe[18] : ordinairement l'on ne considère pas les deux faces du Janus ; l'homme d'action voit l'une et le poète voit l'autre. Quand les instruments sont brisés, hors d'usage, les plans déjoués, les efforts inutiles, le monde apparaît d'une fraîcheur enfantine et terrible, sans points d'appui, sans chemins. Il a le maximum de réalité parce qu'il est écrasant pour l'homme et, comme l'action en tout cas généralise, la défaite rend aux choses leur réalité individuelle. Mais, par un renversement attendu, l'échec considéré comme fin dernière est à la fois contestation et appropriation de cet univers. Contestation parce que l'homme *vaut mieux* que ce qui l'écrase ; il ne conteste plus les choses dans leur « peu de réalité » comme l'ingénieur ou le capitaine mais au contraire dans leur trop-plein de réalité, par son existence même de vaincu ; il est le remords du monde. Appropriation parce que le monde, en cessant d'être l'outil de la réussite, devient l'instrument de l'échec. Le voilà parcouru d'une obscure finalité, c'est son coefficient d'adversité qui sert, d'autant plus humain qu'il est plus hostile à l'homme. L'échec lui-même se retourne en salut. Non qu'il nous fasse accéder à quelque au-delà : mais de lui-même il bascule et se métamorphose.

Par exemple le langage poétique surgit sur les ruines de la prose. S'il est vrai que la parole soit une trahison et que la communication soit impossible, alors chaque mot, par lui-même, recouvre son individualité, devient instrument de notre défaite et receleur de l'incommunicable. Ce n'est pas qu'il y ait *autre chose* à communiquer ; mais la communication de la prose ayant échoué, c'est le sens même du mot qui devient l'incommunicable pur. Ainsi l'échec de la communication devient suggestion de l'incommunicable ; et le projet d'utiliser les mots, contrarié, fait place à la pure intuition désintéressée de la parole. Nous retrouvons donc la description que nous avons tentée à la page 19 de cet ouvrage, mais dans la perspective plus générale de la valorisation absolue de l'échec, qui me paraît l'attitude originelle de la poésie contemporaine. À noter aussi que ce choix confère au poète une fonction très précise dans la collectivité : dans une société très intégrée ou religieuse, l'échec est masqué par l'État ou récupéré par la religion ; dans une société moins intégrée et laïque, comme sont nos démocraties, c'est à la poésie de le récupérer.

La poésie, c'est qui perd gagne. Et le poète authentique choisit de perdre jusqu'à mourir pour gagner. Je répète qu'il s'agit de la poésie contemporaine. L'Histoire présente d'autres formes de la poésie. Ce n'est pas mon sujet que de montrer leurs liens avec le nôtre. Si donc on veut absolument parler de l'engagement du poète, disons que c'est l'homme qui s'engage à perdre. C'est le sens profond de ce guignon, de cette malédiction dont il se réclame toujours et qu'il attribue toujours à une intervention de l'extérieur alors que c'est son choix le plus profond, non la conséquence mais la source de sa poésie. Il est certain de l'échec total de l'entreprise humaine et s'arrange pour échouer dans sa propre vie, afin de témoigner, par sa défaite singulière, de la défaite humaine en général[19]. Il conteste donc, comme nous verrons, ce que fait aussi le prosateur. Mais la contestation de la prose se fait au nom d'une plus grande réussite et celle de la poésie au nom de la défaite cachée que recèle toute victoire.

e. Il va de soi que, dans toute poésie, une certaine forme de prose, c'est-à-dire de réussite, est présente ; et réciproquement, la prose la plus sèche renferme toujours un peu de poésie, c'est-à-dire une certaine forme d'échec : aucun prosateur, même le plus lucide, n'entend *tout à fait* ce qu'il veut dire ; il dit trop ou pas assez, chaque phrase est un pari, un risque assumé ; plus on tâtonne, plus le mot se singularise ; nul, comme Valéry l'a montré, ne peut comprendre un mot jusqu'au fond. Ainsi chaque mot est employé simultanément pour son sens clair et social et pour certaines résonances obscures, je dirai presque : pour sa physionomie. C'est à quoi le lecteur est, lui aussi, sensible. Et déjà nous ne sommes plus sur le plan de la communication concertée mais sur celui de la grâce et du hasard ; les silences de la prose sont poétiques parce qu'ils marquent ses limites, et c'est pour plus de clarté que j'ai envisagé les cas extrêmes de la pure prose et de la poésie pure. Il n'en faudrait pas conclure, toutefois, qu'on peut passer de la poésie à la prose par une série continue de formes intermédiaires. Si le prosateur veut trop choyer les mots, l'*eidos* « prose » se brise et nous tombons dans le galimatias. Si le poète raconte, explique ou enseigne, la poésie devient *prosaïque*, il a perdu la partie. Il s'agit de structures complexes, impures mais bien délimitées.

II
Pourquoi écrire ?

Chacun a ses raisons : pour celui-ci, l'art est une fuite ; pour celui-là un moyen de conquérir. Mais on peut fuir dans un ermitage, dans la folie, dans la mort ; on peut conquérir par les armes. Pourquoi justement *écrire*, faire *par écrit* ses évasions et ses conquêtes ? C'est qu'il y a, derrière les diverses visées des auteurs, un choix plus profond et plus immédiat, qui est commun à tous. Nous allons tenter d'élucider ce choix et nous verrons si ce n'est pas au nom de leur choix même d'écrire qu'il faut réclamer l'engagement des écrivains.

Chacune de nos perceptions s'accompagne de la conscience que la réalité humaine est « dévoilante », c'est-à dire que par elle « il y a » de l'être, ou encore que l'homme est le moyen par lequel les choses se manifestent ; c'est notre présence au monde qui multiplie les relations, c'est nous qui mettons en rapport cet arbre avec ce coin de ciel ; grâce à nous cette étoile, morte depuis des millénaires, ce quartier de lune et ce fleuve sombre se dévoilent dans l'unité d'un paysage ; c'est la vitesse de notre auto, de notre avion qui organise les grandes masses terrestres ; à chacun de nos actes le monde nous révèle un visage neuf. Mais si nous savons que nous sommes les détecteurs de l'Être, nous savons aussi que nous n'en sommes pas les producteurs. Ce paysage, si nous nous en détournons, croupira sans

témoins dans sa permanence obscure. Du moins croupira-
t-il : il n'y a personne d'assez fou pour croire qu'il va
s'anéantir. C'est nous qui nous anéantirons et la terre
demeurera dans sa léthargie jusqu'à ce qu'une autre conscience vienne l'éveiller. Ainsi à notre certitude intérieure
d'être « dévoilants » s'adjoint celle d'être inessentiels par
rapport à la chose dévoilée.

Un des principaux motifs de la création artistique est
certainement le besoin de nous sentir essentiels par rapport au monde. Cet aspect des champs ou de la mer, cet
air de visage que j'ai dévoilés, si je les fixe sur une toile,
dans un écrit, en resserrant les rapports, en introduisant
de l'ordre là où il ne s'en trouvait pas, en imposant l'unité
de l'esprit à la diversité de la chose, j'ai conscience de les
produire, c'est-à-dire que je me sens essentiel par rapport
à ma création. Mais cette fois-ci, c'est l'objet créé qui
m'échappe : je ne puis dévoiler et produire à la fois. La
création passe à l'inessentiel par rapport à l'activité créatrice. D'abord, même s'il apparaît aux autres comme définitif, l'objet créé nous semble toujours en sursis : nous
pouvons toujours changer cette ligne, cette teinte, ce mot ;
ainsi *ne s'impose-t-il* jamais. Un peintre apprenti demandait à son maître : « Quand dois-je considérer que mon
tableau est fini ? » Et le maître répondit : « Quand tu pour-
ras le regarder avec surprise, en te disant : c'est *moi* qui ai
fait ça ! »

Autant dire : jamais. Car cela reviendrait à considérer
son œuvre avec les yeux d'un autre et à dévoiler ce qu'on a
créé. Mais il va de soi que nous avons d'autant moins la
conscience de la chose produite que nous avons davantage
celle de notre activité productrice. Lorsqu'il s'agit d'une
poterie ou d'une charpente et que nous les fabriquons selon
des normes traditionnelles avec des outils dont l'usage est
codifié, c'est le fameux « on » de Heidegger qui travaille
par nos mains. En ce cas le résultat peut nous paraître suffisamment étranger pour conserver à nos yeux son objecti-

vité. Mais si nous produisons nous-mêmes les règles de production, les mesures et les critères, et si notre élan créateur vient du plus profond de notre cœur, alors nous ne trouvons jamais que nous dans notre œuvre : c'est nous qui avons inventé les lois d'après lesquelles nous la jugeons ; c'est notre histoire, notre amour, notre gaîté que nous y reconnaissons ; quand même nous la regarderions sans plus y toucher, nous ne *recevons* jamais d'elle cette gaîté ou cet amour : nous les y mettons ; les résultats que nous avons obtenus sur la toile ou sur le papier ne nous semblent jamais *objectifs* ; nous connaissons trop les procédés dont ils sont les effets. Ces procédés demeurent une trouvaille subjective : ils sont nous-mêmes, notre inspiration, notre ruse et lorsque nous cherchons à *percevoir* notre ouvrage, nous le créons encore, nous répétons mentalement les opérations qui l'ont produit, chacun de ses aspects apparaît comme un résultat. Ainsi, dans la perception, l'objet se donne comme l'essentiel et le sujet comme l'inessentiel ; celui-ci recherche l'essentialité dans la création et l'obtient, mais alors c'est l'objet qui devient l'inessentiel.

Nulle part cette dialectique n'est plus manifeste que dans l'art d'écrire. Car l'objet littéraire est une étrange toupie, qui n'existe qu'en mouvement. Pour la faire surgir, il faut un acte concret qui s'appelle la lecture, et elle ne dure qu'autant que cette lecture peut durer. Hors de là, il n'y a que des tracés noirs sur le papier. Or l'écrivain ne peut pas lire ce qu'il écrit, au lieu que le cordonnier peut chausser les souliers qu'il vient de faire, s'ils sont à sa pointure, et l'architecte habiter la maison qu'il a construite. En lisant, on prévoit, on attend. On prévoit la fin de la phrase, la phrase suivante, la page d'après ; on attend qu'elles confirment ou qu'elles infirment ces prévisions ; la lecture se compose d'une foule d'hypothèses, de rêves suivis de réveils, d'espoirs et de déceptions ; les lecteurs sont toujours en avance sur la phrase qu'ils lisent, dans un avenir seulement probable qui s'écroule en partie et se consolide en partie à mesure qu'ils progressent, qui recule d'une page à l'autre et forme l'horizon mouvant de l'objet littéraire. Sans attente, sans avenir, sans ignorance, pas d'objectivité. Or l'opération d'écrire comporte une quasi-lecture implicite qui rend la vraie lecture impossible. Quand les mots se forment sous sa plume, l'auteur les voit, sans doute, mais il ne les voit pas comme le lecteur puisqu'il les connaît avant de les écrire ; son regard n'a pas pour fonction de réveiller en les frôlant des mots endormis qui attendent d'être lus, mais de contrôler le tracé des signes ; c'est une mission purement régulatrice, en somme, et la vue ici n'apprend rien, sauf de petites erreurs de la main. L'écrivain ne prévoit ni ne conjecture : il *projette*. Il arrive souvent qu'il s'attende, qu'il attende, comme on dit, l'inspiration. Mais on ne s'attend pas comme on attend les autres ; s'il hésite, il sait que l'avenir n'est pas fait, que c'est lui-même qui va le faire, et s'il ignore encore ce qu'il adviendra de son héros, cela veut dire simplement qu'il n'y a pas pensé, qu'il n'a rien décidé ; alors le futur est une page blanche, au lieu que le futur du lecteur ce sont ces deux cents pages surchargées de mots qui le séparent de la fin.

Ainsi l'écrivain ne rencontre partout que *son* savoir, *sa* volonté, *ses* projets, bref, lui-même ; il ne touche jamais qu'à sa propre subjectivité, l'objet qu'il crée est hors d'atteinte, il ne le crée pas *pour lui*. S'il se relit, il est déjà trop tard ; sa phrase ne sera jamais à ses yeux tout à fait une chose. Il va jusqu'aux limites du subjectif mais sans le franchir, il apprécie l'effet d'un trait, d'une maxime, d'un adjectif bien placé ; mais c'est l'effet qu'ils feront sur d'autres ; il peut l'estimer, non le ressentir. Jamais Proust n'a découvert l'homosexualité de Charlus, puisqu'il l'avait décidée avant même d'entreprendre son livre. Et si l'ouvrage prend un jour pour son auteur un semblant d'objectivité, c'est que les années ont passé, qu'il l'a oublié, qu'il n'y entre plus et ne serait sans doute plus capable de l'écrire. Ainsi de Rousseau relisant le *Contrat social* à la fin de sa vie.

Il n'est donc pas vrai qu'on écrive pour soi-même : ce serait le pire échec ; en projetant ses émotions sur le papier, à peine arriverait-on à leur donner un prolongement languissant. L'acte créateur n'est qu'un moment incomplet et abstrait de la production d'une œuvre ; si l'auteur existait seul, il pourrait écrire tant qu'il voudrait, jamais l'œuvre comme *objet* ne verrait le jour et il faudrait qu'il posât la plume ou désespérât. Mais l'opération d'écrire implique celle de lire comme son corrélatif dialectique et ces deux actes connexes nécessitent deux agents distincts. C'est l'effort conjugué de l'auteur et du lecteur qui fera surgir cet objet concret et imaginaire qu'est l'ouvrage de l'esprit. Il n'y a d'art que pour et par autrui.

La lecture, en effet, semble la synthèse de la perception et de la création[a*] ; elle pose à la fois l'essentialité du sujet et celle de l'objet ; l'objet est essentiel parce qu'il est rigoureusement transcendant, qu'il impose ses structures propres et qu'on doit l'attendre et l'observer ; mais le sujet est essentiel aussi parce qu'il est requis non seulement pour dévoiler l'objet (c'est-à-dire faire *qu'il y ait* un objet) mais encore pour que cet objet *soit* absolument (c'est-à-dire pour le produire). En un mot, le lecteur a conscience de dévoiler et de créer à la fois, de dévoiler en créant, de créer par dévoilement. Il ne faudrait pas croire, en effet, que la lecture soit une opération mécanique et qu'il soit impressionné par les signes comme une plaque photographique par la lumière. S'il est distrait, fatigué, sot, étourdi, la plupart des relations lui échapperont, il n'arrivera pas à « faire prendre » l'objet (au sens où l'on dit que le feu « prend » ou « ne prend pas ») ; il tirera de l'ombre des phrases qui paraîtront surgir au petit bonheur. S'il est au meilleur de lui-même, il projettera au-delà des mots une forme synthétique dont chaque phrase ne sera plus qu'une fonction partielle : le « thème », le « sujet » ou le « sens ».

* Voir p. 66. (N.d.É.)

Ainsi, dès le départ, le sens n'est plus contenu dans les mots puisque c'est lui, au contraire, qui permet de comprendre la signification de chacun d'eux ; et l'objet littéraire, quoiqu'il se réalise *à travers* le langage, n'est jamais donné *dans* le langage ; il est au contraire, par nature, silence et contestation de la parole. Aussi les cent mille mots alignés dans un livre peuvent être lus un à un sans que le sens de l'œuvre en jaillisse ; le sens n'est pas la somme des mots, il en est la totalité organique. Rien n'est fait si le lecteur ne se met d'emblée et presque sans guide à la hauteur de ce silence. S'il ne l'invente, en somme, et s'il n'y place et fait tenir ensuite les mots et les phrases qu'il réveille. Et si l'on me dit qu'il conviendrait plutôt d'appeler cette opération une ré-invention ou une découverte, je répondrai que d'abord une pareille réinvention serait un acte aussi neuf et aussi original que l'invention première. Et surtout, lorsqu'un objet n'a jamais existé auparavant, il ne peut s'agir ni de le réinventer ni de le découvrir ; car si le silence dont je parle est bien en effet le but visé par l'auteur, du moins celui-ci ne l'a-t-il jamais connu ; son silence est subjectif et antérieur au langage, c'est l'absence de mots, le silence indifférencié et vécu de l'inspiration, que la parole particularisera ensuite, au lieu que le silence produit par le lecteur est un objet. Et à l'intérieur même de cet objet il y a encore des silences : ce que l'auteur ne dit pas. Il s'agit d'intentions si particulières qu'elles ne pourraient pas garder de sens en dehors de l'objet que la lecture fait paraître ; ce sont elles pourtant qui en font la densité et qui lui donnent son visage singulier. C'est peu de dire qu'elles sont inexprimées : elles sont précisément l'inexprimable. Et pour cela on ne les trouve à aucun moment défini de la lecture ; elles sont partout et nulle part : la qualité de merveilleux du *Grand Meaulnes*, le babylonisme d'*Armance*[20], le degré de réalisme et de vérité de la mythologie de Kafka, tout cela n'est jamais donné ; il faut que le lecteur invente tout dans un perpétuel dépassement de la chose écrite. Sans doute l'auteur le guide ; mais il ne fait que le guider ; les jalons qu'il a posés sont séparés par du vide, il faut les rejoindre, il faut aller au-delà d'eux. En un mot, la lecture est création dirigée. D'une part, en effet, l'objet littéraire n'a d'autre substance que la subjectivité du lecteur : l'attente de Raskolnikoff[21], c'est *mon* attente, que je lui prête ; sans cette impatience du lecteur il ne demeurerait que des signes languissants ; sa haine contre le juge d'instruction qui l'interroge, c'est ma haine, sollicitée, captée par les signes, et le juge d'instruction lui-même, il n'existerait pas sans la haine que je lui porte, à travers Raskolnikoff ; c'est elle qui l'anime, elle est sa chair. Mais d'autre part les mots sont là comme des pièges pour susciter nos sentiments et les réfléchir vers nous ; chaque mot est un chemin de transcendance, il informe nos affections, les nomme, les attribue à un personnage imaginaire qui se charge de les vivre pour nous et qui n'a d'autre substance que ces passions empruntées ; il leur confère des objets, des perspectives, un horizon. Ainsi, pour le lecteur, tout est à faire et tout est déjà fait ; l'œuvre n'existe qu'au niveau exact de ses capacités ; pendant qu'il lit et qu'il crée, il sait qu'il pourrait toujours aller plus loin dans sa lecture, créer plus profondément ; et, par là, l'œuvre lui paraît inépuisable et opaque comme les choses. Cette production absolue de qualités qui, au fur et à mesure qu'elles émanent de notre subjectivité, se figent sous nos yeux en objectivités impersonnelles, nous la rapprocherions volontiers de cette « intuition rationnelle » que Kant réservait à la Raison divine.

Puisque la création ne peut trouver son achèvement que dans la lecture, puisque l'artiste doit confier à un autre le soin d'accomplir ce qu'il a commencé, puisque c'est à travers la conscience du lecteur seulement qu'il peut se saisir comme essentiel à son œuvre, tout ouvrage littéraire est un appel. Écrire, c'est faire appel au lecteur pour qu'il fasse passer à l'existence objective le dévoilement que j'ai entre-

pris par le moyen du langage. Et si l'on demande *à quoi*
l'écrivain fait appel, la réponse est simple. Comme on ne
trouve jamais dans le livre la raison suffisante pour que
l'objet esthétique paraisse, mais seulement des sollicitations
à le produire, comme il n'y a pas non plus assez dans
l'esprit de l'auteur et que sa subjectivité, dont il ne peut sortir, ne peut rendre raison du passage à l'objectivité, l'apparition de l'œuvre d'art est un événement neuf qui ne saurait
s'expliquer par les données antérieures. Et puisque cette
création dirigée est un commencement absolu, elle est donc
opérée par la liberté du lecteur en ce que cette liberté a de
plus pur. Ainsi l'écrivain en appelle à la liberté du lecteur
pour qu'elle collabore à la production de son ouvrage. On
dira sans doute que tous les outils s'adressent à notre
liberté, puisqu'ils sont les instruments d'une action possible
et que, en cela, l'œuvre d'art n'est pas spécifique. Et il est
vrai que l'outil est l'esquisse figée d'une opération. Mais il
demeure au niveau de l'impératif hypothétique : je puis utiliser un marteau pour clouer une caisse ou pour assommer
mon voisin. Tant que je le considère en lui-même, il n'est
pas un appel à ma liberté, il ne me place pas en face d'elle,
il vise plutôt à la servir en remplaçant l'invention libre des
moyens par une succession libre de conduites traditionnelles. Le livre ne sert pas ma liberté, il la requiert.

On ne saurait en effet s'adresser à une liberté en tant
que telle par la contrainte, la fascination ou les suppliques.
Pour l'atteindre, il n'est qu'un procédé : la reconnaître
d'abord, puis lui faire confiance ; enfin exiger d'elle un
acte, au nom d'elle-même, c'est-à-dire au nom de cette
confiance qu'on lui porte. Ainsi le livre n'est pas, comme
l'outil, un moyen en vue d'une fin quelconque : il se propose comme fin à la liberté du lecteur. Et l'expression kantienne de « finalité sans fin » me paraît tout à fait impropre
à désigner l'œuvre d'art. Elle implique, en effet, que l'objet
esthétique présente seulement l'apparence d'une finalité et
se borne à solliciter le jeu libre et réglé de l'imagination.

C'est oublier que l'imagination du spectateur n'a pas seulement une fonction régulatrice mais constitutive ; elle ne joue pas, elle est appelée à recomposer l'objet beau pardelà les traces laissées par l'artiste. L'imagination, pas plus que les autres fonctions de l'esprit, ne peut jouir d'elle-même ; elle est toujours dehors, toujours engagée dans une entreprise. Il y aurait finalité sans fin si quelque objet offrait une ordonnance si réglée qu'il invitât à lui supposer une fin alors même que nous ne pourrions pas lui en assigner. En définissant le beau de cette manière on pourra — et c'est bien le but de Kant — assimiler la beauté de l'art à la beauté naturelle, puisqu'une fleur, par exemple, présente tant de symétrie, des couleurs si harmonieuses, des courbes si régulières qu'on est immédiatement tenté de chercher une explication finaliste à toutes ces propriétés et d'y voir autant de moyens disposés en vue d'une fin inconnue. Mais c'est justement l'erreur : la beauté de la nature n'est en rien comparable à celle de l'art. L'œuvre d'art *n'a pas* de fin, nous en sommes d'accord avec Kant. Mais c'est qu'elle *est* une fin. La formule kantienne ne rend pas compte de l'appel qui résonne au fond de chaque tableau, de chaque statue, de chaque livre. Kant croit que l'œuvre existe d'abord en fait et qu'elle est vue ensuite. Au lieu qu'elle n'existe que si on la *regarde* et qu'elle est d'abord pur appel, pure exigence d'exister. Elle n'est pas un instrument dont l'existence est manifeste et la fin bien déterminée : elle se présente comme une tâche à remplir, elle se place d'emblée au niveau de l'impératif catégorique. Vous êtes parfaitement libres de laisser ce livre sur la table. Mais si vous l'ouvrez, vous en assumez la responsabilité. Car la liberté ne s'éprouve pas dans la jouissance du fonctionnement subjectif mais dans un acte créateur requis par un impératif. Cette fin absolue, cet impératif transcendant et pourtant consenti, repris à son compte par la liberté même, c'est ce qu'on nomme une valeur. L'œuvre d'art est valeur, parce qu'elle est appel.

Si j'en appelle à mon lecteur pour qu'il mène à bien l'entreprise que j'ai commencée, il va de soi que je le considère comme liberté pure, pur pouvoir créateur, activité inconditionnée ; je ne saurais donc en aucun cas m'adresser à sa passivité, c'est-à-dire tenter de *l'affecter*, de lui communiquer d'emblée des émotions de peur, de désir ou de colère. Sans doute y a-t-il des auteurs qui se préoccupent uniquement de provoquer ces émotions, parce qu'elles sont prévisibles, gouvernables, et qu'ils disposent de moyens éprouvés qui les suscitent à coup sûr. Mais il est vrai aussi qu'on le leur reproche, comme on a fait à Euripide dès l'Antiquité parce qu'il faisait paraître des enfants sur la scène. Dans la passion la liberté est aliénée ; engagée abruptement dans des entreprises partielles, elle perd de vue sa tâche qui est de produire une fin absolue. Et le livre n'est plus qu'un moyen pour entretenir la haine ou le désir. L'écrivain ne doit pas chercher à *bouleverser*, sinon il est en contradiction avec lui-même ; s'il veut *exiger*, il faut qu'il propose seulement la tâche à remplir. De là ce caractère de *pure présentation* qui paraît essentiel à l'œuvre d'art : le lecteur doit disposer d'un certain recul esthétique. C'est ce que Gautier a confondu sottement avec « l'art pour l'art », et les Parnassiens avec l'impassibilité de l'artiste. Il s'agit seulement d'une précaution, et Genet la nomme plus justement politesse de l'auteur envers le lecteur. Mais cela ne veut pas dire que l'écrivain fasse appel à je ne sais quelle liberté abstraite et conceptuelle. C'est bien avec des sentiments qu'on recrée l'objet esthétique ; s'il est touchant, il n'apparaît qu'à travers nos pleurs ; s'il est comique, il sera reconnu par le rire. Seulement, ces sentiments sont d'une espèce particulière : ils ont la liberté pour origine ; ils sont prêtés. Il n'est pas jusqu'à la croyance que j'accorde au récit qui ne soit librement consentie. C'est une Passion, au sens chrétien du mot, c'est-à-dire une liberté qui se met résolument en état de passivité pour obtenir par ce sacrifice un certain effet transcendant. Le lecteur se fait crédule, il descend dans la crédulité et celle-ci, bien qu'elle finisse par se refermer sur lui comme un songe, s'accompagne à chaque instant de la conscience d'être libre. On a voulu enfermer les auteurs dans ce dilemme : « ou l'on croit à votre histoire, et c'est intolérable ; ou l'on n'y croit point, et c'est ridicule. » Mais l'argument est absurde, car le propre de la conscience esthétique c'est d'être croyance par engagement, par serment, croyance continuée par fidélité à soi et à l'auteur, choix perpétuellement renouvelé de croire. À chaque instant je puis m'éveiller et je le sais ; mais je ne le veux pas : la lecture est un rêve libre. En sorte que tous les sentiments qui se jouent sur le fond de cette croyance imaginaire sont comme des modulations particulières de ma liberté ; loin de l'absorber ou de la masquer, ils sont autant de façons qu'elle a choisies de se révéler à elle-même. Raskolnikoff, je l'ai dit, ne serait qu'une ombre sans le mélange de répulsion et d'amitié que j'éprouve pour lui et qui le fait vivre. Mais, par un renversement qui est le propre de l'objet imaginaire, ce ne sont pas ses conduites qui provoquent mon indignation ou mon estime, mais mon indignation, mon estime, qui donnent de la consistance et de l'objectivité à ses conduites. Ainsi les affections du lecteur ne sont-elles jamais dominées par l'objet et, comme nulle réalité extérieure ne peut les conditionner, elles ont leur source permanente dans la liberté, c'est-à-dire qu'elles sont toutes généreuses — car je nomme généreuse une affection qui a la liberté pour origine et pour fin. Ainsi la lecture est-elle un exercice de générosité ; et ce que l'écrivain réclame du lecteur, ce n'est pas l'application d'une liberté abstraite, mais le don de toute sa personne, avec ses passions, ses préventions, ses sympathies, son tempérament sexuel, son échelle des valeurs. Seulement, cette personne se donnera avec générosité, la liberté la traverse de part en part et vient transformer les masses les plus obscures de sa sensibilité. Et comme l'activité s'est faite passive pour mieux créer l'objet, réciproquement la

passivité devient acte, l'homme qui lit s'est élevé au plus
haut. C'est pourquoi l'on voit des gens réputés pour leur
dureté verser des larmes au récit d'infortunes imaginaires ;
ils étaient devenus pour un moment ce qu'ils auraient été
s'ils n'avaient passé leur vie à se masquer leur liberté.

Ainsi l'auteur écrit pour s'adresser à la liberté des lecteurs et il la requiert de faire exister son œuvre. Mais il ne
se borne pas là et il exige en outre qu'ils lui retournent cette
confiance qu'il leur a donnée, qu'ils reconnaissent sa liberté
créatrice et qu'ils la sollicitent à leur tour par un appel
symétrique et inverse. Ici apparaît en effet l'autre paradoxe
dialectique de la lecture : plus nous éprouvons notre liberté,
plus nous reconnaissons celle de l'autre ; plus il exige de
nous et plus nous exigeons de lui.

Lorsque je m'enchante d'un paysage, je sais fort bien
que ce n'est pas moi qui le crée, mais je sais aussi que sans
moi, les relations qui s'établissent sous mes yeux entre les
arbres, les feuillages, la terre, les herbes, n'existeraient pas
du tout. Cette apparence de finalité que je découvre dans
l'assortiment des teintes, dans l'harmonie des formes et
des mouvements provoqués par le vent, je sais bien que je
ne puis pas en rendre raison. Elle existe pourtant, elle est
là sous ma vue et, après tout, je ne puis faire *qu'il y ait* de
l'être que si l'être *est* déjà ; mais, si même je crois en Dieu,
je ne puis établir aucun passage, sinon purement verbal,
entre l'universelle sollicitude divine et le spectacle particulier que je considère : dire qu'il a fait le paysage pour me
charmer ou qu'il m'a fait tel que je m'y plaise, c'est prendre une question pour une réponse. Le mariage de ce bleu
et de ce vert est-il voulu ? Comment le saurais-je ? L'idée
d'une providence universelle ne peut garantir aucune intention singulière, surtout dans le cas considéré, puisque le
vert de l'herbe s'explique par des lois biologiques, des constances spécifiques, un déterminisme géographique, tandis
que le bleu de l'eau trouve sa raison dans la profondeur de
la rivière, dans la nature des terrains, dans la rapidité du

courant. L'appariage des teintes, s'il est voulu, ne peut l'être que *par-dessus le marché*, c'est la rencontre de deux séries causales, c'est-à-dire, à première vue, un fait de hasard. Au mieux, la finalité demeure problématique. Tous les rapports que nous établissons restent des hypothèses ; aucune fin ne se propose à nous à la façon d'un impératif, puisque aucune ne se révèle expressément comme ayant été voulue par un créateur. Du coup notre liberté n'est jamais *appelée* par la beauté naturelle. Ou plutôt il y a dans l'ensemble des feuillages, des formes, des mouvements, une apparence d'ordre, donc une illusion d'appel qui semble solliciter cette liberté et qui s'évanouit aussitôt sous le regard. À peine avons-nous commencé de parcourir des yeux cette ordonnance que l'appel disparaît : nous restons seuls, libres de nouer ensemble cette couleur avec cette autre ou cette troisième, de mettre en liaison l'arbre et l'eau ou l'arbre et le ciel, ou l'arbre, l'eau et le ciel. Ma liberté devient caprice : à mesure que j'établis des relations nouvelles, je m'éloigne davantage de l'illusoire objectivité qui me sollicitait, je *rêve* sur certains motifs vaguement esquissés par les choses, la réalité naturelle n'est plus qu'un prétexte à songeries. Ou alors, pour avoir profondément regretté que cette ordonnance un instant perçue ne m'ait été offerte par personne et ne soit, par conséquent, pas *vraie*, il arrive que je fixe mon rêve, que je le transpose sur une toile, dans un écrit. Ainsi je m'entremets entre la finalité sans fin qui paraît dans les spectacles naturels et le regard des autres hommes ; je la leur transmets ; par cette transmission elle devient humaine ; l'art est ici une cérémonie du *don* et le seul don opère une métamorphose : il y a là comme la transmission des titres et des pouvoirs dans le matronymat, où la mère ne possède pas les noms mais demeure l'intermédiaire indispensable entre l'oncle et le neveu. Puisque j'ai capté au passage cette illusion ; puisque je la tends aux autres hommes et que je l'ai dégagée, repensée pour eux, ils peuvent la considérer avec confiance : elle est devenue intentionnelle. Quant à moi, bien sûr, je demeure à la lisière de la subjectivité et de l'objectif sans pouvoir jamais contempler l'ordonnance objective que je transmets.

Le lecteur, au contraire, progresse dans la sécurité. Aussi loin qu'il puisse aller, l'auteur est allé plus loin que lui. Quels que soient les rapprochements qu'il établisse entre les différentes parties du livre — entre les chapitres ou entre les mots — il possède une garantie : c'est qu'ils ont été expressément voulus. Il peut même, comme dit Descartes, feindre qu'il y ait un ordre secret entre des parties qui ne semblaient point avoir de rapports entre elles ; le créateur l'a précédé dans cette voie et les plus beaux désordres sont effets de l'art, c'est-à-dire ordre encore. La lecture est induction, interpolation, extrapolation, et le fondement de ces activités repose dans la volonté de l'auteur, comme on a cru longtemps que celui de l'induction scientifique reposait dans la volonté divine. Une force douce nous accompagne et nous soutient de la première page à la dernière. Cela ne veut pas dire que nous déchiffrions aisément les intentions de l'artiste : elles font l'objet, nous l'avons dit, de conjectures et il y a une *expérience* du lecteur ; mais ces conjectures sont étayées par la grande certitude où nous sommes que les beautés qui paraissent dans le livre ne sont jamais l'effet de rencontres. L'arbre et le ciel, dans la nature, ne s'harmonisent que par hasard ; si, au contraire, dans le roman, les héros se trouvent dans *cette* tour, dans *cette* prison, s'ils se promènent dans *ce* jardin, il s'agit à la fois de la restitution de séries causales indépendantes (le personnage avait un certain état d'âme dû à une succession d'événements psychologiques et sociaux ; d'autre part, il se rendait en un lieu déterminé et la configuration de la ville l'obligeait à traverser un certain parc) et de l'expression d'une finalité plus profonde, car le parc n'est venu à l'existence que *pour* s'harmoniser avec un certain état d'âme, pour l'exprimer au moyen de choses ou pour le mettre en relief par un vif contraste ; et l'état d'âme lui-même, il a été conçu en liaison avec le paysage. Ici c'est la causalité qui est l'apparence et qu'on pourrait nommer « causalité sans cause », et c'est la finalité qui est la réalité profonde. Mais si je puis ainsi mettre en toute confiance l'ordre des fins sous l'ordre des causes, c'est que j'affirme en ouvrant le livre que l'objet tire sa source de la liberté humaine. Si je devais soupçonner l'artiste d'avoir écrit par passion et dans la passion, ma confiance s'évanouirait aussitôt, car il ne servirait à rien d'avoir étayé l'ordre des causes par l'ordre des fins ; celui-ci serait supporté à son tour par une causalité psychique et, pour finir, l'œuvre d'art rentrerait dans la chaîne du déterminisme. Je ne nie pas, certes, lorsque je lis, que l'auteur puisse être passionné, ni même qu'il ait pu concevoir le premier dessin de son ouvrage sous l'empire de la passion. Mais sa décision d'écrire suppose qu'il prenne du recul par rapport à ses affections ; en un mot, qu'il ait transformé ses émotions en émotions libres, comme je fais des miennes en le lisant, c'est-à-dire qu'il soit en attitude de générosité.

Ainsi la lecture est un pacte de générosité entre l'auteur et le lecteur ; chacun fait confiance à l'autre, chacun compte sur l'autre, exige de l'autre autant qu'il exige de lui-même. Car cette confiance est elle-même générosité : nul ne peut obliger l'auteur à croire que son lecteur usera de sa liberté ; nul ne peut obliger le lecteur à croire que l'auteur a usé de la sienne. C'est une décision libre qu'ils prennent l'un et l'autre. Il s'établit alors un va-et-vient dialectique ; quand je lis, j'exige ; ce que je lis alors, si mes exigences sont remplies, m'incite à exiger davantage de l'auteur, ce qui signifie : à exiger de l'auteur qu'il exige davantage de moi-même. Et réciproquement l'exigence de l'auteur c'est que je porte au plus haut degré mes exigences. Ainsi ma liberté en se manifestant dévoile la liberté de l'autre.

Il importe peu que l'objet esthétique soit le produit d'un art « réaliste » (ou prétendu tel) ou d'un art « formel ». De

toute façon, les rapports naturels sont inversés ; cet arbre,
au premier plan du tableau de Cézanne, apparaît d'abord
comme le produit d'un enchaînement causal. Mais la causalité est une illusion ; elle demeurera sans doute comme
une proposition tant que nous regarderons le tableau, mais
elle sera supportée par une finalité profonde : si l'arbre est
ainsi placé, c'est parce que le reste du tableau *exigeait*
qu'on plaçât au premier plan cette forme et ces couleurs.
Ainsi, à travers la causalité phénoménale, notre regard
atteint la finalité, comme la structure profonde de l'objet et,
au-delà de la finalité, il atteint la liberté humaine comme sa
source et son fondement originel. Le réalisme de Vermeer
est si poussé qu'on pourrait croire d'abord qu'il est photographique. Mais si l'on vient à considérer la splendeur de
sa matière, la gloire rose et veloutée de ses petits murs de
brique, l'épaisseur bleue d'une branche de chèvrefeuille,
l'obscurité vernie de ses vestibules, la chair orangée de ses
visages polis comme la pierre des bénitiers, on sent tout à
coup, au plaisir qu'on éprouve, que la finalité n'est pas tant
dans les formes ou dans les couleurs que dans son imagination matérielle ; c'est la substance même et la pâte des choses qui est ici la raison d'être de leurs formes ; avec ce
réaliste nous sommes peut-être le plus près de la création
absolue puisque c'est dans la passivité même de la matière
que nous rencontrons l'insondable liberté de l'homme.

Or ce n'est jamais à l'objet peint, sculpté ou raconté que
l'œuvre se limite ; de même qu'on ne perçoit les choses que
sur le fond du monde, de même les objets représentés par
l'art paraissent sur le fond de l'univers. À l'arrière-plan des
aventures de Fabrice, il y a l'Italie de 1820, l'Autriche et la
France, et le ciel avec ses astres que consulte l'abbé
Blanès[22] et finalement la terre entière. Si le peintre nous
présente un champ ou un vase de fleurs, ses tableaux sont
des fenêtres ouvertes sur le monde entier ; ce chemin rouge
qui s'enfonce entre les blés, nous le suivons bien plus loin
que Van Gogh ne l'a peint, entre d'autres champs de blé,

sous d'autres nuages, jusqu'à une rivière qui se jette dans la mer ; et nous prolongeons à l'infini, jusqu'à l'autre bout du monde, la finalité profonde qui soutient l'existence des champs et de la terre. En sorte que, à travers les quelques objets qu'il produit ou reproduit, c'est à une reprise totale du monde que vise l'acte créateur. Chaque tableau, chaque livre est une récupération de la totalité de l'Être ; chacun d'eux présente cette totalité à la liberté du spectateur. Car c'est bien le but final de l'art : récupérer ce monde-ci en le donnant à voir tel qu'il est, mais comme s'il avait sa source dans la liberté humaine. Mais, comme ce que l'auteur crée ne prend de réalité objective qu'aux yeux du spectateur, c'est par la cérémonie du spectacle — et singulièrement de la lecture — que cette récupération est consacrée. Nous sommes déjà mieux en mesure de répondre à la question que nous posions tout à l'heure : l'écrivain choisit d'en appeler à la liberté des autres hommes pour que, par les implications réciproques de leurs exigences, ils réapproprient la totalité de l'Être à l'homme et referment l'humanité sur l'univers.

Si nous voulons aller plus loin, il faut nous rappeler que l'écrivain, comme tous les autres artistes, vise à donner à ses lecteurs une certaine affection que l'on a coutume de nommer plaisir esthétique et que je nommerais plus volontiers, pour ma part, joie esthétique ; et que cette affection, lorsqu'elle paraît, est signe que l'œuvre est accomplie. Il convient donc de l'examiner à la lumière des considérations qui précèdent. Cette joie, en effet, qui est refusée au créateur en tant qu'il crée, ne fait qu'un avec la conscience esthétique du spectateur, c'est-à-dire, dans le cas qui nous occupe, du lecteur. C'est un sentiment complexe mais dont les structures se conditionnent les unes les autres et sont inséparables. Il ne fait qu'un, d'abord, avec la reconnaissance d'une fin transcendante et absolue qui suspend pour un moment la cascade utilitaire des fins-moyens et des moyens-fins[b], c'est-à-dire d'un appel ou, ce qui revient au même, d'une valeur. Et la conscience positionnelle que je prends de cette valeur s'accompagne nécessairement de la conscience non positionnelle de ma liberté, puisque c'est par une exigence transcendante que la liberté se manifeste à elle-même. La reconnaissance de la liberté par elle-même est joie mais cette structure de la conscience non-thétique en implique une autre : puisque, en effet, la lecture est création, ma liberté ne s'apparaît pas seulement comme pure autonomie, mais comme activité créatrice, c'est-à-dire qu'elle ne se borne pas à se donner sa propre loi mais qu'elle se saisit comme constitutive de l'objet. À ce niveau se manifeste le phénomène proprement esthétique, c'est-à-dire une création où l'objet créé est donné *comme objet* à son créateur ; c'est le cas unique où le créateur a jouissance de l'objet qu'il crée. Et le mot de jouissance qui s'applique à la conscience positionnelle de l'œuvre lue indique assez que nous sommes en présence d'une structure essentielle de la joie esthétique. Cette jouissance positionnelle s'accompagne de la conscience non positionnelle d'être essentiel par rapport à un objet saisi comme essentiel ; je nommerai cet aspect de la conscience esthétique : sentiment de sécurité ; c'est lui qui empreint d'un calme souverain les émotions esthétiques les plus fortes ; il a pour origine la constatation d'une harmonie rigoureuse entre la subjectivité et l'objectivité. Comme, d'autre part, l'objet esthétique est proprement le monde en tant qu'il est visé à travers des imaginaires, la joie esthétique accompagne la conscience positionnelle que le monde est une valeur, c'est-à-dire une tâche proposée à la liberté humaine. Et c'est ce que je nommerai modification esthétique du projet humain, car à l'ordinaire le monde apparaît comme l'horizon de notre situation, comme la distance infinie qui nous sépare de nous-mêmes, comme la totalité synthétique du donné, comme l'ensemble indifférencié des obstacles et des ustensiles — mais jamais comme une exigence qui s'adresse à notre liberté. Ainsi la joie esthétique provient-elle, à ce niveau, de la conscience que je prends de récupérer et d'intérioriser ce qui est le non-moi par excellence, puisque je transforme le donné en impératif et le fait en valeur : le monde est *ma* tâche, c'est-à-dire que la fonction essentielle et librement consentie de ma liberté est précisément de faire venir à l'être dans un mouvement inconditionné l'objet unique et absolu qu'est l'univers. Et, troisièmement, les structures précédentes impliquent un pacte entre les libertés humaines car, d'une part, la lecture est reconnaissance confiante et exigeante de la liberté de l'écrivain et, d'autre part, le plaisir esthétique, comme il est ressenti lui-même sous l'aspect d'une valeur, enveloppe une exigence absolue à l'égard d'autrui ; celle que tout homme, en tant qu'il est liberté, éprouve le même plaisir en lisant le même ouvrage. Ainsi l'humanité tout entière est présente dans sa plus haute liberté, elle soutient à l'être un monde qui est à la fois *son* monde et le monde « extérieur ». Dans la joie esthétique, la conscience positionnelle est conscience *imageante* du monde dans sa totalité comme être et devoir-être à la fois, à la fois comme totalement nôtre et totalement étranger, et d'autant plus nôtre qu'il est plus étranger. La conscience non positionnelle enveloppe *réellement* la totalité harmonieuse des libertés humaines en tant qu'elle fait l'objet d'une confiance et d'une exigence universelle.

Écrire, c'est donc à la fois dévoiler le monde et le proposer comme une tâche à la générosité du lecteur. C'est recourir à la conscience d'autrui pour se faire reconnaître comme *essentiel* à la totalité de l'Être ; c'est vouloir vivre cette essentialité par personnes interposées ; mais comme, d'autre part, le monde réel ne se révèle qu'à l'action, comme on ne peut s'y sentir qu'en le dépassant pour le changer, l'univers du romancier manquerait d'épaisseur si on ne le découvrait dans un mouvement pour le transcender. On l'a souvent remarqué, un objet, dans un récit, ne tire pas sa densité d'existence du nombre et de la longueur des descriptions qu'on y consacre, mais de la complexité de ses liens avec les différents personnages ; il paraîtra d'autant plus réel qu'il sera plus souvent manié, pris et reposé, bref, dépassé par les personnages vers leurs propres fins. Ainsi du monde romanesque, c'est-à-dire de la totalité des choses et des hommes : pour qu'il offre son maximum de densité, il faut que le dévoilement-création par quoi le lecteur le découvre soit aussi engagement imaginaire dans l'action ; autrement dit, plus on aura de goût à le changer et plus il sera vivant. L'erreur du réalisme a été de croire que le réel se révélait à la contemplation et que, en conséquence, on en pouvait faire une peinture impartiale. Comment serait-ce possible puisque la perception même est partiale, puisque, à elle seule, la nomination est déjà modification de l'objet ? Et comment l'écrivain, qui se veut essentiel à l'univers, pourrait-il vouloir l'être aux injustices que cet univers renferme ? Il faut qu'il le soit pourtant ; mais s'il accepte d'être créateur d'injustices, c'est dans un mouvement qui les dépasse vers leur abolition. Quant à moi qui lis, si je crée et maintiens à l'existence un monde injuste, je ne puis faire que je ne m'en rende responsable. Et tout l'art de l'auteur est pour m'obliger à _créer_ ce qu'il _dévoile_, donc à me compromettre. À nous deux, voilà que nous portons la responsabilité de l'univers. Et précisément parce que cet univers est soutenu par l'effort conjugué de nos deux libertés, et que l'auteur a tenté par mon intermédiaire de l'intégrer à l'humain, il faut qu'il apparaisse vraiment _en lui-même_, dans sa pâte la plus profonde, comme traversé de part en part et soutenu par une liberté qui a pris pour fin la liberté humaine et, s'il n'est pas vraiment la cité des fins qu'il doit être, il faut au moins qu'il soit une étape vers elle, en un mot il faut qu'il soit un devenir et qu'on le considère et présente toujours, non comme une masse écrasante qui pèse sur nous, mais du point de vue de son dépassement vers cette cité des fins ; il faut que l'ouvrage, si méchante et si désespérée que soit l'humanité qu'il peint, ait un air de générosité. Non, certes, que cette générosité se doive exprimer par des discours édifiants et par des personnages vertueux : elle ne doit pas même être préméditée et il est bien vrai qu'on ne fait pas de bons livres avec de bons sentiments. Mais elle doit être la trame même du livre, l'étoffe où sont taillés les gens et les choses : quel que soit le sujet, une sorte de légèreté essentielle doit paraître partout et rappeler que l'œuvre n'est jamais une donnée naturelle mais une *exigence* et un *don*. Et si l'on me donne ce monde avec ses injustices, ce n'est pas pour que je contemple celles-ci avec froideur, mais pour que je les anime de mon indignation et que je les dévoile et les crée avec leur nature d'injustices, c'est-à-dire d'abus-devant-être-supprimés.

Ainsi l'univers de l'écrivain ne se dévoilera dans toute sa profondeur qu'à l'examen, à l'admiration, à l'indignation du lecteur ; et l'amour généreux est serment de maintenir, et l'indignation généreuse est serment de changer, et l'admiration serment d'imiter ; bien que la littérature soit une chose et la morale une tout autre chose, au fond de l'impératif esthétique nous discernons l'impératif moral. Car puisque celui qui écrit reconnaît, par le fait même qu'il se donne la peine d'écrire, la liberté de ses lecteurs et puisque celui qui lit, du seul fait qu'il ouvre le livre, reconnaît la liberté de l'écrivain, l'œuvre d'art, de quelque côté qu'on la prenne, est un acte de confiance dans la liberté des hommes. Et puisque les lecteurs comme l'auteur ne reconnaissent cette liberté que pour exiger qu'elle se manifeste, l'œuvre peut se définir comme une présentation imaginaire du monde en tant qu'il exige la liberté humaine. De quoi résulte d'abord qu'il n'y a pas de littérature noire, puisque si sombres que soient les couleurs dont on peint le monde, on le peint pour que des hommes éprouvent devant lui leur liberté. Ainsi n'y a-t-il que de bons et de mauvais romans. Et le mauvais roman est celui qui vise à plaire en flattant au lieu que le bon est une exigence et un acte de foi. Mais surtout l'unique aspect sous lequel l'artiste peut présenter le monde à ces libertés dont il veut réaliser l'accord, c'est celui d'un monde à imprégner toujours davantage de liberté. Il ne serait pas concevable que ce déchaînement de générosité que l'écrivain provoque soit employé à consacrer une injustice et que le lecteur jouisse de sa liberté en lisant un ouvrage qui approuve ou accepte ou simplement s'abstienne de condamner l'asservissement de l'homme par l'homme. On peut imaginer qu'un bon roman soit écrit par un Noir américain même si la haine des Blancs s'y étale parce que, à travers cette haine, c'est la liberté de sa race qu'il réclame. Et comme il m'invite à prendre l'attitude de la générosité, je ne saurais souffrir, au moment où je m'éprouve comme liberté pure, de m'identifier avec une race d'oppression. C'est donc contre la race blanche et contre moi-même en tant que j'en fais partie que je réclame de toutes les libertés qu'elles revendiquent la libération des hommes de couleur. Mais personne ne saurait supposer un instant qu'on puisse écrire un bon roman à la louange de l'antisémitisme[c]. Car on ne peut exiger de moi, dans le moment où j'éprouve que ma liberté est indissolublement liée à celle de tous les autres hommes, que je l'emploie à approuver l'asservissement de quelques-uns d'entre eux. Ainsi, qu'il soit essayiste, pamphlétaire, satiriste ou romancier, qu'il parle seulement des passions individuelles ou qu'il s'attaque au régime de la société, l'écrivain, homme libre s'adressant à des hommes libres, n'a qu'un seul sujet : la liberté.

Dès lors, toute tentative d'asservir ses lecteurs le menace dans son art même. Un forgeron, c'est dans sa vie d'homme que le fascisme l'atteindra mais pas nécessairement dans son métier : un écrivain, c'est dans l'une et dans l'autre, plus encore dans le métier que dans la vie. J'ai vu des auteurs qui, avant la guerre, appelaient le fascisme de tous leurs vœux, frappés de stérilité dans le moment même que les nazis les comblaient d'honneurs. Je pense surtout à Drieu la Rochelle : il s'est trompé mais il était sincère, il l'a prouvé. Il avait accepté de diriger une revue inspirée[23]. Les premiers mois il admonestait, chapitrait, sermonnait ses compatriotes. Personne ne lui répondit : c'est parce qu'on n'était plus libre de le faire. Il en témoigna de l'humeur, il ne *sentait* plus ses lecteurs. Il se montra plus pressant mais aucun signe ne vint lui prouver qu'il avait été compris. Aucun signe de haine, ni de colère non plus : rien. Il parut désorienté, en proie à une agitation grandissante, il se plaignit amèrement aux Allemands ; ses articles étaient superbes, ils devinrent aigres ; le moment arriva où il se frappa la poitrine : nul écho, sauf chez les journalistes vendus qu'il méprisait. Il offrit sa démission, la reprit, parla encore, toujours dans le désert. Finalement il se tut, bâillonné par le silence des autres. Il avait réclamé leur asservissement mais, dans sa tête folle, il avait dû l'imaginer volontaire, libre encore ; il vint ; l'homme en lui s'en félicita bien haut, mais l'écrivain ne put le supporter. Au même moment d'autres, qui furent heureusement le plus grand nombre, comprenaient que la liberté d'écrire implique la liberté du citoyen. On n'écrit pas pour des esclaves. L'art de la prose est solidaire du seul régime où la prose garde un sens : la démocratie. Quand l'une est menacée, l'autre l'est aussi. Et ce n'est pas assez que de les défendre par la plume. Un jour vient où la plume est contrainte de s'arrêter et il faut alors que l'écrivain prenne les armes. Ainsi de quelque façon que vous y soyez venu, quelles que soient les opinions que vous avez professées, la littérature vous jette dans la bataille ; écrire c'est une certaine façon de vouloir la liberté ; si vous avez commencé, de gré ou de force vous êtes engagé.

Engagé à quoi ? demandera-t-on. Défendre la liberté, c'est vite dit. S'agit-il de se faire le gardien des valeurs idéales, comme le clerc de Benda avant la trahison[24], ou bien est-ce la liberté concrète et quotidienne qu'il faut protéger, en prenant parti dans les luttes politiques et sociales ? La question est liée à une autre, fort simple en apparence mais qu'on ne se pose jamais : « Pour qui écrit-on ? »

NOTES DE L'AUTEUR

a. Il en est de même à des degrés divers pour l'attitude du spectateur en face des autres œuvres d'art (tableaux, symphonies, statues, etc.).

b. Dans la vie pratique, chaque moyen est susceptible d'être pris pour fin, dès lors qu'on le recherche, et chaque fin se révèle moyen d'atteindre une autre fin.

c. On s'est ému de cette dernière remarque. Je demande donc qu'on me cite un seul bon roman dont le propos exprès fut de servir à l'oppression, un seul qui fut écrit contre les Juifs, contre les Noirs, contre les ouvriers, contre les peuples colonisés. « S'il n'y en a pas, dira-t-on, ce n'est pas une raison pour qu'on n'en écrive pas un jour. » Mais vous avouez alors que vous êtes un théoricien abstrait. Vous, pas moi. Car c'est au nom de votre conception abstraite de l'art que vous affirmez la possibilité d'un fait qui ne s'est jamais produit, au lieu que je me borne à proposer une explication pour un fait reconnu[25].

III
Pour qui écrit-on ?

À première vue, cela ne fait pas de doute : on écrit pour le lecteur universel ; et nous avons vu, en effet, que l'exigence de l'écrivain s'adresse en principe à *tous* les hommes. Mais les descriptions qui précèdent sont idéales. En fait l'écrivain sait qu'il parle pour des libertés enlisées, masquées, indisponibles ; et sa liberté même n'est pas si pure, il faut qu'il la nettoie ; il écrit aussi pour la nettoyer. Il est dangereusement facile de parler trop vite des valeurs éternelles : les valeurs éternelles sont fort décharnées. La liberté même, si on la considère *sub specie aeternitatis*, paraît un rameau desséché : car elle est, comme la mer, toujours recommencée ; elle n'est rien d'autre que le mouvement par quoi perpétuellement on s'arrache et se libère. Il n'y a pas de liberté donnée ; il faut se conquérir sur les passions, sur la race, sur la classe, sur la nation et conquérir avec soi les autres hommes. Mais ce qui compte, en ce cas, c'est la figure singulière de l'obstacle à enlever, de la résistance à vaincre, c'est elle qui donne, en chaque circonstance, sa figure à la liberté. Si l'écrivain a choisi, comme le veut Benda, de radoter, il peut parler en belles périodes de cette liberté éternelle que réclament à la fois le national-socialisme, le communisme stalinien et les démocraties capitalistes. Il ne gênera personne ; il ne s'adressera à personne : on lui a accordé d'avance tout ce qu'il demande.

Mais c'est un rêve abstrait, qu'il le veuille ou non, et même s'il guigne des lauriers éternels, l'écrivain parle à ses contemporains, à ses compatriotes, à ses frères de race ou de classe. On n'a pas assez remarqué, en effet, qu'un ouvrage de l'esprit est naturellement *allusif.* Même si le propos de l'auteur est de donner la représentation la plus complète de son objet, il n'est jamais question qu'il raconte *tout*, il sait plus de choses encore qu'il n'en dit. C'est que le langage est ellipse. Si je veux signaler à mon voisin qu'une guêpe est entrée par la fenêtre, il n'y faut pas de longs discours. « Attention ! » ou « là ! » — un mot suffit, un geste — dès qu'il la voit, tout est fait. À supposer qu'un disque nous reproduisît sans commentaires les conversations quotidiennes d'un ménage de Provins ou d'Angoulême, nous n'y entendrions rien : il y manquerait le *contexte*, c'est-à-dire les souvenirs communs et les perceptions communes, la situation du couple et ses entreprises, bref le monde tel que chacun des interlocuteurs sait qu'il apparaît à l'autre. Ainsi de la lecture : les gens d'une même époque et d'une même collectivité, qui ont vécu les mêmes événements, qui se posent ou qui éludent les mêmes questions, ont un même goût dans la bouche, ils ont les uns avec les autres une même complicité et il y a entre eux les mêmes cadavres. C'est pourquoi il ne faut pas tant écrire : il y a des mots-clés. Si je raconte l'occupation allemande à un public américain, il faudra beaucoup d'analyses et de précautions ; je perdrai vingt pages à dissiper des préventions, des préjugés, des légendes ; après il faudra que j'assure mes positions à chaque pas, que je cherche dans l'histoire des États-Unis des images et des symboles qui permettent de comprendre la nôtre, que je garde tout le temps présente à mon esprit la différence entre notre pessimisme de vieux et leur optimisme d'enfants. Si j'écris du même sujet pour les Français, nous sommes entre nous : il suffit de ces mots, par exemple : « un concert de musique militaire allemande dans le kiosque d'un jardin public », tout est là : un aigre printemps, un parc de province, des hommes au crâne rasé qui soufflent dans des cuivres, des passants aveugles et sourds qui pressent le pas, deux ou trois auditeurs renfrognés sous les arbres, cette aubade inutile à la France qui se perd dans le ciel, notre honte et notre angoisse, notre colère, notre fierté aussi.

Ainsi le lecteur auquel je m'adresse n'est ni Micromégas ni l'Ingénu[26], ni non plus Dieu le père. Il n'a pas l'ignorance du bon sauvage, à qui l'on doit tout expliquer à partir des principes, ce n'est pas un esprit ni une table rase. Il n'a pas non plus l'omniscience d'un ange ou du Père Éternel, je lui dévoile certains aspects de l'univers, je profite de ce qu'il sait pour tenter de lui apprendre ce qu'il ne sait pas. Suspendu entre l'ignorance totale et la toute-connaissance, il possède un bagage défini qui varie d'un moment à l'autre et qui suffit à révéler son *historicité*. Ce n'est point, en effet, une conscience instantanée, une pure affirmation intemporelle de liberté et il ne survole pas non plus l'Histoire : il y est engagé. Les auteurs aussi sont historiques ; et c'est précisément pour cela que certains d'entre eux souhaitent échapper à l'Histoire par un saut dans l'éternité. Entre ces hommes qui sont plongés dans une même Histoire et qui contribuent pareillement à la faire, un contact historique s'établit par le truchement du livre. Écriture et lecture sont les deux faces d'un même fait d'histoire et la liberté à laquelle l'écrivain nous convie, ce n'est pas une pure conscience abstraite d'être libre. Elle n'*est* pas, à proprement parler, elle se conquiert dans une situation historique ; chaque livre propose une libération concrète à partir d'une aliénation particulière. Aussi y a-t-il en chacun un recours implicite à des institutions, à des mœurs, à certaines formes d'oppression et de conflit, à la sagesse et à la folie du jour, à des passions durables et à des obstinations passagères, à des superstitions et à des conquêtes récentes du bon sens, à des évidences et à des ignorances, à des façons particulières de raisonner, que les sciences ont mises

à la mode et qu'on applique dans tous les domaines, à des
espoirs, à des craintes, à des habitudes de la sensibilité, de
l'imagination et même de la perception, à des mœurs enfin
et à des valeurs reçues ; à tout un monde que l'auteur et le
lecteur ont en commun. C'est ce monde bien connu que
l'auteur anime et pénètre de sa liberté, c'est à partir de lui
que le lecteur doit opérer sa libération concrète : il est l'aliénation, la situation, l'Histoire, c'est lui que je dois reprendre
et assumer, c'est lui que je dois changer ou conserver,
pour moi et pour les autres. Car si l'aspect immédiat de la
liberté est négativité, on sait qu'il ne s'agit pas de la puissance abstraite de dire non, mais d'une négativité concrète
qui retient en elle-même ce qu'elle nie et s'en colore tout
entière. Et puisque les libertés de l'auteur et du lecteur se
cherchent et s'affectent à travers un monde, on peut dire
aussi bien que c'est le choix fait par l'auteur d'un certain
aspect du monde qui décide du lecteur et réciproquement
que c'est en choisissant son lecteur que l'écrivain décide de
son sujet.

Ainsi tous les ouvrages de l'esprit contiennent en eux-
mêmes l'image du lecteur auquel ils sont destinés. Je pourrais faire le portrait de Nathanaël d'après *Les Nourritures
terrestres* ; l'aliénation dont on l'invite à se libérer, je vois
que c'est la famille, les biens immeubles qu'il possède ou
possédera par héritage, le projet utilitaire, un moralisme
appris, un théisme étroit ; je vois aussi qu'il a de la culture
et des loisirs puisqu'il serait absurde de proposer Ménalque[27] en exemple à un manœuvre, à un chômeur, à un Noir
des États-Unis, je sais qu'il n'est menacé par aucun péril
extérieur, ni par la faim, ni par la guerre, ni par l'oppression d'une classe ou d'une race ; l'unique péril qu'il court
c'est d'être victime de son propre milieu, donc c'est un
Blanc, un Aryen, un riche, l'héritier d'une grande famille
bourgeoise qui vit à une époque relativement stable et
facile encore, où l'idéologie de la classe possédante commence à peine à décliner : précisément ce Daniel de

Fontanin[28] que Roger Martin du Gard nous a présenté plus tard comme un admirateur enthousiaste d'André Gide. Pour prendre un exemple plus proche encore, il est frappant que *Le Silence de la mer*[29], ouvrage qui fut écrit par un résistant de la première heure et dont le but est manifeste à nos yeux, n'ait rencontré que de l'hostilité dans les milieux émigrés de New York, de Londres, parfois même d'Alger et qu'on ait été jusqu'à taxer son auteur de collaborationnisme. C'est que Vercors ne visait pas *ce* public-*là*. Dans la zone occupée, au contraire, personne n'a douté des intentions de l'auteur ni de l'efficacité de son écrit : il écrivait pour nous. Je ne pense pas, en effet, que l'on puisse défendre Vercors en disant que son Allemand est vrai, vrais son vieillard français et sa jeune fille française. Koestler a écrit là-dessus de très bonnes pages : le silence des deux Français n'a pas de vraisemblance psychologique ; il a même un goût léger d'anachronisme : il rappelle le mutisme têtu des paysans patriotes de Maupassant pendant une autre occupation ; une *autre* occupation avec d'autres espoirs, d'autres angoisses, d'autres mœurs. Quant à l'officier allemand, son portrait ne manque pas de vie, mais, comme il va de soi, Vercors qui, dans le même temps, refusait tout contact avec l'armée d'occupation l'a fait « de chic » en combinant les éléments probables de ce caractère. Ainsi n'est-ce pas au nom de la *vérité* que l'on doit préférer ces images à celle que la propagande des Anglo-Saxons forgeait chaque jour. Mais pour un Français de la métropole le roman de Vercors en 1941 était le plus *efficace*. Quand l'ennemi est séparé de vous par une barrière de feu, vous devez le juger en bloc comme l'incarnation du mal : toute guerre est un manichéisme. Il est donc compréhensible que les journaux d'Angleterre ne perdissent pas leur temps à distinguer le bon grain de l'ivraie dans l'armée allemande. Mais, inversement, les populations vaincues et occupées, mélangées à leurs vainqueurs, réapprennent, par l'accoutumance, par les effets d'une propagande habile, à les consi-

dérer comme des hommes. Des hommes bons ou mauvais ;
bons *et* mauvais à la fois. Une œuvre qui leur eût présenté
les soldats allemands en 41 comme des ogres eût fait rire
et manqué son but. Dès la fin de 42, *Le Silence de la mer*
avait perdu son efficace : c'est que la guerre recommençait
sur notre territoire : d'un côté, propagande clandestine, sabo-
tages, déraillements, attentats ; de l'autre, couvre-feu, déportations, emprisonnements, tortures, exécutions d'otages. Une
invisible barrière de feu séparait à nouveau les Allemands
des Français ; nous ne voulions plus savoir si les Allemands qui arrachaient les yeux et les ongles à nos amis
étaient des complices ou des victimes du nazisme ; en face
d'eux il ne suffisait plus de garder un silence hautain, ils
ne l'eussent pas toléré d'ailleurs : à ce tournant de la
guerre, il fallait être avec eux ou contre eux ; au milieu des
bombardements et des massacres, des villages brûlés, des
déportations, le roman de Vercors semblait une idylle : il
avait perdu son public. Son public c'était l'homme de 41,
humilié par la défaite, mais surpris par la courtoisie
apprise de l'occupant, sincèrement désireux de la paix, terrifié par le fantôme du bolchevisme, égaré par les discours
de Pétain. À cet homme-là, il était vain de présenter les
Allemands comme des brutes sanguinaires, il fallait lui
concéder, au contraire, qu'ils puissent être polis et même
sympathiques, et puisqu'il avait découvert avec surprise
que la plupart d'entre eux étaient « des hommes comme
nous », il fallait lui remontrer que, même en ce cas, la fraternité était impossible, que les soldats étrangers étaient
d'autant plus malheureux et plus impuissants qu'ils semblaient plus sympathiques et qu'il faut lutter contre un
régime et contre une idéologie néfastes même si les hommes qui nous les apportent ne nous paraissent pas mauvais.
Et comme on s'adressait en somme à une foule passive,
comme il y avait encore assez peu d'organisations impor-
tantes et qu'elles se montraient fort précautionneuses quant
à leur recrutement, la seule forme d'opposition qu'on pou-

vait réclamer de la population, c'était le silence, le mépris, l'obéissance forcée et qui témoigne de l'être. Ainsi le roman de Vercors définit son public ; en le définissant, il se définit lui-même : il veut combattre dans l'esprit de la bourgeoisie française de 41 les effets de l'entrevue de Montoire. Un an et demi après la défaite, il était vivant, virulent, efficace. Dans un demi-siècle il ne passionnera plus personne. Un public mal renseigné le lira encore comme un conte agréable et un peu languissant sur la guerre de 1939. Il paraît que les bananes ont meilleur goût quand on vient de les cueillir : les ouvrages de l'esprit, pareillement, doivent se consommer sur place.

On sera tenté de reprocher sa vaine subtilité et son caractère indirect à tout essai pour expliquer un ouvrage de l'esprit par le public auquel il s'adresse. N'est-il pas plus simple, plus direct, plus rigoureux de prendre pour facteur déterminant la condition même de l'auteur ? Ne convient-il pas de s'en tenir à la notion tainienne du « milieu[30] » ? Je répondrai que l'explication par le milieu est en effet *déterminante* : le milieu *produit* l'écrivain ; c'est pour cela que je n'y crois pas. Le public l'appelle au contraire, c'est-à-dire qu'il pose des questions à sa liberté. Le milieu est une *vis a tergo*[31], le public au contraire est une attente, un vide à combler, une *aspiration*, au figuré et au propre. En un mot, c'est *l'autre*. Et je suis si loin de repousser l'explication de l'œuvre par la situation de l'homme que j'ai toujours considéré le projet d'écrire comme le libre dépassement d'une certaine situation humaine et *totale*. En quoi d'ailleurs, il n'est pas différent des autres entreprises. « J'allais, écrit Étiemble dans un article plein d'esprit mais un peu superficiel[a]*, réviser mon petit dictionnaire, quand le hasard me mit sous le nez trois lignes de Jean-Paul Sartre[32] : "Pour nous, en effet, l'écrivain n'est ni Vestale, ni Ariel. Il est dans le coup quoi qu'il fasse, marqué, compromis jusque dans sa

* Voir p. 142. *(N.d.É.)*

plus lointaine retraite." Être dans le coup, dans le bain. Je reconnaissais à peu près le mot de Blaise Pascal : "Nous sommes embarqués." Mais du coup je voyais l'engagement perdre toute valeur, réduit soudain au fait le plus banal, au fait du prince et de l'esclave, à la condition humaine. » Je ne dis pas autre chose. Seulement Étiemble fait l'étourdi. Si tout homme est embarqué cela ne veut point dire qu'il en ait pleine conscience ; la plupart passent leur temps à se dissimuler leur engagement. Cela ne signifie pas nécessairement qu'ils tentent des évasions dans le mensonge, les paradis artificiels ou la vie imaginaire : il leur suffit d'obscurcir leur lanterne, de voir les tenants sans les aboutissants ou l'inverse, d'assumer la fin en passant les moyens sous silence, de refuser la solidarité avec leurs pareils, de se réfugier dans l'esprit de sérieux, d'ôter à la vie toute valeur en la considérant du point de vue de la mort, et en même temps, toute horreur à la mort en la fuyant dans la banalité de la vie quotidienne, de se persuader, s'ils sont d'une classe d'oppresseurs, qu'on échappe à sa classe par la grandeur des sentiments et, s'ils sont parmi les opprimés, de se dissimuler leur complicité avec les oppresseurs en soutenant qu'on peut rester libre dans les chaînes si l'on a du goût pour la vie intérieure. À tout cela les écrivains peuvent avoir recours comme les autres. Il y en a, et c'est le plus grand nombre, qui fournissent tout un arsenal de ruses au lecteur qui veut dormir tranquille. Je dirai qu'un écrivain est engagé lorsqu'il tâche à prendre la conscience la plus lucide et la plus entière d'être embarqué, c'est-à-dire lorsqu'il fait passer pour lui et pour les autres l'engagement de la spontanéité immédiate au réfléchi.

L'écrivain est médiateur par excellence et son engagement c'est la médiation. Seulement, s'il est vrai qu'il faut demander des comptes à son œuvre à partir de sa condition, il faut se rappeler aussi que sa condition n'est pas seulement celle d'un homme en général mais précisément aussi d'un écrivain. Il est Juif peut-être, et Tchèque et de famille paysanne, mais c'est un *écrivain* juif, un *écrivain* tchèque et de souche rurale. Lorsque j'ai tenté, dans un autre article, de définir la situation du Juif[33], je n'ai trouvé que ceci : « le Juif est un homme que les autres considèrent comme juif et qui a pour obligation de se choisir lui-même à partir de la situation qui lui est faite ». Car il y a des qualités qui nous viennent uniquement par les jugements d'autrui. Le cas de l'écrivain est plus complexe, car nul n'est obligé de se choisir écrivain. Aussi la liberté est-elle à l'origine : je suis auteur d'abord par mon libre projet d'écrire. Mais tout aussitôt vient ceci : c'est que je deviens un homme que les autres hommes considèrent comme écrivain, c'est-à-dire qui doit répondre à une certaine demande et que l'on pourvoit de gré ou de force d'une certaine fonction sociale. Quelle que soit la partie qu'il veuille jouer, il faut la jouer à partir de la représentation que les autres ont de lui. Il peut vouloir modifier le personnage que l'on attribue à l'homme de lettres dans une société donnée ; mais pour le changer il faut qu'il s'y coule d'abord. Aussi le public intervient, avec ses mœurs, sa vision du monde, sa conception de la société et de la littérature au sein de la société ; il cerne l'écrivain, il l'investit et ses exigences impérieuses ou sournoises, ses refus, ses fuites sont les données de fait à partir de quoi l'on peut construire une œuvre.

Prenons le cas du grand écrivain noir Richard Wright[34]. Si nous considérons seulement sa condition d'*homme*, c'est-à-dire de « négro » du Sud des États-Unis transporté dans le Nord, nous concevrons tout de suite qu'il ne puisse écrire que des Noirs ou des Blancs *vus par les yeux des Noirs*. Peut-on supposer un instant qu'il accepte de passer sa vie dans la contemplation du Vrai, du Beau et du Bien éternel, quand 90 p. 100 des Nègres du Sud sont pratiquement privés du droit de vote ? Et si l'on parle ici de trahison de clerc, je réponds qu'il n'y a pas de clercs chez les opprimés. Les clercs sont nécessairement les parasites des classes ou des races qui oppriment. Si donc un Noir des États-

Unis se découvre une vocation d'écrivain, il découvre en même temps son sujet : il est l'homme qui voit les Blancs du dehors, qui s'assimile la culture blanche du dehors et dont chaque livre montrera l'aliénation de la race noire au sein de la société américaine. Non pas objectivement, à la manière des réalistes, mais passionnément et de manière à compromettre son lecteur. Mais cet examen laisse indéterminée la nature de son œuvre : il pourrait être un pamphlétaire, un auteur de blues, le Jérémie des Nègres du Sud. Si nous voulons aller plus loin, il faut considérer son public. À qui donc Richard Wright s'adresse-t-il ? Certainement pas à l'homme universel : il entre dans la notion d'homme universel cette caractéristique essentielle qu'il n'est engagé dans aucune époque particulière et qu'il ne s'émeut ni plus ni moins sur le sort des Nègres de Louisiane que sur celui des esclaves romains du temps de Spartacus. L'homme universel ne saurait penser autre chose que les valeurs universelles, il est affirmation pure et abstraite des droits imprescriptibles de l'homme. Mais Wright ne peut songer non plus à destiner ses livres aux racistes blancs de Virginie ou de Caroline, dont le siège est fait d'avance et qui ne les ouvriront pas. Ni aux paysans noirs des bayous, qui ne savent pas lire. Et s'il se montre heureux de l'accueil que l'Europe réserve à ses livres, il est manifeste, cependant, qu'il n'a pas songé d'abord, en les écrivant, au public européen. L'Europe est loin, ses indignations sont inefficaces et hypocrites. On ne peut pas attendre beaucoup des nations qui ont asservi les Indes, l'Indochine, l'Afrique noire. Il suffit de ces considérations pour définir ses lecteurs : il s'adresse aux Noirs cultivés du Nord et aux Américains blancs de bonne volonté (intellectuels, démocrates de gauche, radicaux, ouvriers syndiqués du C.I.O.[35]).

Ce n'est pas qu'il ne vise à travers eux tous les hommes mais il les vise à *travers eux* ; de même que la liberté éternelle se laisse entrevoir à l'horizon de la libération historique et concrète qu'il poursuit, de même l'universalité du

genre humain est à l'horizon du groupe concret et historique de ses lecteurs. Les paysans noirs analphabètes et les
planteurs du Sud représentent une marge de possibilités
abstraites autour de son public réel : après tout un illettré
peut apprendre à lire ; *Black Boy* peut tomber entre les
mains du plus obstiné des négrophobes et lui dessiller les
yeux. Cela signifie seulement que tout projet humain
dépasse ses limites de fait et s'étend de proche en proche
jusqu'à l'infini. Or il est à remarquer qu'il existe au sein de
ce *public de fait* une cassure prononcée. Pour Wright les
lecteurs noirs représentent la subjectivité. Même enfance,
mêmes difficultés, mêmes complexes : ils comprennent à
demi-mot, avec leur cœur. En cherchant à s'éclairer sur sa
situation personnelle, il les éclaire sur eux-mêmes. La vie
qu'ils mènent au jour le jour, dans l'immédiat, et qu'ils
souffrent sans trouver de mots pour formuler leurs souffrances, il la médiatise, il la nomme, il la leur montre : il
est leur conscience et le mouvement par lequel il s'élève de
l'immédiat à la reprise réflexive de sa condition est celui
de toute sa race. Mais, quelle que soit la bonne volonté des
lecteurs blancs, ceux-ci représentent l'*Autre* pour un
auteur noir. Ils n'ont pas vécu ce qu'il a vécu, ils ne peuvent comprendre la condition des Nègres qu'à la limite
d'un effort extrême et en s'appuyant sur des analogies
qui risquent à chaque instant de les trahir. D'autre part,
Wright ne les connaît pas tout à fait : c'est du dehors seulement qu'il conçoit leur orgueilleuse sécurité et cette tranquille certitude, commune à tous les Aryens blancs, que le
monde est blanc et qu'ils en sont les propriétaires. Pour les
Blancs, les mots qu'il trace sur le papier n'ont pas le même
contexte que pour les Noirs : il faut les choisir au jugé,
puisqu'il ignore les résonances qu'ils trouveront dans ces
consciences étrangères. Et, quand il leur parle, son but
même est changé : il s'agit de les compromettre et de leur
faire mesurer leurs responsabilités, il faut les indigner et leur
faire honte. Ainsi chaque ouvrage de Wright contient ce

que Baudelaire eût appelé « une double postulation simul-
tanée[36] », chaque mot renvoie à deux contextes ; à chaque
phrase, deux forces s'appliquent à la fois, qui déterminent
la tension incomparable de son récit. Eût-il parlé aux
Blancs seuls, il se fût peut-être montré plus prolixe, plus
didactique, plus injurieux aussi ; aux Noirs, plus elliptique
encore, plus complice, plus élégiaque. Dans le premier cas,
son œuvre se fût rapprochée de la satire ; dans le second
cas, des lamentations prophétiques : Jérémie ne parlait
qu'aux Juifs. Mais Wright, écrivant pour un public déchiré,
a su maintenir, à la fois, et dépasser cette déchirure : il en
a fait le prétexte d'une œuvre d'art.

L'écrivain consomme et ne produit pas, même s'il a
décidé de servir par la plume les intérêts de la communauté. Ses œuvres restent gratuites, donc inestimables ;
leur valeur marchande est arbitrairement fixée. À certaines époques on le pensionne, à d'autres il touche un pourcentage sur le prix de vente de ses livres. Mais pas plus
qu'entre le poème et la pension royale sous l'Ancien Régime,
il n'y a, dans la société actuelle, de commune mesure entre
l'ouvrage de l'esprit et sa rémunération au pourcentage.
Au fond on ne paie pas l'écrivain : on le nourrit, bien ou
mal selon les époques. Il ne peut en aller différemment,
car son activité est *inutile* : il n'est pas du tout *utile*, il est
parfois *nuisible* que la société prenne conscience d'elle-
même. Car, précisément, l'utile se définit dans les cadres
d'une société constituée et par rapport à des institutions,
des valeurs et des fins déjà fixées. Si la société se voit et
surtout si elle se voit *vue*, il y a, par le fait même, contestation des valeurs établies et du régime : l'écrivain lui présente son image, il la somme de l'assumer ou de se
changer. Et, de toute façon, elle change ; elle perd l'équilibre que lui donnait l'ignorance, elle oscille entre la honte
et le cynisme, elle pratique la mauvaise foi ; ainsi l'écrivain

donne à la société *une conscience malheureuse*, de ce fait il est en perpétuel antagonisme avec les forces conservatrices qui maintiennent l'équilibre qu'il tend à rompre. Car le passage au médiat, qui ne peut se faire que par négation de l'immédiat, est une perpétuelle révolution. Seules les classes dirigeantes peuvent se permettre le luxe de rétribuer une activité aussi improductive et aussi dangereuse, et si elles le font, c'est à la fois tactique et malentendu. Malentendu pour la plupart : dégagés des soucis matériels, les membres de l'élite dirigeante sont suffisamment libérés pour désirer prendre d'eux-mêmes une connaissance réflexive ; ils veulent se récupérer et chargent l'artiste de leur présenter leur image sans se rendre compte qu'il leur faudra ensuite l'assumer. Tactique chez quelques-uns, qui, ayant reconnu le danger, pensionnent l'artiste pour contrôler sa puissance destructrice. Ainsi l'écrivain est-il un parasite de « l'élite » dirigeante. Mais, fonctionnellement, il va à l'encontre des intérêts de ceux qui le font vivre[b]. Tel est le conflit originel qui définit sa condition. Parfois le conflit est manifeste. On parle encore de ces courtisans qui firent le succès du *Mariage de Figaro*[37] quoiqu'il sonnât le glas du régime. D'autres fois il est masqué, mais il existe toujours parce que nommer c'est montrer et que montrer c'est changer. Et comme cette activité de contestation, qui nuit aux intérêts établis, risque, pour sa très modeste part, de concourir à un changement de régime, comme, d'autre part, les classes opprimées n'ont ni le loisir ni le goût de lire, l'aspect objectif du conflit peut s'exprimer comme un antagonisme entre les forces conservatrices ou public réel de l'écrivain et les forces progressistes ou public virtuel. Dans une société sans classes et dont la structure interne serait la révolution permanente, l'écrivain pourrait être médiateur *pour tous* et sa contestation de principe pourrait précéder ou accompagner les changements de fait. C'est à mon avis le sens profond qu'on doit donner à la notion d'*autocritique*. L'élargissement de son public réel

jusqu'aux limites de son public virtuel opérerait dans sa
conscience une réconciliation des tendances ennemies ; la
littérature, entièrement libérée, représenterait la *négativité*,
en tant que moment nécessaire de la construction. Mais ce
type de société, à ma connaissance, n'existe pas pour le
moment et l'on peut douter qu'il soit possible. Le conflit
demeure donc, il est à l'origine de ce que je nommerais les
avatars de l'écrivain et de sa mauvaise conscience.

Il se réduit à sa plus simple expression lorsque le public
virtuel est pratiquement nul et que l'écrivain, au lieu de
rester en marge de la classe privilégiée, est absorbé par
elle. En ce cas la littérature s'identifie avec l'idéologie des
dirigeants, la médiation s'opère au sein de la classe, la
contestation porte sur le détail et se fait au nom de principes incontestés. C'est par exemple ce qui se produit en
Europe aux environs du XIIᵉ siècle : le clerc écrit exclusivement pour les clercs. Mais il peut garder une bonne conscience parce qu'il y a divorce entre le spirituel et le temporel.
La Révolution chrétienne a amené l'avènement du spirituel, c'est-à-dire de l'esprit lui-même, comme négativité,
contestation et transcendance, perpétuelle construction,
par-delà le règne de la Nature, de la cité *antinaturelle* des
libertés. Mais il était nécessaire que ce pouvoir universel
de dépasser l'objet fût rencontré d'abord comme objet, que
cette négation perpétuelle de la Nature apparût en premier
lieu comme nature, que cette faculté de créer perpétuellement des idéologies et de les laisser derrière soi sur la
route s'incarnât pour commencer dans une idéologie particulière. Le spirituel, dans les premiers siècles de notre
ère, est captif du christianisme ou, si l'on préfère, le christianisme c'est le spirituel lui-même mais *aliéné*. C'est
l'esprit qui est fait objet. On conçoit, dès lors, qu'au lieu
d'apparaître comme l'entreprise commune et toujours
recommencée de tous les hommes, il se manifeste d'abord
comme la spécialité de quelques-uns. La société du Moyen
Âge a des besoins spirituels et elle a constitué pour les des-

servir un corps de spécialistes qui se recrutent par cooptation. Nous considérons aujourd'hui la lecture et l'écriture comme des droits de l'homme et, en même temps, comme des moyens de communiquer avec l'autre, presque aussi naturels et spontanés que le langage oral ; c'est pourquoi le paysan le plus inculte est un lecteur en puissance. Du temps des clercs, ce sont des techniques strictement réservées aux professionnels. Elles ne sont pas pratiquées pour elles-mêmes, comme des exercices de l'esprit, elles n'ont pas pour but de faire accéder à cet humanisme large et vague qu'on appellera plus tard « les humanités » ; elles sont uniquement des moyens de conserver et de transmettre l'idéologie chrétienne. Savoir lire c'est avoir l'outil nécessaire pour acquérir les connaissances des textes sacrés et de leurs innombrables commentaires ; savoir écrire c'est savoir commenter. Les autres hommes n'aspirent pas plus à posséder ces techniques professionnelles que nous n'aspirons aujourd'hui à acquérir celle du menuisier ou du chartiste, si nous exerçons d'autres métiers. Les barons se reposent sur les clercs du soin de produire et de garder la spiritualité. Par eux-mêmes ils sont incapables d'exercer un contrôle sur les écrivains, comme fait aujourd'hui le public, et ils ne sauraient distinguer l'hérésie des croyances orthodoxes, s'ils étaient laissés sans secours. Ils s'émeuvent seulement quand le pape recourt au bras séculier. Alors ils pillent et brûlent tout, mais c'est seulement parce qu'ils font confiance au pape et qu'ils ne dédaignent jamais une occasion de piller. Il est vrai que l'idéologie leur est finalement destinée, à eux et au peuple, mais on la leur communique oralement par les prêches et puis l'Église a disposé de bonne heure d'un langage plus simple que l'écriture : c'est l'image. Les sculptures des cloîtres et des cathédrales, les vitraux, les peintures, les mosaïques parlent de Dieu et de l'Histoire Sainte.

En marge de cette vaste entreprise d'illustration de la foi, le clerc écrit ses chroniques, ses ouvrages philosophiques, ses commentaires, ses poèmes ; il les destine à ses pairs, ils sont contrôlés par ses supérieurs. Il n'a pas à se préoccuper des effets que ses ouvrages produiront sur les masses puisqu'il est assuré d'avance qu'elles n'en auront aucune connaissance ; il ne saurait non plus vouloir introduire le remords dans la conscience d'un féodal pillard ou félon : la violence est illettrée. Il ne s'agit donc pas pour lui de renvoyer au temporel son image, ni de prendre parti, ni de dégager le spirituel de l'expérience historique par un effort continu. Mais, tout au contraire, comme l'écrivain est d'Église, comme l'Église est un immense collège spirituel qui prouve sa dignité par sa résistance au changement, comme l'Histoire et le temporel ne font qu'un et que la spiritualité se distingue radicalement du temporel, comme le but de la cléricature est de maintenir cette distinction, c'est-à-dire de se maintenir comme corps spécialisé en face du siècle, comme en outre l'économie est si fragmentée et les moyens de communication si rares et si lents que les événements qui se déroulent en une province ne touchent aucunement la province voisine et qu'un monastère peut jouir de sa paix particulière, tout de même que le héros des *Acharniens*[38], pendant que son pays est en guerre ; l'écrivain a pour mission de prouver son autonomie en se livrant à la contemplation exclusive de l'Éternel ; il affirme sans relâche que l'Éternel existe et le démontre précisément par le fait que son unique souci est de le regarder. En ce sens il réalise en effet l'idéal de Benda, mais on voit à quelles conditions : il faut que la spiritualité et la littérature soient aliénées, qu'une idéologie particulière triomphe, qu'un pluralisme féodal rende l'isolement des clercs possible, que la quasi-totalité de la population soit analphabète, que le seul public de l'écrivain soit le collège des autres écrivains. Il n'est pas concevable qu'on puisse à la fois exercer sa liberté de penser, écrire pour un public qui déborde la collectivité restreinte des spécialistes et se borner à décrire le contenu des valeurs éternelles et d'idées *a priori*. La bonne conscience du clerc médiéval fleurit sur la mort de la littérature.

Il n'est pourtant pas tout à fait nécessaire, pour que les écrivains conservent cette conscience heureuse, que leur public se réduise à un corps constitué de professionnels. Il suffit qu'ils baignent dans l'idéologie des classes privilégiées, qu'ils en soient totalement imprégnés et qu'ils n'en puissent même pas concevoir d'autres. Mais, dans ce cas, leur fonction se modifie : on ne leur demande plus d'être les *gardiens* des dogmes, mais seulement de ne pas s'en faire les détracteurs. Comme second exemple de l'adhésion des écrivains à l'idéologie constituée, on peut choisir, je crois, le XVIIᵉ siècle français.

À cette époque la laïcisation de l'écrivain et de son public est en voie d'achèvement. Elle a certainement pour origine la force expansive de la chose écrite, son caractère monumental et l'appel à la liberté que recèle toute œuvre de l'esprit. Mais des circonstances extérieures y contribuent, telles que le développement de l'instruction, l'affaiblissement du pouvoir spirituel, l'apparition d'idéologies nouvelles expressément destinées au temporel. Cependant laïcisation ne veut pas dire universalisation. Le public de l'écrivain reste strictement limité. Pris dans son ensemble, on l'appelle *la société* et ce nom désigne une fraction de la cour, du clergé, de la magistrature et de la bourgeoisie riche. Considéré singulièrement, le lecteur s'appelle « honnête homme » et il exerce une certaine fonction de censure que l'on nomme *le goût*. En un mot, c'est à la fois un membre des classes supérieures et un spécialiste. S'il critique l'écrivain, c'est qu'il sait lui-même écrire. Le public de Corneille, de Pascal, de Descartes, c'est Mme de Sévigné, le chevalier de Méré, Mme de Grignan, Mme de Rambouillet, Saint-Évremond. Aujourd'hui le public est, par rapport à l'écrivain, en état de passivité : il attend qu'on lui impose des idées ou une forme d'art nouvelle. Il est la masse inerte dans laquelle l'idée va prendre corps. Son moyen de contrôle est indirect et négatif ; on ne saurait dire qu'il donne son avis ; simplement, il achète ou n'achète pas le livre ; le rapport de l'auteur au lecteur est analogue à celui du mâle à la femelle : c'est que la lecture est devenue un simple moyen d'information et l'écriture un moyen très général de communication. Au XVIIᵉ siècle savoir écrire c'est déjà savoir bien écrire. Non que la Providence ait également partagé le don du style entre tous les hommes, mais parce que le lecteur, s'il ne s'identifie plus rigoureusement à l'écrivain, est demeuré écrivain en puissance. Il fait partie d'une élite parasitaire pour qui l'art d'écrire est, sinon un métier, du moins la marque de sa supériorité. On lit parce qu'on sait écrire ; avec un peu de chance, on aurait pu écrire ce qu'on lit. Le public est actif : on lui *soumet* vraiment les productions de l'esprit ; il les juge au nom d'une table de valeurs qu'il contribue à maintenir. Une révolution analogue au romantisme n'est même pas concevable à l'époque, parce qu'il y faut le concours d'une masse indécise qu'on surprend, qu'on bouleverse, qu'on anime soudain en lui révélant des idées ou des sentiments qu'elle ignorait et qui, faute de convictions fermes, réclame perpétuellement qu'on la viole et qu'on la féconde. Au XVIIᵉ siècle, les convictions sont inébranlables : l'idéologie religieuse s'est doublée d'une idéologie politique que le temporel a sécrétée lui-même : personne ne met publiquement en doute l'existence de Dieu, ni le droit divin du monarque. La « société » a son langage, ses grâces, ses cérémonies qu'elle entend retrouver dans les livres qu'elle lit. Sa conception du temps, aussi. Comme les deux faits historiques qu'elle médite sans relâche — la faute originelle et la rédemption — appartiennent à un passé lointain ; comme c'est aussi de ce passé que les grandes familles dirigeantes tirent leur orgueil et la justification de leurs privilèges ; comme l'avenir ne saurait rien apporter de neuf, puisque Dieu est trop parfait pour changer et puisque les deux grandes puissances terrestres, l'Église et la Monarchie, n'aspirent qu'à l'immuabilité, l'élément actif de la temporalité c'est le passé, qui est lui-même une dégradation phénoménale de l'Éternel ; le présent est un péché perpétuel qui ne peut trouver d'excuse que s'il reflète, le moins mal possible, l'image d'une époque révolue ; une idée, pour être reçue, doit prouver son ancienneté ; une œuvre d'art, pour plaire, doit s'inspirer d'un modèle antique. Cette idéologie, nous trouvons encore des écrivains qui s'en font expressément les gardiens. Il y a encore de grands clercs qui sont d'Église et qui n'ont d'autre souci que de défendre le dogme. À eux s'ajoutent les « chiens de garde » du temporel, historiographes, poètes de cour, juristes et philosophes qui se préoccupent d'établir et de maintenir l'idéologie de la monarchie absolue. Mais nous voyons paraître à leur côté une troisième catégorie d'écrivains, proprement laïcs, qui, pour la plus grande part, *acceptent* l'idéologie religieuse et politique de l'époque sans se croire tenus de la prouver ni de la conserver. Ils n'en écrivent pas ; ils l'adoptent implicitement ; pour eux c'est ce que nous appelions tout à l'heure le contexte ou ensemble des présuppositions communes aux lecteurs et à l'auteur et qui sont nécessaires pour rendre intelligible à ceux-là ce qu'écrit celui-ci. Ils appartiennent en général à la bourgeoisie ; ils sont pensionnés par la noblesse ; comme ils consomment sans produire et que la noblesse ne produit pas non plus mais vit du travail des autres, ils sont parasitaires d'une classe parasite. Ils ne vivent plus en collège, mais, dans cette société fortement intégrée, ils forment une corporation implicite et, pour leur rappeler sans cesse leur origine collégiale et l'ancienne cléricature, le pouvoir royal choisit certains d'entre eux et les groupe en une sorte de collège symbolique : l'Académie. Nourris par le roi, lus par une élite, ils se soucient uniquement de répondre à la demande de ce public restreint. Ils ont aussi bonne conscience ou presque que les clercs du XIIᵉ siècle ; il est impossible à cette époque de mentionner

un public virtuel distinct du public réel. Il arrive à La
Bruyère de parler *des* paysans mais il ne *leur* parle pas et
s'il fait état de leur misère, ce n'est pas pour en tirer un
argument contre l'idéologie qu'il accepte, mais c'est au
nom de cette idéologie : c'est une honte pour des monar-
ques éclairés, pour de bons chrétiens.

Ainsi s'entretient-on des masses par-dessus leur tête et
sans qu'il soit même concevable qu'un écrit puisse les aider
à prendre conscience d'elles-mêmes. Et l'homogénéité du
public a banni toute contradiction de l'âme des auteurs. Ils
ne sont point écartelés entre des lecteurs réels mais détes-
tables et des lecteurs virtuels, souhaitables, mais hors
d'atteinte ; ils ne se posent pas de questions sur le rôle
qu'ils ont à jouer dans le monde, car l'écrivain ne s'interroge sur sa mission que dans les époques où elle n'est pas
clairement tracée et où il doit l'inventer ou la réinventer,
c'est-à-dire lorsqu'il aperçoit, par-delà les lecteurs d'élite,
une masse amorphe de lecteurs possibles qu'il peut choisir
ou non de gagner et lorsqu'il doit, au cas où il lui serait
donné de les atteindre, décider lui-même de ses rapports
avec eux. Les auteurs du XVIIᵉ siècle ont une fonction définie parce qu'ils s'adressent à un public éclairé, rigoureusement délimité et actif, qui exerce sur eux un contrôle
permanent ; ignorés du peuple, ils ont pour métier de renvoyer son image à l'élite qui les entretient. Mais il est plusieurs façons de renvoyer une image : certains portraits
sont par eux-mêmes des contestations ; c'est qu'ils sont
faits du dehors et sans passion par un peintre qui refuse
toute complicité avec son modèle. Seulement, pour qu'un
écrivain conçoive seulement l'idée de tracer un portrait-
contestation de son lecteur réel, il faut qu'il ait pris conscience d'une contradiction entre lui-même et son public,
c'est-à-dire qu'il vienne *du dehors* à ses lecteurs et qu'il les
considère avec étonnement ou qu'il sente peser sur la petite
société qu'il forme avec eux le regard étonné de consciences
étrangères (minorités ethniques, classes opprimées, etc.).

Mais au XVIIᵉ siècle, puisque le public virtuel n'existe pas, puisque l'artiste accepte sans la critiquer l'idéologie de l'élite, il se fait complice de son public ; nul regard étranger ne vient le troubler dans ses jeux. Ni le prosateur n'est maudit, ni même le poète. Ils n'ont point à décider à chaque ouvrage du sens et de la valeur de la littérature, puisque ce sens et cette valeur sont fixés par la tradition ; fortement intégrés dans une société hiérarchisée, ils ne connaissent ni l'orgueil ni l'angoisse de la singularité ; en un mot ils sont *classiques.*

Il y a classicisme en effet lorsqu'une société a pris une forme relativement stable et qu'elle s'est pénétrée du mythe de sa pérennité, c'est-à-dire lorsqu'elle confond le présent avec l'éternel et l'historicité avec le traditionalisme, lorsque la hiérarchie des classes est telle que le public virtuel ne déborde jamais le public réel et que chaque lecteur est, pour l'écrivain, un critique qualifié et un censeur, lorsque la puissance de l'idéologie religieuse et politique est si forte et les interdits si rigoureux, qu'il ne s'agit en aucun cas de découvrir des terres nouvelles à la pensée, mais seulement de mettre en forme *les lieux communs* adoptés par l'élite, de façon que la lecture — qui est, nous l'avons vu, la relation concrète entre l'écrivain et son public — soit une cérémonie de *reconnaissance* analogue au salut, c'est-à-dire l'affirmation cérémonieuse qu'auteur et lecteur sont du même monde et ont sur toute chose les mêmes opinions. Ainsi chaque production de l'esprit est en même temps un acte de politesse et le style est la suprême politesse de l'auteur envers son lecteur ; et le lecteur, de son côté, ne se lasse pas de retrouver les mêmes pensées dans les livres les plus divers, parce que ces pensées sont les siennes et qu'il ne demande point à en acquérir d'autres, mais seulement qu'on lui présente avec magnificence celles qu'il a déjà. Dès lors le portrait que l'auteur présente à son lecteur est nécessairement abstrait et complice ; s'adressant à une classe parasitaire, il ne saurait montrer l'homme au travail ni, en général, les rapports de l'homme avec la nature extérieure. Comme, d'autre part, des corps de spécialistes s'occupent, sous le contrôle de l'Église et de la Monarchie, de maintenir l'idéologie spirituelle et temporelle, l'écrivain ne soupçonne même pas l'importance des facteurs économiques, religieux, métaphysiques et politiques dans la constitution de la personne ; et comme la société où il vit confond le présent avec l'éternel, il ne peut même imaginer le plus léger changement dans ce qu'il nomme la nature humaine ; il conçoit l'Histoire comme une série d'accidents qui affectent l'homme éternel en surface sans le modifier profondément et, s'il devait assigner un sens à la durée historique, il y verrait à la fois une éternelle répétition, telle que les événements antérieurs puissent et doivent fournir des leçons à ses contemporains, et, à la fois, un processus de légère involution, puisque les événements capitaux de l'Histoire sont *passés* depuis longtemps et puisque, la perfection dans les Lettres ayant été atteinte dès l'Antiquité, ses modèles anciens lui paraissent inégalables. Et, en tout cela, derechef, il s'accorde pleinement à son public qui considère le travail comme une malédiction, qui n'*éprouve* pas sa situation dans l'Histoire et dans le monde par cette simple raison qu'elle est privilégiée et dont l'unique affaire est la foi, le respect du monarque, la passion, la guerre, la mort et la politesse. En un mot l'image de l'homme classique est purement psychologique parce que le public classique n'a conscience que de sa psychologie. Encore faut-il entendre que cette psychologie est, elle-même, traditionaliste ; elle n'a pas souci de découvrir des vérités profondes et neuves sur le cœur humain, ni d'échafauder des hypothèses : c'est dans les sociétés instables et quand le public s'étage sur plusieurs couches sociales, que l'écrivain, déchiré et mécontent, invente des explications à ses angoisses. La psychologie du XVIIe siècle est purement descriptive ; elle ne se base pas tant sur l'expérience personnelle de l'auteur, qu'elle n'est l'expression esthétique de ce que l'élite pense sur elle-même. La Rochefoucauld emprunte la forme et le contenu de ses maximes aux divertissements des salons ; la casuistique des Jésuites, l'étiquette des Précieuses, le jeu des portraits, la morale de Nicole, la conception religieuse des passions sont à l'origine de cent autres ouvrages ; les comédies s'inspirent de la psychologie antique et du gros bon sens de la haute bourgeoisie. La société s'y mire avec ravissement parce qu'elle reconnaît les pensées qu'elle forme sur elle-même ; elle ne demande pas qu'on lui révèle ce qu'elle est mais qu'on lui reflète ce qu'elle croit être. Sans doute se permet-on quelques satires, mais à travers les pamphlets et les comédies, c'est l'élite tout entière qui opère, au nom de sa morale, les nettoyages et les purges nécessaires à sa santé ; ce n'est jamais d'un point de vue *extérieur* à la classe dirigeante qu'on moque les marquis ridicules ou les plaideurs ou les Précieuses ; il s'agit toujours de ces originaux inassimilables par une société policée et qui vivent en marge de la vie collective. Si l'on raille le Misanthrope, c'est qu'il manque de politesse ; Cathos et Magdelon, c'est qu'elles en ont trop. Philaminte va à l'encontre des idées reçues sur la femme[39] ; le bourgeois gentilhomme est odieux aux riches bourgeois qui ont la modestie altière et qui connaissent la grandeur et l'humilité de leur condition et, à la fois, aux gentilshommes, parce qu'il veut forcer l'accès de la noblesse. Cette satire interne et, pour ainsi dire, physiologique est sans rapport avec la grande satire de Beaumarchais, de P.-L. Courier, de J. Vallès, de Céline : elle est moins courageuse et beaucoup plus dure car elle traduit l'action répressive que la collectivité exerce sur le faible, le malade, l'inadapté ; c'est le rire impitoyable d'une bande de gamins devant les maladresses de leur souffre-douleur.

D'origine et de mœurs bourgeoises, plus semblable, en son foyer, à Oronte et à Chrysale[40] qu'à ses confrères brillants et agités de 1780 ou de 1830, reçu pourtant dans la société des grands et pensionné par eux, légèrement déclassé par en haut, convaincu pourtant que le talent ne remplace pas la naissance, docile aux admonestations des prêtres, respectueux du pouvoir royal, heureux d'occuper une place modeste dans l'immense édifice dont l'Église et la Monarchie sont les piliers, quelque part au-dessus des commerçants et des universitaires, au-dessous des nobles et du clergé, l'écrivain fait son métier avec une bonne conscience, convaincu qu'il vient trop tard, que tout est dit et qu'il convient seulement de redire agréablement ; il con-çoit la gloire qui l'attend comme une image affaiblie des titres héréditaires et s'il compte qu'elle sera éternelle c'est parce qu'il ne soupçonne même pas que la société de ses lecteurs puisse être bouleversée par des changements sociaux ; ainsi la permanence de la maison royale lui sem-ble une garantie de celle de son renom.

Pourtant, presque en dépit de lui-même, le miroir qu'il présente modestement à ses lecteurs est magique : il cap-tive et compromet. Quand même tout a été fait pour ne leur offrir qu'une image flatteuse et complice, plus subjec-tive qu'objective, plus intérieure qu'extérieure, cette image n'en demeure pas moins une œuvre d'art, c'est-à-dire qu'elle a son fondement dans la liberté de l'auteur et qu'elle est un appel à la liberté du lecteur. Puisqu'elle est belle, elle est de glace, le recul esthétique la met hors de portée. Impossible de s'y complaire, d'y retrouver une chaleur confortable, une indulgence discrète ; bien qu'elle soit faite des lieux communs de l'époque et de ces complaisances chuchotées qui unissent les contemporains comme un lien ombilical, elle est soutenue par une liberté et, de ce fait, elle gagne une autre espèce d'objectivité. C'est bien *elle-même* que l'élite retrouve dans le miroir : mais elle-même telle qu'elle se verrait si elle se portait aux extrêmes de la sévérité. Elle n'est pas figée en objet par le regard de l'Autre, car ni le paysan, ni l'artisan ne sont encore l'*Autre* pour elle, et l'acte de la présentation réflexive qui caracté-rise l'art du XVIIᵉ siècle est un processus strictement interne : seulement, il pousse aux limites l'effort de chacun pour voir clair en soi : il est un *cogito* perpétuel. Sans doute ne met-il en question ni l'oisiveté, ni l'oppression, ni le parasitisme ; c'est que ces aspects de la classe dirigeante ne se révèlent qu'aux observateurs qui se sont placés en dehors d'elle ; aussi l'image qu'on lui renvoie est-elle strictement psychologique. Mais les conduites spontanées, en passant à l'état réflexif, perdent leur innocence et l'excuse de l'immédiateté : il faut les assumer ou les changer. Et c'est bien un monde de politesse et de cérémonies qu'on offre au lecteur, mais déjà il émerge hors de ce monde puisqu'on l'invite à le connaître, à s'y reconnaître. En ce sens Racine n'a pas tort, quand il dit à propos de *Phèdre* que « les passions n'y sont présentées aux yeux que pour montrer tout le désordre dont elles sont cause[41] ». À la condition que l'on n'entende point par là que son propos fût expressément d'inspirer l'horreur de l'amour. Mais peindre la passion, c'est la dépasser déjà, déjà s'en dépouiller. Ce n'est pas un hasard si, vers le même temps, les philosophes se proposaient de s'en guérir par la connaissance. Et comme on décore ordinairement du nom de *morale* l'exercice réfléchi de la liberté en face des passions, il faut avouer que l'art du XVIIe siècle est éminemment moralisateur. Non qu'il ait le dessein avoué d'enseigner la vertu, ni qu'il soit empoisonné par les bonnes intentions qui font la mauvaise littérature, mais, du seul fait qu'il propose en silence au lecteur son image, il la lui rend insupportable. Moralisateur : c'est à la fois une définition et une limitation. Il n'est *que* moralisateur ; s'il propose à l'homme de transcender le psychologique vers le moral, c'est qu'il prend pour résolus les problèmes religieux, métaphysiques, politiques et sociaux ; mais son action n'en est pas moins « cathartique ». Comme il confond l'homme universel avec les hommes singuliers qui détiennent le pouvoir, il ne se dévoue à la libération d'aucune catégorie concrète d'opprimés ; pourtant l'écrivain, bien que totalement assimilé par la classe d'oppression, n'en est aucunement complice ; son œuvre est incontestablement libératrice puisqu'elle a pour effet, à l'intérieur de cette classe, de libérer l'homme de lui-même.

Nous avons envisagé jusqu'ici le cas où le public virtuel de l'écrivain était nul ou à peu près et où nul conflit ne déchirait son public réel. Nous avons vu qu'il pouvait alors accepter avec une bonne conscience l'idéologie en cours et qu'il lançait ses appels à la liberté à l'intérieur même de cette idéologie. Si le public virtuel apparaît soudain ou si le public réel se fragmente en factions ennemies, tout change. Il nous faut envisager à présent ce qu'il advient de la littérature quand l'écrivain est amené à refuser l'idéologie des classes dirigeantes.

Le XVIIIᵉ siècle reste la chance, unique dans l'Histoire, et le paradis bientôt perdu des écrivains français. Leur condition sociale n'a pas changé : originaires, à peu d'exceptions près, de la classe bourgeoise, les faveurs des grands les déclassent. Le cercle de leurs lecteurs réels s'est sensiblement élargi, parce que la bourgeoisie s'est mise à lire, mais les classes « inférieures » les ignorent toujours et, s'ils en parlent plus souvent que La Bruyère et Fénelon, ils ne s'adressent jamais à elles, même en esprit. Pourtant un bouleversement profond a cassé leur public en deux ; il faut à présent qu'ils satisfassent à des demandes contradictoires ; c'est la *tension* qui caractérise, dès l'origine, leur situation. Cette tension se manifeste d'une façon très particulière. La classe dirigeante, en effet, a perdu confiance en son idéologie. Elle s'est mise en position de défense ; elle essaie, dans une certaine mesure, de retarder la diffusion des idées nouvelles mais elle ne peut faire qu'elle n'en soit pénétrée. Elle a compris que ses principes religieux et politiques étaient les meilleurs outils pour asseoir sa puissance, mais justement, comme elle n'y voit que des outils, elle a cessé d'y croire tout à fait ; la vérité *pragmatique* a remplacé la vérité révélée. Si la censure et les interdits sont plus visibles, ils dissimulent une faiblesse secrète et un cynisme de désespoir. Il n'y a plus de *clercs* ; la littérature d'Église est une vaine apologétique, un poing serré sur des dogmes qui s'échappent ; elle se fait contre la liberté, elle s'adresse au respect, à la crainte, à l'intérêt et, en cessant d'être un libre appel aux hommes libres, elle cesse d'être littérature.

Cette élite égarée se tourne vers le véritable écrivain et lui demande l'impossible : qu'il ne lui ménage pas, s'il y tient, sa sévérité mais qu'il insuffle au moins un peu de liberté à une idéologie qui s'étiole, qu'il s'adresse à la raison de ses lecteurs et qu'il la persuade d'adopter des dogmes qui sont, avec le temps, devenus irrationnels. Bref, qu'il se fasse propagandiste sans cesser d'être écrivain. Mais elle joue perdant : puisque ses principes ne sont plus des évidences immédiates et informulées et qu'elle doit les *proposer* à l'écrivain pour qu'il prenne leur défense, puisqu'il ne s'agit plus de les sauver pour eux-mêmes mais pour maintenir l'ordre, elle conteste leur validité par l'effort même qu'elle fait pour les rétablir. L'écrivain qui consent à raffermir cette idéologie branlante, du moins y *consent-il* : et cette adhésion volontaire à des principes qui gouvernaient autrefois les esprits sans être aperçus le délivre d'eux ; déjà il les dépasse, il émerge, en dépit de lui-même, dans la solitude et dans la liberté.

La bourgeoisie, d'autre part, qui constitue ce qu'on nomme en termes marxistes la classe montante, aspire simultanément à se dégager de l'idéologie qu'on lui impose et à s'en constituer une qui lui soit propre. Or cette « classe montante » qui revendiquera bientôt de participer aux affaires de l'État ne subit qu'une oppression *politique*. En face d'une noblesse ruinée, elle est en train d'acquérir tout doucement la prééminence économique ; elle possède déjà l'argent, la culture, les loisirs. Ainsi pour la première fois, une classe opprimée se présente à l'écrivain comme un public réel. Mais la conjoncture est plus favorable encore :

car cette classe qui s'éveille, qui lit et qui cherche à penser, n'a pas produit de parti révolutionnaire organisé et sécrétant sa propre idéologie comme l'Église sécrétait la sienne au Moyen Âge. L'écrivain n'est pas encore, comme nous verrons qu'il sera plus tard, coincé entre l'idéologie en voie de liquidation d'une classe descendante et l'idéologie rigoureuse de la classe montante. La bourgeoisie souhaite des lumières ; elle sent obscurément que sa pensée est aliénée et elle voudrait prendre conscience d'elle-même. Sans doute peut-on découvrir en elle quelques traces d'organisation : sociétés matérialistes, sociétés de pensée, franc-maçonnerie. Mais ce sont surtout des associations de recherches qui attendent les idées plutôt qu'elles ne les produisent. Sans doute voit-on se répandre une forme d'écriture populaire et spontanée : le tract clandestin et anonyme. Mais cette littérature d'amateurs, plutôt qu'elle ne concurrence l'écrivain professionnel, l'aiguillonne et le sollicite en le renseignant sur les aspirations confuses de la collectivité. Ainsi, en face d'un public de demi-spécialistes qui se maintient encore péniblement et qui se recrute toujours à la cour et dans les hautes sphères de la société, la bourgeoisie offre l'ébauche d'un public de masse : elle est, par rapport à la littérature, en état de *passivité* relative puisqu'elle ne pratique aucunement l'art d'écrire, qu'elle n'a pas d'opinion préconçue sur le style et les genres littéraires, qu'elle attend tout, fond et forme, du génie de l'écrivain.

Sollicité de part et d'autre, l'écrivain se trouve entre les deux fractions ennemies de son public et comme l'arbitre de leur conflit. Ce n'est plus un clerc ; la classe dirigeante n'est pas seule à l'entretenir : il est vrai qu'elle le pensionne encore, mais la bourgeoisie achète ses livres, il touche des deux côtés. Son père était bourgeois, son fils le sera : on pourrait donc être tenté de voir en lui un bourgeois mieux doué que les autres mais pareillement opprimé, parvenu à la connaissance de son état sous la pression des circonstances historiques, bref un miroir intérieur à travers lequel la bourgeoisie tout entière prend conscience d'elle-même et de ses revendications. Mais ce serait une vue superficielle : on n'a pas assez dit qu'une classe ne pouvait acquérir sa conscience de classe que si elle se voyait à la fois du dedans et du dehors ; autrement dit, si elle bénéficiait de concours extérieurs : c'est à quoi servent les intellectuels, perpétuels déclassés. Et justement le caractère essentiel de l'écrivain du XVIIIe siècle, c'est un déclassement objectif et subjectif. S'il garde le souvenir de ses attaches bourgeoises, la faveur des grands l'a tiré hors de son milieu : il ne se sent plus de solidarité concrète avec son cousin l'avocat, son frère, le curé du village, parce qu'il a des privilèges qu'ils n'ont pas. C'est à la cour, à la noblesse qu'il emprunte ses manières et jusqu'aux grâces de son style. La gloire, son espoir le plus cher et sa consécration, est devenue pour lui une notion glissante et ambiguë : une jeune idée de gloire se lève, selon laquelle la véritable récompense d'un écrivain, c'est qu'un obscur médecin de Bourges, c'est qu'un avocat sans causes de Reims dévorent presque secrètement ses livres. Mais la reconnaissance diffuse de ce public qu'il connaît mal ne le touche qu'à demi : il a reçu de ses aînés une conception traditionnelle de la célébrité. Selon cette conception, c'est le monarque qui doit consacrer son génie. Le signe visible de sa réussite c'est que Catherine ou Frédéric[42] l'invitent à leur table ; les récompenses qu'on lui donne, les dignités qu'on lui confère d'en haut n'ont pas encore l'impersonnalité officielle des prix et des décorations de nos républiques : elles gardent le caractère quasi féodal des relations d'homme à homme. Et puis surtout, consommateur éternel dans une société de producteurs, parasite d'une classe parasitaire, il en use avec l'argent comme un parasite. Il ne le *gagne* pas, puisqu'il n'y a pas de commune mesure entre son travail et sa rémunération : il le *dépense* seulement. Donc, même s'il est pauvre, il vit dans le luxe. Tout lui est un luxe, même et surtout ses écrits. Pourtant, jusque dans la chambre du roi, il garde une force fruste, une vulgarité puissante : Diderot, dans le feu d'un entretien philosophique, pinçait au sang les cuisses de l'impératrice de Russie. Et puis, s'il va trop loin, on peut lui faire sentir qu'il n'est qu'un grimaud : depuis sa bastonnade, son embastillement, sa fuite à Londres jusqu'aux insolences du roi de Prusse, la vie de Voltaire est une suite de triomphes et d'humiliations. L'écrivain jouit parfois des bontés passagères d'une marquise mais il épouse sa bonne, ou la fille d'un maçon. Aussi sa conscience, comme son public, est-elle déchirée. Mais il n'en souffre pas ; il tire son orgueil, au contraire, de cette contradiction originelle : il pense qu'il n'a partie liée avec personne, qu'il peut choisir ses amis et ses adversaires, et qu'il lui suffit de prendre la plume pour s'arracher au conditionnement des milieux, des nations et des classes. Il plane, il survole, il est pensée pure et pur regard : il choisit d'écrire pour revendiquer son déclassement, qu'il assume et transforme en solitude ; il contemple les grands du dehors, avec les yeux des bourgeois et du dehors les bourgeois avec les yeux de la noblesse et il conserve assez de complicité avec les uns et les autres pour les comprendre également de l'intérieur.

Du coup la littérature, qui n'était jusque-là qu'une fonction conservatrice et purificatrice d'une société intégrée, prend conscience en lui et par lui de son autonomie. Placée, par une chance extrême, entre des aspirations confuses et une idéologie en ruines, comme l'écrivain entre la bourgeoisie, l'Église et la Cour, elle affirme soudain son indépendance : elle ne reflétera plus les lieux communs de la collectivité, elle s'identifie à l'Esprit, c'est-à-dire au pouvoir permanent de former et de critiquer des idées. Naturellement cette reprise de la littérature par elle-même est abstraite et presque purement formelle, puisque les œuvres littéraires ne sont l'expression concrète d'aucune classe ; et même, comme les écrivains commencent par repousser toute solidarité profonde avec le milieu dont ils émanent aussi bien qu'avec celui qui les adopte, la littérature se confond avec la Négativité, c'est-à-dire avec le doute, le refus, la critique, la contestation. Mais, de ce fait même, elle aboutit à poser, contre la spiritualité ossifiée de l'Église, les droits d'une spiritualité nouvelle, en mouvement, qui ne se confond plus avec aucune idéologie et se manifeste comme le pouvoir de dépasser perpétuellement le donné, quel qu'il soit. Lorsqu'elle imitait de merveilleux modèles, bien à l'abri dans l'édifice de la monarchie très-chrétienne, le souci de la vérité ne la tracassait guère parce que la vérité n'était qu'une qualité très grossière et très concrète de l'idéologie qui la nourrissait : être vrais ou tout simplement *être*, c'était tout un pour les dogmes de l'Église et l'on ne pouvait concevoir la vérité à part du système. Mais à présent que la spiritualité est devenue ce mouvement abstrait qui traverse et laisse ensuite sur sa route, comme des coquilles vides, toutes les idéologies, la vérité se dégage à son tour de toute philosophie concrète et particulière, elle se révèle dans son indépendance abstraite, c'est elle qui devient l'idée régulatrice de la littérature et le terme lointain du mouvement critique. Spiritualité, littérature, vérité : ces trois notions sont liées dans ce moment abstrait et négatif de la prise de conscience ; leur instrument c'est l'analyse, méthode négative et critique qui dissout perpétuellement les données concrètes en éléments abstraits et les produits de l'Histoire en combinaisons de concepts universels. Un adolescent choisit d'écrire pour échapper à une oppression dont il souffre et à une solidarité qui lui fait honte ; aux premiers mots qu'il trace, il croit échapper à son milieu et à sa classe, à tous les milieux et à toutes les classes et faire éclater sa situation historique par le seul fait d'en prendre une connaissance réflexive et critique : au-dessus de la mêlée de ces bourgeois et de ces nobles que leurs préjugés enferment dans une époque particulière, il se découvre, dès qu'il prend la plume, comme conscience sans date et sans lieu, bref comme *l'homme universel*. Et la littérature, qui le délivre, est une fonction abstraite et un pouvoir *a priori* de la nature humaine ; elle est le mouvement par lequel, à chaque instant, l'homme se libère de l'Histoire : en un mot c'est l'exercice de la liberté. Au xviie siècle, en choisissant d'écrire, on embrassait un métier défini avec ses recettes, ses règles et ses usages, son rang dans la hiérarchie des professions. Au xviiie, les moules sont brisés, tout est à faire, les ouvrages de l'esprit, au lieu d'être confectionnés avec plus ou moins de bonheur et selon des normes établies, sont chacun une invention particulière et comme une décision de l'auteur touchant la nature, la valeur et la portée des Belles-Lettres ; chacun apporte avec lui ses propres règles et les principes sur lesquels il veut être jugé ; chacun prétend engager la littérature tout entière et lui frayer de nouveaux chemins. Ce n'est pas par hasard que les pires ouvrages de l'époque sont aussi ceux qui se réclament le plus de la tradition : la tragédie et l'épopée étaient les fruits exquis d'une société intégrée ; dans une collectivité déchirée, elles ne peuvent subsister qu'à titre de survivances et de pastiches.

Ce que l'écrivain du xviiie siècle revendique inlassablement dans ses œuvres, c'est le droit d'exercer contre l'Histoire une raison antihistorique et, en ce sens, il ne fait que mettre au jour les exigences essentielles de la littérature abstraite. Il n'a cure de donner à ses lecteurs une conscience plus claire de leur classe : tout au contraire, l'appel pressant qu'il adresse à son public bourgeois, c'est une invite à oublier les humiliations, les préjugés, les craintes ; celui qu'il lance à son public noble, c'est une sollicitation à dépouiller son orgueil de caste et ses privilèges. Comme il s'est fait universel, il ne peut avoir que des lecteurs universels et ce qu'il réclame de la liberté de ses contemporains, c'est qu'ils brisent leurs attaches historiques pour le rejoindre dans l'universalité. D'où vient donc ce miracle que, dans le moment même où il dresse la liberté abstraite contre l'oppression concrète et la Raison contre l'Histoire, il aille dans le sens même du développement historique ?

C'est d'abord que la bourgeoisie, par une tactique qui lui est propre et qu'elle renouvellera en 1830 et en 1848, a fait cause commune, à la veille de prendre le pouvoir, avec celles des classes opprimées qui ne sont pas encore en état de le revendiquer. Et comme les liens qui peuvent unir des groupes sociaux si différents ne sauraient être que fort généraux et fort abstraits, elle n'aspire pas tant à prendre une conscience claire d'elle-même, ce qui l'opposerait aux artisans et aux paysans, qu'à se faire reconnaître le droit de diriger l'opposition parce qu'elle est mieux placée pour faire connaître aux pouvoirs constitués les revendications de la nature humaine universelle. D'autre part la révolution qui se prépare est *politique* ; il n'y a pas d'idéologie révolutionnaire, pas de parti organisé, la bourgeoisie veut qu'on l'éclaire, qu'on liquide au plus vite l'idéologie qui, des siècles durant, l'a mystifiée et aliénée : il sera temps plus tard de la remplacer. Pour l'instant elle aspire à la liberté d'opinion comme à un degré d'accès vers le pouvoir politique. Dès lors, en réclamant *pour lui* et *en tant qu'écrivain* la liberté de penser et d'exprimer sa pensée l'auteur sert nécessairement les intérêts de la classe bourgeoise. On ne lui demande pas plus et il ne peut faire davantage ; à d'autres époques, nous le verrons, l'écrivain peut réclamer sa liberté d'écrire avec une mauvaise conscience, il peut se rendre compte que les classes opprimées souhaitent tout autre chose que cette liberté-là : alors la liberté de penser peut apparaître comme un privilège, passer aux yeux de certains pour un moyen d'oppression et la position de l'écrivain risque de devenir intenable[43]. Mais, à la veille de la Révolution, il jouit de cette chance extraordinaire qu'il lui suffit de défendre son métier pour servir de guide aux aspirations de la classe montante.

Il le sait. Il se considère comme un guide et un chef spirituel, il prend des risques. Comme l'élite au pouvoir, de plus en plus nerveuse, lui prodigue un jour ses grâces pour le faire embastiller le jour suivant, il ignore la tranquillité, la médiocrité fière dont jouissaient ses prédécesseurs. Sa vie glorieuse et traversée, avec des crêtes ensoleillées et des chutes vertigineuses, est celle d'un aventurier. Je lisais, l'autre soir, ces mots que Blaise Cendrars met en exergue à *Rhum*[44] : « Aux jeunes gens d'aujourd'hui fatigués de la littérature pour leur prouver qu'un roman peut être aussi un acte » et je pensais que nous sommes bien malheureux et bien coupables puisqu'il nous faut prouver aujourd'hui ce qui allait de soi au XVIIIᵉ siècle. Un ouvrage de l'esprit était alors un acte doublement puisqu'il produisait des idées qui devaient être à l'origine de bouleversements sociaux et puisqu'il mettait en danger son auteur. Et cet acte, quel que soit le livre considéré, se définit toujours de la même manière : il est *libérateur*. Et, sans doute, au XVIIᵉ siècle aussi la littérature a une fonction libératrice mais qui demeure voilée et implicite. Au temps des Encyclopédistes, il ne s'agit plus de libérer l'honnête homme de ses passions en les lui reflétant sans complaisance, mais de contribuer par sa plume à la libération politique de l'homme tout court. L'appel que l'écrivain adresse à son public bourgeois, c'est, qu'il le veuille ou non, une incitation à la révolte ; celui qu'il lance dans le même temps à la classe dirigeante, c'est une invite à la lucidité, à l'examen critique de soi-même, à l'abandon de ses privilèges. La condition de Rousseau ressemble beaucoup à celle de Richard Wright écrivant à la fois pour les Noirs éclairés et pour les Blancs : devant la noblesse il *témoigne* et dans le même temps il invite ses frères roturiers à prendre conscience d'eux-mêmes. Ses écrits et ceux de Diderot, de Condorcet, ce n'est pas seulement la prise de la Bastille qu'ils ont préparée de longue main : c'est aussi la Nuit du 4 août.

Et comme l'écrivain croit avoir brisé les liens qui l'unissaient à sa classe d'origine, comme il parle à ses lecteurs du haut de la nature humaine universelle, il lui paraît que l'appel qu'il leur lance et la part qu'il prend à leurs malheurs sont dictés par la pure générosité. Écrire, c'est donner. C'est

par là qu'il assume et sauve ce qu'il y a d'inacceptable dans
sa situation de parasite d'une société laborieuse, par là
aussi qu'il prend conscience de cette liberté absolue, de
cette gratuité qui caractérisent la création littéraire. Mais,
bien qu'il ait perpétuellement en vue l'homme universel et
les droits abstraits de la nature humaine, il ne faudrait pas
croire qu'il incarne le clerc tel que Benda l'a décrit. Car,
puisque sa position est *critique* par essence, il faut bien
qu'il ait *quelque chose* à critiquer ; et les objets qui
s'offrent d'abord à ses critiques, ce sont les institutions, les
superstitions, les traditions, les actes d'un gouvernement
traditionnel. En d'autres termes, comme les murs de l'Éternité et du Passé qui soutenaient l'édifice idéologique du
XVIIᵉ siècle se lézardent et s'écroulent, l'écrivain perçoit
dans sa pureté une nouvelle dimension de la temporalité :
le Présent. Le Présent que les siècles antérieurs conce-
vaient tantôt comme une figuration sensible de l'Éternel, et
tantôt comme une émanation dégradée de l'Antiquité. De
l'avenir, il ne possède encore qu'une notion confuse mais
cette heure-ci, qu'il est en train de vivre et qui fuit, il sait
qu'elle est unique et qu'elle est à lui, qu'elle ne le cède en
rien aux heures les plus magnifiques de l'Antiquité,
attendu que celles-ci ont commencé comme elle par être
présentes : il sait qu'elle est sa chance et qu'il ne faut pas
qu'il la laisse perdre ; c'est pourquoi il n'envisage pas tant
le combat qu'il doit mener comme une préparation de la
société future que comme une entreprise à court terme et
d'immédiate efficacité. C'est cette institution-ci qu'il faut
dénoncer — et sur l'heure —, cette superstition-ci qu'il
faut détruire tout de suite ; c'est cette injustice particulière
qu'il faut réparer. Ce sens passionné du présent le préserve
de l'idéalisme : il ne se borne pas à contempler les idées
éternelles de la Liberté ou de l'Égalité : pour la première
fois depuis la Réforme, les écrivains interviennent dans la
vie publique, protestent contre un décret inique, demandent la révision d'un procès, décident en un mot que le

spirituel est dans la rue, à la foire, au marché, au tribunal et qu'il ne s'agit point de se détourner du temporel, mais d'y revenir sans cesse, au contraire, et de le dépasser en chaque circonstance particulière.

Ainsi le bouleversement de son public et la crise de la conscience européenne ont investi l'écrivain d'une fonction nouvelle. Il conçoit la littérature comme l'exercice permanent de la générosité. Il se soumet encore au contrôle étroit et rigoureux de ses pairs mais il entrevoit, au-dessous de lui, une attente informe et passionnée, un désir plus féminin, plus indifférencié qui le délivre de leur censure ; il a désincarné le spirituel et a séparé sa cause de celle d'une idéologie agonisante ; ses livres sont de libres appels à la liberté des lecteurs.

Le triomphe politique de la bourgeoisie, que les écrivains avaient appelé de tous leurs vœux, bouleverse leur condition de fond en comble et remet en question jusqu'à l'essence de la littérature ; on dirait qu'ils n'ont fait tant d'efforts que pour préparer plus sûrement leur perte. En assimilant la cause des Belles-Lettres à celle de la démocratie politique, ils ont sans aucun doute aidé la bourgeoisie à s'emparer du pouvoir, mais du même coup ils s'exposaient, en cas de victoire, à voir disparaître l'objet de leurs revendications, c'est-à-dire le sujet perpétuel et presque unique de leurs écrits. En un mot, l'harmonie miraculeuse qui unissait les exigences propres de la littérature à celles de la bourgeoisie opprimée s'est rompue dès que les unes et les autres se sont réalisées. Tant que des millions d'hommes enrageaient de ne pouvoir exprimer leur sentiment, il était beau de réclamer le droit d'écrire librement et de tout examiner, mais dès que la liberté de pensée, de confession et l'égalité des droits politiques sont acquises, la défense de la littérature devient un jeu purement formel qui n'amuse plus personne ; il faut trouver autre chose. Or, dans le même moment les écrivains ont perdu leur situation privilégiée : elle avait son origine dans la cassure qui déchirait leur public et qui leur permettait de jouer sur deux tableaux. Ces deux moitiés se sont recollées ; la bourgeoisie a absorbé la noblesse ou peu s'en faut. Les auteurs doivent répondre aux demandes d'un public unifié. Tout espoir est perdu pour eux de sortir de leur classe d'origine. Nés de parents bourgeois, lus et payés par des bourgeois, il faudra qu'ils restent bourgeois ; la bourgeoisie, comme une prison, s'est refermée sur eux. De la classe parasitaire et folle qui les nourrissait par caprice et qu'ils minaient sans remords, de leur rôle d'agent double, ils gardent un regret cuisant dont ils mettront un siècle à se guérir ; il leur semble qu'ils ont tué la poule aux œufs d'or. La bourgeoisie inaugure des formes d'oppression nouvelles ; cependant elle n'est pas parasitaire : sans doute elle s'est approprié les instruments de travail, mais elle est fort diligente à régler l'organisation de la production et la répartition des produits. Elle ne conçoit pas l'œuvre littéraire comme une création gratuite et désintéressée, mais comme un service payé.

Le mythe justificateur de cette classe laborieuse et improductive, c'est *l'utilitarisme* : d'une manière ou d'une autre le bourgeois fait fonction d'intermédiaire entre le producteur et le consommateur, il est le *moyen terme* élevé à la toute-puissance ; il a donc, dans le couple indissoluble du moyen et de la fin, choisi de donner la première importance au moyen. La fin est sous-entendue, on ne la regarde jamais en face, on la passe sous silence ; le but et la dignité d'une vie humaine, c'est de se consumer dans l'agencement des moyens ; il n'est pas *sérieux* de s'employer sans intermédiaire à produire une fin absolue ; c'est comme si l'on prétendait voir Dieu face à face sans le secours de l'Église. On ne fera crédit qu'aux entreprises dont la fin est l'horizon en perpétuel recul d'une série infinie de moyens. Si l'œuvre d'art entre dans la ronde utilitaire, si elle prétend qu'on la prenne au sérieux, il faudra qu'elle descende du ciel des fins inconditionnées et qu'elle se résigne à devenir utile à son tour, c'est-à-dire qu'elle se présente comme un moyen d'agencer des moyens. En particulier, comme le bourgeois n'est pas tout à fait sûr de soi, parce que sa puissance n'est pas assise sur un décret de la Providence, il faudra que la littérature l'aide à se sentir bourgeois de droit divin. Ainsi risque-t-elle, après avoir été, au xviiie siècle, la mauvaise conscience des privilégiés, de devenir, au xixe siècle, la bonne conscience d'une classe d'oppression. Passe encore si l'écrivain pouvait garder cet esprit de libre critique qui fit sa fortune et son orgueil au siècle précédent. Mais son public s'y oppose : tant que la bourgeoisie luttait contre les privilèges de la noblesse, elle s'accommodait de la négativité destructrice. À présent qu'elle a le pouvoir, elle passe à la construction et demande qu'on l'aide à construire. Au sein de l'idéologie religieuse, la contestation demeurait possible parce que le croyant rapportait ses obligations et les articles de sa foi à la volonté de Dieu. Par là il établissait entre lui et le Tout-Puissant un lien concret et féodal de personne à personne. Ce recours au libre arbitre divin introduisait, encore que Dieu fût tout parfait et enchaîné à sa perfection, un élément de gratuité dans la morale chrétienne et, en conséquence, un peu de liberté dans la littérature. Le héros chrétien, c'est toujours Jacob en lutte avec l'ange, le saint *conteste* la volonté divine, même si c'est pour s'y soumettre encore plus étroitement. Mais l'éthique bourgeoise ne dérive pas de la Providence : ses règlements universels et abstraits sont inscrits dans les choses ; ils ne sont pas l'effet d'une volonté souveraine et tout aimable, mais personnelle, ils ressembleraient plutôt aux lois incréées de la physique. Du moins on le suppose, car il n'est pas prudent d'y regarder de si près. Précisément parce que leur origine est obscure, l'homme sérieux se défend de les examiner. L'art bourgeois sera moyen ou il ne sera pas ; il s'interdira de toucher aux principes, de peur qu'ils ne s'effondrent[c], et de sonder trop avant le cœur humain, de peur d'y trouver le désordre. Son public ne redoute rien tant que le talent, folie menaçante et heureuse, qui découvre le fond inquiétant des choses par des mots imprévisibles et, par des appels répétés à la liberté, remue le fond plus inquiétant encore des hommes. La *facilité* se vend mieux : c'est le talent enchaîné, tourné contre lui-même, l'art de rassurer par des discours harmonieux et prévus, de montrer, sur le ton de la bonne compagnie, que le monde et l'homme sont médiocres, transparents, sans surprises, sans menaces et sans intérêt.

Il y a plus : comme le bourgeois n'a de rapport avec les forces naturelles que par personnes interposées, comme la réalité matérielle lui apparaît sous forme de produits manufacturés, comme il est entouré, à perte de vue, d'un monde déjà humanisé qui lui renvoie sa propre image, comme il se borne à glaner à la surface des choses les significations que d'autres hommes y ont déposées, comme sa tâche consiste essentiellement à manier des symboles abstraits, mots, chiffres, schémas, diagrammes, pour déterminer par quelles méthodes ses salariés répartiront les biens de consommation, comme sa culture tout aussi bien que son métier le disposent à penser sur de la pensée, il s'est convaincu que l'univers était réductible à un système d'idées ; il dissout en idées l'effort, la peine, les besoins, l'oppression, les guerres : il n'y a pas de mal, mais seulement un pluralisme ; certaines idées vivent à l'état libre, il faut les intégrer au système. Ainsi conçoit-il le progrès humain comme un vaste mouvement d'assimilation : les idées s'assimilent entre elles et les esprits entre eux. Au terme de cet immense processus digestif, la pensée trouvera son unification et la société son intégration totale. Un tel optimisme est à l'extrême opposé de la conception que l'écrivain se fait de son art : l'artiste a besoin d'une matière inassimilable parce que la beauté ne se résout pas en idées ; même s'il est prosateur et s'il assemble des signes, il n'y aura ni grâce ni force dans son style s'il n'est sensible à la matérialité du mot et à ses résistances irrationnelles. Et s'il veut fonder l'univers dans son œuvre et le soutenir par une inépuisable liberté, c'est précisément parce qu'il distingue radicalement les choses de la pensée ; sa liberté n'est homogène à la chose qu'en ceci que toutes deux sont insondables et, s'il veut réapproprier le désert ou la forêt vierge à l'Esprit, ce n'est pas en les transformant en idées de désert et de forêt, mais en faisant éclairer l'Être en tant qu'Être, avec son opacité et son coefficient d'adversité, par la spontanéité indéfinie de l'Existence. C'est pourquoi l'œuvre d'art ne se réduit pas à l'idée : d'abord parce qu'elle est production ou reproduction d'un *être*, c'est-à-dire de quelque chose qui ne se laisse jamais tout à fait *penser* ; ensuite parce que cet être est totalement pénétré par une *existence*, c'est-à-dire par une liberté qui décide du sort même et de la valeur de la pensée. C'est pourquoi aussi l'artiste a toujours eu une compréhension particulière du Mal, qui n'est pas l'isolement provisoire et remédiable d'une idée, mais l'irréductibilité du monde et de l'homme à la Pensée.

On reconnaît le bourgeois à ce qu'il nie l'existence des classes sociales et singulièrement de la bourgeoisie. Le gentilhomme veut commander parce qu'il appartient à une caste. Le bourgeois fonde sa puissance et son droit de gouverner sur la maturation exquise que donne la possession séculaire des biens de ce monde. Il n'admet d'ailleurs de rapports synthétiques qu'entre le propriétaire et la chose possédée ; pour le reste il démontre par l'analyse que tous les hommes sont semblables parce qu'ils sont des éléments invariants des combinaisons sociales et parce que chacun d'eux, quel que soit le rang qu'il occupe, possède entièrement la *nature humaine*. Dès lors les inégalités apparaissent comme des accidents fortuits et passagers qui ne peuvent altérer les caractères permanents de l'atome social. Il n'y a pas de prolétariat, c'est-à-dire pas de classe synthétique dont chaque ouvrier soit un mode passager ; il y a seulement des prolétaires, isolés chacun dans sa nature humaine, et qui ne sont pas unis entre eux par une solidarité interne, mais seulement par des liens externes de ressemblance. Entre les individus que sa propagande analytique a circonvenus et séparés le bourgeois ne voit que des relations *psychologiques*. Cela se conçoit : comme il n'a pas de prise directe sur les choses, comme son travail s'exerce essentiellement sur des hommes, il s'agit uniquement pour lui de plaire et d'intimider ; la cérémonie, la discipline et la politesse règlent ses conduites, il tient ses semblables pour des marionnettes et s'il veut acquérir quelque connaissance de leurs affections et de leur caractère, c'est que chaque passion lui semble une ficelle qu'on peut tirer ; le bréviaire du bourgeois ambitieux et pauvre, c'est un « Art de Parvenir », le bréviaire du riche c'est « l'Art de Commander ». La bourgeoisie considère donc l'écrivain comme un expert ; s'il se lance dans des méditations sur l'ordre social, il l'ennuie et l'effraie : elle lui demande seulement de lui faire partager son expérience pratique du cœur de l'homme. Voilà la littérature réduite, comme au XVIIᵉ siècle, à la psychologie. Encore la psychologie de Corneille, de Pascal, de Vauvenargues, était-elle un appel cathartique à la liberté. Mais le commerçant se méfie de la liberté de ses pratiques et le préfet de celle du sous-préfet. Ils souhaitent seulement qu'on leur fournisse des recettes infaillibles pour séduire et pour dominer. Il faut que l'homme soit gouvernable à coup sûr et par de petits moyens, en un mot il faut que les lois du cœur soient rigoureuses et sans exceptions. Le chef bourgeois ne croit pas plus à la liberté humaine que le savant ne croit au miracle. Et comme sa morale est utilitaire, le ressort principal de sa psychologie sera l'intérêt. Il ne s'agit plus pour l'écrivain d'adresser son œuvre, comme un appel, à des libertés absolues, mais d'exposer les lois psychologiques qui le déterminent à des lecteurs déterminés comme lui.

Idéalisme, psychologisme, déterminisme, utilitarisme, esprit de sérieux, voilà ce que l'écrivain bourgeois doit refléter d'abord à son public. On ne lui demande plus de restituer l'étrangeté et l'opacité du monde mais de le dissoudre en impressions élémentaires et subjectives qui en rendent la digestion plus aisée — ni de retrouver au plus profond de sa liberté les plus intimes mouvements du cœur, mais de confronter son « expérience » avec celle de ses lecteurs. Ses ouvrages sont tout à la fois des inventaires de la propriété bourgeoise, des expertises psychologiques tendant invariablement à fonder les droits de l'élite et à montrer la sagesse des institutions, des manuels de civilité. Les conclusions sont arrêtées d'avance ; d'avance on a établi le degré de profondeur permis à l'investigation, les ressorts psychologiques ont été sélectionnés, le style même est réglementé. Le public ne craint aucune surprise, il peut acheter les yeux fermés. Mais la littérature est assassinée. D'Émile Augier à Marcel Prévost et à Edmond Jaloux en passant par Dumas fils, Pailleron, Ohnet, Bourget, Bordeaux, il s'est trouvé des auteurs pour conclure l'affaire et, si j'ose dire, faire honneur jusqu'au bout à leur signature. Ce n'est pas par hasard qu'ils ont écrit de mauvais livres : s'ils ont eu du talent, il a fallu le cacher.

Les meilleurs ont refusé. Ce refus sauve la littérature mais il en fixe les traits pour cinquante ans. À partir de 1848, en effet, et jusqu'à la guerre de 1914, l'unification radicale de son public amène l'auteur à écrire par principe *contre tous ses lecteurs*. Il vend pourtant ses productions, mais il méprise ceux qui les achètent et s'efforce de décevoir leurs vœux ; c'est chose entendue qu'il vaut mieux être méconnu que célèbre, que le succès, s'il va jamais à l'artiste de son vivant, s'explique par un malentendu. Et si d'aventure le livre qu'on publie ne heurte pas assez, on y ajoutera une préface pour insulter. Ce conflit fondamental entre l'écrivain et son public est un phénomène sans précédent dans l'histoire littéraire. Au XVIIe siècle l'accord entre littérateur et lecteurs est parfait ; au XVIIIe siècle, l'auteur dispose de deux publics également réels et peut à son gré s'appuyer sur l'un ou sur l'autre ; le romantisme a été, à ses débuts, une vaine tentative pour éviter la lutte ouverte en restaurant cette dualité et en s'appuyant sur l'aristocratie contre la bourgeoisie libérale. Mais après 1850 il n'y a plus moyen de dissimuler la contradiction profonde qui oppose l'idéologie bourgeoise aux exigences de la littérature. Vers le même moment un public virtuel se dessine déjà dans les couches profondes de la société : déjà il attend qu'on le révèle à lui-même ; c'est que la cause de l'instruction gratuite et obligatoire a fait des progrès : bientôt la Troisième République consacrera pour tous les hommes le droit de lire et d'écrire. Que va faire l'écrivain ? Optera-t-il pour la masse contre l'élite et tentera-t-il de recréer à son profit la dualité des publics ?

Il le semblerait à première vue. À la faveur du grand mouvement d'idées qui brasse de 1830 à 1848 les zones marginales de la bourgeoisie, certains auteurs ont la révélation de leur public virtuel. Ils le parent, sous le nom de « Peuple », de grâces mystiques : le salut viendra par lui. Mais, pour autant qu'ils l'aiment, ils ne le connaissent guère et surtout ils n'émanent pas de lui. Sand est baronne Dudevant, Hugo fils d'un général d'Empire. Même Michelet, fils d'un imprimeur, est encore bien éloigné des canuts lyonnais ou des tisseurs de Lille. Leur socialisme — quand ils sont socialistes — est un sous-produit de l'idéalisme bourgeois. Et puis surtout le peuple est bien plutôt le sujet de certaines de leurs œuvres que le public qu'ils ont élu. Hugo, sans doute, a eu la rare fortune de pénétrer partout ; c'est un des seuls, peut-être le seul de nos écrivains qui soit vraiment populaire. Mais les autres se sont attiré l'inimitié de la bourgeoisie sans se créer, en contrepartie, un public ouvrier. Pour s'en convaincre il n'est que de comparer l'importance que l'Université bourgeoise accorde à Michelet, génie authentique et prosateur de grande classe, et à Taine qui ne fut qu'un cuistre ou à Renan dont le « beau style » offre tous les exemples souhaitables de bassesse et

de laideur. Ce purgatoire où la classe bourgeoise laisse
végéter Michelet est sans compensation : le « peuple », qu'il
aimait, l'a lu pendant quelque temps et puis le succès du
marxisme l'a rejeté dans l'oubli. En somme la plupart de
ces auteurs sont les vaincus d'une révolution ratée ; ils y
ont attaché leur nom et leur destin. Aucun d'eux, sauf
Hugo, n'a vraiment marqué la littérature.

Les autres, tous les autres, ont reculé devant la perspective d'un déclassement par en bas, qui les eût fait couler à
pic, comme une pierre à leur cou. Ils ne manquent pas
d'excuses : il était trop tôt, aucun lien réel ne les attachait
au prolétariat, cette classe opprimée ne pouvait pas les
absorber, elle ne connaissait pas le besoin qu'elle avait
d'eux ; leur décision de la défendre fût restée abstraite ;
quelle qu'eût été leur sincérité, ils se fussent « penchés »
sur des malheurs qu'ils eussent compris avec leur tête sans
les ressentir dans leur cœur. Déchus de leur classe d'origine,
hantés par la mémoire d'une aisance qu'ils eussent dû
s'interdire, ils couraient le risque de constituer, en marge du
vrai prolétariat, un « prolétariat en faux col », suspect aux
ouvriers, honni par les bourgeois, dont les revendications
eussent été dictées par l'aigreur et le ressentiment plutôt
que par la générosité, et qui se fût, pour finir, tourné à la
fois contre les uns et contre les autres[d]. En outre, au
XVIIIᵉ siècle, les libertés nécessaires que réclame la littérature ne se distinguent pas des libertés politiques que le
citoyen veut conquérir, il suffit à l'écrivain d'explorer
l'essence arbitraire de son art et de se faire l'interprète de
ses exigences formelles pour devenir révolutionnaire : la littérature est naturellement révolutionnaire, quand la révolution qui se prépare est bourgeoise, parce que la première
découverte qu'elle fait de soi lui révèle ses liens avec la
démocratie politique. Mais les libertés formelles que défen-
dront l'essayiste, le romancier, le poète, n'ont rien de commun avec les exigences profondes du prolétariat. Celui-ci
ne songe pas à réclamer la liberté politique, dont il jouit

après tout et qui n'est qu'une mystification[e] ; de la liberté de penser, il n'a que faire, pour l'instant ; ce qu'il demande est fort différent de ces libertés abstraites : il souhaite l'amélioration matérielle de son sort et, plus profondément, plus obscurément aussi, la fin de l'exploitation de l'homme par l'homme. Nous verrons plus tard que ces revendications sont homogènes à celles que pose l'art d'écrire conçu comme phénomène historique et concret, c'est-à-dire comme l'appel singulier et daté qu'un homme, en acceptant de s'historialiser, lance à propos de l'homme tout entier à tous les hommes de son époque. Mais, au XIXe siècle, la littérature vient de se dégager de l'idéologie religieuse et refuse de servir l'idéologie bourgeoise. Elle se pose donc comme indépendante par principe de toute espèce d'idéologie. De ce fait, elle garde son aspect abstrait de pure négativité. Elle n'a pas encore compris qu'elle *est elle-même* l'idéologie ; elle s'épuise à affirmer son autonomie, que personne ne lui conteste. Cela revient à dire qu'elle prétend n'avoir aucun sujet privilégié et pouvoir traiter de toute matière également : il n'est pas douteux qu'on puisse écrire avec bonheur de la condition ouvrière ; mais le choix de ce sujet dépend des circonstances, d'une libre décision de l'artiste ; un autre jour on parlera d'une bourgeoise de province, un autre jour des mercenaires carthaginois. De temps en temps, un Flaubert affirmera l'identité du fond et de la forme, mais il n'en tirera aucune conclusion pratique. Comme tous ses contemporains, il reste tributaire de la définition que les Winckelmann et les Lessing[45], près d'un siècle plus tôt, ont donnée de la beauté et qui, d'une manière ou d'une autre, revient à la présenter comme la multiplicité dans l'unité. Il s'agit de capter le chatoiement du divers et de lui imposer une unification rigoureuse par le style. Le « style artiste » des Goncourt n'a pas d'autre signification : c'est une méthode formelle pour unifier et embellir toutes les matières, même les plus belles.

Comment pourrait-on concevoir alors qu'il puisse y avoir

un rapport interne entre les revendications des classes inférieures et les principes de l'art d'écrire ? Proudhon semble
être le seul à l'avoir deviné. Et Marx bien entendu. Mais ils
n'étaient pas littérateurs. La littérature, tout absorbée
encore par la découverte de son autonomie, est à elle-même
son propre objet. Elle est passée à la période réflexive ; elle
éprouve ses méthodes, brise ses anciens cadres, tente de
déterminer expérimentalement ses propres lois et de forger des techniques nouvelles. Elle avance tout doucement
vers les formes actuelles du drame et du roman, le vers
libre, la critique du langage. Si elle se découvrait un contenu spécifique, il lui faudrait s'arracher à sa méditation sur
soi et dégager ses normes esthétiques de la nature de ce
contenu. En même temps les auteurs, en choisissant d'écrire
pour un public virtuel, devraient adapter leur art à l'ouver-
ture des esprits, ce qui revient à le déterminer d'après des
exigences extérieures et non d'après son essence propre ; il
faudrait renoncer à des formes de récit, de poésie, de raisonnement même, pour le seul motif qu'elles ne seraient
pas accessibles aux lecteurs sans culture. Il semble donc
que la littérature courrait le risque de retomber dans l'aliénation. Aussi l'écrivain refuse-t-il, de bonne foi, d'asservir
la littérature à un public et à un sujet déterminés. Mais il
ne s'aperçoit pas du divorce qui s'opère entre la révolution
concrète qui tente de naître et les jeux abstraits auxquels il
se livre. Cette fois, ce sont les masses qui veulent le pouvoir et comme les masses n'ont pas de culture ni de loisirs,
toute prétendue révolution littéraire, en raffinant sur la
technique, met hors de leur portée les ouvrages qu'elle inspire et sert les intérêts du conservatisme social.

Il faut donc en revenir au public bourgeois. L'écrivain se
vante d'avoir rompu tout commerce avec lui, mais, en
refusant le déclassement par en bas, il condamne sa rupture à rester symbolique : il la joue sans relâche, il l'indique
par son vêtement, son alimentation, son ameublement, les
mœurs qu'il se donne, mais il ne la fait pas. C'est la bour-

geoisie qui le lit, c'est elle seule qui le nourrit et qui décide de sa gloire. En vain fait-il semblant de prendre du recul pour la considérer d'ensemble : s'il veut la juger, il faudrait d'abord qu'il en sorte et il n'est pas d'autre façon d'en sortir que d'éprouver les intérêts et la manière de vivre d'une autre classe. Comme il ne s'y décide pas, il vit dans la contradiction et dans la mauvaise foi puisqu'il sait à la fois et ne veut pas savoir *pour qui* il écrit. Il parle volontiers de sa *solitude* et, plutôt que d'assumer le public qu'il s'est sournoisement choisi, il invente qu'on écrit pour soi seul ou pour Dieu, il fait de l'écriture une occupation métaphysique, une prière, un examen de conscience, tout sauf une communication. Il s'assimile fréquemment à un possédé, parce que, s'il vomit les mots sous l'empire d'une nécessité intérieure, au moins ne les *donne*-t-il pas. Mais cela n'empêche qu'il corrige soigneusement ses écrits. Et d'autre part il est si loin de vouloir du mal à la bourgeoisie qu'il ne lui conteste même pas le droit de gouverner. Bien au contraire. Flaubert le lui a reconnu nommément et sa correspondance abonde, après la Commune qui lui fit si grand'peur, en injures ignobles contre les ouvriers[f]. Et comme l'artiste, enfoncé dans son milieu, ne peut le juger du dehors, comme ses refus sont des états d'âme sans effet, il ne s'aperçoit pas même que la bourgeoisie est classe d'oppression ; au vrai il ne la tient pas du tout pour une classe mais pour une espèce naturelle et, s'il se risque à la décrire, il le fera en termes strictement psychologiques. Ainsi l'écrivain bourgeois et l'écrivain maudit se meuvent sur le même plan ; leur seule différence, c'est que le premier fait de la psychologie blanche et le second de la psychologie noire. Lorsque Flaubert déclare, par exemple, qu'il « appelle bourgeois tout ce qui pense bassement[46] », il définit le bourgeois en termes psychologiques et idéalistes, c'est-à-dire dans la perspective de l'idéologie qu'il prétend refuser. Du coup il rend un signalé service à la bourgeoisie : il ramène au bercail les révoltés, les désadaptés qui risqueraient de passer au prolétariat, en les persuadant qu'on peut dépouiller le bourgeois en soi-même par une simple discipline intérieure : si seulement ils s'exercent dans le privé à penser noblement, ils peuvent continuer à jouir, la conscience en paix, de leurs biens et de leurs prérogatives ; ils habitent encore bourgeoisement, jouissent encore bourgeoisement de leurs revenus et fréquentent des salons bourgeois, mais tout cela n'est plus qu'une apparence, ils se sont élevés au-dessus de leur espèce par la noblesse de leurs sentiments. Du même coup il donne à ses confrères le truc qui leur permettra de garder en tout cas une bonne conscience : car la magnanimité trouve son application privilégiée dans l'exercice des arts.

La solitude de l'artiste est truquée doublement : elle dissimule non seulement un rapport réel au grand public mais encore la reconstitution d'un public de spécialistes. Puisqu'on abandonne au bourgeois le gouvernement des hommes et des biens, le spirituel se sépare à nouveau du temporel, on voit renaître une sorte de cléricature. Le public de Stendhal, c'est Balzac, celui de Baudelaire, c'est Barbey d'Aurevilly et Baudelaire à son tour se fait public de Poe[47]. Les salons littéraires ont pris un vague aspect collégial, on y « parle littérature » à mi-voix, avec un infini respect, on y débat si le musicien tire plus de jouissance esthétique de sa musique que l'écrivain de ses livres ; à mesure qu'il se détourne de la vie, l'art redevient sacré. Il s'est même institué une sorte de communion des saints : on donne la main par-dessus les siècles à Cervantès, à Rabelais, à Dante, on s'intègre à cette société monastique ; la cléricature, au lieu d'être un organisme concret et, pour ainsi dire, géographique, devient une institution successive, un club dont tous les membres sont morts, sauf un, le dernier en date qui représente les autres sur terre et résume en lui tout le collège. Ces nouveaux croyants, qui ont leurs saints dans le passé, ont aussi leur vie future. Le divorce du temporel et du spirituel amène une modification profonde de l'idée de gloire : du temps de Racine, elle n'était pas tant la revanche de l'écrivain méconnu que le prolongement naturel du succès dans une société immuable. Au XIXᵉ siècle, elle fonctionne comme un mécanisme de surcompensation. « Je serai compris en 1880 », « Je gagnerai mon procès en appel[48] », ces mots fameux prouvent que l'écrivain n'a pas perdu le désir d'exercer une action directe et universelle dans le cadre d'une collectivité intégrée. Mais comme cette action n'est pas possible dans le présent, on projette, dans un avenir indéfini, le mythe compensateur d'une réconciliation entre l'écrivain et son public. Tout cela reste d'ailleurs fort vague : aucun de ces amateurs de gloire ne s'est demandé dans quelle espèce de société il pourrait trouver sa récompense[49] ; ils se plaisent seulement à rêver que leurs petits-neveux bénéficieront d'une amélioration intérieure, pour être venus plus tard et dans un monde plus vieux. C'est ainsi que Baudelaire, qui ne s'embarrasse pas des contradictions, panse souvent les plaies de son orgueil par la considération de sa renommée posthume, quoiqu'il tienne que la société soit entrée dans une période de décadence qui ne se terminera qu'avec la disparition du genre humain.

Pour le présent donc, l'écrivain recourt à un public de spécialistes ; pour le passé il conclut un pacte mystique avec les grands morts ; pour le futur il use du mythe de la gloire. Il n'a rien négligé pour s'arracher symboliquement à sa classe. Il est en l'air, étranger à son siècle, dépaysé, maudit. Toutes ces comédies n'ont qu'un but : l'intégrer à une société symbolique qui soit comme une image de l'aristocratie d'Ancien Régime. La psychanalyse est familière avec ces processus d'identification dont la pensée autistique offre de nombreux exemples : le malade qui, pour s'évader, a besoin de la clé de l'asile, arrive à croire qu'il est lui-même cette clé. Ainsi l'écrivain qui a besoin de la faveur des grands pour se déclasser finit par se prendre pour l'incarnation de toute la noblesse. Et comme celle-ci se caractérisait par son parasitisme, c'est l'ostentation de parasitisme qu'il choisira pour style de vie. Il se fera le martyr de la consommation pure. Il ne voit, nous l'avons dit, aucun inconvénient à user des biens de la bourgeoisie, mais c'est à condition de les dépenser, c'est-à-dire de les transformer en objets improductifs et inutiles ; il les brûle, en quelque sorte, parce que le feu purifie tout. Comme, d'ailleurs, il n'est pas toujours riche et qu'il faut bien vivre, il se compose une vie étrange, prodigue et besogneuse à la fois, où une imprévoyance calculée symbolise la folle générosité qui lui demeure interdite. En dehors de l'art, il ne trouve de noblesse qu'en trois sortes d'occupations. Dans l'amour d'abord, parce que c'est une inutile passion et parce que les femmes sont, comme dit Nietzsche, le jeu le plus dangereux. Dans les voyages aussi, parce que le voyageur est un perpétuel témoin, qui passe d'une société à une autre sans jamais demeurer dans aucune et parce que, consommateur *étranger* dans une collectivité laborieuse, il est l'image même du parasitisme. Parfois aussi dans la guerre, parce que c'est une immense consommation d'hommes et de biens.

Le discrédit où l'on tenait les métiers dans les sociétés aristocratiques et guerrières, on le retrouve chez l'écrivain : il ne lui suffit pas d'être inutile, comme les courtisans de l'Ancien Régime, il veut pouvoir fouler aux pieds le travail utilitaire, casser, brûler, détériorer, imiter la désinvolture des seigneurs qui faisaient passer leurs chasses à travers les blés mûrs. Il cultive en lui ces impulsions destructrices dont Baudelaire a parlé dans *Le Vitrier*[50]. Un peu plus tard, il aimera entre tous les ustensiles malfaçonnés, ratés ou hors d'usage, déjà à moitié repris par la nature, et qui sont comme des caricatures de l'ustensilité. Sa propre vie, il n'est pas rare qu'il la considère comme un outil à détruire, il la risque en tout cas et joue à perdre : l'alcool, les drogues, tout lui est bon. La perfection dans l'inutile, bien entendu, c'est la beauté. De « l'art pour l'art » au symbolisme, en passant par le réalisme et le Parnasse, toutes les écoles sont d'accord en ceci que l'art est la forme la plus élevée de la consommation pure. Il n'enseigne rien, il ne reflète aucune idéologie, il se défend surtout d'être moralisateur : bien avant que Gide l'ait écrit, Flaubert, Gautier, les Goncourt, Renard, Maupassant ont dit à leur manière que « c'est avec les bons sentiments qu'on fait de la mauvaise littérature ». Pour les uns la littérature est la subjectivité portée à l'absolu, un feu de joie où se tordent les sarments noirs de leurs souffrances et de leurs vices ; gisant au fond du monde comme dans un cachot, ils le dépassent et le dissipent par leur insatisfaction révélatrice des « ailleurs ». Il leur paraît que leur cœur est assez singulier pour que la peinture qu'ils en font demeure résolument stérile. D'autres se constituent les témoins impartiaux de leur époque. Mais ils ne témoignent aux yeux de personne ; ils élèvent à l'absolu témoignage et témoins ; ils présentent au ciel vide le tableau de la société qui les entoure. Circonvenus, transposés, unifiés, pris au piège d'un style artiste, les événements de l'univers sont neutralisés et, pour ainsi dire, mis entre parenthèses ; le réalisme est une « épochè[51] ». L'impossible vérité rejoint ici l'inhumaine Beauté, « belle comme un rêve de pierre[52] ». Ni l'auteur, tant qu'il écrit, ni le lecteur, tant qu'il lit, ne sont plus de ce monde ; ils se sont mués en pur regard ; ils considèrent l'homme du dehors, ils s'efforcent de prendre sur lui le point de vue de Dieu, ou, si l'on veut, du vide absolu. Mais après tout je puis encore me reconnaître dans la description que le plus pur des lyriques fait de ses particularités ; et, si le roman expérimental imite la science, n'est-il pas utilisable comme elle, ne peut-il avoir, lui aussi, ses *applications* sociales ? Les extrémistes souhaitent, par terreur de servir, que leurs ouvrages ne puissent pas même éclairer le lecteur sur son propre cœur, ils refusent de transmettre leur expérience. À la limite l'œuvre ne sera tout à fait gratuite que si elle est tout à fait inhumaine. Au bout de cela, il y a l'espoir d'une création absolue, quintessence du luxe et de la prodigalité, inutilisable en ce monde parce qu'elle *n'est pas du monde* et qu'elle n'en rappelle rien : l'imagination est conçue comme faculté inconditionnée de *nier* le réel et l'objet d'art s'édifie sur l'effondrement de l'univers. Il y a l'artificialisme exaspéré de Des Esseintes[53], le dérèglement systématique de tous les sens et, pour finir, la destruction concertée du langage[54]. Il y a aussi le silence : ce silence de glace, l'œuvre de Mallarmé[55] — ou celui de Monsieur Teste pour qui toute communication est impure[56].

L'extrême pointe de cette littérature brillante et mortelle, c'est le néant. Sa pointe extrême et son essence profonde : le nouveau spirituel n'a rien de positif, il est la négation pure et simple du temporel ; au Moyen Âge c'est le temporel qui est l'Inessentiel par rapport à la spiritualité ; au XIXe siècle l'inverse se produit : le temporel est premier, le spirituel est le parasite inessentiel qui le ronge et tente de le détruire. Il s'agit de nier le monde ou de le consommer. De le nier en le consommant. Flaubert écrit pour se débarrasser des hommes et des choses. Sa phrase cerne l'objet, l'attrape, l'immobilise et lui casse les reins, se referme sur lui, se change en pierre et le pétrifie avec elle. Elle est aveugle et sourde, sans artères ; pas un souffle de vie, un silence profond la sépare de la phrase qui suit ; elle tombe dans le vide, éternellement, et entraîne sa proie dans cette chute infinie. Toute réalité, une fois décrite, est rayée de l'inventaire : on passe à la suivante. Le réalisme n'est rien d'autre que cette grande chasse morne. Il s'agit de se tranquilliser avant tout. Partout où il a passé, l'herbe ne pousse plus. Le déterminisme du roman naturaliste écrase la vie, remplace l'action humaine par des mécanismes à sens unique. Il n'a guère qu'un sujet : la lente désagrégation d'un homme, d'une entreprise, d'une famille, d'une société ; il faut retourner à zéro, on prend la nature en état de déséquilibre productif et l'on efface ce déséquilibre, on revient à un équilibre de mort par l'annulation des forces en présence. Lorsqu'il nous montre, par hasard, la réussite d'un ambitieux, c'est une apparence : Bel-Ami[57] ne prend pas d'assaut les redoutes de la bourgeoisie, c'est un ludion dont la montée témoigne seulement de l'effondrement d'une société. Et lorsque le symbolisme découvre l'étroite parenté de la beauté et de la mort, il ne fait qu'expliciter le thème de toute la littérature du demi-siècle. Beauté du passé, parce qu'il n'est plus, beauté des jeunes mourantes et des fleurs qui se fanent, beauté de toutes les érosions et de toutes les ruines, suprême dignité de la consommation, de la maladie qui mine, de l'amour qui dévore, de l'art qui tue ; la mort est partout, devant nous, derrière nous, jusque dans le soleil et les parfums de la terre. L'art de Barrès est une méditation de la mort : une chose n'est belle que lorsqu'elle est « consommable », c'est-à-dire qu'elle meurt quand on en jouit. La structure temporelle qui convient particulièrement à ces jeux de princes, c'est l'instant. Parce qu'il passe et parce qu'il est, en lui-même, l'image de l'éternité, il est la négation du temps humain, ce temps à trois dimensions du travail et de l'Histoire. Il faut beaucoup de temps pour édifier, un instant suffit à tout jeter par terre. Lorsqu'on considère dans cette perspective l'œuvre de Gide, on ne peut s'empêcher d'y voir une éthique strictement réservée à l'écrivain-consommateur. Son acte gratuit, qu'est-il, sinon l'aboutissement d'un siècle de comédie bourgeoise et l'impératif de l'auteur-gentilhomme. Il est frappant que les exemples en soient tous empruntés à la consommation : Philoctète donne son arc[58], le miglionnaire dilapide ses billets de banque[59], Bernard vole, Lafcadio tue, Ménalque vend ses meubles[60]. Ce mouvement destructeur ira jusqu'à ses conséquences extrêmes : « L'acte surréaliste le plus simple, écrira Breton, vingt ans plus tard, consiste, revolvers aux poings, à descendre dans la rue et à tirer au hasard, tant qu'on peut, dans la foule[61]. » C'est le terme dernier d'un long processus

dialectique : au XVIIIᵉ siècle la littérature était négativité ;
sous le règne de la bourgeoisie, elle passe à l'état de Négation absolue et hypostasiée, elle devient un processus multicolore et chatoyant d'anéantissement. « Le surréalisme
n'est pas intéressé à tenir grand compte... de tout ce qui
n'a pas pour fin l'anéantissement de l'être en un brillant,
intérieur et aveugle, qui ne soit pas plus l'âme de la glace
que celle du feu[62] », écrit encore Breton. À la limite il ne
reste plus à la littérature qu'à se contester elle-même. C'est
ce qu'elle fait sous le nom de surréalisme : on a écrit pendant soixante-dix ans pour consommer le monde ; on écrit
après 1918 pour consommer la littérature ; on dilapide les
traditions littéraires, on gaspille les mots, on les jette les
uns contre les autres pour les faire éclater. La littérature
comme Négation absolue devient l'Anti-littérature ; jamais
elle n'a été plus *littéraire* : la boucle est bouclée.

Dans le même temps l'écrivain, pour imiter la légèreté
gaspilleuse d'une aristocratie de naissance, n'a pas de plus
grand souci que d'établir son irresponsabilité. Il a commencé par poser les droits du génie, qui remplacent le
droit divin de la monarchie autoritaire. Puisque la Beauté,
c'est le luxe porté à l'extrême, puisqu'elle est un bûcher
aux flammes froides qui éclaire et consume toute chose,
puisqu'elle se nourrit de toutes les formes de l'usure et de
la destruction, en particulier de la souffrance et de la
mort, l'artiste, qui est son prêtre, a le droit d'exiger en son
nom et de provoquer au besoin le malheur de ses proches.
Quant à lui, depuis longtemps il brûle, il est en cendres ; il
faut d'autres victimes pour alimenter la flamme. Des femmes en particulier ; elles le feront souffrir et il le leur ren-
dra bien : il souhaite pouvoir porter malheur à tout ce qui
l'entoure[63]. Et s'il n'a pas le moyen de provoquer les catastrophes, il se contentera d'accepter les offrandes. Admirateurs, admiratrices sont là pour qu'il incendie leurs cœurs ou
qu'il dépense leur argent sans gratitude ni remords. Maurice
Sachs rapporte que son grand-père maternel, qui avait pour

Anatole France une admiration maniaque, dépensa une fortune à meubler la villa Saïd. À sa mort, France prononça cet éloge funèbre : « Dommage ! il était meublant. » En prenant l'argent du bourgeois l'écrivain exerce son sacerdoce puisqu'il distrait une part des richesses pour l'anéantir en fumée. Et, du même coup, il se place au-dessus de toutes les responsabilités : devant qui donc serait-il responsable ? Et au nom de quoi ? Si son œuvre visait à construire, on pourrait lui demander des comptes. Mais puisqu'elle s'affirme destruction pure, il échappe au jugement. Tout cela demeure, à la fin du siècle, passablement confus et contradictoire. Mais lorsque la littérature, avec le surréalisme, se fera provocation au meurtre, on verra l'écrivain, par un enchaînement paradoxal mais logique, poser explicitement le principe de sa totale irresponsabilité. À vrai dire, il n'en donne pas clairement les raisons, il se réfugie dans les maquis de l'écriture automatique. Mais les motifs sont évidents : une aristocratie parasitaire de pure consommation dont la fonction est de brûler sans relâche les biens d'une société laborieuse et productive ne saurait être justiciable de la collectivité qu'elle détruit. Et comme cette destruction systématique ne va jamais plus loin que le *scandale*, cela revient à dire, au fond, que l'écrivain a pour premier devoir de provoquer le scandale et pour droit imprescriptible d'échapper à ses conséquences.

La bourgeoisie laisse faire ; elle sourit de ces étourderies. Peu lui importe que l'écrivain la méprise : ce mépris n'ira pas loin, puisqu'elle est son seul public ; il n'en parle qu'à elle, il lui en fait la confidence ; c'est en quelque sorte le lien qui les unit. Et même s'il obtenait l'audience populaire, quelle apparence qu'il puisse attiser le mécontentement des masses en leur exposant que le bourgeois pense bassement ? Il n'y a aucune chance qu'une doctrine de la consommation absolue puisse circonvenir les classes laborieuses. Au reste la bourgeoisie sait bien que l'écrivain a pris secrètement son parti : il a besoin d'elle pour justifier son esthétique d'opposition et de ressentiment ; c'est d'elle qu'il reçoit les biens qu'il consomme ; il souhaite conserver l'ordre social pour pouvoir s'y sentir un étranger à demeure : en bref c'est un révolté, non pas un révolutionnaire. Des révoltés, elle fait son affaire. En un sens, même, elle se fait leur complice : il vaut mieux contenir les forces de négation dans un vain esthétisme, dans une révolte sans effet ; libres, elles pourraient s'employer au service des classes opprimées. Et puis les lecteurs bourgeois entendent à leur façon ce que l'écrivain nomme la *gratuité* de son œuvre : pour celui-ci c'est l'essence même de la spiritualité et la manifestation héroïque de sa rupture avec le temporel ; pour ceux-là un ouvrage gratuit est foncièrement inoffensif, c'est un divertissement ; ils préféreront sans doute la littérature de Bordeaux, de Bourget[64], mais ils ne trouvent pas mauvais qu'il y ait des livres inutiles qui détournent l'esprit des préoccupations sérieuses et lui donnent la récréation dont il a besoin pour se refaire. Ainsi, même en reconnaissant que l'œuvre d'art ne peut servir à rien, le public bourgeois trouve encore moyen de l'utiliser. Le succès de l'écrivain est bâti sur ce malentendu : comme il se réjouit d'être méconnu, il est normal que ses lecteurs se méprennent. Puisque la littérature, entre ses mains, est devenue cette négation abstraite, qui se nourrit d'elle-même, il doit s'attendre à ce qu'ils sourient de ses plus vives insultes en disant : « Ce n'est que de la littérature » ; et puisqu'elle est pure contestation de l'esprit de sérieux, il doit trouver bon qu'ils refusent par principe de le prendre au sérieux[65]. Enfin ils se retrouvent, fût-ce même avec scandale et sans s'en rendre tout à fait compte, dans les œuvres les plus « nihilistes » de l'époque.

C'est que l'écrivain, eût-il mis tous ses soins à se masquer ses lecteurs, n'échappera jamais complètement à leur insidieuse influence. Bourgeois honteux, écrivant pour les bourgeois sans se l'avouer, il peut bien lancer les idées les plus folles : les idées ne sont souvent que des bulles qui naissent à la surface de l'esprit. Mais sa technique le trahit, parce qu'il ne la surveille pas avec le même zèle, elle exprime un choix plus profond et plus vrai, une obscure métaphysique, une relation authentique avec la société contemporaine. Quel que soit le cynisme, quelle que soit l'amertume du sujet choisi, la technique romanesque du XIXᵉ siècle offre au public français une image rassurante de la bourgeoisie. À vrai dire, nos auteurs l'ont héritée, mais c'est à eux qu'il revient de l'avoir mise au point. Son apparition, qui remonte à la fin du Moyen Âge, a coïncidé avec la première médiation réflexive par laquelle le romancier a pris connaissance de son art. Au commencement il racontait sans se mettre en scène ni méditer sur sa fonction, parce que les sujets de ses récits étaient presque tous d'origine folklorique ou, en tout cas, collective et qu'il se bornait à les mettre en œuvre ; le caractère social de la matière qu'il travaillait comme aussi le fait qu'elle existât avant qu'il vînt à s'en occuper lui conféraient un rôle d'intermédiaire et suffisaient à le justifier : il était l'homme qui savait les plus belles histoires et qui, au lieu de les conter oralement, les couchait par écrit ; il inventait peu, il fignolait, il était l'historien de l'imaginaire. Quand il s'est mis à forger lui-même les fictions qu'il publiait, il s'est vu : il a découvert à la fois sa solitude presque coupable et la gratuité injustifiable, la subjectivité de la création littéraire. Pour les masquer aux yeux de tous et à ses propres yeux, pour fonder son droit d'écrire, il a voulu donner à ses inventions les apparences du vrai. Faute de pouvoir garder à ses récits l'opacité presque matérielle qui les caractérisait quand ils émanaient de l'imagination collective, il a feint tout au moins qu'ils ne vinssent pas de lui et il a tenu à les donner comme des souvenirs. Pour cela, il s'est fait représenter dans ses ouvrages par un narrateur de tradition orale, en même temps qu'il y introduisait un auditoire fictif qui représentait son public réel. Tels ces personnages du *Décaméron*[66], que leur exil temporaire rapproche curieu-

sement de la condition des clercs et qui tiennent tour à
tour le rôle de narrateurs, d'auditeurs, de critiques.

Ainsi, après le temps du réalisme objectif et métaphysique où les mots du récit étaient pris pour les choses
mêmes qu'ils nommaient et où sa substance était l'univers,
vient celui de l'idéalisme littéraire où le mot n'a d'existence
que dans une bouche ou sous une plume et renvoie par
essence à un parleur dont il atteste la présence, où la substance du récit est la subjectivité qui perçoit et pense l'univers,
et où le romancier, au lieu de mettre le lecteur directement
en contact avec l'objet, est devenu conscient de son rôle de
médiateur et incarne la médiation dans un récitant fictif.
Dès lors l'histoire qu'on livre au public a pour caractère
principal d'être déjà pensée, c'est-à-dire classée, ordonnée,
émondée, clarifiée, ou plutôt de ne se livrer qu'à travers les
pensées qu'on forme rétrospectivement sur elle. C'est
pourquoi, alors que le temps de l'épopée, qui est d'origine
collective, est fréquemment le présent, celui du roman est
presque toujours le passé. En passant de Boccace à Cervantès puis aux romans français du XVIIe et du XVIIIe siècle,
le procédé se complique et devient à tiroirs, parce que le
roman ramasse en route et s'incorpore la satire, la fable et
le portrait[g] : le romancier apparaît au premier chapitre, il
annonce, il interpelle ses lecteurs, les admoneste, les
assure de la vérité de son histoire ; c'est ce que je nommerai la subjectivité première ; puis, en cours de route, des
personnages secondaires interviennent, que le premier narrateur a rencontrés et qui interrompent le cours de l'intrigue pour raconter leurs propres infortunes : ce sont les
subjectivités secondes, soutenues et restituées par la subjectivité première ; ainsi certaines histoires sont repensées
et intellectualisées au second degré[h]. Les lecteurs ne sont
jamais débordés par l'événement : si le narrateur a été surpris au moment qu'il s'est produit, il ne leur *communique*
pas sa surprise ; il leur en *fait part*, simplement. Quant au
romancier, comme il est persuadé que la seule réalité du

mot est d'être dit, comme il vit en un siècle poli où il existe encore un art de causer, il introduit des causeurs dans son livre pour justifier les mots qu'on y lit ; mais comme il figure par des mots les personnages dont la fonction est de parler, il n'échappe pas au cercle vicieux[i]. Et certes, les auteurs du XIXe siècle ont fait porter leur effort sur la narration de l'événement, ils ont tenté de rendre à celui-ci une partie de sa fraîcheur et de sa violence, mais ils ont pour la plupart repris la technique idéaliste qui correspondait parfaitement à l'idéalisme bourgeois. Des auteurs aussi dissemblables que Barbey d'Aurevilly et Fromentin l'emploient constamment. Dans *Dominique*[67], par exemple, on trouve une subjectivité première qui étaye une subjectivité seconde et c'est cette dernière qui fait le récit. Nulle part le procédé n'est plus manifeste que chez Maupassant. La structure de ses nouvelles est presque immuable : on nous y présente d'abord l'auditoire, en général société brillante et mondaine qui s'est réunie dans un salon, à l'issue d'un dîner. C'est la nuit, qui abolit tout, fatigues et passions. Les opprimés dorment, les révoltés aussi ; le monde est enseveli, l'Histoire reprend haleine. Il reste, dans une bulle de lumière entourée de néant, cette élite qui veille, tout occupée de ses cérémonies. S'il existe des intrigues entre ses membres, des amours, des haines, on ne nous le dit pas et, d'ailleurs, les désirs et les colères se sont tus : ces hommes et ces femmes sont occupés à *conserver* leur culture et leurs manières et à se *reconnaître* par les rites de la politesse. Ils figurent l'ordre dans ce qu'il a de plus exquis : le calme de la nuit, le silence des passions, tout concourt à symboliser la bourgeoisie stabilisée de la fin du siècle, qui pense que rien n'arrivera plus et qui croit à l'éternité de l'organisation capitaliste. Là-dessus, le narrateur est introduit : c'est un homme d'âge, qui a « beaucoup vu, beaucoup lu et beaucoup retenu », un professionnel de l'expérience, médecin, militaire, artiste ou Don Juan. Il est parvenu à ce moment de la vie où, selon un mythe respectueux et commode, l'homme est libéré des passions et considère celles qu'il a eues avec une indulgente lucidité. Son cœur est calme comme la nuit ; l'histoire qu'il raconte, il en est dégagé ; s'il en a souffert, il a fait du miel avec sa souffrance, il se retourne sur elle et la considère en vérité, c'est-à-dire *sub specie aeternitatis*. Il y a eu trouble, c'est vrai, mais ce trouble a pris fin depuis longtemps : les acteurs sont morts ou mariés ou consolés. Ainsi l'aventure est un bref désordre qui s'est annulé. Elle est racontée du point de vue de l'expérience et de la sagesse, elle est écoutée du point de vue de l'ordre. L'ordre triomphe, l'ordre est partout, il contemple un très ancien désordre aboli comme si l'eau dormante d'un jour d'été conservait la mémoire des rides qui l'ont parcourue. D'ailleurs y eut-il même jamais trouble ? L'évocation d'un brusque changement effraierait cette société bourgeoise. Ni le général ni le docteur ne livrent leurs souvenirs à l'état brut : ce sont des expériences, dont ils ont tiré le suc et ils nous avertissent, dès qu'ils prennent la parole, que leur récit comporte une moralité. Aussi l'histoire est-elle explicative : elle vise à produire sur un exemple une loi psychologique. Une loi, ou, comme dit Hegel, l'image calme du changement. Et le changement lui-même, c'est-à-dire l'aspect individuel de l'anecdote, n'est-ce pas une apparence ? Dans la mesure où on l'explique, on réduit l'effet entier à la cause entière, l'inopiné à l'attendu et le neuf à l'ancien. Le narrateur opère sur l'événement humain ce travail que, selon Meyerson[68], le savant du XIXe siècle a opéré sur le fait scientifique : il réduit le divers à l'identique. Et si, de temps en temps, par malice, il veut garder à son histoire une allure un peu inquiétante, il dose soigneusement l'irréductibilité du changement, comme dans ces nouvelles fantastiques où, derrière l'inexplicable, l'auteur laisse soupçonner tout un ordre causal qui ramènerait la rationalité dans l'univers. Ainsi, pour le romancier issu de cette société stabilisée, le changement est un non-être, comme pour Parménide, comme le Mal pour Claudel.

Existât-il d'ailleurs, il ne serait jamais qu'un bouleversement individuel dans une âme inadaptée. Il ne s'agit pas d'étudier dans un système en mouvement — la société, l'univers — les mouvements relatifs de systèmes partiels mais de considérer du point de vue du repos absolu le mouvement absolu d'un système partiel relativement isolé ; c'est dire qu'on dispose de repères absolus pour le déterminer et qu'on le connaît, en conséquence, dans son absolue vérité. Dans une société en ordre, qui médite son éternité et la célèbre par des rites, un homme évoque le fantôme d'un désordre passé, le fait miroiter, le pare de grâces surannées et, au moment qu'il va inquiéter, le dissipe d'un coup de baguette magique, lui substitue la hiérarchie éternelle des causes et des lois. On reconnaît en ce magicien, qui s'est délivré de l'Histoire et de la vie en les comprenant et qui s'élève par ses connaissances et par son expérience au-dessus de son auditoire, l'aristocrate de survol dont nous parlions plus haut[j].

Si nous nous sommes étendu sur le procédé de narration qu'utilise Maupassant, c'est qu'il constitue la technique de base pour tous les romanciers français de sa génération, de la génération immédiatement antérieure et des générations suivantes. Le narrateur interne est toujours présent. Il peut se réduire à une abstraction, souvent même il n'est pas explicitement désigné, mais, de toute façon, c'est à travers sa subjectivité que nous apercevons l'événement. Quand il ne paraît pas du tout, ce n'est pas qu'on l'ait supprimé comme un ressort inutile : c'est qu'il est devenu la personnalité seconde de l'auteur. Celui-ci, devant sa feuille blanche, voit ses imaginations se transmuer en expériences, il n'écrit plus en son propre nom mais sous la dictée d'un homme mûr et de sens rassis qui fut témoin des circonstances relatées. Daudet[69], par exemple, est visiblement possédé par l'esprit d'un conteur de salon qui communique à son style les tics et l'aimable laisser-aller de la conversation mondaine, qui s'exclame, ironise, interroge, interpelle

son auditoire : « Ah ! qu'il était déçu, Tartarin ! Et savez-
vous pourquoi ? Je vous le donne en mille... » Même les
écrivains réalistes qui veulent être les historiens objectifs
de leur temps conservent le schème abstrait de la méthode,
c'est-à-dire qu'il y a un milieu commun, une trame commune à tous leurs romans, qui n'est pas la subjectivité
individuelle et historique du romancier, mais celle, idéale
et universelle, de l'homme d'expérience. D'abord le récit
est fait au passé : passé de cérémonie, pour mettre une distance entre les événements et le public, passé subjectif,
équivalant à la mémoire du conteur, passé social puisque
l'anecdote n'appartient pas à l'histoire sans conclusion qui
est en train de se faire mais à l'histoire déjà faite. S'il est
vrai, comme le prétend Janet[70], que le souvenir se distingue de la résurrection somnambulique du passé en ce que
celle-ci reproduit l'événement avec sa durée propre, tandis
que celui-là, indéfiniment compressible, peut se raconter
en une phrase ou en un volume, selon les besoins de la
cause, on peut bien dire que les romans de cette espèce,
avec leurs brusques contractions du temps suivies de longs
étalements, sont très exactement des souvenirs. Tantôt le
narrateur s'attarde à décrire une minute décisive, tantôt il
saute par-dessus plusieurs années : « Trois ans s'écoulèrent,
trois ans de morne souffrance... » Il ne s'interdit pas d'éclairer le présent de ses personnages au moyen de leur avenir :
« Ils ne se doutaient pas alors que cette brève rencontre
aurait des suites funestes » et, de son point de vue, il n'a pas
tort, puisque ce présent et cet avenir sont tous les deux passés, puisque le temps de la mémoire a perdu son irréversibilité et qu'on peut le parcourir d'arrière en avant ou d'avant
en arrière. Au reste les souvenirs qu'il nous livre, déjà tra-
vaillés, repensés, appréciés, nous offrent un enseignement
immédiatement assimilable : les sentiments et les actes sont
souvent présentés comme des exemples typiques des lois du
cœur : « Daniel, comme tous les jeunes gens... » « Ève était
bien femme en ceci que... » « Mercier avait ce tic, fréquent

chez les bureaucrates... » Et comme ces lois ne peuvent être déduites *a priori*, ni saisies par l'intuition, ni fondées sur une expérimentation scientifique et susceptible d'être reproduite universellement, elles renvoient le lecteur à la subjectivité qui a induit ces recettes des circonstances d'une vie mouvementée. En ce sens on peut dire que la plupart des romans français, sous la Troisième République, prétendent, quel que soit l'âge de leur auteur réel et d'autant plus vivement que cet âge est plus tendre, à l'honneur d'avoir été écrits par des quinquagénaires.

Pendant toute cette période, qui s'étend sur plusieurs générations, l'anecdote est racontée du point de vue de l'absolu, c'est-à-dire de l'ordre ; c'est un changement local dans un système en repos ; ni l'auteur ni le lecteur ne courent de risques, aucune surprise n'est à craindre : l'événement est passé, catalogué, compris. Dans une société stabilisée, qui n'a pas encore conscience des dangers qui la menacent, qui dispose d'une morale, d'une échelle de valeurs et d'un système d'explications pour intégrer ses changements locaux, qui s'est persuadée qu'elle est au-delà de l'Historicité et qu'il n'arrivera plus jamais rien d'important, dans la France bourgeoise, cultivée jusqu'au dernier arpent, découpée en damiers par des murs séculaires, figée dans ses méthodes industrielles, sommeillant sur la gloire de sa Révolution, aucune autre technique romanesque ne peut être concevable ; les procédés nouveaux qu'on a tenté d'acclimater n'ont eu qu'un succès de curiosité ou sont demeurés sans lendemain : ils n'étaient réclamés ni par les auteurs ni par les lecteurs ni par la structure de la collectivité ni par ses mythes[k].

Ainsi, alors que les Lettres, à l'ordinaire, représentent dans la société une fonction intégrée et militante, la société bourgeoise, au XIXᵉ siècle finissant, offre ce spectacle sans antécédents : une collectivité laborieuse et groupée autour du drapeau de la production, d'où émane une littérature qui, loin de la refléter, ne lui parle jamais de ce qui l'intéresse, prend le contre-pied de son idéologie, assimile le Beau à l'improductif, refuse de se laisser intégrer, ne souhaite même pas être lue[71] et pourtant, du sein de sa révolte, reflète encore les classes dirigeantes dans ses structures les plus profondes et dans son « style ».

Il ne faut pas blâmer les auteurs de cette époque : ils ont fait ce qu'ils ont pu et l'on trouve parmi eux quelques-uns de nos écrivains les plus grands et les plus purs. Et puis, comme chaque conduite humaine nous découvre un aspect de l'univers, leur attitude nous a enrichis en dépit d'eux-mêmes en nous révélant la gratuité comme une des dimensions infinies du monde et un but possible de l'activité humaine. Et comme ils ont été des artistes, leur œuvre recèle un appel désespéré à la liberté de ce lecteur qu'ils feignent de mépriser. Elle a poussé la contestation jusqu'à l'extrême, jusqu'à se contester elle-même ; elle nous a fait entrevoir un silence noir par-delà le massacre des mots, et, par-delà l'esprit de sérieux, le ciel vide et nu des équivalences ; elle nous invite à émerger dans le néant par destruction de tous les mythes et de toutes les tables de valeurs, elle nous découvre en l'homme, en place du rapport intime avec la transcendance divine, une relation étroite et secrète avec le Rien ; c'est la littérature de l'adolescence, de cet âge où, encore pensionné et nourri par ses parents, le jeune homme, inutile et sans responsabilité, gaspille l'argent de sa famille, juge son père et assiste à l'effondrement de l'univers sérieux qui protégeait son enfance. Si l'on se rappelle que la fête est, comme Caillois l'a bien montré[72], un de ces moments négatifs où la collectivité consume les biens qu'elle a amassés, viole les lois de sa morale, dépense pour le plaisir de dépenser, détruit pour le plaisir de détruire, on verra que la littérature, au XIXe siècle, fut, en marge d'une société laborieuse qui avait la mystique de l'épargne, une grande fête somptueuse et funèbre, une invitation à brûler dans une immoralité splendide, dans le feu des passions, jusqu'à mourir. Quand je dirai qu'elle a trouvé son accomplissement tardif et sa fin dans le surréalisme trotskysant, on comprendra mieux la fonction qu'elle assumait dans une société trop fermée : c'était une soupape de sûreté. Après tout, de la fête perpétuelle à la Révolution permanente, il n'y a pas si loin.

Et pourtant le XIXᵉ siècle a été pour l'écrivain le temps de la faute et de la déchéance. S'il eût accepté le déclassement par en bas et donné un contenu à son art, il eût poursuivi avec d'autres moyens et sur un autre plan l'entreprise de ses prédécesseurs. Il eût contribué à faire passer la littérature de la négativité et de l'abstraction à la construction concrète ; tout en lui conservant cette autonomie que le XVIIIᵉ siècle lui avait conquise et qu'il n'était plus question de lui retirer, il l'eût intégrée de nouveau à la société ; en éclairant et en appuyant les revendications du prolétariat il eût approfondi l'essence de l'art d'écrire et compris qu'il y a coïncidence, non seulement entre la liberté formelle de penser et la démocratie politique, mais aussi entre l'obligation matérielle de choisir l'homme comme perpétuel sujet de méditation et la démocratie sociale ; son style eût retrouvé une tension interne parce qu'il se fût adressé à un public déchiré. Tâchant à éveiller la conscience ouvrière tandis qu'il témoignait devant les bourgeois de leur iniquité, ses œuvres eussent reflété le monde entier ; il eût appris à distinguer la générosité, source originelle de l'œuvre d'art, appel inconditionné au lecteur, de la prodigalité, sa caricature, il eût abandonné l'interprétation analytique et psychologique de la « nature humaine » pour l'appréciation synthétique des *conditions*. Sans doute était-ce difficile, peut-être impossible : mais il s'y est mal pris. Il ne fallait pas se guinder dans un vain effort pour échapper à toute détermination de classe, ni non plus « se pencher » sur le prolétaire, mais se penser au contraire comme un bourgeois au ban de sa classe, uni aux masses opprimées par une solidarité d'intérêts. La somptuosité des moyens d'expression qu'il a découverts ne doit pas nous faire oublier qu'il a trahi la littérature. Mais sa responsabilité s'étend plus loin : si les auteurs eussent trouvé audience auprès des classes opprimées, peut-être la divergence de leurs points de vue et la diversité de leurs écrits eussent contribué à produire dans les masses ce qu'on nomme très heureusement un *mouvement* d'idées, c'est-à-dire une idéologie ouverte, contradictoire, dialectique. Sans aucun doute le marxisme eût triomphé, mais il se fût teinté de mille nuances, il lui eût fallu absorber les doctrines rivales, les digérer, rester ouvert. On sait ce qui s'est produit : deux idéologies révolutionnaires au lieu de cent ; les Proudhoniens en majorité dans l'Internationale ouvrière avant 70, puis écrasés par l'échec de la Commune, le marxisme triomphant de son adversaire, non par la puissance de cette négativité hégélienne qui conserve en dépassant, mais parce que des forces extérieures ont supprimé purement et simplement un des termes de l'antinomie. On ne saurait trop dire ce que ce triomphe sans gloire a coûté au marxisme : faute de contradicteurs, il a perdu la vie. S'il eût été le meilleur, perpétuellement combattu et se transformant pour vaincre et volant leurs armes à ses adversaires, il se fût identifié à l'Esprit ; seul, il est devenu l'Église, pendant que des écrivains-gentilshommes, à mille lieues de lui, se faisaient les gardiens d'une spiritualité abstraite.

Voudra-t-on croire que je sais tout ce que ces analyses ont de partiel et de contestable ? Les exceptions abondent et je les connais : mais, pour en rendre compte, il faudrait un gros livre : je suis allé au plus pressé. Mais surtout il faut comprendre l'esprit dans lequel j'ai entrepris ce travail : si l'on devait y voir une tentative, même superficielle, d'explication sociologique, il perdrait toute signification. De même que, pour Spinoza, l'idée d'un segment de droite tournant autour d'une de ses extrémités demeure abstraite et fausse si on la considère en dehors de l'idée synthétique, concrète et terminée de circonférence, qui la contient, la complète et la justifie, de même, ici, ces considérations demeurent arbitraires si on ne les replace pas dans la perspective d'une œuvre d'art, c'est-à-dire d'un appel libre et inconditionné à une liberté. On ne peut écrire sans public et sans mythe — sans un *certain* public que les circonstances historiques ont fait, sans un *certain* mythe de la littérature qui dépend, en une large mesure, des demandes de ce public. En un mot l'auteur est en situation, comme tous les autres hommes. Mais ses écrits, comme tout projet humain, enferment à la fois, précisent et dépassent cette situation, l'expliquent même et la fondent, tout de même que l'idée de cercle explique et fonde celle de la rotation d'un segment. C'est un caractère essentiel et nécessaire de la liberté que d'*être située*. Décrire la situation ne saurait porter atteinte à la liberté. L'idéologie janséniste, la loi des trois unités, les règles de la prosodie française ne sont pas de l'art ; au regard de l'art elles sont même pur néant puisqu'elles ne sauraient en aucun cas produire par une simple combinaison une bonne tragédie, une bonne scène ou même un bon vers. Mais l'art de Racine doit s'inventer *à partir* d'elles ; non pas en s'y pliant, comme on l'a dit assez sottement, et en y puisant des gênes, des contraintes nécessaires : en les réinventant, au contraire, en conférant une fonction neuve et proprement racinienne à la division en actes, à la césure, à la rime, à la morale de Port-Royal[73], de manière qu'il soit impossible de décider s'il a coulé son sujet dans un moule que lui imposait son époque ou s'il a véritablement élu *cette technique* parce que son sujet l'exigeait. Pour comprendre ce que *Phèdre* ne pouvait pas être, il faut faire appel à toute l'anthropologie. Pour comprendre ce qu'elle *est*, il ne faut que lire ou écouter, c'est-à-dire se faire liberté pure et donner généreusement sa confiance à une générosité.

Les exemples que nous avons choisis nous ont servi uniquement à *situer*, en différentes époques, la liberté de l'écrivain, à éclairer, par les limites des demandes qui lui sont faites, les limites de son appel, à montrer, par l'idée que le public se fait de son rôle, les bornes nécessaires de l'idée qu'il invente de la littérature. Et, s'il est vrai que l'essence de l'œuvre littéraire, c'est la liberté se découvrant et se voulant totalement elle-même comme appel à la liberté des autres hommes, il est vrai aussi que les différentes formes de l'oppression, en cachant aux hommes qu'ils étaient libres, ont masqué aux auteurs tout ou partie de cette essence. Ainsi les opinions qu'ils se forment de leur métier sont nécessairement tronquées, elles recèlent toujours quelque vérité, mais cette vérité partielle et isolée devient une erreur si l'on s'y arrête, et le mouvement social permet de concevoir les fluctuations de l'idée littéraire, bien que chaque ouvrage particulier dépasse d'une certaine façon toutes les conceptions qu'on peut se faire de l'art parce qu'il est toujours, en un certain sens, inconditionné, qu'il vient du néant et qu'il tient le monde en suspens dans le néant. Comme, en outre, nos descriptions nous ont permis d'entrevoir une sorte de dialectique de l'idée de littérature, nous pouvons, sans prétendre le moins du monde à faire une histoire des Belles-Lettres, restituer le mouvement de cette dialectique dans les derniers siècles pour découvrir au bout, fût-ce comme idéal, l'essence pure de l'œuvre littéraire et, conjointement, le type de public — c'est-à-dire de société — qu'elle exige.

Je dis que la littérature d'une époque déterminée est aliénée lorsqu'elle n'est pas parvenue à la conscience explicite de son autonomie et qu'elle se soumet aux puissances temporelles ou à une idéologie, en un mot lorsqu'elle se considère elle-même comme un moyen et non comme une fin inconditionnée. Il n'est pas douteux, en ce cas, que les œuvres dépassent, dans leur singularité, cette servitude et que chacune renferme une exigence inconditionnée : mais c'est seulement à titre implicite. Je dis qu'une littérature est abstraite lorsqu'elle n'a pas encore acquis la vue plénière de son essence, lorsqu'elle a posé seulement le principe de son autonomie formelle et qu'elle tient le sujet de l'œuvre pour indifférent. De ce point de vue le XIIᵉ siècle nous offre l'image d'une littérature concrète et aliénée. Concrète parce que le fond et la forme se confondent : on n'apprend à écrire que pour écrire de Dieu ; le livre est le miroir du monde en tant que le monde est Son œuvre ; il est création inessentielle en marge d'une Création majeure, il est louange, palme, offrande, pur reflet. Du même coup la littérature tombe dans l'aliénation ; c'est-à-dire, comme elle est en tout cas la réflexivité du corps social, qu'elle demeure en l'état de réflexivité non réfléchie : elle médiatise l'univers catholique, mais, pour le clerc, elle demeure l'immédiat ; elle récupère le monde mais en se perdant. Mais comme l'idée réflexive doit nécessairement *se* réfléchir sous peine de s'anéantir avec tout l'univers réfléchi, les trois exemples que nous avons étudiés par la suite nous ont montré un mouvement de récupération de la littérature par elle-même, c'est-à-dire son passage de l'état de réflexion irréfléchie et immédiate à celui de médiation réfléchie. Concrète et aliénée d'abord, elle se libère par la négativité et passe à l'abstraction ; plus exactement elle devient au XVIIIᵉ siècle la négativité abstraite, avant de devenir, avec le XIXᵉ siècle vieillissant et le début du XXᵉ siècle, la négation absolue.

À la fin de cette évolution, elle a tranché tous ses liens avec la société ; elle n'a même plus de public : « Chacun sait, écrit Paulhan, qu'il y a, de nos jours, deux littératures : la mauvaise, qui est proprement illisible (on la lit beaucoup). Et la bonne qui ne se lit pas[74]. » Mais cela même est un progrès : au bout de cet isolement hautain, au bout de ce refus méprisant de toute efficacité, il y a la destruction de la littérature par elle-même : d'abord le terrible « ce n'est *que* de la littérature », ensuite ce phénomène littéraire que le même Paulhan nomme terrorisme, qui naît à peu près en même temps que l'idée de gratuité parasitaire et comme son antithèse, qui chemine tout au long du

XIXᵉ siècle en contractant avec elle mille mariages irrationnels et qui éclate enfin peu avant la Première Guerre. Le terrorisme ou plutôt le complexe terroriste, car c'est un nœud de vipères, on pourrait y distinguer : 1° un dégoût si profond du signe en tant que tel qu'il conduit à préférer en tout cas la chose signifiée au mot, l'acte à la parole, le mot envisagé comme objet au mot-signification, c'est-à-dire au fond, la poésie à la prose, le désordre spontané à la composition ; 2° un effort pour faire de la littérature une expression parmi d'autres de la vie, au lieu de sacrifier la vie à la littérature ; et 3° une crise de la conscience morale de l'écrivain, c'est-à-dire la douloureuse débâcle du parasitisme. Ainsi, sans que la littérature envisage un instant de perdre son autonomie formelle, elle se fait la négation du formalisme et vient à poser la question de son contenu essentiel. Aujourd'hui, nous sommes au-delà du terrorisme et nous pouvons nous aider de son expérience et des analyses précédentes pour fixer les traits essentiels d'une littérature concrète et libérée.

Nous avons dit que l'écrivain s'adressait en principe à tous les hommes. Mais tout de suite après, nous avons remarqué qu'il était lu seulement de quelques-uns. De l'écart entre le public idéal et le public réel est née l'idée d'universalité abstraite. C'est-à-dire que l'auteur postule la perpétuelle répétition dans un futur indéfini de la poignée de lecteurs dont il dispose dans le présent. La gloire littéraire ressemble singulièrement au retour éternel de Nietzsche : c'est une lutte contre l'Histoire ; ici comme là le recours à l'infinité du temps cherche à compenser l'échec dans l'espace (retour à l'infini de l'honnête homme pour l'auteur du XVIIᵉ siècle, extension à l'infini du club des écrivains et du public de spécialistes pour celui du XIXᵉ siècle). Mais comme il va de soi que la projection dans l'avenir du public réel et présent a pour effet de perpétuer, au moins dans la représentation de l'écrivain, l'exclusion de la plus grande partie des hommes, comme, en outre, cette imagination d'une infinité de lecteurs qui sont encore à naître revient à prolonger le public en acte par un public fait d'hommes seulement possibles, l'universalité visée par la gloire est partielle et abstraite. Et comme le choix du public conditionne dans une certaine mesure le choix du sujet, la littérature qui s'est donné la gloire pour but et pour idée régulatrice doit demeurer abstraite elle aussi. Par l'universalité concrète, il faut entendre au contraire la totalité des hommes vivant dans une société donnée. Si le public de l'écrivain pouvait jamais s'étendre jusqu'à embrasser cette totalité, il n'en résulterait pas que celui-ci doive nécessairement limiter au temps présent le retentissement de son œuvre : mais à l'éternité abstraite de la gloire, rêve impossible et creux d'absolu, il opposerait une durée concrète et finie qu'il déterminerait par le choix même de ses sujets, et qui, loin de l'arracher à l'Histoire, définirait sa situation dans le temps social. Tout projet humain découpe, en effet, un certain futur par sa maxime même : si j'entreprends de semer, je jette toute une année d'attente en avant de moi-même ; si je me marie, mon entreprise fait lever soudain devant moi ma vie entière ; si je me lance dans la politique, j'hypothèque un avenir qui s'étendra au-delà de ma mort. Ainsi des écrits. Dès aujourd'hui, sous le couvert de l'immortalité laurée qu'il est de bon ton de souhaiter, on découvre des prétentions plus modestes et plus concrètes : *Le Silence de la mer* se proposait d'incliner au refus les Français que l'ennemi sollicitait de collaborer. Son efficace et par conséquent son public en acte ne pouvaient s'étendre au-delà du temps de l'Occupation. Les livres de Richard Wright demeureront vivants tant que la question noire se posera aux États-Unis. Il n'est donc pas question que l'écrivain renonce à la survie : bien au contraire c'est lui qui en décide ; tant qu'il agit, il survivra. Après, c'est l'honorariat, la retraite. Aujourd'hui, pour pouvoir échapper à l'Histoire, il commence son honorariat au lendemain de sa mort, quelquefois même de son vivant.

Ainsi le public concret serait une immense interrogation féminine, l'attente d'une société tout entière que l'écrivain aurait à capter et à combler. Mais pour cela il faudrait que ce public fût libre de demander et que l'auteur fût libre de répondre. Cela signifie qu'en aucun cas les questions d'un groupe ou d'une classe ne doivent masquer celles des autres milieux ; autrement nous retomberions dans l'abstrait. Bref, la littérature en acte ne peut s'égaler à son essence plénière que dans une société sans classes. Dans cette société seulement l'écrivain pourrait s'apercevoir qu'il n'y a aucune différence d'aucune sorte entre son *sujet* et son *public*. Car le sujet de la littérature a toujours été l'homme dans le monde. Seulement, tant que le public virtuel demeurait comme une mer sombre autour de la petite plage lumineuse du public réel, l'écrivain risquait de confondre les intérêts et les soucis de l'homme avec ceux d'un petit groupe plus favorisé. Mais si le public s'identifiait avec l'universel concret, c'est vraiment sur la totalité humaine que l'écrivain aurait à écrire. Non pas sur l'homme abstrait de toutes les époques et pour un lecteur sans date, mais sur tout l'homme de son époque et pour ses contemporains. Du coup l'antinomie littéraire de la subjectivité lyrique et du témoignage objectif se trouverait dépassée. Engagé dans la même aventure que ses lecteurs et situé comme eux dans une collectivité sans clivages, l'écrivain, en parlant d'eux, parlerait de lui-même, en parlant de lui-même, il parlerait d'eux. Comme aucun orgueil d'aristocrate ne le pousserait plus à nier qu'il soit en situation, il ne chercherait plus à survoler son temps et à en témoigner devant l'éternité ; mais comme sa situation serait universelle, il exprimerait les espoirs et les colères de tous les hommes et, par là, s'exprimerait tout entier, c'est-à-dire non pas comme créature métaphysique, à la manière du clerc médiéval, ni comme animal psychologique, à la façon de nos classiques, ni même comme entité sociale, mais comme une totalité émergeant du monde dans le vide et refermant en elle toutes ces structures dans l'unité indissoluble de la condition humaine ; la littérature serait véritablement anthropologique, au sens plein du terme. Dans une pareille société, il va de soi qu'on ne saurait rien trouver qui rappelle, même de loin, la séparation du temporel et du spirituel. Nous avons vu, en effet, que cette division correspond nécessairement à une aliénation de l'homme et, partant, de la littérature ; nos analyses nous ont montré qu'elle tend toujours à opposer aux masses indifférenciées un public de professionnels ou, à tout le moins, d'amateurs éclairés ; qu'il se réclame du Bien et de la Perfection divine, du Beau ou du Vrai, un clerc est toujours du côté des oppresseurs. Chien de garde ou bouffon : à lui de choisir. M. Benda a choisi la marotte[75] et M. Marcel la niche[76] ; c'est leur droit, mais, si la littérature, un jour, doit pouvoir jouir de son essence, l'écrivain, sans classe, sans collèges, sans salons, sans excès d'honneurs, sans indignité, sera jeté dans le monde, parmi les hommes, et la notion même de cléricature paraîtra inconcevable. Le spirituel d'ailleurs repose toujours sur une idéologie et les idéologies sont liberté quand elles se font, oppression quand elles sont faites : l'écrivain parvenu à la pleine conscience de lui-même ne se fera donc le conservateur d'aucun héros spirituel, il ne connaîtra plus le mouvement centrifuge par quoi certains de ses prédécesseurs détournaient leurs yeux du monde pour contempler au ciel des valeurs établies : il saura que son affaire n'est pas l'adoration du spirituel, mais la spiritualisation. Spiritualisation, c'est-à-dire *reprise*. Et il n'y a rien d'autre à spiritualiser, rien d'autre à reprendre que ce monde multicolore et concret, avec sa lourdeur, son opacité, ses zones de généralité et son fourmillement d'anecdotes, et ce Mal invincible qui le ronge sans jamais pouvoir l'anéantir. L'écrivain le reprendra tel quel, tout cru, tout suant, tout puant, tout quotidien pour le présenter à des libertés sur le fondement d'une liberté. La littérature, dans cette société sans classes, ce serait donc le monde présent à lui-même, en suspens dans un acte libre et s'offrant au libre jugement de tous les hommes, la présence à soi réflexive d'une société sans classes ; c'est par le livre que les membres de cette société pourraient à chaque instant faire le point, se voir et voir leur situation. Mais comme le portrait compromet le modèle, comme la simple présentation est déjà amorce de changement, comme l'œuvre d'art, prise dans la totalité de ses exigences, n'est pas simple description du présent, mais jugement de ce présent au nom d'un avenir, comme tout livre, enfin, enveloppe un appel, cette présence à soi est déjà dépassement de soi. L'univers n'est pas contesté au nom de la simple consommation, mais au nom des espoirs et des souffrances de ceux qui l'habitent. Ainsi la littérature concrète sera synthèse de la Négativité, comme pouvoir d'arrachement au donné, et du Projet, comme esquisse d'un ordre futur ; elle sera la Fête, le miroir de flamme qui brûle tout ce qui s'y reflète, et la générosité, c'est-à-dire la libre invention, le don. Mais si elle doit pouvoir allier ces deux aspects complémentaires de la liberté, il ne suffit pas d'accorder à l'écrivain la liberté de tout dire : il faut qu'il écrive pour un public qui ait la liberté de tout changer, ce qui signifie, outre la suppression des classes, l'abolition de toute dictature, le perpétuel renouvellement des cadres, le renversement continu de l'ordre, dès qu'il tend à se figer. En un mot, la littérature est, par essence, la subjectivité d'une société en révolution permanente. Dans une pareille société elle dépasserait l'antinomie de la parole et de l'action. En aucun cas, certes, elle ne sera assimilable à un acte : il est faux que l'auteur *agisse* sur ses lecteurs, il fait seulement appel à leur liberté et, pour que ses ouvrages aient quelque effet, il est nécessaire que le public les reprenne à son compte par une décision inconditionnée. Mais dans une collectivité qui se reprend sans cesse et se juge et se métamorphose, l'œuvre écrite peut être une condition essentielle de l'action, c'est-à-dire le moment de la conscience réflexive.

Ainsi dans une société sans classes, sans dictature et sans stabilité, la littérature achèverait de prendre conscience d'elle-même : elle comprendrait que forme et fond, que public et sujet sont identiques, que la liberté formelle de dire et la liberté matérielle de faire se complètent et qu'on doit utiliser l'une à réclamer l'autre, qu'elle manifeste le mieux la subjectivité de la personne lorsqu'elle traduit le plus profondément les exigences collectives et réciproquement, que sa fonction est d'exprimer l'universel concret à l'universel concret et sa fin d'en appeler à la liberté des hommes pour qu'ils réalisent et maintiennent le règne de la liberté humaine. Bien entendu, il s'agit d'une utopie : il est possible de concevoir cette société mais nous ne disposons d'aucun moyen pratique de la réaliser. Reste qu'elle nous a permis d'entrevoir à quelles conditions l'idée de littérature se manifestait dans sa plénitude et dans sa pureté. Sans doute ces conditions ne sont pas remplies aujourd'hui ; et c'est aujourd'hui qu'il faut écrire. Mais si la dialectique de la littérature a été poussée jusqu'au point où nous avons pu entrevoir l'essence de la prose et des écrits, peut-être pouvons-nous tenter de répondre, à présent, à la seule question qui nous presse : quelle est la situation de l'écrivain en 1947, quel est son public, quels sont ses mythes, de quoi peut-il, veut-il et doit-il écrire ?

NOTES DE L'AUTEUR[77]

a. Étiemble : « Heureux les écrivains qui meurent pour quelque chose », *Combat*, 24 janvier 1947.

b. Aujourd'hui son public est étendu. Il arrive qu'il tire à cent mille. Cent mille exemplaires vendus, c'est quatre cent mille lecteurs, donc pour la France un sur cent habitants.

c. Le fameux « Si Dieu n'existe pas, tout est permis » de Dostoïevsky est la révélation terrible que la bourgeoisie s'est efforcée de se cacher pendant les cent cinquante ans de son règne.

d. C'est un peu le cas de Jules Vallès, encore qu'une générosité naturelle ait perpétuellement lutté chez lui contre l'amertume[78].

e. Je n'ignore pas que les ouvriers ont défendu, bien plus que les bourgeois, la démocratie politique contre Louis-Napoléon Bonaparte mais c'est qu'ils croyaient pouvoir réaliser, à travers elle, des réformes de structure.

f. On m'a si souvent reproché d'être injuste pour Flaubert que je ne puis résister au plaisir de citer les textes suivants, que chacun peut vérifier dans la Correspondance :

« Le néo-catholicisme d'une part et le socialisme de l'autre ont abêti la France. Tout se meut entre l'Immaculée Conception et les gamelles ouvrières (1868) ».

« Le premier remède serait d'en finir avec le suffrage universel, la honte de l'esprit humain (8 septembre 1871) ».

« Je vaux bien vingt électeurs de Croisset... (1871) ».

« Je n'ai aucune haine contre les communeux, pour la raison que je ne hais pas les chiens enragés (Croisset, jeudi, 1871) ».

« Je crois que la foule, [le nombre,] le troupeau, sera toujours haïssable. Il n'y a d'important qu'un petit groupe d'esprits, toujours les mêmes, et qui se repassent le flambeau (Croisset, 8 septembre 1871) ».

« Quant à la Commune, qui est en train de râler, c'est la dernière manifestation du moyen-âge. »

« Je hais la démocratie (telle du moins qu'on l'entend en France)... c'est-à-dire l'exaltation de la grâce au détriment de la justice, la négation du Droit, en un mot l'antisociabilité. »

« La Commune réhabilite les assassins... »

« Le peuple est un éternel mineur, et il sera toujours au dernier rang, puisqu'il est le nombre, la masse, l'illimité. »

« Peu importe que beaucoup de paysans sachent lire et n'écoutent plus leur curé, mais il importe infiniment que beaucoup d'hommes comme Renan ou Littré puissent vivre et *soient écoutés* ! Notre salut n'est maintenant que dans une *aristocratie légitime*, j'entends par là une majorité qui se composera d'autres choses que de chiffres (1871) ».

« Croyez-vous que si la France, au lieu d'être gouvernée, en somme, par la foule, était au pouvoir des *mandarins*, nous en serions là ? Si, au lieu d'avoir voulu éclairer les basses classes, on se fût occupé d'instruire les hautes... (Croisset, mercredi 3 août 1870) ».

g. Dans *Le Diable boiteux*, par exemple, Lesage *romance* les caractères de La Bruyère et les maximes de La Rochefoucauld, c'est-à-dire qu'il les relie par le fil ténu d'une intrigue.

h. Le procédé du roman par lettres n'est qu'une variété de celui que je viens d'indiquer. La lettre est récit subjectif d'un événement ; elle renvoie à celui qui l'a écrite qui devient à la fois acteur et subjectivité témoin. Quant à l'événement lui-même, bien qu'il soit récent, il est déjà repensé et expliqué : la lettre suppose toujours un décalage entre le fait (qui appartient à un passé proche) et son récit, qui est fait ultérieurement et dans un moment de loisir.

i. C'est l'inverse du cercle vicieux des surréalistes qui tentent de détruire la peinture par la peinture ; ici on veut faire donner par la littérature les lettres de créance de la littérature.

j. Quand Maupassant écrit *Le Horla*, c'est-à-dire quand il parle de la folie qui le menace, le ton change. C'est qu'enfin quelque chose — quelque chose d'horrible — va arriver. L'homme est bouleversé, débordé ; il ne comprend plus, il veut entraîner le lecteur dans sa terreur. Mais le pli est pris : faute d'une technique adaptée à la folie, à la mort, à l'Histoire, il n'arrive pas à émouvoir.

k. Je citerai d'abord, parmi ces procédés, le recours curieux au style de théâtre qu'on trouve à la fin du siècle dernier et au début de celui-ci chez Gyp, Lavedan, Abel Hermant[79], etc. Le roman s'écrit en dialogues ; les gestes des personnages, leurs actes sont rapportés en italique et entre parenthèses. Il s'agit évidemment de rendre le lecteur contemporain de l'action comme le spectateur l'est pendant la représentation. Ce procédé manifeste certainement la prédominance de l'art dramatique dans la société policée des années 1900 ; il cherche aussi, à sa manière, à échapper au mythe de la subjectivité première. Mais le fait qu'on y ait renoncé sans retour marque assez qu'il ne donnait pas de solution au problème. D'abord, c'est un signe de faiblesse que de demander secours à un art voisin : preuve qu'on manque de ressources dans le domaine même de l'art qu'on pratique. Ensuite l'auteur ne se privait pas pour autant d'entrer dans la conscience de ses personnages et d'y faire entrer avec lui son lecteur. Simplement il divulguait le contenu intime de ces consciences, entre parenthèses et en italique, avec le style et les procédés typographiques que l'on emploie en général pour les indications de mise en scène. En fait il s'agit d'une tentative sans lendemain ; les auteurs qui l'ont faite pressentaient obscurément qu'on pouvait renouveler le roman en l'écrivant au présent. Mais ils n'avaient pas encore compris que ce renouvellement n'était pas possible si l'on ne renonçait pas d'abord à l'attitude *explicative*.

Plus sérieuse fut la tentative pour introduire en France le monologue intérieur de Schnitzler (je ne parle pas de celui de Joyce qui a des principes métaphysiques tout différents. Larbaud qui se réclame, je le sais, de Joyce me paraît s'inspirer surtout de *Les lauriers sont coupés* et de *Mademoiselle Else*[80]). Il s'agit en somme de pousser jusqu'au bout l'hypothèse d'une subjectivité première et de passer au réalisme en menant jusqu'à l'absolu l'idéalisme.

La réalité qu'on montre sans intermédiaire au lecteur, ce n'est plus la chose elle-même, arbre ou cendrier, mais la conscience qui voit la chose ; le « réel » n'est plus qu'une représentation mais la représentation devient une réalité absolue puisqu'on nous la livre comme donnée immédiate. L'inconvénient de ce procédé, c'est qu'il nous enferme dans une subjectivité individuelle et qu'il manque par là l'univers intermonadique, c'est en outre qu'il dilue l'événement et l'action dans la perception de l'un et de l'autre. Or la caractéristique commune du fait et de l'acte, c'est qu'ils échappent à la représentation subjective : elle en saisit les résultats mais non le mouvement vivant. Enfin ce n'est pas sans quelque truquage qu'on peut réduire le fleuve de la conscience à une succession de mots, même déformés. Si le mot est donné comme intermédiaire *signifiant* une réalité transcendante, par essence, au langage, rien de mieux : il se fait oublier, il décharge la conscience sur l'objet. Mais s'il se donne comme *la réalité psychique*, si l'auteur, en écrivant, prétend nous donner une réalité ambiguë qui soit signe, en son essence objective, c'est-à-dire en tant qu'elle se rapporte au dehors, et chose en son essence formelle, c'est-à-dire comme donnée psychique immédiate, alors on peut lui reprocher de n'avoir pas pris parti et de méconnaître cette loi rhétorique qui pourrait se formuler ainsi : en littérature, où l'on use de signes, il ne faut user *que* de signes ; et si la *réalité* que l'on veut signifier est *un mot*, il faut la livrer au lecteur par d'autres mots. On peut lui reprocher en outre d'avoir oublié que les grandes richesses de la vie psychique sont *silencieuses*. On sait le sort du monologue intérieur : devenu *rhétorique*, c'est-à-dire transposition poétique de la vie intérieure, aussi bien comme silence que comme parole, il est devenu aujourd'hui un procédé *parmi d'autres* du romancier. Trop idéaliste pour être vrai, trop réaliste pour être complet, il est le couronnement de la technique subjectiviste ; c'est en lui et par lui que la littérature d'aujourd'hui a pris conscience d'elle-même ; c'est-à-dire qu'elle est un double dépassement, vers l'objectif et vers la rhétorique, de la technique du monologue intérieur. Mais il fallait pour cela que la circonstance historique changeât.

Il va de soi que le romancier continue, aujourd'hui, à écrire au passé. Ce n'est pas en changeant le temps du verbe mais en bouleversant les techniques du récit qu'on parviendra à rendre le lecteur contemporain de l'histoire.

Situation de l'écrivain en 1947

Je parle de l'écrivain français, le seul qui soit demeuré un bourgeois, le seul qui doive s'accommoder d'une langue que cent cinquante ans de domination bourgeoise ont cassée, vulgarisée, assouplie, truffée de « bourgeoisismes » dont chacun semble un petit soupir d'aise et d'abandon. L'Américain, avant de faire des livres, a souvent exercé des métiers manuels, il y revient entre deux romans, sa vocation lui apparaît au ranch, à l'atelier, dans les rues de la ville, il ne voit pas dans la littérature un moyen de proclamer sa solitude, mais une occasion d'y échapper ; il écrit aveuglément par un besoin absurde de se délivrer de ses peurs et de ses colères, un peu comme la fermière du Middle West écrit aux speakers de la radio new-yorkaise pour leur expliquer son cœur ; il songe moins à la gloire qu'il ne rêve de fraternité, ce n'est pas contre la tradition mais faute d'en avoir une qu'il invente sa manière et ses plus extrêmes audaces, par certains côtés, sont des naïvetés. À ses yeux le monde est neuf, tout est à dire, personne avant lui n'a parlé du ciel ni des moissons. Il paraît rarement à New York et, s'il y passe, c'est en courant ou alors, comme Steinbeck[81], il s'enferme trois mois pour écrire et le voilà quitte pour une année ; une année qu'il passera sur les routes, dans les chantiers ou dans les bars ; il est vrai qu'il appartient à des « guilds » et à des associations, mais c'est uniquement pour défendre ses intérêts matériels : il n'a pas de solidarité avec les autres écrivains, souvent il est séparé d'eux par la largeur ou la longueur du continent[a]* ; rien n'est plus éloigné de lui que l'idée de collège ou de cléricature ; on le fête un temps, puis on le perd, on l'oublie ; il reparaît avec un nouveau livre pour faire un nouveau plongeon[b] : ainsi, au gré de vingt gloires éphémères et de vingt disparitions, il flotte continuellement entre le monde ouvrier, où il va chercher ses aventures, et ses lecteurs des classes moyennes (je n'ose les appeler bourgeois, tant je doute s'il existe une bourgeoisie aux États-Unis), si durs, si brutaux, si jeunes, si perdus, qui, demain, feront le même plongeon que lui.

En Angleterre, les intellectuels sont moins intégrés que nous dans la collectivité ; ils forment une caste excentrique et un peu revêche, qui n'a pas beaucoup de contacts avec le reste de la population. C'est d'abord qu'ils n'ont pas eu notre chance : parce que de lointains prédécesseurs, que nous ne méritons guère, ont préparé la Révolution, la classe au pouvoir, après un siècle et demi, nous fait encore l'honneur de nous craindre un peu (très peu) ; elle nous ménage ; nos confrères de Londres, qui n'ont pas ces souvenirs glorieux, ne font peur à personne, on les juge tout à fait inoffensifs ; et puis la vie de club est moins propre à diffuser leur influence que la vie de salon ne le fut à diffuser la nôtre : des hommes entre eux, s'ils se respectent, parlent d'affaires, de politique, de femmes ou de chevaux, jamais de littérature, au lieu que nos maîtresses de maison, qui pratiquaient la lecture comme un art d'agrément, ont aidé par leurs réceptions au rapprochement des politiciens, des financiers, des généraux et des hommes de plume. Les écrivains anglais s'occupent à faire de nécessité vertu et, en renchérissant sur la singularité de leurs mœurs, tentent

* Voir p. 252. (*N.d.É.*)

de revendiquer comme un libre choix l'isolement qui leur a été imposé par la structure de leur société. Même en Italie où la bourgeoisie, sans avoir jamais beaucoup compté, est ruinée par le fascisme et la défaite, la condition de l'écrivain, besogneux, mal payé, logé dans des palais délabrés, trop vastes et trop grandioses pour qu'on puisse les chauffer ou même les meubler, aux prises avec une langue de prince, trop pompeuse pour être maniable, est fort éloignée de la nôtre.

Donc nous sommes les écrivains les plus bourgeois du monde. Bien logés, décemment vêtus, moins bien nourris peut-être, mais cela même est significatif : le bourgeois dépense moins — proportionnellement — que l'ouvrier pour sa nourriture ; beaucoup plus pour son vêtement et son logement. Tous d'ailleurs imprégnés de culture bourgeoise : en France où le baccalauréat est un brevet de bourgeoisie, il n'est pas admis qu'on projette d'écrire sans être au moins bachelier. En d'autres pays, des possédés aux yeux dépolis s'agitent et bronchent sous l'emprise d'une idée qui les a saisis par-derrière et qu'ils n'arrivent jamais à voir en face ; pour finir, et après avoir tout essayé, ils tentent de faire couler leur obsession sur le papier et de l'y laisser sécher avec l'encre. Mais nous, bien avant de commencer notre premier roman, nous avions l'usage de la littérature, il nous paraissait naturel que les livres poussent dans une société policée, comme les arbres dans un jardin ; c'est pour avoir trop aimé Racine et Verlaine que nous nous sommes découvert, à quatorze ans, pendant l'étude du soir ou dans la grande cour du lycée, une vocation d'écrivain ; avant même de nous être trouvés aux prises avec un ouvrage en chantier, ce monstre si fade, si gluant de tous nos sucs, si chanceux[82], nous nous étions nourris de littérature déjà faite et nous pensions naïvement que nos écrits futurs sortiraient de notre esprit dans l'état d'achèvement où nous trouvions ceux des autres, avec le sceau de la reconnaissance collective et cette pompe qui vient d'une consécration séculaire, bref, comme des biens nationaux ; pour nous l'ultime transformation d'un poème, sa toilette dernière pour l'éternité, c'était, après avoir paru dans des éditions magnifiques et illustrées, de finir imprimé en petits caractères dans un livre cartonné au dos de toile verte, dont l'odeur blanche de sciure et d'encre nous semblait le parfum même des Muses, et d'émouvoir les fils rêveurs, aux doigts tachés d'encre, de la bourgeoisie future. Breton, lui-même, qui voulut mettre le feu à la culture, a reçu son premier choc littéraire en classe, un jour que son professeur lui lisait Mallarmé ; en un mot la destination dernière de nos œuvres, nous avons cru longtemps qu'elle était de fournir des textes littéraires à l'explication française de 1980. Par la suite, il a suffi de cinq ans, après notre premier livre, pour que nous serrions les mains de tous nos confrères. La centralisation nous a tous groupés à Paris ; avec un peu de chance, un Américain pressé peut nous joindre tous en vingt-quatre heures, connaître en vingt-quatre heures nos opinions sur l'U.N.R.R.A.[83], l'O.N.U., l'U.N.E.S.C.O., l'affaire Miller[84], la bombe atomique ; en vingt-quatre heures un cycliste entraîné peut faire circuler, d'Aragon à Mauriac, de Vercors à Cocteau, en touchant Breton à Montmartre, Queneau à Neuilly et Billy[85] à Fontainebleau, compte tenu des scrupules et cas de conscience qui font partie de nos obligations professionnelles, un de ces manifestes, une de ces pétitions ou protestations pour ou contre le retour de Trieste à Tito, l'annexion de la Sarre[86] ou l'usage des V-3[87] dans la guerre future, par quoi nous aimons à marquer que nous sommes du siècle ; en vingt-quatre heures, sans cycliste, un potin fait le tour de notre collège et revient amplifié à celui qui l'a lancé. On nous rencontre tous ensemble — ou presque — dans certains cafés, aux concerts de la Pléiade et, dans certaines circonstances proprement littéraires, à l'ambassade d'Angleterre. De temps en temps, l'un de nous, surmené, fait annoncer qu'il part pour la campagne, nous allons tous le voir, nous lui remontrons qu'il fait pour le mieux, qu'on ne saurait écrire à Paris et nous l'escortons de notre envie et de nos vœux : pour nous, une vieille mère, une jeune maîtresse, une tâche urgente nous retiennent à la ville. Il part avec des reporters de *Samedi soir* qui vont photographier sa retraite, il s'ennuie, il revient : « Au fond, dit-il, il n'y a que Paris. » C'est à Paris que les écrivains de province, s'ils sont bien nés, se rendent pour faire du régionalisme ; à Paris que les représentants qualifiés de la littérature nord-africaine ont choisi d'exprimer leur nostalgie d'Alger.

Notre route est tracée ; pour l'Irlandais de Chicago, hanté, qui soudain en dernier recours décide d'écrire, la vie neuve qu'il aborde est chose intimidante et sans point de comparaison, c'est un bloc de marbre sombre qu'il mettra longtemps à dégrossir ; mais nous avons connu, dès l'adolescence, les traits mémorables et édifiants des grandes existences, nous avons su dès la quatrième, même si notre père ne désapprouvait pas notre vocation, comment on répond aux parents récalcitrants, combien de temps l'auteur de génie doit raisonnablement demeurer méconnu, à quel âge il est normal que la gloire le couronne, combien de femmes il doit avoir et combien d'amours malheureuses, s'il est souhaitable qu'il intervienne dans la politique et à quel moment : tout est écrit dans les livres, il suffit d'en tenir un compte exact ; dès le début du siècle Romain Rolland a fait la preuve dans son *Jean-Christophe* qu'on peut obtenir une figure assez vraisemblable en combinant les gestes de quelques musiciens célèbres[88]. Mais on peut esquisser d'autres devis : il n'est pas mal de commencer sa vie comme Rimbaud, d'amorcer vers la trentaine un retour goethéen à l'ordre, de se jeter à cinquante ans, comme Zola, dans un débat public. Après cela vous pouvez choisir la mort de Nerval, celle de Byron ou celle de Shelley[89]. Naturellement il ne s'agira pas de *réaliser* chaque épisode dans toute sa violence, mais plutôt de l'*indiquer*, à la façon dont un tailleur sérieux indique la mode sans servilité. Je sais plusieurs d'entre nous et non des moindres qui ont ainsi pris la précaution de donner à leur vie un tour et une allure à la fois typiques et exemplaires, afin que leur génie, s'il restait douteux dans leurs livres, éclate au moins dans leurs mœurs. Grâce à ces modèles, à ces recettes, la carrière d'écrivain nous est apparue, dès notre enfance, comme un métier magnifique, mais sans surprises, où l'on avance en partie grâce au mérite, en partie à l'ancienneté. Tels nous sommes. Par ailleurs saints, héros, mystiques, aventuriers, sourciers, sorciers, anges, enchanteurs, bourreaux, victimes, tant qu'on voudra. Mais bourgeois d'abord : il n'y a pas de honte à l'avouer. Et différant seulement les uns des autres par la manière dont nous assumons chacun cette situation commune.

Si l'on voulait, en effet, faire un tableau de la littérature contemporaine, il ne serait pas mauvais de distinguer trois générations. La première est celle des auteurs qui ont commencé de produire avant la guerre de 1914. Ils ont achevé leur carrière aujourd'hui et les livres qu'ils écriront encore, fussent-ils des chefs-d'œuvre, ne pourront guère ajouter à leur gloire ; mais ils vivent encore, ils pensent, ils jugent, et leur présence détermine des courants littéraires mineurs dont il faut tenir compte. Pour l'essentiel, ils me paraissent avoir réalisé en leur personne et par leurs œuvres l'ébauche d'une réconciliation entre la littérature et le public bourgeois. Il faut noter d'abord qu'ils ont, pour la plupart, tiré le plus clair de leurs ressources de tout autre chose que de la vente de leurs écrits. Gide et Mauriac ont des terres, Proust était rentier, Maurois est originaire d'une famille d'industriels ; d'autres sont venus à la littérature par les professions libérales : Duhamel était médecin, Romains universitaire, Claudel et Giraudoux sont de la Carrière[90]. C'est que la littérature, à moins d'un succès de mauvais aloi, ne nourrissait pas, à l'époque où ils ont commencé d'écrire : comme la politique, sous la Troisième République, elle ne peut être qu'une occupation « en

marge », même si, pour finir, elle devient le principal souci
de celui qui l'exerce. Ainsi le personnel littéraire se recrute
en gros dans le même milieu que le personnel politique,
Jaurès et Péguy[91] sortent de la même école, Blum et Proust
écrivent dans les mêmes revues[92], Barrès mène de front ses
campagnes littéraires et ses campagnes électorales[93]. Du
coup, l'écrivain ne peut plus se considérer comme pur consommateur ; il dirige la production ou préside à la répartition des biens, ou encore il est fonctionnaire, il a des
devoirs envers l'État, en un mot par toute une partie de
lui-même il est intégré à la bourgeoisie ; ses conduites, ses
relations professionnelles, ses obligations, ses soucis sont
bourgeois ; il vend, il achète, il ordonne, il obéit, il est
entré dans le cercle enchanté de la politesse et des cérémonies. Certains écrivains de cette époque ont une réputation
d'avarice solidement établie, que démentent les appels à la
prodigalité qu'ils ont lancés dans leurs écrits. Je ne sais si
cette réputation est justifiée : elle prouve, à tout le moins,
qu'ils connaissent le prix de l'argent : le divorce que nous
signalions entre l'auteur et son public, il est dans le cœur
même de l'auteur, à présent. Vingt ans après le symbolisme il n'a pas perdu la conscience de la gratuité absolue
de l'art ; mais il est engagé dans le même temps dans le
cycle utilitaire des moyens-fins et des fins-moyens. Producteur et destructeur à la fois. Partagé entre l'esprit de
sérieux, qu'il faut bien qu'il observe à Cuverville, à Frontenac, à Elbeuf[94], quand il représente la France à la Maison-
Blanche[95], et l'esprit de contestation et de fête qu'il retrouve
dès qu'il s'assied devant une page blanche ; incapable
d'embrasser sans réserve l'idéologie bourgeoise comme
aussi bien de condamner sans recours la classe dont il fait
partie.

Ce qui va le secourir, en cet embarras, c'est que la bourgeoisie elle-même a changé ; elle n'est plus cette féroce
classe montante dont l'unique souci est l'épargne et la possession des biens. Les fils, les petits-fils des paysans parve-

nus, des boutiquiers enrichis, sont nés avec de la fortune ; ils ont appris l'art de dépenser ; l'idéologie utilitaire, sans disparaître aucunement, est reléguée dans l'ombre ; cent ans de règne ininterrompu ont créé des traditions ; les enfances bourgeoises, dans la grande maison provinciale, dans le château racheté à un noble ruiné, ont acquis une profondeur poétique ; les « men of property », comblés, ont recouru moins souvent à l'esprit d'analyse ; à leur tour, ils demandent à l'esprit de synthèse de fonder leur droit à gouverner : un lien synthétique — donc de poésie — est établi entre le propriétaire et la chose possédée. Barrès l'a montré : le bourgeois ne fait qu'un avec son bien, s'il demeure en sa province et sur ses terres, quelque chose passe en lui du mol vallonnement de la contrée, du frisson argenté des peupliers, de la mystérieuse et lente fécondité du sol, de la nervosité rapide et capricieuse des ciels : en s'assimilant le monde il s'en assimile la profondeur ; son âme, désormais, a des sous-sols, des mines, des gisements aurifères, des filons, des nappes souterraines de pétrole[96]. Dès lors l'écrivain rallié a sa voie tracée : pour se sauver lui-même, il sauvera la bourgeoisie en profondeur. Certes, il ne servira pas l'idéologie utilitaire, il s'en fera même, au besoin, le critique sévère, mais il découvrira dans les serres exquises de l'âme bourgeoise toute la gratuité, toute la spiritualité dont il a besoin pour exercer son art avec une bonne conscience ; cette aristocratie symbolique, qu'il a conquise au XIXe siècle, au lieu de la réserver à lui et à ses seuls confrères, il l'étendra à la bourgeoisie entière.

Vers 1850 un écrivain américain montrait dans un roman un vieux colonel assis dans un bateau à palettes du Mississippi et tenté un instant de s'interroger sur les replis profonds de l'âme des passagers qui l'entouraient[97]. Il chassait bientôt cette préoccupation en se disant — ou à peu près : « Il n'est pas bon que l'homme pénètre trop avant en lui-même. » Cela, c'était la réaction des premières générations bourgeoises. En France, aux environs de

1900, on a renversé la machine : il est entendu qu'on trouvera le sceau de Dieu dans les cœurs, pourvu qu'on les
sonde assez profondément. Estaunié[98] parle des vies secrètes : le postier, le maître de forges, l'ingénieur, le tréso-
rier-payeur général ont leurs fêtes nocturnes et solitaires,
ils sont habités profondément par des passions dévoran-
tes, par des incendies somptueux ; à la suite de cet auteur,
de cent autres, nous apprendrons à reconnaître dans la
philatélie, dans la numismatique toute la nostalgie de l'au-
delà, toute l'insatisfaction baudelairienne. Car, je vous le
demande, pourquoi dépenserait-on son temps et son argent
à l'acquisition de médailles, si l'on n'était revenu de l'amitié
des hommes, de l'amour des femmes et du pouvoir ? Et
qu'y a-t-il de plus gratuit qu'une collection de timbres-
poste ? Tout le monde ne peut être Vinci ou Michel-Ange ;
mais ces timbres inutiles collés sur le carton rose d'un
album, c'est un hommage émouvant à toutes les neuf Muses,
c'est l'essence même de la consommation destructrice.
D'autres discerneront dans l'amour bourgeois un appel
désespéré qui monte vers Dieu : quoi de plus désintéressé,
quoi de plus poignant qu'un adultère ; et ce goût de cendre
que l'on garde en bouche, après le coït, n'est-ce pas la
négativité même, et la contestation de tous les plaisirs ?
D'autres iront plus loin encore : ce n'est pas dans les faiblesses du bourgeois, mais dans ses vertus mêmes qu'ils
découvriront un grain divin de folie. Dans la vie opprimée
et sans espoir d'une mère de famille, on nous dévoilera
une obstination si absurde et si altière que toutes les extra-
vagances surréalistes paraîtront du bon sens à ce prix. Un
jeune auteur, qui subissait l'influence de ces maîtres sans
appartenir à leur génération et qui depuis a changé d'avis,
si j'en puis juger par sa conduite, me disait un jour :
« Quel pari plus insensé que la fidélité conjugale ? N'est-ce
pas braver le Diable et Dieu même ? Citez-moi un blas-
phème plus fou et plus magnifique. » On voit la ruse : il
s'agit de battre les grands destructeurs sur leur propre ter-

rain. Vous me citez Don Juan, je vous réponds par Orgon : il y a plus de générosité, plus de cynisme et plus de désespoir à élever une famille qu'à séduire mille et une femmes. Vous évoquez Rimbaud, je vous renvoie Chrysale[99] : il y a plus d'orgueil et de satanisme à poser que la chaise qu'on voit est une chaise qu'à pratiquer le dérèglement systématique de tous les sens. Et, à n'en point douter, la chaise qui se donne à notre perception n'est que probable ; pour affirmer qu'elle est chaise, il faut faire un saut à l'infini et supposer une infinité de représentations concordantes. Sans doute aussi le serment d'amour conjugal engage un avenir vierge ; le sophisme commence quand on présente ces inductions nécessaires et, pour ainsi dire, naturelles, que l'homme fait contre le temps et pour assurer sa tranquillité, comme les défis les plus audacieux, les contestations les plus désespérées.

Quoi qu'il en soit, c'est par là que les écrivains dont je parle ont établi leur réputation. Ils se sont adressés à une génération nouvelle et lui ont expliqué qu'il y avait stricte équivalence entre la production et la consommation, entre la construction et la destruction ; ils ont démontré que l'ordre était une fête perpétuelle et le désordre la plus ennuyeuse monotonie ; ils ont découvert la poésie de la vie quotidienne, rendu la vertu attrayante, inquiétante même, brossé l'épopée bourgeoise en de longs romans pleins de sourires mystérieux et troublants. C'est tout ce que leur demandaient leurs lecteurs : lorsqu'on pratique l'honnêteté par intérêt, la vertu par pusillanimité et la fidélité par habitude, il est agréable de s'entendre dire qu'on l'emporte en témérité sur un séducteur professionnel ou un bandit de grand chemin. J'ai connu vers 1924 un jeune homme de bonne famille, entiché de littérature et tout particulièrement des auteurs contemporains. Il fut bien fou, quand il convenait de l'être, se gorgea de la poésie des bars quand elle était à la mode, afficha tapageusement une maîtresse puis, à la mort de son père, reprit sagement l'usine fami-

liale et le droit chemin. Il a épousé depuis une héritière, il
ne la trompe pas ou bien c'est en voyage et à la sauvette,
bref, le plus fidèle des maris. Vers le moment qu'il se
maria, il puisa dans ses lectures la formule qui devait justifier sa vie. « Il faut, m'écrivit-il un jour, faire comme tout
le monde et n'être comme personne. » Il y a beaucoup de
profondeur en cette simple phrase. On devine que je la
tiens pour la plus abjecte saloperie et la justification de
toutes les mauvaises fois. Mais elle résume assez bien, je
crois, la morale que nos auteurs ont vendue à leur public.
Par là ils se sont justifiés les premiers : il faut faire comme
tout le monde, c'est-à-dire vendre le drap d'Elbeuf ou le
vin de Bordeaux[100] selon les règles reçues, prendre une
femme dotée, fréquenter les parents, les beaux-parents, les
amis des beaux-parents ; il faut n'être comme personne,
c'est-à-dire sauver son âme et celle de la famille par de
beaux écrits à la fois destructeurs et respectueux. Je nommerai l'ensemble de ces œuvres une littérature d'alibi. Elle a
supplanté rapidement celle des écrivains à gages : dès avant
la Première Guerre les classes dirigeantes avaient besoin
d'alibis plus que d'encens. Le merveilleux de Fournier[101]
était un alibi : toute une lignée de féeries bourgeoises est
sortie de lui ; en chaque cas il s'agissait de conduire par
approximations chaque lecteur jusqu'à ce point obscur de
l'âme la plus bourgeoise, où tous les rêves se rejoignent et
se fondent en un désir désespéré d'impossible, où tous les
événements de l'existence la plus quotidienne sont vécus
comme des symboles, où le réel est dévoré par l'imaginaire, où l'homme entier n'est plus qu'une divine absence.
On s'est étonné parfois qu'Arland fût à la fois l'auteur de
Terres étrangères et de *L'Ordre*[102] ; mais c'est à tort : l'insatisfaction si noble de ses premiers héros n'a de sens que si
on l'éprouve au sein d'un ordre rigoureux ; il ne s'agit
point de se révolter contre le mariage, les métiers, les dis-
ciplines sociales, mais de les dépasser finement par une
nostalgie que rien ne peut assouvir parce qu'elle n'est, au

fond, désir de rien. Ainsi l'ordre n'est là que pour qu'on le transcende, mais il faut qu'il soit là ; le voilà justifié et solidement rétabli : il vaut certainement mieux le contester par une rêveuse mélancolie que le renverser par les armes. J'en dirai autant de l'inquiétude gidienne, qui devint plus tard le désarroi, du péché mauriacien, place vide de Dieu : il s'agit toujours de mettre la vie quotidienne entre parenthèses et de la vivre minutieusement mais sans s'y salir les doigts ; il s'agit toujours de prouver que l'homme vaut mieux que sa vie, que l'amour c'est beaucoup plus que l'amour[103] et le bourgeois beaucoup plus que le bourgeois. Certes chez les plus grands, il y a bien autre chose. Chez Gide, chez Claudel, chez Proust, on trouve une expérience d'homme, mille chemins. Mais je n'ai pas voulu faire le tableau d'une époque : il s'agissait de montrer un climat et d'isoler un mythe[c].

La deuxième génération vient à l'âge d'homme après 1918. Bien entendu il s'agit d'une classification très grossière, puisqu'il convient d'y mettre Cocteau, qui fit ses débuts avant la guerre, au lieu que Marcel Arland, dont le premier livre, à ma connaissance, n'est pas antérieur à l'Armistice, a des affinités certaines avec les écrivains dont nous venons de parler. L'absurdité manifeste d'une guerre dont nous avons mis trente ans à connaître les véritables causes amène le retour de l'esprit de Négativité. Je ne m'étendrai pas sur cette période que Thibaudet a si bien nommée « de décompression[104] ». Ce fut un feu d'artifice ; aujourd'hui qu'il est retombé, on a tant écrit sur lui qu'il semble que nous en sachions tout.

Il faut seulement noter que la plus magnifique de ses fusées, le surréalisme, renoue avec les traditions destructrices de l'écrivain-consommateur. Ces jeunes bourgeois turbulents veulent ruiner la culture parce qu'on les a cultivés, leur ennemi principal demeure le philistin de Heine[105], le Prudhomme de Monnier[106], le bourgeois de Flaubert, bref leur papa. Mais les violences de l'époque précédente les

ont portés au radicalisme. Alors que leurs prédécesseurs se
bornaient à combattre par la *consommation* l'idéologie utilitaire de la bourgeoisie, ils assimilent plus profondément
la recherche de l'utile au projet humain, c'est-à-dire à la
vie consciente et volontaire. La conscience est bourgeoise,
le Moi est bourgeois : la négativité doit s'exercer en premier lieu sur cette Nature qui n'est, comme dit Pascal,
qu'une première coutume. Il s'agit d'anéantir, d'abord, les
distinctions reçues entre vie consciente et inconsciente,
entre rêve et veille. Cela signifie qu'on dissout la subjectivité. Il y a subjectif, en effet, lorsque nous reconnaissons
que nos pensées, nos émotions, nos volontés viennent de
nous, dans le moment qu'elles apparaissent et lorsque nous
jugeons à la fois qu'il est certain qu'elles nous appartiennent et seulement probable que le monde extérieur se
règle sur elles. Le surréaliste a pris en haine cette humble
certitude sur quoi le stoïcien fondait sa morale. Elle lui
déplaît à la fois par les limites qu'elle nous assigne et les
responsabilités qu'elle nous confère. Tous les moyens sont
bons pour échapper à la conscience de soi et, par conséquent, de sa situation dans le monde. Il adopte la psychanalyse parce qu'elle présente la conscience comme envahie
d'excroissances parasitaires dont l'origine est ailleurs ; il
repousse « l'idée bourgeoise » du travail parce que le travail implique conjectures, hypothèses et projets, donc perpétuel recours au subjectif ; l'écriture automatique est
avant tout la destruction de la subjectivité : lorsque nous
nous y essayons, nous sommes traversés spasmodiquement
par des caillots qui nous déchirent, dont nous ignorons la
provenance, que nous ne connaissons pas avant qu'ils aient
pris leur place dans le monde des objets et qu'il faut percevoir alors avec des yeux étrangers. Il ne s'agit donc pas,
comme on l'a dit trop souvent, de substituer leur subjectivité inconsciente à la conscience mais bien de montrer le
sujet comme un leurre inconsistant au sein d'un univers
objectif.

Mais la deuxième démarche du surréaliste est pour détruire à son tour l'objectivité. Il s'agit de faire éclater le monde et, comme aucune dynamite n'y suffirait, comme, d'autre part, une destruction *réelle* de la totalité des existants est impossible, parce qu'elle ferait simplement passer cette totalité d'un état *réel* à un autre état *réel*, on s'efforcera plutôt de désintégrer des objets particuliers, c'est-à-dire d'annuler sur ces objets-témoins la structure même de l'objectivité. C'est une opération qu'on ne peut évidemment pas tenter sur des existants *réels* et déjà donnés avec leur essence indéformable. Aussi produira-t-on des objets imaginaires et construits de telle sorte que leur objectivité se supprime elle-même. Le schéma élémentaire de ce procédé nous est fourni par ces faux morceaux de sucre que Duchamp[107] taillait en fait dans du marbre et qui se révélaient tout à coup d'un poids inattendu. Le visiteur qui les soupesait devait ressentir, dans une illumination fulgurante et instantanée, la destruction de l'essence objective de sucre par elle-même ; il fallait lui procurer cette déception de tout l'être, ce malaise, ce porte-à-faux que donnent par exemple les farces-attrapes quand la cuiller fond brusquement dans la tasse de thé, quand le sucre (leurre inverse de celui qu'a construit Duchamp) remonte à la surface et flotte. À la faveur de cette intuition, on espère que le monde entier se découvrira comme une contradiction radicale. La peinture et la sculpture surréalistes n'ont d'autre fin que de multiplier ces éclatements locaux et imaginaires qui sont comme les trous d'évier par où l'univers tout entier va se vider. La méthode paranoïaque critique de Dali n'est qu'un perfectionnement et une complication du procédé[108] ; pour finir elle se donne, elle aussi, comme un effort pour « contribuer au discrédit total du monde de la réalité ». La littérature s'efforcera de faire subir le même sort au langage et de le détruire par des télescopages de mots. Ainsi le sucre renvoie au marbre et le marbre au sucre, la montre molle se conteste elle-même par sa mollesse ; l'objectif

se détruit et renvoie soudain au subjectif, puisqu'on dis-
qualifie la réalité et qu'on se plaît à « tenir les images
mêmes du monde extérieur pour instables et transitoires »
et à « les mettre au service de la réalité de notre esprit ».
Mais le subjectif s'effondre à son tour et laisse paraître,
derrière lui, une mystérieuse objectivité. Tout cela sans
qu'une seule destruction réelle ait été seulement amorcée.
Bien au contraire : au moyen de l'annulation symbolique du
moi par les sommeils et l'écriture automatique, de l'annulation symbolique des objets par production d'objectivités
évanescentes, de l'annulation symbolique du langage par
production de sens aberrants, de la destruction de la peinture par la peinture et de la littérature par la littérature, le
surréalisme poursuit cette curieuse entreprise de réaliser
le néant par trop-plein d'être. C'est toujours en *créant*,
c'est-à-dire en ajoutant des tableaux aux tableaux déjà
existants et des livres aux livres déjà édités, qu'il détruit.

De là l'ambivalence de ses œuvres : chacune d'elles peut
passer pour l'invention barbare et magnifique d'une forme,
d'un être inconnu, d'une phrase inouïe et devenir, comme
telle, une contribution volontaire à la culture ; et comme
chacune d'elles est un projet d'anéantir tout le réel en
s'anéantissant avec lui, le Néant chatoie à sa surface. Un
néant qui est seulement le papillotement sans fin des contradictoires. Et l'*esprit* que les surréalistes veulent atteindre sur les ruines de la subjectivité, cet esprit qu'il n'est
pas possible d'entrevoir autrement que sur l'accumulation
d'objets auto-destructifs, il chatoie, lui aussi, et papillote
dans l'anéantissement réciproque et figé des choses. Il
n'est ni la Négativité hégélienne, ni la Négation hypostasiée, ni même le Néant, encore qu'il s'en rapproche : il
convient plutôt de le nommer l'*Impossible* ou, si l'on veut,
le point imaginaire où se confondent le songe et la veille,
le réel et le fictif, l'objectif et le subjectif. Confusion et non
synthèse : car la synthèse apparaîtrait comme une existence articulée, dominant et gouvernant ses contradictions

internes. Mais le surréalisme ne souhaite pas l'apparition de cette nouveauté qu'il faudrait contester encore. Il veut se maintenir dans l'énervante tension que provoque la recherche d'une intuition irréalisable. Du moins Rimbaud voulait-il voir un salon dans un lac[109]. Le surréaliste veut être perpétuellement sur le point de voir lac et salon : si, d'aventure, il les rencontre, il s'en dégoûte ou bien il prend peur et va se coucher, volets clos. Pour finir il fait beaucoup de peinture et noircit beaucoup de papier, mais il ne détruit jamais rien pour de vrai. Breton le reconnaissait d'ailleurs en 1925, lorsqu'il écrivait : « La réalité immédiate de la Révolution surréaliste n'est pas de changer quoi que ce soit à l'ordre physique et apparent des choses que de créer un mouvement dans les esprits[110]. » La destruction de l'univers fait l'objet d'une entreprise subjective fort semblable à ce que l'on a toujours appelé la conversion philosophique. Ce monde, perpétuellement anéanti sans qu'on touche à un grain de ses blés ou de ses sables, à une plume de ses oiseaux, il est tout simplement *mis entre parenthèses*.

On n'a pas assez vu que les constructions, tableaux, poèmes-objets du surréalisme étaient la réalisation manuelle des apories par lesquelles les Sceptiques du IIIe siècle avant J.-C. justifiaient leur *épochè*[111] perpétuelle. Après quoi, sûrs de ne pas se compromettre par une imprudente adhésion, Carnéade et Philon vivaient comme tout le monde. De même les surréalistes, une fois le monde détruit et miraculeusement conservé par sa destruction, peuvent se laisser aller sans vergogne à leur immense amour du monde. Ce monde, le monde de tous les jours, avec ses arbres et ses toits, ses femmes, ses coquillages, ses fleurs, mais hanté par l'impossible et par le néant, c'est ce qu'on appelle le merveilleux surréaliste. Je ne puis m'empêcher de songer à cette autre mise entre parenthèses par quoi les écrivains ralliés de la génération précédente détruisaient la vie bourgeoise et la conservaient avec toutes ses nuances. Ce merveilleux surréaliste, n'est-ce pas celui du *Grand Meaulnes*,

mais *radicalisé* ? Certes, ici, la passion est sincère, et la
haine et le dégoût de la classe bourgeoise. Seulement la
situation n'a pas changé : il faut se sauver sans faire de casse
— ou par une casse symbolique —, se laver de la souillure
originelle sans renoncer aux avantages de sa position.

Le fond de l'affaire, c'est qu'il faut, une fois de plus, se
trouver un nid d'aigle. Les surréalistes, plus ambitieux que
leurs pères, comptent sur la destruction radicale et métaphysique à laquelle ils procèdent pour leur conférer une
dignité mille fois supérieure à celle de l'aristocratie parasitaire. Il ne s'agit plus de s'évader hors de la classe bourgeoise : il faut sauter hors de la condition humaine. Ce que
veulent dilapider ces fils de famille, ce n'est pas le patrimoine familial : c'est le monde. Ils sont revenus au parasitisme comme à un moindre mal, abandonnant tous, d'un
commun accord, études et métiers mais il ne leur a jamais
suffi d'être les parasites de la bourgeoisie : ils ont ambi-
tionné d'être ceux de l'espèce humaine. Pour métaphysique qu'il fût, il est clair que leur déclassement s'est fait par
en haut et que leurs préoccupations leur interdisaient rigoureusement de trouver un public dans la classe ouvrière. Breton écrit une fois : « Transformer le monde, a dit Marx.
Changer la vie, a dit Rimbaud. Ces deux mots d'ordre pour
nous n'en font qu'un[112]. » Cela suffirait à dénoncer l'intellectuel bourgeois. Car il s'agit de savoir quel changement
précède l'autre. Pour le militant marxiste il ne fait pas de
doute que la transformation sociale peut seule permettre
des modifications radicales du sentiment et de la pensée.
Si Breton croit pouvoir poursuivre ses expériences intérieures en marge de l'activité révolutionnaire et parallèle-
ment à elle, il est condamné d'avance ; car cela reviendrait
à dire qu'une libération de l'esprit est concevable dans les
chaînes, au moins pour certaines gens et, par conséquent,
à rendre la révolution moins urgente. C'est la trahison
même que les révolutionnaires ont reprochée de tout
temps à Épictète, et Politzer hier encore à Bergson[113]. Et si

l'on venait à soutenir que Breton entendait, par ce texte, annoncer une métamorphose progressive et connexe de l'état social et de la vie intime, je répondrais en citant cet autre passage : « Tout porte à croire qu'il existe un certain point de l'esprit d'où la vie et la mort, le réel et l'imaginaire, le passé et le futur, le communicable et l'incommunicable, le haut et le bas, cessent d'être perçus contradictoirement... C'est en vain qu'on chercherait à l'activité surréaliste un autre mobile que l'espoir de la détermination de ce point[114]. » N'est-ce pas proclamer son divorce avec un public ouvrier beaucoup plus qu'avec un public bourgeois ? Car le prolétariat engagé dans la lutte a besoin de distinguer à chaque instant, pour mener à bien son entreprise, le passé du futur, le réel de l'imaginaire et la vie de la mort. Ce n'est pas par hasard que Breton a cité ces contraires : ce sont tous des catégories de l'action ; l'action révolutionnaire, plus que toute autre, en a besoin. Et le surréalisme, de même qu'il a radicalisé la négation de l'utile pour la transformer en refus du projet et de la vie consciente, radicalise la vieille revendication littéraire de la gratuité pour en faire un refus de l'action par destruction de ses catégories. Il y a un quiétisme surréaliste. Quiétisme et violence permanente : deux aspects complémentaires d'une même position. Comme le surréaliste s'est ôté les moyens de concerter une entreprise, son activité se réduit à des impulsions dans l'immédiat. Nous retrouvons ici, assombrie et alourdie, la morale gidienne avec l'instantanéité de l'acte gratuit. Cela ne nous surprend pas : il y a du quiétisme dans tout parasitisme et le *tempo* favori de la consommation, c'est l'instant.

Pourtant le surréalisme se déclare révolutionnaire et tend la main au parti communiste[115]. C'est la première fois depuis la Restauration qu'une école littéraire se réclame explicitement d'un mouvement révolutionnaire organisé. Les raisons sont claires : ces écrivains, qui sont aussi des jeunes gens, veulent surtout anéantir leur famille, l'oncle général, le cousin curé, comme Baudelaire, en 1848, voyait dans la révolution de Février l'occasion d'incendier la maison du général Aupick[116]. S'ils sont nés pauvres, ils ont aussi certains complexes à liquider, l'envie, la peur ; et puis ils se révoltent aussi contre les contraintes extérieures : la guerre qui vient de finir, avec sa censure, le service militaire, l'impôt, la Chambre bleu horizon, le bourrage de crânes ; ils sont tous anticléricaux, ni plus ni moins que le père Combes[117] et les radicaux d'avant-guerre, et généreusement écœurés par le colonialisme et la guerre du Maroc. Ces indignations, ces haines sont susceptibles de s'exprimer abstraitement, par une conception de la Négation radicale qui, *a fortiori*, entraînera, sans qu'il y ait besoin d'en faire l'objet d'une volonté particulière, la négation de la classe bourgeoise. Et la jeunesse étant l'âge métaphysique par excellence, comme Auguste Comte l'a bien vu[118], cette expression métaphysique et abstraite de leur révolte est évidemment celle qu'ils choisissent de préférence. Seulement, c'est aussi celle qui laisse le monde rigoureusement intact. Il est vrai qu'ils y adjoignent quelques actes sporadiques de violence, mais ces manifestations dispersées réussissent tout au plus à provoquer le scandale. Ce qu'ils peuvent espérer de mieux c'est de se constituer en association punitive et clandestine sur le modèle du Ku-Klux-Klan. Ils en arrivent donc à souhaiter que d'autres se chargent, en marge de leurs expériences spirituelles, d'opérer par la force des destructions concrètes. En un mot ils voudraient être les clercs d'une société idéale dont la fonction temporelle serait l'exercice permanent de la violence[d]. C'est ainsi que, après avoir loué les suicides de Vaché et de Rigaut[119] comme des actes exemplaires, après avoir présenté le massacre gratuit (« décharger son revolver sur la foule ») comme l'acte surréaliste le plus simple, ils appellent à leur aide le péril jaune[120]. Ils ne voient pas la contradiction profonde qui oppose ces destructions brutales et partielles au processus poétique d'anéantissement qu'ils ont entrepris. Toutes les fois, en effet, qu'une destruction est partielle, c'est un *moyen* pour atteindre une fin positive et plus générale. Le surréalisme s'arrête à ce moyen, il en fait une fin absolue, il refuse d'aller plus loin. L'abolition totale dont il rêve, au contraire, ne fait de mal à personne, précisément parce qu'elle est totale. C'est un absolu situé hors de l'Histoire, une fiction poétique. Et qui fait entrer, parmi les réalités à abolir, la fin qui justifie aux yeux des Asiatiques ou des révolutionnaires les moyens violents auxquels ils sont contraints de recourir.

De son côté, le parti communiste, traqué par la police bourgeoise, très inférieur en nombre au parti S.F.I.O.[121], sans aucun espoir de prendre le pouvoir sinon à très longue échéance, tout neuf, incertain de ses tactiques, en est encore à la phase négative. Il s'agit pour lui de gagner les masses, de noyauter les socialistes, de s'incorporer les éléments qu'il pourra détacher de cette collectivité qui le repousse : son arme intellectuelle est la critique. Il n'est donc pas éloigné de voir dans le surréalisme un allié provisoire, qu'il se prépare à rejeter quand il n'en aura plus besoin ; car la négation, essence du surréalisme, n'est qu'une étape pour le P.C. Celui-ci ne consent à envisager, fût-ce un instant, l'écriture automatique, les sommeils provoqués et le hasard objectif qu'en tant qu'ils peuvent contribuer à la désagrégation de la classe bourgeoise. Il semble donc qu'on ait retrouvé cette communauté d'intérêts entre les intellectuels et les classes opprimées qui fut la chance des auteurs du XVIIIe siècle. Mais ce n'est qu'une apparence. La source profonde du malentendu réside en ceci que le surréaliste se soucie fort peu de la dictature du prolétariat et voit dans la Révolution, comme pure violence, la fin absolue, au lieu que le communisme se propose comme fin la prise du pouvoir et justifie par cette fin le sang qu'il versera. Et puis le lien du surréalisme avec le prolétariat est indirect et abstrait. La force d'un écrivain réside dans son action directe sur le public, dans les colères, les enthousiasmes, les méditations qu'il provoque par ses écrits. Diderot, Rousseau, Voltaire restaient perpétuellement en liaison avec la bourgeoisie parce qu'elle les lisait. Mais les surréalistes n'ont aucun lecteur dans le prolétariat : c'est tout juste s'ils communiquent du dehors avec le Parti ou plutôt avec ses intellectuels. Leur public est ailleurs, dans la bourgeoisie cultivée, et le P.C. ne l'ignore pas, qui les emploie simplement à porter le trouble dans les milieux dirigeants. Ainsi leurs déclarations révolutionnaires demeurent purement théoriques, puisqu'elles ne changent rien à leur attitude, ne leur font pas gagner un seul lecteur et ne trouvent aucun écho chez les ouvriers ; ils demeurent les parasites de la classe qu'ils insultent, leur révolte demeure en marge de la révolution. Breton finit par le reconnaître lui-même et reprend son indépendance de clerc ; il écrit à Naville : « Il n'est personne de nous qui ne souhaite le passage du pouvoir des mains de la bourgeoisie à celles du prolétariat. En attendant, il n'est pas moins nécessaire, selon nous, que les expériences de la vie intérieure se poursuivent et cela, bien entendu, sans contrôle extérieur, même marxiste[122]... » Les deux problèmes sont essentiellement distincts. L'opposition s'accusera lorsque la Russie soviétique et, par conséquent, le parti communiste français seront passés à la phase d'organisation constructrice[123] ; le surréalisme, demeuré *négatif* par essence, s'en détournera. Breton se rapprochera alors des trotskystes précisément parce que ceux-ci, traqués et minoritaires, en sont encore au stade de la négation critique. À leur tour les trotskystes utiliseront les surréalistes comme instrument de désagrégation : une lettre de Trotsky à Breton ne laisse pas de doute sur ce sujet. Si la quatrième Internationale avait pu passer, elle aussi, à la phase constructrice, il est clair que c'eût été l'occasion d'une rupture.

Ainsi la première tentative de l'écrivain bourgeois pour se rapprocher du prolétariat demeure utopique et abstraite parce qu'il ne cherche pas un public mais un allié, parce qu'il conserve et renforce la division du temporel et du spirituel et qu'il se maintient dans les limites d'une cléricature. L'accord de principe du surréalisme et du P.C. contre la bourgeoisie ne dépasse pas le formalisme ; c'est l'idée formelle de négativité qui les unit. En fait la négativité du parti communiste est provisoire, c'est un moment historique nécessaire dans sa grande entreprise de réorganisation sociale ; la négativité surréaliste se maintient, quoi qu'on en dise, en dehors de l'Histoire : à la fois dans l'instant et dans l'éternel ; elle est la fin absolue de la vie et de l'art. Quelque part Breton affirme l'identité ou du moins le parallélisme, avec symbolisation réciproque, de l'esprit en lutte contre ses bêtes et du prolétariat en lutte contre le capitalisme, ce qui revient à affirmer la « mission sacrée » du prolétariat. Mais, précisément, cette classe conçue comme une légion d'anges exterminateurs, et que le P.C. défend comme un mur contre toutes les approches surréalistes, n'est véritablement pour ces auteurs qu'un mythe quasi religieux et qui joue, pour la tranquillisation de leur conscience, un rôle analogue à celui que jouait le mythe du Peuple, en 1848, pour les écrivains de bonne volonté. L'originalité du mouvement surréaliste réside dans sa tentative pour s'approprier *tout* à la fois : le déclassement par en haut, le parasitisme, l'aristocratie métaphysique de consommation et l'alliance avec les forces révolutionnaires. L'histoire de cette tentative a montré qu'elle était vouée à l'échec. Mais, cinquante ans plus tôt, elle n'eût même pas été concevable : le seul rapport qu'eût pu alors avoir un écrivain bourgeois avec la classe ouvrière c'est d'écrire pour elle et sur elle. Ce qui a permis de songer, fût-ce un instant, à conclure un pacte provisoire entre une aristocratie intellectuelle et les classes opprimées, c'est l'apparition d'un facteur nouveau : le Parti comme médiation entre les classes moyennes et le prolétariat.

J'entends bien que le surréalisme avec son aspect ambigu de chapelle littéraire, de collège spirituel, d'église et de société secrète[e] n'est qu'un des produits de l'après-guerre. Il faudrait parler de Morand, de Drieu la Rochelle, de tant d'autres. Mais si les œuvres de Breton, de Péret, de Desnos[124] nous ont paru les plus représentatives, c'est que toutes les autres contiennent implicitement les mêmes traits. Morand est le consommateur type, le voyageur, le passant. Il annule les traditions nationales en les mettant en contact les unes avec les autres selon le vieux procédé des Sceptiques et de Montaigne ; il les jette dans un panier comme des crabes et, sans commentaires, leur laisse le soin de se déchirer ; il s'agit d'atteindre un certain point *gamma*, fort voisin du point *gamma* des surréalistes, d'où les différences de mœurs, de langues, d'intérêts s'abolissent dans l'indistinction totale. La vitesse joue ici le rôle de la méthode paranoïaque-critique. *L'Europe galante*, c'est l'annulation des pays par le chemin de fer, *Rien que la terre*[125] l'annulation des continents par l'avion. Morand promène des Asiatiques à Londres, des Américains en Syrie, des Turcs en Norvège ; il fait voir nos coutumes par ces yeux, comme Montesquieu par ceux de ses Persans, ce qui est le moyen le plus sûr de leur ôter toute raison d'être. Mais, en même temps, il s'arrange pour que ces visiteurs aient beaucoup perdu de leur pureté primitive et soient déjà tout à fait traîtres à leurs mœurs sans avoir tout à fait adopté les nôtres ; à ce moment particulier de leur transformation chacun d'eux est un champ de bataille où le pittoresque exotique et notre machinisme rationaliste se détruisent l'un par l'autre. Remplis de clinquant, de verroteries, de beaux noms étranges, les livres de Morand sonnent pourtant le glas de l'exotisme ; ils sont à l'origine de toute une littérature qui vise à anéantir la couleur locale, soit en montrant que les villes lointaines dont nous avons rêvé dans notre enfance sont aussi désespérément familières et quotidiennes pour les yeux et le cœur de leurs habitants que la gare Saint-Lazare ou la Tour Eiffel pour notre cœur et pour nos yeux, soit en laissant voir la comédie, le truquage, l'absence de foi derrière les cérémonies que les voyageurs des siècles passés nous décrivaient avec le plus de respect, soit en nous révélant, sous la trame usée du pittoresque oriental ou africain, l'universalité du machinisme et du rationalisme capitaliste. Pour finir il ne reste plus que le monde, partout semblable et monotone. Je n'ai jamais mieux senti le sens profond de ce procédé qu'un jour de l'été 1938, entre Mogador et Safi, lorsque je dépassai en autocar une musulmane voilée qui pédalait sur une bicyclette. Une Mahométane à vélo, voilà un objet autodestructif que peuvent revendiquer tout aussi bien les surréalistes que Morand. Le mécanisme précis de la bicyclette conteste les rêves lents de harem qu'on prête au passage à cette créature voilée ; mais dans le même moment ce qui reste de ténèbres voluptueuses et magiques entre ces sourcils peints, derrière ce front étroit, conteste à son tour le machinisme, il fait pressentir derrière l'uniformisation capitaliste un au-delà enchaîné, vaincu et pourtant virulent et sorcier. Exotisme fantôme, impossible surréaliste, insatisfaction bourgeoise : dans les trois cas le réel s'effondre, derrière lui on tâche de maintenir la tension irritante du contradictoire. Dans le cas de ces écrivains-voyageurs, la ruse est manifeste : ils suppriment l'exotisme parce qu'on est toujours exotique par rapport à quelqu'un et qu'ils ne veulent pas l'être, ils détruisent les traditions et l'Histoire pour échapper à leur *situation* historique, ils veulent oublier que la conscience la plus lucide est toujours entée quelque part, opérer une libération fictive par un internationalisme abstrait, réaliser par l'universalisme une aristocratie de survol.

Drieu, comme Morand, use parfois de l'auto-destruction par exotisme : dans un de ses romans, l'Alhambra devient un jardin public de province, sec sous un ciel monotone[126]. Mais, à travers la destruction littéraire de l'objet, de l'amour, à travers vingt années de folies et d'amertume, c'est la destruction de soi-même qu'il a poursuivie : il a été la valise vide[127], le fumeur d'opium et, finalement, le vertige de la mort l'a attiré dans le national-socialisme. *Gilles*[128], ce roman de sa vie, crasseux et doré, marque clairement qu'il était le frère ennemi des surréalistes. Son nazisme, qui n'était lui aussi qu'un appétit de conflagration universelle, se révèle, à l'usage, aussi inefficace que le communisme de Breton. L'un et l'autre sont des clercs, l'un et l'autre s'allient au temporel avec innocence et désintéressement. Mais les surréalistes ont plus de santé : leur mythe de destruction dissimule un énorme et magnifique appétit ; ils veulent tout anéantir sauf eux-mêmes, comme en témoigne leur horreur des maladies, des vices, de la drogue. Drieu, morne et plus authentique, a médité sa mort : c'est par haine de soi qu'il hait son pays et les hommes[129]. Tous sont partis à la recherche de l'absolu et comme ils étaient de toutes parts investis par le relatif, ils ont identifié l'absolu et l'*impossible*. Tous ont hésité entre deux rôles : celui d'annonciateurs d'un monde nouveau, celui de liquidateurs de l'ancien. Mais comme il était plus facile de discerner dans l'Europe d'après-guerre les signes de la décadence que ceux du renouveau, ils ont tous choisi la liquidation. Et pour tranquilliser leur conscience, ils ont remis en honneur le vieux mythe héraclitéen selon lequel la vie naît de la mort. Tous ont été hantés par ce point imaginaire *gamma*, seul immobile dans un monde en mouvement, où la destruction, parce qu'elle est pleinement destruction et sans espoir, s'identifie à la construction absolue. Tous ont été fascinés par la violence, d'où qu'elle vienne ; c'est par la violence qu'ils ont voulu libérer l'homme de sa condition humaine. C'est pourquoi ils se sont rapprochés des partis extrêmes en leur prêtant gratuitement des visées apocalyptiques. Tous ont été dupes : la Révolution ne s'est pas faite, le nazisme a été vaincu. Ils ont vécu dans une époque confortable et prodigue où le désespoir était encore un luxe. Ils ont condamné leur pays parce qu'il était encore dans l'insolence de la victoire, ils ont dénoncé la guerre parce qu'ils croyaient que la paix serait longue. Tous ont été victimes du désastre de 40 : c'est que le moment de l'action était venu et qu'aucun d'eux n'était armé pour elle. Les uns se sont tués, d'autres sont en exil ; ceux qui sont revenus sont exilés parmi nous. Ils ont été les annonciateurs de la catastrophe au temps des vaches grasses ; au temps des vaches maigres ils n'ont plus rien à dire[f].

En marge des enfants prodigues ralliés qui trouvent plus d'imprévu et de folie dans la maison de leur père que dans les sentes de la montagne et dans les pistes du désert, en marge des grands ténors du désespoir, des cadets prodigues pour qui n'a pas encore sonné l'heure du retour au bercail, un humanisme discret fleurit. Prévost, Pierre Bost, Chamson, Aveline, Beucler[130] ont à peu près l'âge de Breton et de Drieu. Ils ont eu des débuts brillants : Bost était encore sur les bancs du lycée lorsque Copeau jouait sa pièce, *L'Imbécile*[131] ; Prévost, à l'École Normale, était déjà notoire[132]. Mais dans leur gloire naissante, ils sont demeurés modestes ; ils n'ont pas de goût à jouer les Ariels du capitalisme, ils ne prétendent pas être maudits, ni prophètes. Prévost, quand on lui a demandé pourquoi il écrivait, a répondu : « Pour gagner ma vie. » À l'époque, cette phrase m'avait choqué ; c'est que les grands mythes littéraires du XIXᵉ siècle traînaient encore par lambeaux dans ma tête. Au reste, il avait tort : on n'écrit pas pour gagner sa vie. Mais ce que je prenais pour du cynisme facile, c'était, en fait, une volonté de penser durement, lucidement et au besoin désagréablement. En pleine réaction contre le satanisme et l'angélisme, ces auteurs ne voulaient être ni des saints ni des bêtes : des hommes seulement. Les premiers, peut-être, depuis le romantisme, ils ne se sont pas pensés comme des aristocrates de la consommation mais comme des travailleurs en chambre, de l'espèce des relieurs et des dentellières. Ce n'est pas pour se donner licence de vendre leur marchandise au plus offrant qu'ils ont considéré comme un métier la littérature mais, au contraire, pour se replacer, sans humilité ni orgueil, dans une société laborieuse. Un métier s'apprend et puis celui qui l'exerce n'a pas le droit de mépriser sa clientèle : ainsi ébauchaient-ils, eux aussi, une réconciliation avec le public. Beaucoup trop honnêtes pour se croire du génie et pour en réclamer les droits, ils se fiaient plus au labeur qu'à l'inspiration. Il leur a manqué peut-être cette confiance absurde en leur étoile, cet orgueil inique et aveugle qui caractérise les grands hommes[g]. Ils possédaient tous cette forte culture intéressée que la Troisième République donnait à ses futurs fonctionnaires. Aussi bien sont-ils devenus fonctionnaires d'État, questeurs au Sénat, à la Chambre, professeurs, conservateurs de musée. Mais comme ils venaient pour la plupart de milieux modestes, ils ne se souciaient pas d'employer leur savoir à défendre les traditions bourgeoises. Ils n'ont jamais joui de cette culture comme d'une propriété *historique*, ils y ont vu seulement un instrument précieux pour devenir des hommes. Au reste ils avaient en Alain un maître à penser qui détestait l'Histoire[133]. Persuadés, comme lui, que le problème moral est le même à toute époque, ils voyaient la société en coupe instantanée. Hostiles à la psychologie autant qu'aux sciences historiques, sensibles aux injustices sociales mais trop cartésiens pour croire à la lutte des classes, l'unique affaire était pour eux d'exercer leur métier d'hommes contre les passions et les erreurs passionnées, contre les mythes, par l'usage sans faiblesse de la volonté et de la raison. Ils ont aimé les petites gens, ouvriers parisiens, artisans, petits-bourgeois, employés, hommes de la route, et le souci qu'ils avaient de raconter ces destins individuels les a entraînés parfois à coqueter avec le populisme. Mais, à la différence de cette séquelle du naturalisme, ils n'ont jamais admis que le déterminisme social et psychologique formât la trame de ces humbles existences ; et ils n'ont pas voulu, à la différence du réalisme socialiste, voir dans leurs héros des victimes sans espoir de l'oppression sociale. En chaque cas, ces moralistes se sont attachés à montrer la part de la volonté, de la patience, de l'effort, présentant les défaillances comme des fautes et le succès comme un mérite. Ils se sont rarement souciés des destins exceptionnels mais ils ont voulu faire voir qu'il est possible d'être hommes même dans l'adversité.

Aujourd'hui plusieurs d'entre eux sont morts, d'autres se sont tus ou produisent à de longs intervalles. Tout à fait en gros on peut dire que ces auteurs, dont l'envol fut si brillant et qui ont pu former, vers les années 27, un « Club des moins de trente ans », sont presque tous restés en route. Il faut faire la part, bien sûr, des accidents individuels, mais le fait est si frappant qu'il réclame une explication plus générale. Ils n'ont manqué, en effet, ni de talent ni de souffle et, du point de vue qui nous occupe, ils doivent être tenus pour des précurseurs : ils ont renoncé à la solitude orgueilleuse de l'écrivain, ils ont aimé leur public, ils n'ont pas tenté de justifier des privilèges acquis, ils n'ont pas médité sur la mort ou sur l'impossible, mais ils ont voulu nous donner des règles de vie. Ils ont été beaucoup lus, bien plus, certainement, que les surréalistes. Pourtant, si l'on veut marquer d'un nom les principales tendances littéraires de l'entre-deux-guerres, c'est au surréalisme qu'on pensera. D'où vient leur échec ?

Je crois qu'il s'explique, si paradoxal que cela puisse paraître, par le public qu'ils se sont choisi. Aux environs de 1900, à l'occasion de son triomphe dans l'affaire Dreyfus, une petite bourgeoisie laborieuse et libérale a pris conscience d'elle-même. Elle est anticléricale et républicaine, antiraciste, individualiste, rationaliste et progressiste. Fière de ses institutions, elle accepte de les modifier, mais non de les bouleverser. Elle ne méprise pas le prolétariat mais elle se sent trop proche de lui pour avoir conscience de l'opprimer. Elle vit médiocrement, parfois malaisément, mais elle n'aspire pas tant à une fortune, à des grandeurs inaccessibles, qu'à améliorer son train de vie dans des limites fort étroites. Elle veut vivre, surtout. Vivre, cela veut dire, pour elle : choisir son métier, l'exercer avec conscience et même avec passion, garder dans le travail une certaine initiative, contrôler efficacement ses représentants politiques, s'exprimer librement sur les affaires d'État, élever ses enfants dans la dignité. Cartésienne en ceci qu'elle se méfie des élévations trop brusques et que, au contraire des romantiques qui ont toujours espéré que le bonheur fondrait sur eux comme une catastrophe, elle songe plutôt à se vaincre qu'à changer le cours du monde. Cette classe qu'on a heureusement baptisée « moyenne » enseigne à ses fils qu'il ne faut rien de trop et que le mieux est l'ennemi du bien. Elle est favorable aux revendications ouvrières, à condition que celles-ci demeurent sur le terrain strictement professionnel. Elle n'a pas d'histoire, pas de sens historique, puisqu'elle ne possède ni passé ni traditions, à la différence de la grande bourgeoisie, ni l'immense espoir d'un avenir, à la différence de la classe ouvrière. Comme elle ne croit pas en Dieu mais qu'elle a besoin d'impératifs très stricts pour donner un sens aux privations qu'elle endure, un de ses soucis intellectuels a été de fonder une morale laïque. L'Université, qui appartient tout entière à cette classe moyenne, s'y est efforcée sans succès pendant vingt ans, par la plume de Durkheim, de Brunschvicg[134], d'Alain. Or, ces universitaires, directement ou indirectement, ont été les maîtres des écrivains que nous considérons à présent. Ces jeunes gens, issus de la petite bourgeoisie, enseignés par des professeurs petits-bourgeois, préparés à la Sorbonne ou dans les grandes écoles à des métiers petits-bourgeois, sont revenus à leur classe quand ils ont commencé d'écrire. Mieux encore, ils ne l'ont jamais quittée. Ils ont transporté dans leurs romans et leurs nouvelles, amélioré, transformé en casuistique, cette morale dont tout le monde connaissait les préceptes et dont personne n'a trouvé les principes. Ils ont insisté sur les beautés et les risques, sur l'austère grandeur du *métier* ; ils n'ont pas chanté l'amour fou mais plutôt l'amitié conjugale et cette entreprise en commun qu'est le mariage. Ils ont fondé leur humanisme sur la profession, l'amitié, la solidarité sociale et le sport. Ainsi la petite bourgeoisie qui avait déjà son parti, le radical-socialisme, son association de secours mutuel, la Ligue des droits de l'homme, sa société secrète, la franc-maçonnerie, son quotidien, *L'Œuvre*, eut ses écrivains et même son hebdomadaire littéraire, qui s'appela symboliquement *Marianne*[135]. Chamson, Bost, Prévost et leurs amis ont écrit pour un public de fonctionnaires, d'universitaires, d'employés supérieurs, de médecins, etc. Ils ont fait de la littérature radicale-socialiste.

Or le radicalisme est la grande victime de cette guerre. Dès 1910 il avait réalisé son programme, il a vécu trente ans sur la vitesse acquise. Lorsqu'il trouva ses écrivains, il se survivait déjà. Aujourd'hui il a définitivement disparu. La politique radicale, une fois accomplies la réforme du personnel administratif et la séparation de l'Église et de l'État, ne pouvait devenir qu'un opportunisme et supposait, pour se maintenir un moment, la paix sociale et la paix internationale. Deux guerres en vingt-cinq ans et l'exaspération de la lutte des classes, c'était trop ; le parti n'a pas résisté mais plus encore que le parti, c'est l'esprit radical qui a été victime des circonstances. Ces écrivains, qui n'ont pas fait la première guerre et n'ont pas vu venir la seconde, qui n'ont pas voulu croire à l'exploitation de l'homme par l'homme mais qui ont parié sur la possibilité de vivre honnêtement et modestement dans la société capitaliste, que leur classe d'origine, devenue par la suite leur public, a privés du sentiment de l'Histoire sans leur donner, en compensation, celui d'un absolu métaphysique, n'ont pas eu le sens du tragique dans une époque tragique entre toutes, ni celui de la mort quand la mort menaçait l'Europe entière, ni celui du Mal, quand un moment si bref les séparait de la plus cynique tentative d'avilisse-

ment. Ils se sont limités, par probité, à nous raconter des
vies médiocres et sans grandeur, alors que les circonstances forgeaient des destins exceptionnels dans le Mal
comme dans le Bien ; à la veille d'un renouveau poétique
— plus apparent, il est vrai, que réel — leur lucidité a dissipé en eux cette mauvaise foi qui est une des sources de
la poésie ; leur morale, qui pouvait soutenir les cœurs dans
la vie quotidienne, qui les eût peut-être soutenus pendant
la Première Guerre mondiale, s'est révélée insuffisante
pour les grandes catastrophes. En ces époques-là, l'homme
se tourne vers Épicure ou vers le stoïcisme — et ces
auteurs n'étaient ni stoïciens ni épicuriens[h] — ou alors il
demande du secours aux forces irrationnelles et ils avaient
choisi de ne pas voir plus loin que le bout de leur raison.
Ainsi l'Histoire leur a volé leur public comme elle a volé
ses électeurs au parti radical. Ils se sont tus, j'imagine, par
dégoût, faute de pouvoir adapter leur sagesse aux folies de
l'Europe. Comme, après vingt ans de métier, ils n'ont rien
trouvé à nous dire dans le mauvais sort, ils ont perdu leur
peine.

Reste donc la troisième génération, la nôtre, qui a commencé d'écrire après la défaite ou peu avant la guerre. Je
ne veux pas parler d'elle avant d'indiquer le climat sous
lequel elle est apparue. D'abord le climat littéraire : les ralliés, les extrémistes et les radicaux peuplaient notre ciel.
Chacune de ces étoiles exerçait à sa manière son influence
sur la terre et toutes ces influences, en se combinant,
venaient à composer autour de nous l'idée la plus étrange,
la plus irrationnelle, la plus contradictoire de la littérature.
Cette idée, que je nommerais objective, puisqu'elle appartient à l'esprit objectif de l'époque, nous l'avons respirée
avec l'air de notre temps. Quel que soit, en effet, le soin
qu'aient pris ces auteurs à se distinguer les uns des autres,
leurs œuvres, dans l'esprit des lecteurs où elles coexis-

taient, se sont réciproquement contaminées. En outre, si les différences sont profondes et tranchées, les traits communs ne manquent pas. Il est frappant d'abord que ni les radicaux ni les extrémistes n'ont souci de l'Histoire, bien qu'ils se réclament les uns de la gauche progressiste, les autres de la gauche révolutionnaire : les premiers sont au niveau de la répétition kierkegaardienne, les seconds à celui de l'instant, c'est-à-dire de la synthèse aberrante de l'éternité et du présent infinitésimal. Seule, à cette époque où la pression historique nous écrasait, la littérature des ralliés offrait quelque goût de l'Histoire et quelque sens historique. Mais comme il s'agissait de justifier des privilèges, ils n'envisageaient, dans le développement des sociétés, que l'action du passé sur le présent. Nous savons aujourd'hui les raisons de ces refus, qui sont sociales : les surréalistes sont des clercs, la petite bourgeoisie n'a ni traditions ni avenir, la grande est sortie de la phase de conquête et vise à maintenir. Mais ces diverses attitudes se sont composées pour produire un mythe objectif selon lequel la littérature devait se choisir des sujets éternels ou tout au moins inactuels. Et puis nos aînés n'avaient à leur disposition qu'une seule technique romanesque : celle qu'ils avaient héritée du XIXᵉ siècle français. Or il n'en est pas, nous l'avons vu plus haut, de plus hostile à une vue historique de la société.

Ralliés et radicaux ont utilisé la technique traditionnelle : ceux-ci parce qu'ils étaient moralistes et intellectualistes et qu'ils voulaient comprendre par les causes, ceux-là parce qu'elle servait leurs desseins : par sa négation systématique du changement, elle faisait mieux ressortir la pérennité des vertus bourgeoises ; derrière de vains tumultes abolis, elle laissait entrevoir cet ordre fixe et mystérieux, cette poésie immobile qu'ils souhaitaient dévoiler dans leurs ouvrages ; grâce à elle, ces nouveaux Éléates écrivaient contre le temps, contre le changement, décourageaient les agitateurs et les révolutionnaires en leur faisant voir leurs entreprises au passé avant même qu'elles fussent commencées. C'est en lisant leurs livres que nous l'avons apprise et elle a été d'abord notre seul moyen d'expression. De bons esprits ont calculé, vers le moment que nous commencions d'écrire, « le temps optimum » au bout duquel un événement historique peut faire l'objet d'un roman. Cinquante ans, c'est trop, paraît-il : on n'y entre plus. Dix, ce n'est pas assez : on ne dispose pas d'un recul suffisant. Ainsi nous inclinait-on doucement à voir dans la littérature le royaume des considérations intempestives.

Ces groupes ennemis contractaient d'ailleurs des alliances entre eux ; les radicaux se sont parfois rapprochés des ralliés : après tout ils avaient l'ambition commune de se réconcilier avec le lecteur et de fournir honnêtement ses besoins ; sans doute leurs clientèles différaient sensiblement mais on passait continuellement de l'une à l'autre et la gauche du public des ralliés formait la droite du public radical. Par contre, si les radicaux ont fait parfois un bout de chemin avec la gauche politique, si, lorsque le parti radical-socialiste a adhéré au Front populaire, ils ont décidé tous ensemble de collaborer à *Vendredi*[136], jamais ils n'ont conclu d'alliance avec l'extrême gauche littéraire, c'est-à-dire avec les surréalistes. Les extrémistes, au contraire, ont, à leur corps défendant, des traits communs avec les ralliés : ils tiennent les uns et les autres que la littérature a pour objet un certain au-delà ineffable qu'on peut seulement suggérer et qu'elle est par essence la réalisation imaginaire de l'irréalisable. C'est ce qui est particulièrement sensible lorsqu'il s'agit de la poésie : tandis que les radicaux la bannissent, pour autant dire, de la littérature, les ralliés en imprègnent leurs romans. On a souvent noté le fait, un des plus importants de l'histoire littéraire contemporaine ; on n'en a pas donné la raison : c'est que les écrivains bourgeois avaient à cœur de prouver qu'il n'y a pas de vie si bourgeoise ni si quotidienne qu'elle n'ait son *au-delà* poétique, c'est qu'ils se considéraient comme les catalyseurs de la poésie bourgeoise. Dans le même temps les extrémistes assimilaient à la poésie, c'est-à-dire à l'au-delà inconcevable de la destruction, toutes les formes de l'activité artistique. Objectivement, cette tendance s'est traduite, au moment que nous commencions d'écrire, par la confusion des genres et la méconnaissance de l'essence romanesque ; et il n'est pas rare, aujourd'hui encore, que des critiques reprochent à une œuvre de prose de manquer de poésie.

Toute cette littérature est à thèse puisque ces auteurs, bien qu'ils protestent avec virulence du contraire, défendent tous des idéologies. Extrémistes et ralliés font profession de détester la métaphysique ; mais comment nommera-t-on ces déclarations réitérées au terme desquelles l'homme est trop grand pour lui-même et, par toute une dimension de son être, échappe aux déterminations psychologiques et sociales ? Quant aux radicaux, tout en proclamant que la littérature ne se fait pas avec de bons sentiments, leur souci principal est moralisateur. Tout cela se traduit, dans l'esprit objectif, par des oscillations massives du concept de littérature : elle est pure gratuité — elle est enseignement ; elle n'existe qu'en se niant soi-même et en renaissant de ses cendres, elle est l'impossible, l'ineffable au-delà du langage — c'est un métier austère qui s'adresse à une clientèle déterminée, tâche à l'éclairer sur ses besoins et s'efforce de les satisfaire ; elle est terreur — elle est rhétorique. Les critiques viennent alors et tentent, pour leur commodité, d'unifier ces conceptions opposées : ils inventent cette notion de message, dont nous avons parlé plus haut. Bien entendu tout est message : il y a un message de Gide, de Chamson, de Breton et c'est, naturellement, ce qu'ils ne voulaient pas dire, ce que la critique leur fait dire malgré eux. De là une nouvelle théorie qui s'ajoute aux précédentes : dans ces œuvres délicates et qui se détruisent elles-mêmes, où le mot n'est qu'un guide hésitant qui s'arrête à mi-chemin et laisse le lecteur continuer seul sa route, et dont la vérité est très au-delà du langage, dans un silence indifférencié, c'est toujours l'apport involontaire de l'écrivain qui a le plus d'importance. Une œuvre n'est jamais belle qu'elle n'échappe en quelque manière à son auteur. S'il se peint sans en avoir le projet, si ses personnages échappent à son contrôle et lui imposent leurs caprices, si les mots gardent sous sa plume une sorte d'indépendance, alors il fait son meilleur ouvrage. Boileau serait fort ébahi s'il lisait ces propos, qu'on trouve couramment dans les feuilletons de nos critiques : « l'auteur sait trop bien ce qu'il veut dire, il est trop lucide, les mots lui sont venus trop aisément, il fait ce qu'il veut de sa plume, il n'est pas dominé par son sujet ». Sur ce point, malheureusement, tout le monde est d'accord : pour les ralliés, le sens de l'œuvre, c'est la poésie, donc l'au-delà et, par un glissement imperceptible, ce qui échappe à son auteur même, la part du Diable : pour les surréalistes le seul mode d'écriture valable est l'automatisme, il n'est pas jusqu'aux radicaux qui, après Alain, n'insistent sur ce qu'un ouvrage n'est jamais achevé avant d'être devenu représentation collective et sur ce qu'il comporte alors, par tout ce que les générations de lecteurs y ont mis, infiniment plus qu'au moment de sa conception. Cette idée, d'ailleurs juste, revient à mettre en évidence le rôle du lecteur dans la constitution de l'œuvre ; elle contribuait, à l'époque, à augmenter la confusion. Bref, le mythe objectif inspiré par ces contradictions c'est que toute œuvre durable a son secret. Passe encore si c'était un secret de fabrication : mais non, il commence là où s'arrêtent la technique et la volonté, quelque chose se reflète d'en haut dans l'œuvre d'art et s'y brise comme le soleil dans les flots. En un mot, de la poésie pure à l'écriture automatique, le climat littéraire est au platonisme. En cette époque mystique sans la foi ou plutôt mystique de mauvaise foi, un courant majeur de la littérature entraîne l'écrivain à se démettre devant son œuvre, comme un courant de la politique l'entraîne à se démettre devant le parti. Fra Angelico, dit-on, peignait à genoux ; si cela est vrai, beaucoup d'écrivains lui ressemblent, mais ils vont plus loin que lui : ils croient qu'il suffit d'écrire à genoux pour bien écrire.

Quand nous étions encore sur les bancs du lycée ou dans les amphithéâtres de la Sorbonne, l'ombre touffue de l'au-delà s'étendait sur la littérature. Nous avons connu le goût amer et décevant de l'impossible, celui de la pureté, celui de l'impossible pureté ; nous nous sommes sentis tour à tour des insatisfaits et des Ariels de la consommation, nous avons cru qu'on pouvait sauver sa vie par l'art et puis, au trimestre suivant, qu'on ne sauvait jamais rien et que l'art était le bilan lucide et désespéré de notre perdition, nous avons balancé entre la terreur et la rhétorique, entre la littérature-martyre et la littérature-métier ; si quelqu'un s'amusait à lire avec soin nos écrits, il y retrouverait, sans aucun doute, comme des cicatrices, les traces de ces diverses tentations, mais il faudrait qu'il ait du temps à perdre : tout cela est déjà bien loin de nous. Seulement, comme c'est en écrivant que l'auteur se forge ses idées sur l'art d'écrire, la collectivité vit sur les conceptions littéraires de la génération précédente et les critiques, qui les ont comprises avec vingt ans de retard, sont tout heureux de s'en servir comme de pierres de touche pour juger les œuvres contemporaines. Au reste la littérature de l'entre-deux-guerres se survit péniblement : les gloses sur l'impossible de Georges Bataille ne valent pas le moindre trait surréaliste[137], sa théorie de la dépense est un écho affaibli des grandes fêtes passées ; le lettrisme est un produit de remplacement[138], une imitation plate et consciencieuse de l'exubérance dadaïste. Mais le cœur n'y est plus, on sent l'application, la hâte de parvenir ; ni André Dhôtel ni Marius Grout ne valent Alain-Fournier[139] ; beaucoup d'anciens surréalistes sont entrés au P.C. comme ces saint-simoniens qu'on retrouvait vers 1880 dans les conseils d'administration de la grande industrie ; ni Cocteau, ni Mauriac, ni Green[140] n'ont de challengers ; Giraudoux en a trouvé cent, mais tous médiocres ; la plupart des radicaux se sont tus. C'est que le décalage s'est accusé, non pas entre l'auteur et son public — ce qui serait, après tout, dans la grande tradition littéraire du XIXe siècle — mais entre le mythe littéraire et la réalité historique.

Ce décalage, nous l'avons senti bien avant de publier nos premiers livres, dès 1930[i]. C'est vers cette époque que la plupart des Français ont découvert avec stupeur leur historicité. Bien sûr, ils avaient appris à l'école que l'homme joue, gagne ou perd au sein de l'histoire universelle, mais ils n'en avaient pas fait l'application à leur propre cas : ils pensaient obscurément que c'était bon pour les morts d'être historiques. Ce qui frappe dans les vies passées c'est qu'elles se déroulent toujours *à la veille* de grands événements qui dépassent les prévisions, déçoivent les attentes, bouleversent les projets et font tomber un jour nouveau sur les années écoulées. Il y a là une duperie, un escamotage perpétuel, comme si les hommes étaient tous semblables à Charles Bovary qui, découvrant après la mort de sa femme les lettres qu'elle recevait de ses amants, vit s'écrouler derrière lui, d'un seul coup, vingt années *déjà vécues* de bonheur conjugal. Au siècle de l'avion et de l'électricité, nous ne pensions pas être exposés à ces surprises, il ne nous semblait pas que nous fussions *à la veille* de rien, nous avions, au contraire, le vague orgueil de nous sentir *au lendemain* du dernier bouleversement de l'Histoire. Même si nous nous inquiétions parfois du réarmement de l'Allemagne, nous nous croyions engagés sur une longue route droite, nous avions la certitude que nos vies seraient uniquement tissées de circonstances individuelles et jalonnées de découvertes scientifiques et de réformes heureuses. À partir de 1930, la crise mondiale, l'avènement du nazisme, les événements de Chine, la guerre d'Espagne, nous ouvrirent les yeux ; il nous parut que le sol allait manquer sous nos pas et, tout à coup, *pour nous aussi* le grand escamotage historique commença : ces premières années de la grande Paix mondiale, il fallait les envisager soudain comme les dernières de l'entre-deux-guerres ; chaque promesse que nous avions saluée au passage, il fallait y voir une menace, chaque journée que nous avions vécue découvrait son vrai visage : nous nous y étions abandonnés sans défiance et elle nous acheminait vers une nouvelle guerre avec une rapidité secrète, avec une rigueur cachée sous des airs nonchalants, et notre vie d'individu, qui avait paru dépendre de nos efforts, de nos vertus et de nos fautes, de notre chance et de notre malchance, du bon et du mauvais vouloir d'un très petit nombre de personnes, il nous semblait qu'elle était gouvernée jusque dans ses plus petits détails par des forces obscures et collectives et que ses circonstances les plus privées reflétaient l'état du monde entier.

Du coup nous nous sentîmes brusquement *situés* : le survol qu'aimaient tant pratiquer nos prédécesseurs était devenu impossible, il y avait une aventure collective qui se dessinait dans l'avenir et qui serait *notre* aventure, c'était elle qui permettrait plus tard de dater notre génération, avec ses Ariels et ses Calibans ; quelque chose nous attendait dans l'ombre future, quelque chose qui nous révélerait à nous-mêmes, peut-être dans l'illumination d'un dernier instant, avant de nous anéantir ; le secret de nos gestes et de nos plus intimes conseils résidait en avant de nous dans la catastrophe à laquelle nos noms seraient attachés. L'historicité reflua sur nous ; dans tout ce que nous touchions, dans l'air que nous respirions, dans la page que nous lisions, dans celle que nous écrivions, dans l'amour même, nous découvrions comme un goût d'Histoire, c'est-à-dire un mélange amer et ambigu d'absolu et de transitoire. Qu'avions-nous besoin de construire patiemment des objets auto-destructifs puisque chacun des moments de notre vie nous était escamoté subtilement dans le temps même que nous en jouissions, puisque chaque *présent* que nous vivions avec élan, comme un absolu, était frappé d'une mort

secrète, nous semblait avoir son sens hors de lui, pour
d'autres yeux qui n'avaient pas encore vu le jour et, en
quelque sorte, être *déjà passé* dans sa présence même. Que
nous importait d'ailleurs la destruction surréaliste qui
laisse tout en place, quand une destruction par le fer et
par le feu menaçait tout, y compris le surréalisme ? C'est
Miró, je crois, qui peignit une *Destruction de la Peinture*[141].
Mais les bombes incendiaires pouvaient détruire ensemble
la peinture et sa destruction. Nous n'eussions pas songé
davantage à vanter les vertus exquises de la bourgeoisie :
pour l'entreprendre, il eût fallu croire qu'elles étaient éternelles, mais savions-nous si, demain, la bourgeoisie française existerait encore ? Ni à enseigner, comme l'avaient
fait les radicaux, les moyens de mener dans la paix une vie
d'honnête homme quand notre plus grand souci était de
savoir si l'on pouvait rester homme dans la guerre. La
pression de l'Histoire nous révélait soudain l'interdépen-
dance des nations — un incident à Shanghai, c'était un
coup de ciseaux dans notre destin — mais, en même
temps, elle nous replaçait, en dépit de nous-mêmes, dans
la collectivité nationale ; les voyages de nos aînés, leurs
dépaysements somptueux et tout le cérémonial du grand
tourisme, il fallut bientôt reconnaître que c'était un trompe-
l'œil : ils emportaient partout la France avec eux, ils voya-
geaient parce que la France avait gagné la guerre et que le
change restait favorable, ils suivaient le franc, ils avaient,
comme lui, plus d'accès à Séville et à Palerme qu'à Zurich
ou Amsterdam. Pour nous, quand nous avons eu l'âge de
faire notre tour du monde, l'autarcie avait tué les romans
de grand tourisme, et puis nous n'avions plus le cœur à
voyager : ils s'amusaient à retrouver partout l'empreinte du
capitalisme, par un goût pervers d'uniformiser le monde ;
nous eussions trouvé, sans nous donner de peine, une uni-
formité beaucoup plus manifeste : des canons, partout. Et
puis, voyageurs ou non, devant le conflit qui menaçait
notre pays, nous avions compris que nous n'étions pas

citoyens du monde, puisque nous ne pouvions pas faire que nous fussions suisses, suédois ou portugais. Le destin de nos œuvres elles-mêmes était lié à celui de la France en danger : nos aînés écrivaient pour des âmes vacantes, mais pour le public auquel nous allions nous adresser à notre tour, les vacances étaient finies ; il était composé d'hommes de notre espèce qui, comme nous, attendaient la guerre et la mort. À ces lecteurs sans loisirs, occupés sans relâche par un unique souci, un unique sujet pouvait convenir : c'était de leur guerre, de leur mort que nous avions à écrire. Brutalement réintégrés dans l'Histoire, nous étions acculés à faire une littérature de l'historicité.

Mais ce qui fait, je crois, l'originalité de notre position, c'est que la guerre et l'Occupation, en nous précipitant dans un monde en fusion, nous ont fait, par force, redécouvrir l'absolu au sein de la relativité même. Pour nos prédécesseurs, la règle du jeu était de sauver tout le monde, parce que la douleur rachète, parce que nul n'est méchant volontairement, parce qu'on ne peut sonder le cœur de l'homme, parce que la grâce divine est également partagée ; cela signifie que la littérature — à part l'extrême gauche surréaliste qui brouillait simplement les cartes — tendait à établir une sorte de relativisme moral. Les chrétiens ne croyaient plus à l'Enfer ; le péché, c'était la place vide de Dieu, l'amour charnel c'était l'amour de Dieu fourvoyé. Comme la démocratie tolérait toutes les opinions, même celles qui visaient expressément à la détruire, l'humanisme républicain, qu'on enseignait dans les écoles, faisait de la tolérance la première de ses vertus : on tolérait tout, même l'intolérance ; dans les idées les plus sottes, dans les sentiments les plus vils, il fallait reconnaître des vérités cachées. Pour le philosophe du régime, Léon Brunschvicg, qui assimila, unifia, intégra toute sa vie durant et qui forma trois générations, le mal et l'erreur n'étaient que des faux-semblants, fruits de la séparation, de la limitation, de la finitude ; ils s'anéantissaient dès qu'on faisait sauter les barrières qui compartimentaient les systèmes et les collectivités. Les radicaux suivaient en ceci Auguste Comte qu'ils tenaient le progrès pour le développement de l'ordre : donc l'ordre était déjà là, en puissance, comme la casquette du chasseur dans les devinettes illustrées ; il n'était que de le découvrir. Ils y passaient leur temps, c'était leur exercice spirituel ; par là, ils justifiaient tout, à commencer par eux-mêmes. Au moins les marxistes reconnaissaient-ils la réalité de l'oppression et de l'impérialisme capitaliste, de la lutte des classes et de la misère ; mais la dialectique marxiste a pour effet, je l'ai montré ailleurs[142], de faire s'évanouir conjointement le Bien et le Mal, il ne reste que le processus historique, et puis le communisme stalinien n'attribue pas à l'individu tant d'importance que les souffrances et sa mort même ne puissent être rachetées si elles concourent à hâter l'heure de la prise du pouvoir. La notion de Mal, délaissée, était tombée aux mains de quelques manichéistes — antisémites, fascistes, anarchistes de droite — qui s'en servaient pour justifier leur aigreur, leur envie, leur incompréhension de l'Histoire. Cela suffisait à la discréditer. Pour le réalisme politique comme pour l'idéalisme philosophique, le Mal, ça n'était pas sérieux.

On nous a enseigné à le prendre au sérieux : ce n'est ni notre faute ni notre mérite si nous avons vécu en un temps où la torture était un fait quotidien. Châteaubriant, Oradour, la rue des Saussaies[143], Tulle, Dachau, Auschwitz, tout nous démontrait que le Mal n'est pas une apparence, que la connaissance par les causes ne le dissipe pas, qu'il ne s'oppose pas au Bien comme une idée confuse à une idée distincte, qu'il n'est pas l'effet de passions qu'on pourrait guérir, d'une peur qu'on pourrait surmonter, d'un égarement passager qu'on pourrait excuser, d'une ignorance qu'on pourrait éclairer, qu'il ne peut d'aucune façon être tourné, repris, réduit, assimilé à l'humanisme idéaliste, comme cette ombre dont Leibniz écrit qu'elle est nécessaire à l'éclat du jour. Satan, a dit un jour Maritain[144], est pur, c'est-à-dire sans mélange et sans rémission. Nous avons appris à connaître cette horrible, cette irréductible pureté : elle éclatait dans le rapport étroit et presque sexuel du bourreau avec sa victime. Car la torture est d'abord une entreprise d'avilissement : quelles que soient les souffrances endurées, c'est la victime qui décide en dernier recours du moment où elles sont insupportables et où il faut parler ; la suprême ironie des supplices, c'est que le patient, s'il mange le morceau, applique sa volonté d'homme à nier qu'il soit un homme, se fait complice de ses bourreaux et se précipite de son propre mouvement dans l'abjection. Le bourreau le sait, il guette cette défaillance, non pas seulement parce qu'il en obtiendra le renseignement qu'il désire, mais parce qu'elle lui prouvera, une fois de plus, qu'il a raison d'employer la torture et que l'homme est une bête qu'il faut mener à la cravache ; ainsi tente-t-il d'anéantir l'humanité en son prochain. En lui-même aussi, par contrecoup : cette créature gémissante, suante et souillée, qui demande grâce et s'abandonne avec un consentement pâmé, avec des râles de femme amoureuse, et livre tout et renchérit avec un zèle emporté sur ses trahisons, parce que la conscience qu'elle a de mal faire est comme une pierre à son cou qui l'entraîne toujours plus bas, il sait qu'elle est à son image et qu'il s'acharne sur lui-même autant que sur elle ; s'il veut échapper, pour son compte, à cette dégradation totale, il n'a pas d'autre recours que d'affirmer sa foi aveugle en un ordre de fer qui contienne comme un corset nos immondes faiblesses, bref, de remettre le destin de l'homme entre les mains de puissances inhumaines. Vient un instant où tortureur et torturé sont d'accord : celui-là parce qu'il a, en une seule victime, assouvi symboliquement sa haine de l'humanité entière, celui-ci parce qu'il ne peut supporter sa faute qu'en la poussant à l'extrême et qu'il ne peut endurer la haine qu'il se porte qu'en haïssant tous les autres hommes avec lui. Plus tard le bourreau sera pendu, peut-être ; si elle en réchappe, peut-être que la vic-

time se réhabilitera : mais qui effacera cette Messe où deux
libertés ont communié dans la destruction de l'humain[145] ?
Nous savions qu'on la célébrait un peu partout dans Paris
pendant que nous mangions, que nous dormions, que nous
faisions l'amour ; nous avons entendu crier des rues entiè-
res et nous avons compris que le Mal, fruit d'une volonté
libre et souveraine, est absolu comme le Bien. Un jour
viendra peut-être où une époque heureuse, se penchant
sur le passé, verra dans ces souffrances et dans ces hontes
un des chemins qui conduisirent à sa Paix. Mais nous
n'étions pas du côté de l'histoire faite ; nous étions, je l'ai
dit, *situés* de telle sorte que chaque minute vécue nous
apparaissait comme irréductible. Nous en vînmes donc, en
dépit de nous-mêmes, à cette conclusion, qui paraîtra cho-
quante aux belles âmes : le Mal ne peut pas se racheter.

Mais d'autre part, battus, brûlés, aveuglés, rompus, la
plupart des résistants n'ont pas parlé ; ils ont brisé le cercle
du Mal et réaffirmé l'humain, pour eux, pour nous, pour
leurs tortionnaires mêmes. Ils l'ont fait sans témoins, sans
secours, sans espoir, souvent même sans foi. Il ne s'agissait
pas pour eux de croire en l'homme mais de le vouloir. Tout
conspirait à les décourager : tant de signes autour d'eux, ces
visages penchés sur eux, cette douleur en eux, tout con-
courait à leur faire croire qu'ils n'étaient que des insectes,
que l'homme est le rêve impossible des cafards et des cloportes et qu'ils se réveilleraient vermine comme tout le
monde. Cet homme, il fallait l'inventer avec leur chair
martyrisée, avec leurs pensées traquées qui les trahissaient
déjà, à partir de rien, pour rien, dans l'absolue gratuité :
car c'est à l'intérieur de l'humain qu'on peut distinguer des
moyens et des fins, des valeurs, des préférables, mais ils en
étaient encore à la création du monde et ils avaient seulement à décider souverainement s'il y aurait dedans quelque chose de plus que le règne animal. Ils se taisaient et
l'homme naissait de leur silence. Nous le savions, nous
savions qu'à chaque instant du jour, aux quatre coins de

Paris, l'homme était cent fois détruit et réaffirmé. Obsédés par ces supplices, il ne se passait pas de semaine que nous ne nous demandions : « Si l'on me torturait, que ferais-je ? » Et cette seule question nous portait nécessairement aux frontières de nous-mêmes et de l'humain, nous faisait osciller entre le *no man's land* où l'humanité se renie et le désert stérile d'où elle surgit et se crée. Ceux qui nous avaient immédiatement précédés dans le monde, qui nous avaient légué leur culture, leur sagesse, leurs mœurs et leurs proverbes, qui avaient construit les maisons où nous habitions et jalonné les routes des statues de leurs grands hommes, pratiquaient des vertus modestes et se tenaient dans les régions tempérées ; leurs fautes ne les faisaient jamais tomber si bas qu'ils ne découvrissent au-dessous d'eux de plus grands coupables, ni leurs mérites monter si haut qu'ils n'aperçussent au-dessus d'eux des âmes plus méritantes ; à perte de vue leur regard rencontrait des hommes, les dictons même dont ils usaient et que nous avons appris d'eux — « un sot trouve toujours un plus sot qui l'admire », « on a toujours besoin d'un plus petit que soi » —, leur manière même de se consoler dans l'affliction en se représentant, quel que fût leur malheur, qu'il y en avait de pires, tout indique qu'ils considéraient l'humanité comme un milieu naturel et infini dont on ne peut jamais sortir ni toucher les limites ; ils mouraient avec une bonne conscience et sans avoir jamais exploré leur condition. À cause de cela leurs écrivains leur donnaient une littérature de *situations moyennes*. Mais nous ne pouvions plus trouver *naturel* d'être hommes quand nos meilleurs amis, s'ils étaient pris, ne pouvaient choisir qu'entre l'abjection et l'héroïsme, c'est-à-dire entre les deux extrêmes de la condition humaine, au-delà desquels il n'y a plus rien. Lâches et traîtres, ils avaient au-dessus d'eux tous les hommes ; héroïques, tous les hommes au-dessous d'eux. Dans ce dernier cas, qui fut le plus fréquent, ils ne sentaient plus l'humanité comme un milieu illimité, c'était une maigre

flamme en eux, qu'ils étaient seuls à entretenir, elle se
ramassait tout entière dans le silence qu'ils opposaient à
leurs bourreaux ; autour d'eux il n'y avait plus que la
grande nuit polaire de l'inhumain et du non-savoir, qu'ils
ne *voyaient* même pas, qu'ils devinaient au froid glacial
qui les transperçait. Nos pères ont toujours disposé de
témoins et d'exemples. Pour ces hommes torturés il n'y en
avait plus. C'est Saint-Exupéry qui a dit, au cours d'une
mission dangereuse : je suis mon propre témoin. Ainsi
d'eux : l'angoisse commence pour un homme et le délaissement et les sueurs de sang, quand il ne peut plus avoir
d'autre témoin que lui-même ; c'est alors qu'il boit le calice
jusqu'à la lie, c'est-à-dire qu'il éprouve jusqu'au bout sa
condition d'homme.

Certes nous sommes bien loin d'avoir tous ressenti cette
angoisse, mais elle nous a tous hantés comme une menace
et comme une promesse ; cinq ans, nous avons vécu fascinés, et comme nous ne prenions pas notre métier d'écrivain à la légère, cette fascination se reflète encore dans nos
écrits : nous avons entrepris de faire une littérature des
situations extrêmes. Je ne prétends nullement que nous
soyons en ceci supérieurs à nos aînés. Bien au contraire.
Bloch-Michel, qui a payé le droit de parler, disait dans *Les
Temps Modernes* qu'il faut moins de vertu dans les grandes
circonstances que dans les petites[146] ; ce n'est pas à moi de
décider s'il a raison, ni s'il vaut mieux être janséniste que
jésuite. Je pense plutôt qu'il faut de tout et qu'un même
homme ne peut être l'un et l'autre à la fois. Nous sommes
donc jansénistes parce que l'époque nous a fait tels et,
comme elle nous a fait toucher nos limites, je dirai que
nous sommes tous des écrivains métaphysiciens. Je pense
que beaucoup d'entre nous refuseraient cette dénomination ou ne l'accepteraient pas sans réserves, mais cela
vient d'un malentendu : car la métaphysique n'est pas une
discussion stérile sur des notions abstraites qui échappent
à l'expérience, c'est un effort vivant pour embrasser du

dedans la condition humaine dans sa totalité. Contraints par les circonstances à découvrir la pression de l'Histoire, comme Torricelli a fait de la pression atmosphérique, jetés par la dureté des temps dans ce délaissement d'où l'on peut voir jusqu'aux extrêmes, jusqu'à l'absurde, jusqu'à la nuit du non-savoir, notre condition d'hommes, nous avons une tâche, pour laquelle, peut-être, nous ne serons pas assez forts (ce n'est pas la première fois qu'une époque, faute de talents, a manqué son art et sa philosophie), c'est de créer une littérature qui rejoigne et réconcilie l'absolu métaphysique et la relativité du fait historique et que je nommerai, faute de mieux, la littérature des grandes circonstances[j]. Il ne s'agit pour nous ni de nous évader dans l'éternel ni d'abdiquer devant ce que l'inénarrable M. Zaslavski[147] appelle dans la *Pravda* le « processus historique ». Ces questions que notre temps nous pose et qui resteront *nos* questions sont d'un autre ordre : comment peut-on se faire homme dans, par et pour l'Histoire ? Est-il une synthèse possible de notre conscience unique et irréductible et de notre relativité, c'est-à-dire d'un humanisme dogmatique et d'un perspectivisme ? Quelle est la relation de la morale avec la politique ? Comment assumer, outre nos intentions profondes, les conséquences objectives de nos actes ? On peut à la rigueur attaquer ces problèmes dans l'abstrait par la réflexion philosophique. Mais nous, qui voulons les vivre, c'est-à-dire soutenir nos pensées par ces expériences fictives et concrètes que sont les romans, nous disposions, au départ, de la technique que j'ai analysée plus haut et dont les fins sont rigoureusement opposées à nos desseins. Spécialement mise au point pour relater les événements d'une vie individuelle au sein d'une société stabilisée, elle permettait d'enregistrer, de décrire et d'expliquer les fléchissements, les vections, les involutions, la lente désorganisation d'un système particulier au milieu d'un univers en repos ; or, dès 1940, nous étions au centre d'un cyclone ; si nous voulions nous y orienter,

nous nous trouvions tout à coup aux prises avec un problème d'un ordre de complexité plus élevé, exactement
comme l'équation du second degré est plus complexe que
celle du premier.

Il s'agissait de décrire les relations de différents systèmes partiels avec le système total qui les contient, lorsque
les uns comme l'autre sont en mouvement et que les mouvements se conditionnent réciproquement. Dans le monde
stable du roman français d'avant-guerre, l'auteur, placé en
un point *gamma* qui figurait le repos absolu, disposait de
repères fixes pour déterminer les mouvements de ses personnages. Mais nous, embarqués sur un système en pleine
évolution, nous ne pouvions connaître que des mouvements relatifs ; au lieu que nos prédécesseurs croyaient se
tenir en dehors de l'Histoire et s'étaient élevés d'un coup
d'aile à des cimes d'où ils jugeaient les coups en vérité, les
circonstances nous avaient replongés dans notre temps :
comment donc eussions-nous pu le voir d'ensemble, puisque nous étions dedans ? Puisque nous étions *situés*, les
seuls romans que nous pussions songer à écrire étaient des
romans de *situation*, sans narrateurs internes ni témoins
tout-connaissants ; bref, il nous fallait, si nous voulions
rendre compte de notre époque, faire passer la technique
romanesque de la mécanique newtonienne à la relativité
généralisée, peupler nos livres de consciences à demi luci-
des et à demi obscures, dont nous considérerions peut-être
les unes ou les autres avec plus de sympathie, mais dont
aucune n'aurait sur l'événement ni sur soi de point de vue
privilégié, présenter des créatures dont la réalité serait le
tissu embrouillé et contradictoire des appréciations que
chacune porterait sur toutes — y compris sur elle-même
— et toutes sur chacune et qui ne pourraient jamais décider du dedans si les changements de leurs destins venaient
de leurs efforts, de leurs fautes ou du cours de l'univers ; il
nous fallait enfin laisser partout des doutes, des attentes,
de l'inachevé et réduire le lecteur à faire lui-même des

conjectures, en lui inspirant le sentiment que ses vues sur l'intrigue et sur les personnages n'étaient qu'une opinion parmi beaucoup d'autres, sans jamais le guider ni lui laisser deviner notre sentiment.

Mais d'autre part, comme je viens de le marquer, notre historicité même nous restituait, parce que nous la vivions au jour le jour, cet absolu qu'elle avait semblé nous ôter d'abord. Si nos projets, nos passions, nos actes étaient explicables et relatifs du point de vue de l'histoire faite, ils reprenaient, dans ce délaissement, l'incertitude et les risques du présent, leur densité irréductible. Nous n'ignorions pas qu'il viendrait une époque où les historiens pourraient parcourir en tous sens cette durée que nous vivions fiévreusement, minute par minute, éclairer notre passé avec ce qui aurait été notre avenir, décider de la valeur de nos entreprises par leur issue, de la sincérité de nos intentions par leur succès ; mais l'irréversibilité de notre temps n'appartenait qu'à nous, il fallait nous sauver ou nous perdre à tâtons dans ce temps irréversible ; les événements fondaient sur nous comme des voleurs et il fallait faire notre métier d'hommes en face de l'incompréhensible et de l'insoutenable, parier, conjecturer sans preuves, entreprendre dans l'incertitude et persévérer sans espoir ; on pourrait expliquer notre époque, on n'empêcherait pas qu'elle ait été pour nous inexplicable, on ne nous en ôterait pas le goût amer, ce goût qu'elle aura eu pour nous seuls et qui disparaîtra avec nous. Les romans de nos aînés racontaient l'événement au passé, la succession chronologique laissait entrevoir les relations logiques et universelles, les vérités éternelles ; le plus petit changement était déjà compris, on nous livrait du vécu déjà repensé. Peutêtre cette technique, dans deux siècles, conviendra-t-elle à un auteur qui aura décidé d'écrire un roman historique sur la guerre de 1940. Mais nous, si nous venions à méditer sur nos écrits futurs, nous nous persuadions qu'aucun art ne saurait être vraiment nôtre s'il ne rendait à l'événe-

ment sa brutale fraîcheur, son ambiguïté, son imprévisibi-
lité, au temps son cours, au monde son opacité menaçante
et somptueuse, à l'homme sa longue patience ; nous ne
voulions pas délecter notre public de sa supériorité sur un
monde mort et nous souhaitions le prendre à la gorge :
que chaque personnage soit un piège, que le lecteur y soit
attrapé et qu'il soit jeté d'une conscience dans une autre,
comme d'un univers absolu et irrémédiable dans un autre
univers pareillement absolu, qu'il soit incertain de l'incertitude même des héros, inquiet de leur inquiétude, débordé
par leur présent, pliant sous le poids de leur avenir, investi
par leurs perceptions et par leurs sentiments comme par
de hautes falaises insurmontables, qu'il sente enfin que chacune de leurs humeurs, que chaque mouvement de leur
esprit enferment l'humanité entière et sont, en leur temps et
en leur lieu, au sein de l'Histoire et, malgré l'escamotage
perpétuel du présent par l'avenir, une descente sans recours
vers le Mal ou une montée vers le Bien qu'aucun futur ne
pourra contester.

C'est ce qui explique le succès que nous avons fait aux
œuvres de Kafka et à celles des romanciers américains. De
Kafka on a tout dit : qu'il voulait peindre la bureaucratie,
les progrès de la maladie, la condition des Juifs en Europe
orientale, la quête de l'inaccessible transcendance, le
monde de la grâce quand la grâce fait défaut. Tout cela est
vrai, je dirai qu'il a voulu décrire la condition humaine.
Mais ce qui nous était particulièrement sensible, c'est que,
dans ce procès perpétuellement en cours, qui finit brusquement et mal, dont les juges sont inconnus et hors
d'atteinte, dans les efforts vains des accusés pour connaître les chefs d'accusation, dans cette défense patiemment
échafaudée qui se retourne contre le défendeur et figure
parmi les pièces à charge, dans ce présent absurde que les
personnages vivent avec application et dont les clés sont
ailleurs, nous reconnaissions l'Histoire et nous-mêmes dans
l'Histoire. Nous étions loin de Flaubert et de Mauriac : il y

avait là, tout au moins, un procédé inédit pour présenter des destins pipés, minés à la base et minutieusement, ingénieusement, modestement vécus, pour rendre la vérité irréductible des apparences et pour faire pressentir, au-delà d'elles, une autre vérité, qui nous sera toujours refusée. On n'imite pas Kafka, on ne le refait pas : il fallait puiser dans ses livres un encouragement précieux et chercher ailleurs. Quant aux Américains, ce n'est pas par leur cruauté ni par leur pessimisme qu'ils nous ont touchés : nous avons reconnu en eux des hommes débordés, perdus dans un continent trop grand comme nous l'étions dans l'Histoire et qui tentaient, sans traditions, avec les moyens du bord, de rendre leur stupeur et leur délaissement au milieu d'événements incompréhensibles. Le succès de Faulkner, d'Hemingway, de Dos Passos n'a pas été l'effet du snobisme, ou du moins pas d'abord : ce fut le réflexe de défense d'une littérature qui, se sentant menacée parce que ses techniques et ses mythes n'allaient plus lui permettre de faire face à la situation historique, se greffa des méthodes étrangères pour pouvoir remplir sa fonction dans des conjonctures nouvelles[148].

Ainsi, au moment même que nous affrontions le public, les circonstances nous imposaient de rompre avec nos prédécesseurs : ils avaient opté pour l'idéalisme littéraire et nous présentaient les événements à travers une subjectivité privilégiée ; pour nous, le relativisme historique, en posant l'équivalence *a priori* de toutes les subjectivités[k], rendait à l'événement vivant toute sa valeur et nous ramenait, en littérature, par le subjectivisme absolu au réalisme dogmatique. Ils pensaient donner à la folle entreprise de conter une justification au moins apparente en rappelant sans cesse dans leurs récits, explicitement ou allusivement, l'existence d'un auteur ; nous souhaitions que nos livres se tinssent tout seuls en l'air et que les mots, au lieu de pointer en arrière vers celui qui les a tracés, oubliés, solitaires, inaperçus, fussent des toboggans déversant les lecteurs au

milieu d'un univers sans témoins, bref, que nos livres exis-
tassent à la façon des choses, des plantes, des événements
et non d'abord comme des produits de l'homme ; nous
voulions chasser la Providence de nos ouvrages comme
nous l'avions chassée de notre monde. Nous ne définirions
plus, je crois, la beauté par la forme, ni même par la
matière, mais par la densité d'être[1].

   J'ai montré comment la littérature « rétrospective » traduit chez ses auteurs une prise de position en survol par
rapport à l'ensemble de la société et comment ceux qui
choisissent de raconter du point de vue de l'histoire faite
cherchent à nier leur corps, leur historicité et l'irréversibilité du temps. Ce saut dans l'éternel est l'effet direct du
divorce que j'ai signalé entre l'écrivain et son public. Inversement, on comprendra sans peine que notre décision de
réintégrer l'absolu dans l'Histoire s'accompagne d'un effort
pour sceller cette réconciliation de l'auteur et du lecteur
que les radicaux et les ralliés avaient déjà entreprise.
Quand l'écrivain croit avoir des ouvertures sur l'éternel, il
est hors de pair, il bénéficie de lumières qu'il ne peut communiquer à la foule infâme qui grouille au-dessous de lui,
mais s'il en est venu à penser qu'on ne s'évade pas de sa
classe par les beaux sentiments, qu'il n'y a nulle part de
conscience privilégiée et que les Belles-Lettres ne sont pas
des lettres de noblesse, s'il a compris que le meilleur
moyen d'être roulé par son époque c'est de lui tourner le
dos ou de prétendre s'élever au-dessus d'elle et qu'on ne la
transcende pas en la fuyant mais en l'assumant pour la
changer, c'est-à-dire en la dépassant vers l'avenir le plus
proche, alors il écrit pour tous et avec tous parce que le problème qu'il cherche à résoudre avec ses moyens propres est
le problème de tous. Ceux d'entre nous, d'ailleurs, qui ont
collaboré aux feuilles clandestines s'adressaient dans leurs
articles à la communauté entière. Nous n'y étions pas préparés et nous ne nous sommes pas montrés fort habiles :
la littérature de résistance n'a pas produit grand-chose de

bon. Mais cette expérience nous a fait pressentir ce que pourrait être une littérature de l'universel concret.

Dans ces articles anonymes nous n'exercions, en général, que l'esprit de pure négativité. En face d'une oppression manifeste et des mythes qu'elle forgeait au jour le jour pour se soutenir, la spiritualité était refus. Il s'agissait, la plupart du temps, de critiquer une politique, de dénoncer une mesure arbitraire, de mettre en garde contre un homme ou contre une propagande, et quand il nous arrivait de glorifier un déporté ou un fusillé, c'était pour avoir eu le courage de dire non. Contre les notions vagues et synthétiques qu'on nous serinait, soir et matin, l'Europe, la Race, le Juif, la croisade antibolchevique, il nous fallait réveiller le vieil esprit d'analyse seul capable de les mettre en pièces. Ainsi notre fonction semblait-elle une humble résonance de celle que les écrivains du XVIIIᵉ siècle avaient si brillamment remplie. Mais comme, à la différence de Diderot et de Voltaire, nous ne pouvions pas nous adresser aux oppresseurs, sinon par fiction littéraire, fût-ce pour leur donner honte de leur oppression, comme nous ne frayions jamais avec eux, nous n'avions pas l'illusion que ces auteurs ont nourrie d'échapper par l'exercice de notre métier à notre condition d'opprimés ; du sein de l'oppression, au contraire, nous représentions à la collectivité opprimée dont nous faisions partie ses colères et ses espoirs. Avec plus de chance, plus de vertu, plus de talent, plus de cohésion et plus d'entraînement nous eussions pu écrire le monologue intérieur de la France occupée. Y fussions-nous parvenus, d'ailleurs, il n'y eût pas eu là de quoi nous glorifier outre mesure : le Front national[149] groupait ses membres par profession ; ceux d'entre nous qui travaillaient pour la Résistance dans leur spécialité ne pouvaient ignorer que les médecins, les ingénieurs, les cheminots fournissaient dans la leur un travail d'une bien plus grande importance.

Quoi qu'il en soit, cette attitude, qui nous était facile à

cause de la grande tradition de négativité littéraire, risquait, après la Libération, de se tourner en négation systématique et de consommer une fois de plus le divorce de
l'écrivain et du public. Nous avons glorifié toutes les formes
de destruction : désertions, refus d'obéissance, déraillements provoqués, incendies volontaires des récoltes, attentats, parce que nous étions en guerre. La guerre était finie :
en persévérant nous aurions rejoint le groupe surréaliste et
tous ceux qui font de l'art une forme permanente et radicale
de consommation. Mais 1945 ne ressemble pas à 1918. Il
était beau d'appeler le déluge sur une France victorieuse et
repue qui croyait dominer l'Europe. Le déluge est venu :
que reste-t-il à détruire ? La grande consommation métaphysique de l'autre après-guerre s'est faite dans la joie,
dans l'explosion décompressive ; aujourd'hui la guerre
menace et la famine et la dictature : nous sommes encore
surcomprimés. 1918, c'était la fête, on pouvait faire un feu
de joie avec vingt siècles de culture et d'épargne. Aujourd'hui
le feu s'éteindrait de lui-même ou refuserait de prendre ; le
temps des fêtes n'est pas près de revenir. En cette époque
de vaches maigres, la littérature refuse de lier son destin à
celui de la consommation, qui est trop précaire. Dans une
riche société d'oppression, on peut encore prendre l'art
pour le luxe suprême parce que le luxe semble la marque
de la civilisation. Mais aujourd'hui le luxe a perdu son
caractère sacré ; le marché noir en a fait un phénomène de
désintégration sociale, il a perdu cet aspect de « conspicuous consumption » qui faisait la moitié de son agrément : on se cache pour consommer, on s'isole, on n'est
plus au sommet de la hiérarchie sociale mais en marge ;
un art de pure consommation resterait en l'air, il ne
s'étayerait plus sur les solides voluptés culinaires ou vestimentaires, c'est à peine s'il fournirait à quelques privilégiés des évasions solitaires, des jouissances onanistes et
l'occasion de regretter la douceur de vivre.

Quand l'Europe entière se préoccupe avant tout de

reconstruire, quand les nations se privent du nécessaire pour exporter, la littérature, qui s'accommode comme l'Église de toutes les situations et cherche à se sauver en tout cas, révèle son autre face : écrire, ce n'est pas vivre, ni non plus s'arracher à la vie pour contempler dans un monde en repos les essences platoniciennes et l'archétype de la beauté, ni se laisser déchirer, comme par des épées, par des mots inconnus, incompris, venus de derrière nous : c'est exercer un métier. Un métier qui exige un apprentissage, un travail soutenu, de la conscience professionnelle et le sens des responsabilités. Ces responsabilités, ce n'est pas nous qui les avons découvertes, bien au contraire ; l'écrivain, depuis cent ans, rêve de se livrer à son art dans une espèce d'innocence, par-delà le Bien comme le Mal et, pour ainsi dire, avant la faute. Nos charges et nos devoirs, c'est la société qui vient de nous les mettre sur le dos. Il faut croire qu'elle nous estime bien redoutables puisqu'elle a condamné à mort ceux d'entre nous qui ont collaboré avec l'ennemi, quand elle laissait en liberté les industriels coupables du même crime. On dit aujourd'hui qu'il valait mieux construire le mur de l'Atlantique qu'en parler. Je n'en suis pas autrement scandalisé. Bien sûr, c'est parce que nous sommes de purs consommateurs que la collectivité se montre impitoyable envers nous ; un auteur fusillé, c'est une bouche de moins à nourrir, le moindre producteur manquerait bien davantage à la nation[m]. Et je ne dis pas que cela soit juste, c'est la porte ouverte, au contraire, à tous les abus, à la censure, à la persécution. Mais nous devons nous réjouir que notre profession comporte quelques dangers : quand nous écrivions dans la clandestinité, les risques étaient pour nous minimes, considérables pour l'imprimeur. J'en avais souvent honte ; au moins cela nous a-t-il appris à pratiquer une sorte de déflation verbale. Quand chaque mot peut coûter une vie, il faut économiser les mots, on ne doit pas s'attarder à faire chanter le violoncelle : on va au plus pressé, on fait court. La guerre de 14 a précipité la crise du langage, je dirai volontiers que la guerre de 40 l'a revalorisé. Mais il est à souhaiter qu'en reprenant nos noms, nous prenions des risques pour notre propre compte : après tout un couvreur en courra toujours bien davantage.

Dans une société qui insiste sur la production et qui réduit la consommation au strict nécessaire, l'œuvre littéraire demeure évidemment gratuite. Même si l'écrivain met l'accent sur le travail qu'elle lui coûte, même s'il fait remarquer, à raison, que ce travail, considéré en lui-même, met en jeu les mêmes facultés que celui d'un ingénieur ou d'un médecin, il n'en demeure pas moins que l'objet créé n'est aucunement assimilable à un *bien*. Cette gratuité, loin qu'elle nous afflige, c'est notre orgueil, et nous savons qu'elle est l'image de la liberté. L'œuvre d'art est gratuite parce qu'elle est fin absolue et qu'elle se propose au spectateur comme un impératif catégorique. Aussi, quoiqu'elle ne puisse ni ne veuille être production par elle-même, elle souhaite représenter la libre conscience d'une société de production, c'est-à-dire réfléchir en termes de liberté la production sur le producteur, comme fit autrefois Hésiode. Il ne s'agit pas, bien entendu, de renouer le fil de cette assommante littérature du travail dont Pierre Hamp[150] a été le plus néfaste et le plus soporifique représentant ; mais comme ce type de réflexion est à la fois appel et dépassement, en même temps qu'on montre aux hommes de ce temps leurs travaux et leurs jours, il faudrait leur rendre manifestes les principes, les buts et la constitution intérieure de leur activité productrice. Si la négativité est l'un des aspects de la liberté, la construction est l'autre.

Or, le paradoxe de notre époque, c'est que jamais la liberté constructrice n'a été si près de prendre conscience d'elle-même et que jamais, peut-être, elle n'a été si profondément aliénée. Jamais le travail n'a manifesté avec plus de puissance sa productivité et jamais ses produits et sa signification n'ont été plus totalement escamotés aux travailleurs, jamais l'*homo faber* n'a mieux compris qu'il *faisait* l'Histoire et jamais il ne s'est senti si impuissant devant l'Histoire. Notre rôle est tracé : en tant que la littérature est négativité, elle contestera l'aliénation du travail ; en tant qu'elle est création et dépassement, elle présentera l'homme comme *action créatrice*, elle l'accompagnera dans son effort pour dépasser son aliénation présente vers une situation meilleure. S'il est vrai qu'avoir, faire et être sont les catégories cardinales de la réalité humaine, on peut dire que la littérature de consommation s'est limitée à l'étude des relations qui unissent l'*être* à l'*avoir* : la sensation est présentée comme jouissance, ce qui est philosophiquement faux, et celui qui sait le mieux jouir comme celui qui existe le plus ; du *Culte du moi* à *La Possession du monde* en passant par *Les Nourritures terrestres* et le *Journal de Barnabooth*[151], être c'est s'approprier. Issue de pareilles voluptés, l'œuvre d'art prétend elle-même être jouissance ou promesse de jouissance ; ainsi la boucle est bouclée. Nous avons, au contraire, été amenés par les circonstances à mettre au jour les relations de l'*être* avec le *faire* dans la perspective de notre situation historique. *Est*-on ce qu'on *fait* ? Ce qu'on *se* fait ? L'est-on dans la société présente, où le travail est aliéné ? *Que* faire, quelle fin choisir *aujourd'hui* ? Et *comment* faire, par quels moyens ? Quels sont les rapports de la fin et des moyens dans une société basée sur la violence ? Les œuvres qui s'inspirent de telles préoccupations ne peuvent pas viser d'abord à plaire : elles irritent et inquiètent, elles se proposent comme des tâches à remplir, elles invitent à des quêtes sans conclusion, elles font assister à des expériences dont l'issue demeure incertaine. Fruits de tourments et de questions, elles ne sauraient être jouissance pour le lecteur, mais questions et tourments. S'il nous est donné de les réussir, elles ne seront pas des divertissements, mais des obsessions. Elles ne donneront pas le monde « à voir », mais à changer. Il n'y perdra rien, au contraire, ce vieux monde usé, tâté, reniflé. Depuis Schopenhauer[152], on admet que les objets se révèlent dans leur pleine dignité quand l'homme a fait taire dans son cœur la volonté de puissance : c'est au consommateur oisif qu'ils livrent leurs secrets ; il n'est permis d'en *écrire* que dans les moments où l'on a rien à en *faire*. Ces fastidieuses descriptions du siècle dernier sont un refus d'utilisation : on ne touche pas à l'univers, on le gobe tout cru, par les yeux ; l'écrivain, par opposition à l'idéologie bourgeoise, choisit pour nous parler des choses la minute privilégiée où tous les rapports concrets sont rompus, qui l'unissaient à elles, sauf le fil ténu du regard, et où elles se défont doucement sous sa vue, gerbes dénouées de sensations exquises. C'est l'époque des impressions : impressions d'Italie, d'Espagne, d'Orient. Ces paysages que le littérateur absorbe consciencieusement, il nous les décrit à l'instant ambigu qui rejoint la fin de l'ingestion au début de la digestion, où la subjectivité est venue imprégner l'objectif sans que ses acides aient commencé de le ronger, où les champs et les bois sont champs et bois encore et état d'âme déjà. Un monde glacé, verni, habite les livres bourgeois, un monde pour villégiatures, qui nous retourne tout juste une gaîté décente ou une mélancolie distinguée. Nous le voyons de nos fenêtres, nous ne sommes pas dedans. Quand le romancier y installe des paysans, ils jurent avec l'ombre vacante des montagnes, avec le sillon argenté des rivières ; pendant qu'ils fouillent de leur bêche une terre en plein travail, on nous la fait voir dans ses habits de dimanche. Ces travailleurs égarés dans cet univers du septième jour ressemblent à l'académicien de Jean Effel que Pruvost[153] introduisit dans une de ses caricatures et qui s'excusait en disant : « Je me suis trompé de dessin. » Ou alors, c'est qu'on les a, eux aussi, transformés en objets — en objets et en états d'âme.

Pour nous, le *faire* est révélateur de l'*être*, chaque geste dessine des figures nouvelles sur la terre, chaque technique, chaque outil, est un sens ouvert sur le monde ; les choses ont autant de visages qu'il y a de manières de s'en servir. Nous ne sommes plus avec ceux qui veulent posséder le monde mais avec ceux qui veulent le changer, et c'est au projet même de le changer qu'il révèle les secrets de son être. On a du marteau, dit Heidegger, la connaissance la plus intime quand on s'en sert pour marteler. Et du clou, quand on l'enfonce dans le mur, et du mur quand on y enfonce le clou. Saint-Exupéry nous a ouvert le chemin, il a montré que l'avion, pour le pilote, est un organe de perception[n] ; une chaîne de montagnes à 600 kilomètres-heure et dans la perspective nouvelle du survol, c'est un nœud de serpents : elles se tassent, noircissent, poussent leurs têtes dures et calcinées contre le ciel, cherchent à nuire, à cogner ; la vitesse, avec son pouvoir astringent, ramasse et presse autour d'elle les plis de la robe terrestre. Santiago saute dans le voisinage de Paris, à quatorze mille pieds de haut les attractions obscures qui tirent San Antonio vers New York brillent comme des rails. Après lui, après Hemingway, comment pourrions-nous songer à décrire ? Il faut que nous plongions les choses dans l'action : leur densité d'être se mesurera pour le lecteur à la multiplicité des relations pratiques qu'elles entretiendront avec les personnages. Faites gravir la montagne par le contrebandier, par le douanier, par le partisan, faites-la survoler par l'aviateur[o], et la montagne surgira tout à coup de ces actions connexes, sautera hors de votre livre, comme un diable de sa boîte. Ainsi le monde et l'homme se révèlent par les *entreprises*. Et toutes les entreprises dont nous pouvons parler se réduisent à une seule : celle de *faire l'Histoire*. Nous voilà conduits par la main jusqu'au moment où il faut abandonner la littérature de l'*exis* pour inaugurer celle de la *praxis*.

La *praxis* comme action dans l'Histoire et sur l'Histoire, c'est-à-dire comme synthèse de la relativité historique et de l'absolu moral et métaphysique, avec ce monde hostile et amical, terrible et dérisoire qu'elle nous révèle, voilà notre sujet. Je ne dis pas que nous ayons choisi ces chemins austères et il en est sûrement parmi nous qui portaient en eux quelque roman d'amour charmant et désolé qui ne verra jamais le jour. Qu'y pouvons-nous ? Il ne s'agit pas de choisir son époque mais de se choisir en elle[154].

La littérature de la production, qui s'annonce, ne fera pas oublier la littérature de la consommation, son antithèse ; elle ne doit pas prétendre la surpasser et peut-être ne l'égalera-t-elle jamais ; personne ne songe à soutenir qu'elle nous fait toucher le terme et réaliser l'essence de l'art d'écrire. Peut-être même va-t-elle bientôt disparaître : la génération qui nous suit semble hésitante, beaucoup de ses romans sont des fêtes tristes et volées, pareilles à ces surprises-parties de l'Occupation, où les jeunes gens dansaient entre deux alertes, en buvant du vin de l'Hérault, au son des disques de l'avant-guerre. En ce cas, ce sera une révolution manquée. Et si même cette littérature de la *praxis* réussit à s'installer, elle passera, comme celle de l'*exis* et on reviendra à celle de l'*exis* et peut-être l'histoire de ces prochaines décades enregistrera-t-elle l'alternance de l'une et de l'autre. Cela signifiera que les hommes auront définitivement raté une autre Révolution, d'une importance infiniment plus considérable. C'est seulement dans une collectivité socialiste, en effet, que la littérature, ayant enfin compris son essence et fait la synthèse de la *praxis* et de l'*exis*, de la négativité et de la construction, du faire, de l'avoir et de l'être, pourrait mériter le nom de *littérature totale*. En attendant, cultivons notre jardin, nous avons de quoi faire.

Ce n'est pas tout, en effet, de reconnaître la littérature comme une liberté, de remplacer la dépense par le don, de renoncer au vieux mensonge aristocratique de nos aînés et de vouloir lancer, à travers toutes nos œuvres, un appel démocratique à l'ensemble de la collectivité : il faut encore savoir qui nous lit et si la conjoncture présente ne relègue pas au rang des utopies notre désir d'écrire pour « l'universel concret ». Si nos souhaits pouvaient se réaliser, l'écrivain du XXe siècle occuperait, entre les classes opprimées et celles qui les oppriment, une situation analogue à celle des auteurs du XVIIIe siècle entre les bourgeois et l'aristocratie, à celle de Richard Wright entre les Noirs et les Blancs : lu à la fois par l'opprimé et par l'oppresseur, témoignant pour l'opprimé contre l'oppresseur, fournissant à l'oppresseur son image, du dedans et du dehors, prenant, avec et pour l'opprimé, conscience de l'oppression, contribuant à former une idéologie constructrice et révolutionnaire. Il s'agit malheureusement d'espoirs anachroniques : ce qui était possible au temps de Proudhon et de Marx ne l'est plus. Donc, reprenons la question du début et faisons, sans parti pris, le recensement de notre public. De ce point de vue la situation de l'écrivain n'a jamais été aussi paradoxale ; elle est faite, semble-t-il, des traits les plus contradictoires. À l'actif, de brillantes apparences, de vastes possibilités, un train de vie somme toute enviable ; au passif, ceci seulement que la littérature est en train de se mourir. Non que les talents lui manquent ni les bonnes volontés ; mais elle n'a plus rien à faire dans la société contemporaine. Au moment même où nous découvrons l'importance de la *praxis*, au moment où nous entrevoyons ce que pourrait être une littérature *totale*, notre public s'effondre et disparaît, nous ne savons plus, à la lettre, pour qui écrire.

Au premier coup d'œil, bien sûr, il semble que les écrivains du passé, s'ils pouvaient nous voir, devraient envier notre sort[p]. « Nous profitons, disait un jour Malraux, des souffrances de Baudelaire. » Je ne crois pas que ce soit tout à fait vrai mais il est vrai que Baudelaire est mort sans public et que nous, sans avoir fait nos preuves, sans même qu'on sache si nous les ferons jamais, nous avons des lecteurs dans le monde entier. On serait tenté d'en rougir, mais après tout ce n'est pas notre faute : tout vient des circonstances. Les autarcies d'avant-guerre et puis la guerre ont privé les publics nationaux de leur contingent annuel d'œuvres étrangères ; on se rattrape aujourd'hui, on met les bouchées doubles : sur ce seul point, il y a décompression. Les États sont de la partie : j'ai montré ailleurs qu'on s'était mis depuis peu dans les pays vaincus ou ruinés à considérer la littérature comme un article d'exportation. Ce marché littéraire s'est étendu et régularisé depuis que les collectivités s'en occupent ; on y retrouve les procédés ordinaires : dumping (par exemple les éditions américaines *overseas*), protectionnisme (au Canada, dans certains pays d'Europe centrale), accords internationaux ; les pays s'inondent réciproquement de « Digests », c'est-à-dire, comme le nom l'indique, de littérature déjà digérée, de chyle littéraire[155]. En un mot, les Belles-Lettres, comme le cinéma, sont en passe de devenir un art industrialisé. Nous en bénéficions, bien sûr : les pièces de Cocteau, de Salacrou, d'Anouilh sont jouées partout ; je pourrais citer de nombreux ouvrages qui ont été traduits en six ou sept langues moins de trois mois après leur publication. Pourtant, tout cela n'est brillant qu'en surface : on nous lit peut-être à New York ou à Tel-Aviv mais la pénurie de papier a limité nos tirages à Paris : ainsi le public s'est éparpillé plus encore qu'il ne s'est accru ; peut-être dix mille personnes nous lisent-elles dans quatre ou cinq pays étrangers et dix autres mille dans le nôtre : vingt mille lecteurs, un petit succès d'avant-guerre. Ces réputations mondiales sont moins bien assises que les réputations nationales de nos aînés. Je sais : le papier revient. Mais au même moment l'édition européenne entre en crise ; le volume des ventes reste constant.

Fussions-nous célèbres hors de France, il n'y aurait pas lieu de s'en réjouir et ce serait une gloire sans efficace. Plus sûrement que par des mers ou des montagnes, les nations sont séparées, aujourd'hui, par des différences de

potentiel économique et militaire. Une idée peut *descendre*
d'un pays à potentiel élevé vers un pays à potentiel bas
— par exemple d'Amérique en France —, elle ne peut pas
remonter. Bien sûr il y a tant de journaux, tant de contacts
internationaux que les Américains finissent par entendre
parler des théories littéraires ou sociales qu'on professe en
Europe, mais ces doctrines s'épuisent dans leur ascen-
sion ; virulentes dans un pays à faible potentiel, elles sont
languissantes quand elles parviennent au sommet : on sait
que les intellectuels, aux États-Unis, assemblent les idées
européennes en bouquet, les respirent un moment et les
rejettent parce que les bouquets se fanent plus vite là-bas
que sous les autres climats ; pour la Russie, elle grappille,
elle prend ce qu'elle peut facilement convertir en sa propre
substance. L'Europe est vaincue, ruinée, son destin lui
échappe et c'est pour cela que ses idées n'en peuvent plus
sortir ; le seul circuit concret pour les échanges d'idées
passe aujourd'hui par l'Angleterre, la France, les pays du
Nord et l'Italie.

Il est vrai : nous sommes beaucoup plus connus que nos
livres ne sont lus. Nous touchons les gens, sans même le
vouloir, par de nouveaux moyens, avec des angles d'inci-
dence nouveaux. Certes le livre reste l'infanterie lourde qui
nettoie et occupe le terrain. Mais la littérature dispose
d'avions, de V-1, de V-2[156] qui vont au loin, inquiètent et
harcèlent sans emporter la décision. Le journal, d'abord.
Un auteur écrivait pour dix mille lecteurs ; on lui donne le
feuilleton critique d'un hebdomadaire : il en aura trois
cent mille, même si ses articles ne valent rien. Ensuite la
radio : *Huis clos*, une de mes pièces, interdite en Angleterre par la censure théâtrale, a été diffusée à quatre reprises par la B.B.C. Sur une scène londonienne elle n'eût,
même dans l'hypothèse improbable d'un succès, pas trouvé
plus de vingt à trente mille spectateurs. L'émission théâtrale de la B.B.C. m'en a fourni automatiquement un demi-
million. Le cinéma, enfin : quatre millions de personnes fré-

quentent les salles françaises. Si l'on se rappelle que Paul Souday[157], au début du siècle, reprochait à Gide de publier ses ouvrages en tirage restreint, le succès de *La Symphonie pastorale* permettra de mesurer le chemin parcouru[158].

Seulement, sur les trois cent mille lecteurs du feuilletoniste, c'est à peine si quelques milliers auront la curiosité d'acheter ses livres, où il a mis le meilleur de son talent, les autres apprendront son nom pour l'avoir vu cent fois à la deuxième page du magazine, comme celui du dépuratif qu'ils ont vu cent fois à la douzième. Les Anglais qui seraient allés voir *Huis clos* au théâtre l'auraient fait en connaissance de cause, sur la foi de la presse et de la critique parlée, dans l'intention de juger. Mais les auditeurs de la B.B.C., au moment qu'ils tournaient le bouton de leur radio, ignoraient la pièce et jusqu'à mon existence : ils voulaient entendre, comme d'habitude, l'émission dramatique du jeudi ; aussitôt finie, ils l'ont oubliée, comme les précédentes. Dans les salles de cinéma, le public est attiré par le nom des vedettes, ensuite par le nom du metteur en scène, en dernier lieu par celui de l'écrivain. Dans certaines têtes le nom de Gide est entré récemment par effraction ; mais il s'y marie curieusement, j'en suis sûr, avec le beau visage de Michèle Morgan. Il est vrai que le film a pu faire vendre quelques milliers d'exemplaires de l'ouvrage mais, aux yeux de ses nouveaux lecteurs, celui-ci apparaît comme un commentaire plus ou moins fidèle de celui-là. À mesure que l'auteur atteint un public plus étendu, il le touche moins profondément, il se reconnaît moins dans l'influence qu'il exerce, ses pensées lui échappent, se gauchissent et se vulgarisent, elles sont reçues avec plus d'indifférence et de scepticisme par des âmes ennuyées, accablées, qui, parce qu'on ne sait pas leur parler dans leur « langue natale », considèrent encore la littérature comme un divertissement. Il reste des formules attachées à des noms. Et puisque nos réputations s'étendent beaucoup plus loin que nos livres, c'est-à-dire que nos mérites, grands ou petits, il ne faut pas voir dans les faveurs passagères qu'on nous accorde le signe d'un premier éveil de l'universel concret mais tout simplement celui d'une inflation littéraire.

Ce ne serait rien : il suffirait en somme de faire vigilance ; il dépend de nous, au bout du compte, que la littérature ne s'industrialise pas. Mais il y a pis : nous avons des lecteurs, mais pas de public[q]. En 1780, la classe d'oppression était seule à posséder une idéologie et des organisations politiques ; la bourgeoisie n'avait ni parti ni conscience d'elle-même, l'écrivain écrivait directement pour elle en critiquant les vieux mythes de la monarchie et de la religion, en lui présentant quelques notions élémentaires au contenu principalement négatif comme celles de liberté, d'égalité politique et d'*habeas corpus*. En 1850, en face d'une bourgeoisie consciente et nantie d'une idéologie systématique, le prolétariat demeurait informe et obscur à lui-même, parcouru de colères vaines et désespérées, la première Internationale ne l'avait touché qu'en surface ; tout restait à faire, l'écrivain eût pu s'adresser directement aux ouvriers. Nous avons vu qu'il a manqué l'occasion. À tout le moins a-t-il servi les intérêts de la classe opprimée, sans le vouloir ni même le savoir, en exerçant sa négativité sur les valeurs bourgeoises. Ainsi, dans l'un et l'autre cas, les circonstances lui permettaient de témoigner pour l'opprimé devant l'oppresseur et d'aider l'opprimé à prendre conscience de soi ; l'essence de la littérature se trouvait en accord avec les exigences de la situation historique. Mais, aujourd'hui, tout est renversé : la classe d'oppression a perdu son idéologie, sa conscience de soi vacille, ses limites ne sont plus clairement définissables, elle s'ouvre, elle appelle l'écrivain à son secours. La classe opprimée, engoncée dans un parti, guindée dans une idéologie rigoureuse, devient une société fermée ; on ne peut plus communiquer avec elle sans intermédiaire.

Le sort de la bourgeoisie était lié à la suprématie européenne et au colonialisme. Elle perd ses colonies dans le moment que l'Europe perd le gouvernement de son destin ; il ne s'agit plus de mener des guerres de roitelets pour les pétroles roumains ou le chemin de fer de Bagdad : le prochain conflit nécessitera un équipement industriel que le Vieux Monde tout entier est incapable de fournir ; deux puissances mondiales, qui ne sont ni l'une ni l'autre bourgeoises, ni l'une ni l'autre européennes, se disputent la possession de l'univers ; le triomphe de l'une, c'est l'avènement de l'Étatisme et de la bureaucratie internationale ; de l'autre, l'avènement du capitalisme abstrait. Tous fonctionnaires ? Tous employés ? C'est à peine si la bourgeoisie peut garder l'illusion de choisir la sauce à laquelle elle sera mangée. Elle connaît aujourd'hui qu'elle représentait un moment de l'histoire d'Europe, un stade du développement des techniques et des outils, et qu'elle n'a jamais été à l'échelle du monde. Au reste le sentiment qu'elle gardait de son essence et de sa mission s'est obscurci : les crises économiques l'ont secouée, minée, érodée, déterminant des lézardes, des glissements, des éboulements internes ; en certains pays elle se dresse comme la façade d'un immeuble dont une bombe aurait soufflé l'intérieur, en d'autres elle s'est effondrée par grands pans dans le prolétariat ; on ne peut plus la définir, ni par la possession des biens, qui lui échappent chaque jour davantage, ni par le pouvoir politique, qu'elle partage presque partout avec des hommes nouveaux directement issus du prolétariat ; c'est elle, à présent, qui a pris l'aspect amorphe et gélatineux qui caractérise les classes opprimées avant qu'elles n'aient conscience de leur état. En France on découvre qu'elle est en retard de cinquante ans pour l'outillage et l'organisation de la grande industrie : d'où notre crise de natalité, signe indéniable de régression. En outre le marché noir et l'Occupation ont fait passer 40 pour cent de ses richesses entre les mains d'une bourgeoisie nouvelle qui n'a ni les mœurs, ni les principes, ni les fins de l'ancienne. Ruinée mais encore oppressive, la bourgeoisie européenne gouverne à la petite semaine et par de petits moyens : en Italie, elle tient les travailleurs en échec parce qu'elle s'appuie sur la coalition de l'Église et de la misère ; ailleurs, elle se rend indispensable parce qu'elle fournit les cadres techniques et le personnel administratif ; ailleurs encore elle règne en divisant, et puis, surtout, l'ère des révolutions nationales est close : les partis révolutionnaires ne veulent pas renverser cette carcasse vermoulue, ils font même ce qu'ils peuvent pour éviter qu'elle ne s'effondre : au premier craquement ce serait l'intervention étrangère et peut-être le conflit mondial pour lequel la Russie n'est pas encore prête. Objet de toutes les sollicitudes, dopée par les U.S.A., par l'Église et même par l'U.R.S.S., au gré de la fortune changeante du jeu diplomatique, la bourgeoisie ne peut ni conserver ni perdre son pouvoir sans le concours des forces étrangères, c'est « l'homme malade » de l'Europe contemporaine, son agonie peut durer longtemps.

Du coup son idéologie s'écroule : elle justifiait la propriété par le travail et aussi par cette lente osmose qui diffuse dans l'âme des possédants les vertus des choses possédées ; à ses yeux la possession des biens était un mérite et la plus fine culture du moi. Or la propriété devient symbolique et collective, on ne possède plus les choses mais leurs signes ou les signes de leurs signes ; l'argument du « travail-mérite » et celui de la « jouissance-culture » se sont éventés. Par haine des trusts et de la mauvaise conscience que donne la propriété abstraite, beaucoup se sont tournés vers le fascisme. Appelé de leurs vœux, il est venu, il a remplacé les trusts par le dirigisme puis il a disparu et le dirigisme est resté : les bourgeois n'y ont rien gagné. S'ils possèdent encore, c'est âprement mais sans joie ; pour un peu, par lassitude, ils considéreraient la richesse comme un état de fait injustifiable : ils ont perdu la foi. Ils ne gardent pas non plus beaucoup de confiance dans ce régime démocratique qui fut leur orgueil et qui s'est effondré à la première poussée, mais comme le national-socialisme, au moment qu'ils allaient s'y rallier, s'est écroulé à son tour, ils ne croient plus ni à la République ni à la Dictature. Ni au Progrès : c'était bon quand leur classe montait ; à présent qu'elle décline ils n'en ont plus que faire ; ce serait un crève-cœur pour eux de penser que d'autres hommes l'assureront, et d'autres classes. Leur travail ne leur ménage pas plus qu'avant de contact direct avec la matière, mais deux guerres leur ont fait découvrir la fatigue, le sang et les larmes, la violence, le mal. Les bombes n'ont pas seulement détruit leurs usines : elles ont fissuré leur idéalisme. L'utilitarisme était la philosophie de l'épargne : il perd tout son sens quand l'épargne est compromise par l'inflation et les menaces de banqueroute.

« Le monde, dit à peu près Heidegger, se révèle à l'horizon des ustensiles détraqués. » Lorsque vous vous servez d'un outil, c'est pour produire une certaine modification qui, elle-même, est le moyen d'en obtenir une autre, plus importante et ainsi de suite. Ainsi êtes-vous engrené dans un enchaînement de moyens et de fins dont les termes vous échappent et trop absorbé dans votre action de détail pour mettre en question ses fins dernières. Que l'outil vienne à casser, l'action est suspendue et la chaîne entière vous saute aux yeux. Ainsi du bourgeois, ses instruments sont détraqués, il voit la chaîne et connaît la gratuité de ses fins : tant qu'il y croyait sans les voir et qu'il travaillait, tête baissée, sur les maillons les plus proches, elles le justifiaient ; à présent qu'elles lui crèvent les yeux, il découvre qu'il est injustifiable ; le monde entier se dévoile et son délaissement dans le monde : l'angoisse naît[r]. La honte aussi ; même pour ceux qui la jugent au nom de ses propres principes, il est manifeste que la bourgeoisie a trahi trois fois : à Munich, en mai 40, sous le gouvernement de Vichy. Bien sûr, elle s'est reprise : beaucoup des Vichyssois de la première heure sont devenus des résistants dès 42, ils avaient compris qu'ils devaient lutter contre l'occupant au nom du nationalisme bourgeois, contre le nazisme au nom de la démocratie bourgeoise. Et il est vrai que le parti communiste a hésité plus d'un an, il est vrai que l'Église a hésité jusqu'à la Libération ; mais l'un et l'autre ont assez de force, d'unité, de discipline pour exiger de leurs adeptes qu'ils oublient sur commande les fautes passées. La bourgeoisie n'a rien oublié : elle porte encore la blessure que lui a faite un de ses fils, celui dont elle était le plus fière ; en condamnant Pétain à la détention perpétuelle, il lui semble qu'elle se soit mise elle-même sous les verrous ; elle pourrait reprendre à son compte le mot de Paul Chack[159], officier, catholique et bourgeois qui, pour avoir aveuglément suivi les ordres d'un maréchal de France catholique et bourgeois, a été déféré devant un tribunal bourgeois, sous le gouvernement d'un général catholique et bourgeois et qui, ébahi par ce tour de passe-passe, marmottait sans cesse, pendant le procès : « Je ne comprends pas. » Déchirée, sans avenir, sans garanties, sans justification, la bourgeoisie, devenue objectivement *l'homme malade*, est entrée, subjectivement, dans la phase de la conscience malheureuse. Beaucoup de ses membres sont égarés, ils ballottent entre la colère et la peur, ces deux fuites ; les meilleurs tentent de défendre encore, sinon leurs biens, qui souvent se sont dissipés en fumée, du moins les vraies conquêtes bourgeoises : l'universalité des lois, la liberté d'expression, *l'habeas corpus*. Ceux-là forment notre public. Notre *seul* public. Ils ont compris, en lisant les vieux livres, que la littérature se rangeait, par essence, du côté des libertés démocratiques. Ils se tournent vers elle, ils la supplient de leur donner des raisons de vivre et d'espérer, une idéologie nouvelle ; jamais peut-être, depuis le XVIIIe siècle, on n'a tant attendu de l'écrivain.

Nous n'avons rien à leur dire. Ils appartiennent, malgré eux, à une classe d'oppression. Victimes sans doute, et innocents, mais pourtant tyrans encore et coupables. Tout ce que nous pouvons faire, c'est refléter dans nos miroirs leur conscience malheureuse, c'est-à-dire avancer un peu plus la décomposition de leurs principes ; nous avons cette tâche ingrate de leur reprocher leurs fautes quand elles sont devenues des malédictions. Bourgeois nous-mêmes, nous avons connu l'angoisse bourgeoise, nous avons eu cette âme déchirée, mais puisque le propre d'une conscience malheureuse est de vouloir s'arracher à l'état de malheur, nous ne pouvons demeurer tranquillement au sein de notre classe et comme il ne nous est plus possible d'en sortir d'un coup d'aile en nous donnant les dehors d'une aristocratie parasitaire, il faut que nous soyons ses fossoyeurs, même si nous courons le risque de nous ensevelir avec elle.

Nous nous retournons vers la classe ouvrière qui pourrait aujourd'hui, comme fit la bourgeoisie de 1780, constituer pour l'écrivain un public révolutionnaire. Public virtuel encore mais singulièrement présent. L'ouvrier de 1947 a une culture sociale et professionnelle, il lit des journaux techniques, syndicaux et politiques. Il a pris conscience de lui-même, de sa position dans le monde, et il a beaucoup à nous apprendre, il a vécu toutes les aventures de notre temps, à Moscou, à Budapest, à Munich, à Madrid, à Stalingrad, dans les maquis ; au moment où nous découvrons dans l'art d'écrire la liberté sous ses deux aspects de négativité et de dépassement créateur, il cherche à se libérer et du même coup à libérer tous les hommes, pour toujours, de l'oppression. Opprimé, la littérature, comme négativité, pourrait lui refléter l'objet de ses colères ; producteur et révolutionnaire, il est le sujet par excellence d'une littérature de la *praxis*. Nous avons en commun avec lui le devoir de contester et de construire ; il réclame le droit de faire l'Histoire au moment où nous découvrons notre historicité. Nous ne sommes pas encore familiers avec son langage, il ne l'est pas non plus avec le nôtre ; mais nous connaissons déjà les moyens de l'atteindre : il faut, je le montrerai plus loin, conquérir les « mass media » et ce n'est pas si difficile. Nous savons aussi qu'il discute, en Russie, avec l'écrivain lui-même et qu'une nouvelle relation du public avec l'auteur est apparue là-bas, qui n'est ni l'attente passive et femelle ni la critique spécialisée du clerc. Je ne crois pas à la « mission » du prolétariat, ni qu'il bénéficie d'une grâce d'état : il est fait d'hommes, justes et injustes, qui peuvent s'égarer et qu'on mystifie souvent. Mais il ne faut pas hésiter à dire que le sort de la littérature est lié à celui de la classe ouvrière.

Malheureusement, de ces hommes à qui nous *devons* parler, un rideau de fer nous sépare dans notre pays : ils n'entendront pas un mot de ce que nous leur dirons. La majorité du prolétariat, corsetée par un parti unique, encerclée par une propagande qui l'isole, forme une société fermée, sans portes ni fenêtres. Une seule voie d'accès, fort étroite, le P.C. Est-il souhaitable que l'écrivain s'y engage ? S'il le fait par conviction de citoyen et par dégoût de la littérature, c'est fort bien, il a choisi. Mais peut-il devenir communiste en restant écrivain ?

Le P.C. aligne sa politique sur celle de la Russie soviétique parce que c'est en ce pays seulement qu'on rencontre l'ébauche d'une organisation socialiste. Mais s'il est vrai que la Russie a commencé la Révolution sociale, il est vrai aussi qu'elle ne l'a pas terminée. Le retard de son industrie, le manque de cadres et l'inculture des masses lui interdisaient de réaliser seule le socialisme et même de l'imposer en d'autres pays par la contagion de l'exemple ; si le mouvement révolutionnaire qui partait de Moscou avait pu s'étendre à d'autres nations, il n'aurait cessé d'évoluer en Russie même, à mesure qu'il gagnait du terrain ; contenu entre les frontières soviétiques, il s'est figé en un nationalisme défensif et conservateur parce qu'il fallait à tout prix sauver les résultats acquis. Au moment qu'elle devenait la Mecque des classes ouvrières, la Russie constatait qu'il lui était également impossible d'assumer sa mission historique et de la renier ; elle a dû se replier sur elle-même, s'appliquer à créer des cadres, à rattraper le retard de son outillage, à se perpétuer par un régime autoritaire sous sa forme de révolution en panne. Comme les partis européens qui se réclamaient d'elle et qui préparaient l'avènement du prolétariat n'étaient nulle part assez forts pour passer à l'offensive, elle a dû les utiliser comme les bastions avancés de sa défense. Mais comme ils ne pouvaient la servir auprès des masses qu'en faisant une politique révolutionnaire et comme elle n'a jamais perdu l'espoir de prendre la tête du prolétariat européen si, quelque jour, les circonstances se montraient plus favorables, elle leur a laissé leur drapeau rouge et leur foi. Ainsi les forces de la révolution mondiale ont-elles été détournées au profit du maintien d'une révolution en hivernage. Encore faut-il reconnaître que le P.C., tant qu'il a cru de bonne foi à la possibilité, même lointaine, d'une prise de pouvoir insurrectionnelle et tant qu'il s'est agi pour lui d'affaiblir la bourgeoisie et de noyauter la S.F.I.O., a exercé sur les institutions et les régimes capitalistes une critique négative qui gardait les dehors de la liberté. Avant 39, tout lui servait : pamphlets, satires, romans noirs, violences surréalistes, témoignages accablants sur nos méthodes coloniales. Depuis 44, tout s'est aggravé : le glissement de l'Europe a simplifié la situation. Deux puissances restent debout, l'U.R.S.S. et les U.S.A. ; chacune des deux fait peur à l'autre. De la peur naît la colère, comme on sait, et de la colère les coups. Or l'U.R.S.S. est la moins forte : à peine sortie d'une guerre qu'elle redoutait depuis vingt ans, il lui faut temporiser encore, reprendre la course aux armements, resserrer la dictature à l'intérieur, à l'extérieur s'assurer des alliés, des vassaux, des positions.

La tactique révolutionnaire se change en diplomatie : il faut avoir l'Europe dans son jeu. Donc donner des apaisements à la bourgeoisie, l'endormir par des fables, empêcher à tout prix que l'effroi ne la jette dans les bras des Anglo-Saxons. Le temps est bien passé où *L'Humanité* pouvait écrire : « Tout bourgeois qui rencontre un ouvrier doit avoir peur. » Jamais les communistes n'ont été si puissants en Europe et pourtant jamais les chances d'une révolution n'ont été moindres : si en quelque lieu le parti méditait de prendre le pouvoir par un coup de force, sa tentative serait étouffée dans l'œuf : les Anglo-Saxons disposent de cent moyens pour l'anéantir, sans même recourir aux armes, et les Soviets ne la verraient pas d'un bon œil. Si d'aventure l'insurrection réussissait, elle végéterait sur place, sans s'étendre. Si enfin, par miracle, elle devenait contagieuse, elle risquerait d'être l'occasion de la troisième guerre mondiale. Ce n'est donc plus l'avènement du prolétariat que les communistes préparent dans leur pays d'origine, mais la guerre, la guerre seule. Victorieuse, l'U.R.S.S. étend son régime à l'Europe, les nations tombent comme des fruits mûrs ; vaincue, c'en est fait d'elle et des partis communistes. Rassurer la bourgeoisie sans perdre la confiance des masses, lui permettre de gouverner tout en gardant les dehors de l'offensive, occuper des postes de commande sans se laisser compromettre : voilà la politique du P.C. Nous avons été témoins et victimes entre 39 et 40 du pourrissement d'une guerre, nous assistons à présent au pourrissement d'une situation révolutionnaire.

Que si l'on demande à présent si l'écrivain, pour atteindre les masses, doit offrir ses services au parti communiste, je réponds que non ; la politique du communisme stalinien est incompatible avec l'exercice honnête du métier littéraire : un parti qui projette la Révolution ne devrait rien avoir à perdre ; or il y a pour le P.C. quelque chose à perdre et quelque chose à ménager : comme son but immédiat ne saurait plus être d'établir par la force la dictature du prolétariat mais de sauvegarder la Russie en danger, il offre aujourd'hui un aspect ambigu : progressiste et révolutionnaire dans sa doctrine et dans ses fins avouées, il est devenu conservateur dans ses moyens ; il adopte, avant même d'avoir pris le pouvoir, la tournure d'esprit, les raisonnements et les artifices de ceux qui y ont accédé depuis longtemps, sentent qu'il leur échappe et veulent s'y maintenir. Il y a quelque chose de commun, qui n'est point le talent, entre Joseph de Maistre[160] et M. Garaudy[161]. Et, plus généralement, il suffit de feuilleter un écrit communiste pour y puiser, au hasard, cent procédés conservateurs : on persuade par répétition, par intimidation, par menaces voilées, par la force méprisante de l'affirmation, par allusions énigmatiques à des démonstrations qu'on ne fait point, en se montrant d'une conviction si entière et si superbe qu'elle se place d'emblée au-dessus de tous les débats, fascine et finit par devenir contagieuse. On ne répond jamais à l'adversaire : on le discrédite, il est de la police, de l'Intelligence Service, c'est un fasciste. Quant aux preuves, on ne les donne jamais, parce qu'elles sont terribles et mettent trop de gens en cause. Si vous insistez pour les connaître, on vous répond de vous en tenir là et de croire l'accusation sur parole : « Ne nous forcez pas à les sortir, il vous en cuirait. » Bref, l'intellectuel communiste reprend à son compte l'attitude de l'état-major qui condamna Dreyfus sur des pièces secrètes[162]. Il revient aussi, bien entendu, au manichéisme des réactionnaires, mais en divisant le monde selon d'autres principes. Un trotskyste, pour le stalinien, comme un Juif pour Maurras[163], est une incarnation du mal, tout ce qui vient de lui est nécessairement mauvais. Par contre la possession de certains titres sert de grâce d'état. Comparez cette phrase de Joseph de Maistre : « La femme mariée est nécessairement chaste[164] », et celle-ci, d'un correspondant d'*Action* : « Le communiste est le héros *permanent* de notre temps. » Qu'on trouve des héros dans le parti communiste, je suis le premier à le reconnaître. Mais quoi ? N'y a-t-il jamais de faiblesse chez la femme mariée ? « Non, puisqu'elle est mariée devant Dieu. » Et suffit-il d'entrer au Parti pour devenir un héros ? « Oui, puisque le P.C. est le parti des héros. » Si pourtant l'on vous citait le nom d'un communiste qui faillit quelquefois ? « C'est que ce ne serait pas un *vrai* communiste. »

Il fallait donner beaucoup de gages et mener une vie exemplaire, au XIXᵉ siècle, pour se laver du péché d'écrire, aux yeux des bourgeois : car la littérature est par essence hérésie. La situation n'a pas changé, sauf en ceci que ce sont maintenant les communistes, c'est-à-dire les représentants qualifiés du prolétariat, qui tiennent par principe l'écrivain pour un suspect. Fût-il irréprochable dans ses mœurs, un intellectuel communiste porte en lui cette tare originelle : il est entré *librement* au Parti ; cette décision, c'est la lecture réfléchie du *Capital*, l'examen critique de la situation historique, le sens aigu de la justice, la générosité, le goût de la solidarité qui l'ont conduit à la prendre : tout cela fait preuve d'une indépendance qui ne sent pas bon. Il est entré au Parti par un libre choix ; donc il peut en sortir[s]. Il y est entré pour avoir critiqué la politique de sa classe d'origine, donc il pourra critiquer celle des représentants de sa classe d'adoption. Ainsi, dans l'action même par laquelle il inaugure une vie nouvelle, il y a une malédiction qui pèsera sur lui pendant toute sa vie. Dès l'instant de l'ordination commence pour lui un long procès semblable à celui que nous a décrit Kafka[165] où les juges sont inconnus et les dossiers secrets, où les seules sentences définitives sont les condamnations. Il ne s'agit pas que ses accusateurs invisibles fassent, comme on a coutume en justice, la preuve de son crime : c'est à lui de prouver son innocence. Comme tout ce qu'il écrit peut être retenu contre lui et qu'il le sait, chacune de ses œuvres offre ce caractère ambigu d'être à la fois un appel public au nom du P.C. et un plaidoyer secret pour sa propre cause. Tout ce qui, du dehors, pour les lecteurs, semble une chaîne d'affirmations péremptoires paraît, du dedans du parti, aux yeux des juges, une humble et maladroite tentative d'autojustification. Lorsqu'il se montre *pour nous* le plus brillant et le plus efficace, c'est peut-être alors qu'il est le plus coupable. Il nous semble parfois — et peut-être le croit-il aussi — qu'il s'est élevé dans la hiérarchie du Parti et qu'il en est devenu le porte-parole, mais c'est une épreuve ou une duperie : les échelons sont truqués ; quand il se croit en haut, il est resté par terre. Lisez cent fois ses écrits, jamais vous ne pourrez décider de leur véritable importance : quand Nizan, chargé de la politique étrangère à *Ce soir*, s'évertuait de bonne foi à prouver que notre seule chance de salut résidait dans un pacte franco-russe, ses juges secrets, qui le laissaient dire[166], avaient déjà connaissance des entretiens de Ribbentrop avec Molotov[167]. S'il pense se tirer d'affaire par une obéissance de cadavre, il se trompe. On lui demande d'avoir de l'esprit, du mordant, de la lucidité, de l'invention. Mais en même temps qu'on les exige, on lui fait grief de ces vertus car elles sont en elles-mêmes des penchants vers le crime : comment faire sa part à l'esprit critique ? Ainsi la faute est en lui comme un ver dans le fruit. Il ne peut plaire ni à ses lecteurs, ni à ses juges, ni à lui-même. Il n'est aux yeux de tous et même à ses propres yeux qu'une subjectivité coupable qui déforme la science en la réfléchissant dans ses eaux troubles. Cette déformation peut servir : comme les lecteurs ne démêlent pas ce qui vient de l'auteur et ce qui lui a été dicté par « le Processus historique[168] », il sera toujours possible de le désavouer. Il est entendu qu'il se salit les mains à sa besogne et comme il a mission d'exprimer au jour le jour la politique du P.C., ses articles demeurent encore quand il y a beau temps qu'elle a changé et c'est à eux que se réfèrent les adversaires du stalinisme lorsqu'ils veulent en montrer les contradictions ou la versatilité ; ainsi l'écrivain n'est pas seulement un *présumé coupable*, il se charge de toutes les fautes passées puisque son nom reste attaché aux erreurs du Parti, et il est le bouc émissaire de toutes les purges politiques.

Il n'est pas impossible, néanmoins, qu'il résiste long-temps s'il apprend à tenir ses qualités en laisse, et à tirer sur la laisse quand elles risquent de l'entraîner trop loin. Encore ne faut-il pas qu'il use de cynisme ; le cynisme est un vice aussi grave que la bonne volonté. Qu'il sache ignorer ; qu'il voie ce qu'il ne faut pas voir et qu'il oublie suffisamment ce qu'il a vu pour ne jamais en écrire tout en se le rappelant suffisamment pour pouvoir, à l'avenir, éviter de le regarder ; qu'il mène suffisamment loin sa critique pour déterminer le point où il convient de l'arrêter, c'est-à-dire qu'il dépasse ce point pour pouvoir, à l'avenir, échapper à la tentation de le dépasser, mais qu'il sache se désolidariser de cette critique prospective, la mettre entre parenthèses et tenir ses résultats pour nuls ; bref, qu'il considère en tout temps que l'esprit est fini, borné partout par des frontières magiques, par des brouillards, comme ces primitifs qui peuvent compter jusqu'à vingt et sont mystérieusement privés du pouvoir d'aller plus loin : cette brume artificielle qu'il doit toujours se tenir prêt à répandre entre lui et les évidences scabreuses, nous l'appellerons tout simplement la mauvaise foi.

Cela n'est point encore assez : qu'il évite de parler trop souvent des dogmes ; il n'est pas bon de les montrer en pleine lumière : les œuvres de Marx, comme la Bible des catholiques, sont dangereuses à qui les aborde sans directeur de conscience ; dans chaque cellule il s'en trouve un ; s'il vient des doutes, des scrupules, c'est à lui qu'il faut s'en ouvrir. Ne pas mettre non plus trop de communistes dans les romans ou à la scène : s'ils ont des défauts, ils risquent de déplaire ; tout parfaits, ils ennuient. Le politique stalinien ne souhaite nullement retrouver son image dans la littérature parce qu'il sait qu'un portrait est déjà contestation. On s'en tirera en peignant le « héros permanent » en profil perdu, en le faisant paraître à la fin de l'histoire, pour en tirer la conclusion, ou en suggérant partout sa présence, mais sans la montrer, comme Daudet pour l'Arlésienne[169]. Éviter, dans la mesure du possible, d'évoquer la Révolution : cela date. Pas plus que la bourgeoisie, le prolétariat d'Europe ne garde le gouvernement de son destin : l'Histoire s'écrit ailleurs. Il faut le déshabituer lentement de ses vieux rêves et remplacer tout doucement la perspective de l'insurrection par celle de la guerre. Si l'écrivain se conforme à toutes ces prescriptions, on ne l'aime pas pour autant. C'est une bouche inutile ; il ne travaille pas de ses mains. Il le sait, il souffre d'un complexe d'infériorité, il a presque honte de son métier et met autant de zèle à s'incliner devant les ouvriers que Jules Lemaitre en mettait, vers 1900, à s'incliner devant les généraux[170].

Pendant ce temps, intacte, la doctrine marxiste sèche sur pied : faute de controverses intérieures elle s'est dégradée en un déterminisme stupide. Marx, Engels, Lénine, ont dit cent fois que l'explication par les causes devait céder le pas au processus dialectique, mais la dialectique ne se laisse pas mettre en formules de catéchisme. On diffuse partout un scientisme primaire, on rend compte de l'Histoire par des juxtapositions de séries causales et linéaires ; le dernier des grands esprits du communisme français, Politzer[171], fut contraint d'enseigner, peu avant la guerre, que « le cerveau sécrète la pensée » comme une glande endocrine sécrète ses hormones ; lorsqu'il veut, aujourd'hui, interpréter l'Histoire ou les conduites humaines, l'intellectuel communiste emprunte à l'idéologie bourgeoise une psychologie déterministe fondée sur la loi d'intérêt et le mécanisme.

Mais il y a pis : le conservatisme du P.C. s'accompagne aujourd'hui d'un opportunisme qui le contredit. Il ne s'agit pas seulement de sauvegarder l'U.R.S.S., il faut ménager la bourgeoisie. On parle donc son langage : famille, patrie, religion, moralité ; et comme on n'a pas renoncé pour autant à l'affaiblir, on tentera de la battre sur son propre terrain, en renchérissant sur ses principes. Cette tactique a pour résultat de superposer deux conservatismes contradictoires : la scolastique matérialiste et le moralisme chrétien. À vrai dire, il n'est pas si difficile, pour peu qu'on abandonne toute logique, de passer de l'un à l'autre, parce que l'un et l'autre supposent la même attitude sentimentale : il s'agit de se crisper sur des positions menacées, de refuser la discussion, de dissimuler la crainte derrière la colère. Mais, précisément, l'intellectuel, par définition, doit *aussi* user de logique. On lui demande donc de couvrir les contradictions par des tours de passe-passe ; il faut qu'il s'évertue à concilier les inconciliables, qu'il rejoigne de force des idées qui se repoussent, qu'il dissimule les soudures par des couches miroitantes de beau style ; sans parler de cette tâche qui lui incombe depuis peu : voler l'histoire de France à la bourgeoisie, annexer le Grand Ferré, le petit Bara[172], saint Vincent de Paul, Descartes. Pauvres intellectuels communistes : ils ont fui l'idéologie de leur classe d'origine, mais c'est pour la retrouver dans leur classe d'élection. Cette fois, c'est fini de rire ; travail, famille, patrie : il faut qu'ils chantent. J'imagine qu'ils doivent souvent avoir plutôt envie de mordre ; mais ils sont enchaînés : on les laisse hurler contre des fantômes ou contre quelques écrivains qui sont restés libres et qui ne représentent rien.

On va me citer des auteurs illustres. Bien sûr. Je reconnais qu'ils ont eu du talent. Est-ce un hasard s'ils n'en ont plus ? J'ai montré plus haut que l'œuvre d'art, fin absolue, s'opposait par essence à l'utilitarisme bourgeois. Croit-on qu'elle peut s'accommoder de l'utilitarisme communiste ? Dans un parti authentiquement révolutionnaire, elle trouverait le climat propice à son éclosion, parce que la libération de l'homme et l'avènement de la société sans classes sont comme elle des buts absolus, des exigences inconditionnées qu'elle peut refléter dans son exigence ; mais le P.C. est entré aujourd'hui dans la ronde infernale des moyens, il faut prendre et garder des positions-clés, c'est-à-dire des moyens d'acquérir des moyens. Quand les fins s'éloignent, quand les moyens grouillent à perte de vue comme des cloportes, l'œuvre d'art devient moyen à son tour, elle entre dans la chaîne, ses fins et ses principes lui deviennent extérieurs, elle est gouvernée du dehors, elle n'exige plus rien, elle prend l'homme par le ventre ou le bas-ventre ; l'écrivain garde l'apparence du talent, c'est-à-dire l'art de trouver des mots qui brillent, mais, au-dedans, quelque chose est mort, la littérature s'est changée en propagande[t]. C'est pourtant un M. Garaudy, communiste et propagandiste, qui m'accuse d'être un fossoyeur[173]. Je pourrais lui retourner l'insulte, mais je préfère plaider coupable : si j'en avais le pouvoir, j'enterrerais la littérature de mes propres mains plutôt que de lui faire servir les fins auxquelles il l'utilise. Mais quoi ? les fossoyeurs sont gens honnêtes, certainement syndiqués, communistes peut-être. J'aime mieux être fossoyeur que laquais.

Puisque nous sommes encore libres, nous n'irons pas rejoindre les chiens de garde du P.C. ; il ne dépend pas de nous que nous ayons du talent, mais comme nous avons choisi le métier d'écrire, chacun de nous est responsable de la littérature et il dépend de nous qu'elle retombe ou non dans l'aliénation. On prétend parfois que nos livres reflètent les hésitations de la petite bourgeoisie qui ne se décide ni pour le prolétariat ni pour le capitalisme. C'est faux : notre parti est pris. À cela on nous répond que notre choix est inefficace et abstrait, que c'est un jeu d'intellectuel s'il ne s'accompagne pas de notre adhésion à un parti révolutionnaire : je ne le nie pas, mais ce n'est pas notre faute si le P.C. n'est plus un parti révolutionnaire. Il est vrai qu'on ne peut guère, aujourd'hui et en France, atteindre les classes travailleuses si ce n'est à travers lui ; mais c'est seulement par dissipation d'esprit qu'on assimilerait leur cause à la sienne. Même si, comme citoyens, nous pouvons, dans des circonstances rigoureusement déterminées, soutenir sa politique de nos votes[174], cela ne signifie pas que nous devions lui asservir notre plume. Si vraiment les deux termes de l'alternative sont la bourgeoisie et le P.C., alors le choix est impossible. Car nous n'avons pas le droit d'écrire pour la classe d'oppression *seule*, ni de nous solidariser avec un parti qui nous demande de travailler avec mauvaise conscience et dans la mauvaise foi. Pour autant que le parti communiste canalise, presque malgré lui, les aspirations de toute une classe opprimée qui le porte irrésistiblement à réclamer, par terreur d'être « tourné à gauche », des mesures comme la paix avec le Viêt-Nam ou l'augmentation des salaires, que toute sa politique tendait à éviter, nous sommes avec ce parti contre la bourgeoisie ; pour autant que certains milieux bourgeois de bonne volonté reconnaissent que la spiritualité doit être simultanément libre négativité et libre construction, nous sommes avec ces bourgeois contre le P.C. ; pour autant qu'une idéologie sclérosée, opportuniste, conservatrice, déterministe est en contradiction avec l'essence même de la littérature, nous sommes à la fois contre le P.C. et contre la bourgeoisie.

Cela signifie clairement que nous écrivons contre tout le monde, que nous avons des lecteurs, mais pas de public. Bourgeois en rupture de classe mais restés de mœurs bourgeoises, séparés du prolétariat par l'écran communiste, dépris de l'illusion aristocratique, nous restons en l'air, notre bonne volonté ne sert à personne, pas même à nous, nous sommes entrés dans le temps du public introuvable. Pis encore, nous écrivons à contre-courant. Les auteurs du XVIIIe siècle ont contribué à faire l'Histoire parce que la perspective historique du moment, c'était la révolution et qu'un écrivain peut et doit se ranger du côté de la révolution s'il est prouvé qu'il n'y a pas d'autre moyen de faire cesser une oppression. Mais l'écrivain d'aujourd'hui ne peut en aucun cas approuver une guerre, parce que la structure sociale de la guerre est la dictature, parce que les résultats en sont toujours chanceux et qu'elle coûte, de toute façon, infiniment plus qu'elle ne rapporte, enfin parce qu'on y aliène la littérature en la faisant servir au bourrage de crâne. Comme notre perspective historique est la guerre, comme on nous somme de choisir entre le bloc anglo-saxon et le bloc soviétique et que nous nous refusons à la préparer avec l'un comme avec l'autre, nous sommes tombés en dehors de l'Histoire et nous parlons dans le désert. Il ne nous reste même plus l'illusion de gagner notre procès en appel : il n'y aura pas d'appel et nous savons que le destin posthume de nos œuvres ne dépendra ni de notre talent ni de nos efforts, mais du résultat du conflit futur : dans l'hypothèse d'une victoire soviétique, nous serons passés sous silence jusqu'à ce que nous soyons morts une seconde fois ; dans celle d'une victoire américaine, on mettra les meilleurs d'entre nous dans les bocaux de l'histoire littéraire et on ne les en sortira plus.

La vision lucide de la situation la plus sombre est, déjà, par elle-même, un acte d'optimisme : elle implique en effet que cette situation est *pensable*, c'est-à-dire que nous n'y sommes pas égarés comme dans une forêt obscure et que nous pouvons au contraire nous en arracher au moins par l'esprit, la tenir sous notre regard, donc la dépasser déjà et prendre nos résolutions en face d'elle, même si ces résolutions sont désespérées. Au moment où toutes les Églises nous repoussent et nous excommunient, où l'art d'écrire, coincé entre les propagandes, semble avoir perdu son efficacité propre, notre engagement doit commencer. Il ne s'agit pas d'en rajouter sur les exigences de la littérature mais simplement de les servir toutes ensemble, même sans espoir.

1° D'abord recenser nos lecteurs *virtuels*, c'est-à-dire les catégories sociales qui ne nous lisent pas mais qui peuvent nous lire. Je ne crois pas que nous pénétrions beaucoup chez les instituteurs, et c'est dommage : il est arrivé déjà qu'ils aient servi d'intermédiaires entre la littérature et les masses[u]. Aujourd'hui, beaucoup d'entre eux ont déjà choisi : ils dispensent à leurs élèves l'idéologie chrétienne ou l'idéologie stalinienne, selon le parti qu'ils ont pris. Il en est d'autres qui hésitent : ce sont eux qu'il faudrait atteindre. Sur la petite bourgeoisie, méfiante et toujours mystifiée, si prompte, par égarement, à suivre les agitateurs fascistes, on a beaucoup écrit. Je ne crois pas qu'on ait souvent écrit *pour elle*[v], sauf des tracts de propagande.

Elle est accessible pourtant, par certains de ses éléments. Plus lointaines, difficiles à distinguer, plus encore à toucher, il y a enfin ces fractions populaires qui n'ont pas adhéré au communisme ou qui s'en déprennent et risquent de tomber dans l'indifférence résignée ou dans un mécontentement informe. En dehors de cela, rien : les paysans ne lisent guère — un peu plus cependant qu'en 1914 —, la classe ouvrière est verrouillée. Telles sont les données du problème : elles n'encouragent pas mais il faut s'en accommoder.

2° Comment agréger à notre public en acte quelques-uns de ces lecteurs en puissance ? Le livre est inerte, il agit sur qui l'ouvre, mais il ne se fait pas ouvrir. Il ne saurait être question de « vulgariser » : nous serions les gribouilles de la littérature et pour lui faire éviter l'écueil de la propagande, nous l'y jetterions à coup sûr. Donc recourir à de nouveaux moyens : ils existent déjà ; déjà les Américains les ont décorés du nom de « mass media » ; ce sont les vraies ressources dont nous disposons pour conquérir le public virtuel : journal, radio, cinéma. Naturellement, il faut que nous fassions taire nos scrupules ; bien sûr le livre est la forme la plus noble, la plus antique ; bien sûr, il faudra toujours y revenir, mais il y a un art *littéraire* de la T.S.F. et du film, de l'éditorial et du reportage. Point n'est besoin de vulgariser : le cinéma, par essence, parle aux foules ; il leur parle des foules et de leur destin ; la radio surprend les gens à table ou dans leurs lits, au moment qu'ils ont le moins de défense, dans l'abandon presque organique de la solitude ; elle en profite aujourd'hui pour les berner, mais c'est aussi l'instant où l'on pourrait le mieux en appeler à leur bonne foi : ils ne jouent pas encore ou ils ne jouent plus leurs personnages. Nous avons un pied dans la place : il faut apprendre à parler en images, à transposer les idées de nos livres dans ces nouveaux langages[175].

Il ne s'agit pas du tout de laisser adapter nos œuvres à l'écran ou pour les émissions de Radio-France : il faut

écrire directement pour le cinéma, pour les ondes. Les difficultés que j'ai mentionnées plus haut proviennent de ceci
que radio et cinéma sont des machines : comme elles mettent en jeu d'importants capitaux, il est inévitable qu'elles
soient aujourd'hui entre les mains de l'État ou de sociétés
anonymes et conservatrices. C'est par malentendu qu'on
s'adresse à l'écrivain, il croit qu'on lui demande son travail, dont on n'a que faire, alors qu'on n'en veut qu'à sa
signature, qui paie[176]. Et comme il manque à ce point de
sens pratique qu'on ne peut en général le décider à vendre
l'une sans l'autre, on tâche au moins d'obtenir qu'il plaise
et qu'il assure des bénéfices aux actionnaires ou qu'il persuade et serve la politique de l'État. Dans les deux cas, on
lui démontre par des statistiques que les mauvaises productions ont plus de succès que les bonnes et lorsqu'on l'a
mis au courant du mauvais goût public on le prie de s'y
soumettre. Quand l'œuvre est achevée, pour être tout à fait
sûr qu'elle est au plus bas, on la livre à des médiocres qui
coupent ce qui dépasse. Mais c'est précisément sur ce point
que notre lutte doit porter. Il ne convient pas de s'abaisser
pour plaire mais, au contraire, de révéler au public ses exigences propres et de l'élever, petit à petit, jusqu'à ce qu'il ait
besoin de lire. Il faut céder en apparence et nous rendre
indispensables, consolider nos positions, s'il se peut, par
des succès faciles ; ensuite profiter du désordre des services
gouvernementaux et de l'incompétence de certains producteurs pour retourner ces armes contre eux. Alors l'écrivain
se lancera dans l'inconnu : il parlera, dans le noir, à des
gens qu'il ignore, à qui l'on n'a jamais parlé sauf pour leur
mentir ; il prêtera sa voix à leurs colères et à leurs soucis ;
par lui, des hommes qui n'ont jamais été reflétés par
aucun miroir et qui ont appris à sourire et à pleurer
comme les aveugles, sans se voir, se trouveront tout à
coup en face de leur image. Qui oserait prétendre que la
littérature y perdra ? Je crois qu'elle y gagne au contraire :
les nombres entiers et fractionnaires, qui furent jadis toute

l'arithmétique, ne représentent aujourd'hui qu'un petit secteur de la science des nombres. Ainsi du livre : la « littérature totale », si jamais elle voit le jour, aura ses irrationnels, son algèbre et ses imaginaires. Qu'on ne dise pas que ces industries n'ont rien à faire avec l'art : après tout l'imprimerie aussi est une industrie et les auteurs d'autrefois l'ont conquise pour nous ; je ne pense pas que nous ayons jamais l'usage entier des « mass media », mais il serait beau d'en commencer la conquête pour nos successeurs. Ce qui est sûr, en tout cas, c'est que si nous ne nous en servons pas, nous devons nous résigner à n'écrire jamais que pour des bourgeois.

3° Bourgeois de bonne volonté, intellectuels, instituteurs, ouvriers non communistes : en admettant que nous touchions à la fois ces éléments disparates, comment en faire un public, c'est-à-dire une unité organique de lecteurs, d'auditeurs et de spectateurs ?

Rappelons-nous que l'homme qui lit se dépouille en quelque sorte de sa personnalité empirique, échappe à ses ressentiments, à ses peurs, à ses convoitises pour se mettre au plus haut de sa liberté ; cette liberté prend l'ouvrage littéraire pour fin absolue et, à travers lui, l'humanité : elle se constitue en exigence inconditionnée par rapport à elle-même, à l'auteur et aux lecteurs possibles : elle peut donc s'identifier à la *bonne volonté* kantienne, qui, en toute circonstance, traite l'homme comme une fin et non comme un moyen. Ainsi le lecteur, par ses exigences mêmes, accède à ce concert des bonnes volontés que Kant a nommé Cité des fins[177] et que, en chaque point de la terre, à chaque instant, des milliers de lecteurs qui s'ignorent contribuent à maintenir. Mais pour que ce concert idéal devînt une société concrète, il faudrait qu'il remplît deux conditions : la première, que les lecteurs remplacent la connaissance de principe qu'ils ont les uns des autres en tant qu'ils sont tous des exemplaires singuliers de l'humanité, par une intuition ou tout au moins par un pressentiment de leur

présence charnelle au milieu de ce monde-ci ; la seconde,
que ces bonnes volontés abstraites, au lieu de rester solitaires et de jeter dans le vide des appels qui ne touchent
personne à propos de la condition humaine en général,
établissent entre elles des relations réelles à l'occasion
d'événements vrais ou, en d'autres termes, que ces bonnes
volontés, intemporelles, *s'historialisent* en conservant leur
pureté et qu'elles transforment leurs exigences formelles
en revendications matérielles et datées. Faute de quoi, la
Cité des fins ne dure pour chacun de nous que le temps de
notre lecture ; en passant de la vie imaginaire à la vie
réelle, nous oublions cette communauté abstraite, implicite, et qui ne repose sur rien. De là proviennent ce que je
nommerais les deux mystifications essentielles de la lecture.

Lorsqu'un jeune communiste, en lisant *Aurélien*, lorsqu'un
étudiant chrétien, en lisant *L'Otage*[178], ont un instant de joie
esthétique, leur sentiment enveloppe une exigence universelle, la Cité des fins les entoure de ses murailles fantômes ;
mais, dans le même temps, ces ouvrages sont supportés
par une collectivité concrète — ici, le parti communiste ;
là, la communauté des fidèles — qui les sanctionne et qui
manifeste sa présence entre leurs lignes : un prêtre en a
parlé en chaire, *L'Humanité* les a recommandés ; l'étudiant
ne se sent jamais seul quand il lit, le livre revêt un caractère sacré, c'est un accessoire du culte, la lecture devient
un rite, très précisément une communion ; qu'un Nathanaël, par contre, ouvre *Les Nourritures terrestres*, il lance,
dès qu'il s'échauffe, le même appel impuissant à la bonne
volonté des hommes ; la Cité des fins, magiquement évoquée, ne refuse pas de paraître. Cependant son enthousiasme demeure essentiellement solitaire : la lecture est ici
séparatrice ; on le dresse contre sa famille, contre la société
qui l'entoure ; on le coupe du passé, de l'avenir, pour le
réduire à sa présence nue dans l'instant ; on lui apprend à
descendre en lui-même pour reconnaître et dénombrer ses

désirs les plus particuliers. Qu'il y ait, en quelque lieu du monde que ce soit, un autre Nathanaël, plongé dans la même lecture et dans les mêmes transports, notre Nathanaël n'en a cure : le message ne s'adresse qu'à lui, le déchiffrage en est un acte de vie intérieure, une tentative de solitude ; au bout du compte on l'invite à rejeter le livre, à rompre le pacte d'exigences mutuelles qui l'unissait à l'auteur, il n'a rien trouvé que lui-même. Lui-même comme entité séparée. Nous dirons, pour parler comme Durkheim, que la solidarité des lecteurs de Claudel est organique et que celle des lecteurs de Gide est mécanique.

Dans les deux cas, la littérature court les plus graves dangers. Quand le livre est sacré, il ne tire pas sa vertu religieuse de ses intentions ou de sa beauté, mais il la reçoit du dehors, comme un cachet, et comme le moment essentiel de la lecture est en ce cas la communion, c'est-à-dire l'intégration symbolique à la communauté, l'ouvrage écrit passe à *l'inessentiel*, c'est-à-dire qu'il devient pour de vrai un *accessoire* de la cérémonie. Ce que manifeste assez clairement l'exemple de Nizan : communiste, les communistes le lisaient avec ferveur ; apostat, mort, aucun stalinien n'aurait l'idée de reprendre ses livres ; ils n'offrent plus à ces yeux prévenus que l'image même de la trahison. Mais comme le lecteur du *Cheval de Troie* et de *La Conspiration*[179] adressait, en 1939, un appel inconditionné et intemporel à l'adhésion de tout homme libre, comme, d'autre part, le caractère sacré de ces ouvrages était, au contraire, conditionnel et temporaire et qu'il impliquait la possibilité de les rejeter comme des hosties souillées, en cas d'excommunication de leur auteur, ou simplement de les oublier, si le P.C. changeait sa politique, ces deux implications contradictoires détruisaient jusqu'au sens de la lecture[w]. Rien d'étonnant à cela puisque nous avons vu l'auteur communiste ruiner de son côté le sens même de l'écriture : la boucle est bouclée. Faut-il donc s'accommoder d'être lu en secret, presque en cachette, faut-il que l'œuvre d'art mûrisse comme un beau vice doré tout au fond d'âmes solitaires ? Ici encore je crois discerner une contradiction : dans l'œuvre d'art nous avons découvert la présence de l'humanité entière ; la lecture est commerce du lecteur avec l'auteur, avec les autres lecteurs : comment pourrait-elle, en même temps, inviter à la ségrégation ?

Nous ne voulons pas que notre public, si nombreux puisse-t-il être, se réduise à la juxtaposition de lecteurs individuels ni que son unité lui soit conférée par l'action transcendante d'un Parti ou d'une Église. La lecture ne doit pas être une communion mystique, non plus qu'une masturbation, mais un compagnonnage. Nous reconnaissons d'autre part que le recours purement formel aux bonnes volontés abstraites laisse chacun dans son isolement originel. Pourtant c'est de là qu'il faut partir : si l'on perd ce fil conducteur, on s'égare soudain dans le maquis de la propagande ou dans les voluptés égoïstes d'un style qui « se préfère ». Il nous appartient donc de convertir la Cité des fins en société concrète et ouverte — et ceci par le contenu même de nos ouvrages.

Si la Cité des fins demeure une abstraction languissante, c'est qu'elle n'est pas réalisable sans une modification objective de la situation historique. Kant l'avait fort bien vu, je crois ; mais il comptait tantôt sur une transformation purement subjective du sujet moral et tantôt il désespérait de rencontrer jamais une bonne volonté sur cette terre. En fait la contemplation de la beauté peut bien susciter en nous l'intention purement formelle de traiter les hommes comme des fins, mais cette intention se révélerait vaine à la pratique puisque les structures fondamentales de notre société sont encore oppressives. Tel est le paradoxe actuel de la morale : si je m'absorbe à traiter comme fins absolues quelques personnes choisies, ma femme, mon fils, mes amis, le nécessiteux que je rencontrerai sur ma route, si je m'acharne à remplir tous mes devoirs envers eux, j'y consumerai ma vie, je serai amené à *passer sous silence* les injustices de l'époque, lutte des classes, colonia-lisme, antisémitisme, etc., et finalement, *à profiter de l'oppression pour faire le bien*. Comme d'ailleurs celle-ci se retrouvera dans les rapports de personne à personne et, plus subtilement, dans mes intentions mêmes, le bien que je tente de faire sera vicié à la base, il se tournera en mal radical. Mais, réciproquement, si je me jette dans l'entre-prise révolutionnaire, je risque de n'avoir plus de loisirs pour les relations personnelles, pis encore, d'être amené par la logique de l'action à traiter la plupart des hommes et mes camarades mêmes comme des moyens. Mais si nous débutons par l'exigence morale qu'enveloppe à son insu le sentiment esthétique, nous prenons le bon départ : il faut *historialiser* la bonne volonté du lecteur, c'est-à-dire provoquer, s'il se peut, par l'agencement formel de notre œuvre, son intention de traiter en tout cas l'homme comme fin absolue, et diriger par le *sujet* de notre écrit son inten-tion sur ses voisins, c'est-à-dire sur les opprimés de notre monde. Mais nous n'aurons rien fait si nous ne lui mon-trons en outre, et dans la trame même de l'ouvrage, qu'il lui est précisément impossible de traiter les hommes con-crets comme des fins dans la société contemporaine. Ainsi le guidera-t-on par la main jusqu'à lui faire voir que ce qu'il veut en effet c'est abolir l'exploitation de l'homme par l'homme et que la Cité des fins qu'il a posée d'un coup dans l'intuition esthétique n'est qu'un idéal dont nous ne nous rapprocherons qu'au terme d'une longue évolution historique. En d'autres termes, nous devons transformer sa bonne volonté formelle en une volonté concrète et maté-rielle de changer *ce monde-ci* par des moyens déterminés, pour contribuer à l'avènement futur de la société concrète des fins. Car en ce temps-ci une bonne volonté n'est pas possible ou plutôt elle n'est et ne peut être que le dessein de rendre la bonne volonté possible. De là une *tension* par-ticulière qui doit se manifester dans nos ouvrages et qui rappelle de loin celle que je mentionnais à propos de

Richard Wright. Car toute une partie du public que nous voulons gagner épuise encore sa bonne volonté dans les rapports de personne à personne ; et toute une autre partie, parce qu'elle appartient aux masses opprimées, s'est donné pour tâche d'obtenir par tous les moyens une amélioration matérielle de son sort. Il faut donc apprendre simultanément aux uns que le règne des fins ne se peut réaliser sans révolution et aux autres que la révolution n'est concevable que si elle prépare le règne des fins. C'est cette perpétuelle tension, si nous pouvons nous y tenir, qui réalisera l'unité de notre public. En un mot, nous devons dans nos écrits militer en faveur de la liberté de la personne et de la révolution socialiste. On a souvent prétendu qu'elles n'étaient pas conciliables : c'est notre affaire de montrer inlassablement qu'elles s'impliquent l'une l'autre.

Nous sommes nés dans la bourgeoisie et cette classe nous a appris la valeur de ses conquêtes : libertés politiques, *habeas corpus*, etc. ; nous demeurons bourgeois par notre culture, notre mode de vie et notre public actuel. Mais, en même temps, la situation historique nous incite à nous joindre au prolétariat pour construire une société sans classes. Nul doute que, pour l'instant, celui-ci se soucie peu de la liberté de penser : il a d'autres chats à fouetter. La bourgeoisie, d'autre part, affecte de ne pas même entendre ce que signifient les mots de « libertés matérielles ». Ainsi chaque classe peut-elle, tout au moins à cet égard, conserver une bonne conscience, puisqu'elle ignore un des termes de l'antinomie. Mais nous autres qui, pour n'avoir présentement rien à médier, n'en sommes pas moins en situation de médiateurs, tiraillés entre une classe et l'autre, nous sommes condamnés à subir comme une Passion cette double exigence. Elle est notre problème personnel aussi bien que le drame de notre époque.

On dira naturellement que cette antinomie qui nous déchire vient seulement de ceci qu'il traîne encore en nous des lambeaux d'idéologie bourgeoise dont nous n'avons pas su nous défaire, on dira d'autre part que nous avons le snobisme révolutionnaire et que nous voulons faire servir la littérature à des fins auxquelles elle n'est pas destinée. Ce ne serait rien : mais chez certains d'entre nous qui ont des consciences malheureuses, ces voix trouvent des échos alternés. Donc il convient de nous pénétrer de cette vérité : il est peut-être tentant d'abandonner les libertés formelles pour renier plus complètement nos origines bourgeoises, mais cela suffirait à discréditer fondamentalement le projet d'écrire ; peut-être serait-il plus simple de nous désintéresser des revendications matérielles pour faire de la « littérature pure » avec une conscience sereine, mais du coup nous renoncerions à choisir nos lecteurs en dehors de la classe d'oppression. Donc, c'est aussi pour nous-mêmes et en nous-mêmes qu'il faut surmonter l'opposition. Persuadons-nous d'abord qu'elle est surmontable : la littérature nous en fournit la preuve par elle-même, puisqu'elle est l'œuvre d'une liberté totale s'adressant à des libertés plénières et qu'ainsi elle manifeste à sa manière, comme libre produit d'une activité créatrice, la totalité de la condition humaine. Et si, d'autre part, concevoir une solution d'ensemble dépasse les forces de la plupart d'entre nous, c'est notre devoir de surmonter l'opposition en mille synthèses de détail. Chaque jour il nous faut prendre parti dans notre vie d'écrivain, dans nos articles, dans nos livres. Que ce soit toujours en conservant pour principe directeur les droits de la liberté totale, comme synthèse effective des libertés formelles et matérielles. Que cette liberté se manifeste dans nos romans, dans nos essais, dans nos pièces de théâtre. Et comme nos personnages n'en ont pas encore la jouissance, s'ils sont de notre temps, sachons du moins montrer ce qu'il leur en coûte de ne pas la posséder. Il ne suffit plus de dénoncer en beau style les abus et les injustices, ni de faire une psychologie brillante et négative de la classe bourgeoise, ni même de mettre notre plume au service des partis sociaux : pour sauver la littérature, il faut prendre position *dans notre littérature*, parce que la littérature est par essence prise de position. Nous devons à la fois repousser dans tous les domaines les solutions qui ne s'inspireraient pas rigoureusement de principes socialistes, mais en même temps nous écarter de toutes les doctrines et de tous les mouvements qui considéreraient le socialisme comme la fin absolue. À nos yeux il ne doit pas représenter la fin dernière, mais la fin du commencement ou, si l'on préfère, le dernier moyen avant la fin qui est de mettre la personne humaine en possession de sa liberté. Ainsi nos ouvrages doivent-ils se présenter au public sous un double aspect de négativité et de construction.

La négativité d'abord. On connaît la grande tradition de littérature critique qui remonte à la fin du XVIIIe siècle : il s'agit, par l'analyse, de séparer dans chaque notion ce qui lui revient en propre et ce que la tradition ou les mystifications de l'oppresseur y ont ajouté. Des écrivains comme Voltaire ou les Encyclopédistes considéraient l'exercice de cette critique comme une de leurs tâches essentielles. Puisque la matière et l'outil de l'écrivain, c'est le langage, il est normal qu'il revienne aux auteurs de nettoyer leur instrument. Cette fonction négative de la littérature a été délaissée, à vrai dire, durant le siècle suivant, probablement parce que la classe au pouvoir faisait usage des concepts fixés à son intention par les grands écrivains du passé et qu'il y avait une sorte d'équilibre, au départ, entre ses institutions, ses visées, le genre d'oppression qu'elle exerçait et le sens qu'elle donnait aux mots dont elle se servait. Par exemple, il est clair que le mot de « liberté » n'a jamais désigné au XIXe siècle que la liberté politique et qu'on réservait les mots de « désordre » ou de « licence » pour toutes les autres formes de liberté. Pareillement le mot de « révolution » se référait nécessairement à une grande Révolution historique, celle de 1789. Et comme la bourgeoisie négligeait par une convention très générale l'aspect *économique* de cette Révolution, comme elle faisait à peine mention, dans son histoire, de Gracchus Babeuf, des vues de Robespierre et de Marat, pour donner son estime officielle à Desmoulins et aux Girondins[180], il en résultait que l'on désignait par « révolution » une insurrection politique qui réussit et qu'on pouvait appliquer cette dénomination aux événements de 1830 et de 1848 qui n'ont produit au fond qu'un simple changement du personnel dirigeant. Cette étroitesse du vocabulaire faisait manquer, évidemment, certains aspects de la réalité historique, psychologique ou philosophique ; mais comme ces aspects n'étaient pas manifestes par eux-mêmes, comme ils correspondaient plutôt à de sourds malaises, dans la conscience des masses ou de l'individu, qu'à des facteurs effectifs de la vie sociale ou personnelle, on était plutôt frappé par la propreté sèche des vocables, par la netteté immuable des significations que par leur insuffisance. Au XVIIIᵉ siècle, faire un Dictionnaire Philosophique, c'était miner sourdement la classe au pouvoir. Au XIXᵉ, Littré et Larousse sont des bourgeois positivistes et conservateurs : les dictionnaires servent seulement à recenser et à fixer[181] ; la crise du langage qui marque la littérature, entre les deux guerres, vient de ce que les aspects négligés de la réalité historique et psychologique sont brusquement passés, après une sourde maturation, au premier plan. Cependant, nous disposons pour les nommer du même matériel verbal. Ce ne serait peut-être pas si grave, parce que, dans la plupart des cas, il s'agit seulement d'approfondir des concepts et de changer des définitions : lorsqu'on aura par exemple rajeuni le sens du mot « révolution » en faisant remarquer qu'on doit désigner par ce vocable un phénomène historique comportant à la fois le changement du régime de la propriété, le changement du personnel politique et le recours à l'insurrection, on aura procédé, sans grands efforts, au rajeunissement d'un secteur de la langue française, et le mot, imprégné d'une vie nouvelle, prendra un nouveau départ. Il faut remarquer seulement que le travail de base à exercer sur le

langage est de nature synthétique, alors qu'il était analytique au siècle de Voltaire : il faut élargir, approfondir,
ouvrir les portes et laisser entrer, en les contrôlant au passage, le troupeau des idées neuves. C'est, très exactement,
faire de l'antiacadémisme.

Malheureusement ce qui complique notre tâche à
l'extrême, c'est que nous vivons en un siècle de propagande. En 1741, les deux camps adverses ne se disputaient
que Dieu, ce n'était pas encore trop grave. Aujourd'hui, il y
a cinq ou six camps ennemis qui veulent s'arracher les
notions-clés, parce que ce sont elles qui exercent le plus
d'influence sur les masses. On se rappelle comment les
Allemands, conservant l'aspect extérieur, le titre, l'ordonnance des articles et jusqu'aux caractères typographiques
des journaux français d'avant-guerre, les employaient à
diffuser des idées entièrement opposées à celles que nous
avions l'habitude d'y trouver : ils comptaient que nous ne
nous apercevrions pas de la différence des pilules, puisque
la dorure ne changeait pas. Ainsi des mots : chaque parti
les pousse en avant, comme des chevaux de Troie, et nous
les laissons entrer parce qu'on fait miroiter à nos yeux leur
sens du XIXe siècle. Une fois dans la place, ils s'ouvrent et
des significations étrangères, inouïes, se répandent en
nous comme des armées, la forteresse est prise avant que
nous n'y prenions garde. Dès lors, la conversation ni la dis-
pute ne sont plus possibles ; Brice Parain l'a bien vu[182] : si
vous usez du mot de liberté devant moi, dit-il à peu près,
je m'échauffe, j'approuve ou je contredis ; mais je
n'entends point par là ce que vous entendez, ainsi nous
discourons dans le vide. C'est vrai, mais c'est un mal
moderne. Au XIXe siècle, le Littré nous eût mis d'accord ;
avant cette guerre-ci nous pouvions recourir au vocabulaire de Lalande[183]. Aujourd'hui, il n'y a plus d'arbitre. Au
reste nous sommes tous complices, parce que ces notions
glissantes servent notre mauvaise foi. Ce n'est pas tout : les
linguistes ont souvent marqué que les mots, aux périodes

troublées, conservaient la trace des grandes migrations humaines : une armée barbare traverse la Gaule, les soldats s'amusent de la langue indigène, la voilà faussée pour longtemps. La nôtre porte encore les marques de l'invasion nazie. Le mot de « Juif » désignait autrefois un certain type d'homme ; peut-être l'antisémitisme français lui avait-il communiqué un léger sens péjoratif, mais il était facile de l'en décrasser : aujourd'hui on craint d'en user, il sonne comme une menace, une insulte ou une provocation. Celui d'« Europe » se référait à l'unité géographique, économique et historique du Vieux Continent. Aujourd'hui, il conserve un relent de germanisme et de servitude. Il n'est pas jusqu'au terme innocent et abstrait de « collaboration » qui ne soit devenu mal famé.

De l'autre côté, comme la Russie soviétique est en panne, les mots dont usaient avant-guerre les communistes sont tombés en panne aussi. Ils s'arrêtent à mi-chemin de leur sens, tout de même que les intellectuels staliniens à mi-chemin de leur pensée, ou bien encore ils se perdent sur des routes de traverse. À cet égard les avatars du mot de « révolution » sont bien significatifs. Je citais, dans un autre article, ce mot d'un journaliste collaborateur : « Maintenir, telle est la devise de la Révolution Nationale. » J'y joins aujourd'hui celui-ci, qui vient d'un intellectuel communiste : « Produire, voilà la vraie Révolution. » Les choses sont allées si loin qu'on a pu lire récemment en France sur des affiches électorales : « Voter pour le parti communiste, c'est voter pour la défense de la propriété[x]. » Inversement, qui n'est pas socialiste aujourd'hui ? Je me souviens d'une réunion d'écrivains — tous de gauche — qui refusa d'utiliser, dans un manifeste, le mot de socialisme « parce qu'il était trop décrié ». Et la réalité linguistique est aujourd'hui si compliquée que je ne sais pas encore si ces auteurs ont repoussé le mot pour la raison qu'ils ont donnée ou parce que, tout éculé qu'il fût, il leur faisait peur. On sait, par ailleurs, que le terme de *communiste* désigne aux États-Unis tout citoyen américain qui ne vote pas pour les Républicains et le mot de *fasciste*, en Europe, tout citoyen européen qui ne vote pas pour les communistes. Pour brouiller davantage les cartes, il faut ajouter que les conservateurs français déclarent que le régime soviétique — qui ne s'inspire pourtant ni d'une théorie de la race, ni d'une théorie de l'antisémitisme, ni d'une théorie de la guerre — est un national-socialisme, cependant qu'on déclare à gauche que les États-Unis — qui sont une démocratie capitaliste avec dictature diffuse de l'opinion publique — versent dans le fascisme.

La fonction d'un écrivain est d'appeler un chat un chat. Si les mots sont malades, c'est à nous de les guérir. Au lieu de cela, beaucoup vivent de cette maladie. La littérature moderne, en beaucoup de cas, est un cancer des mots. Je veux bien qu'on écrive « cheval de beurre » mais, en un sens, on ne fait pas autre chose que ceux qui parlent des États-Unis fascistes ou du national-socialisme stalinien. En particulier, rien n'est plus néfaste que l'exercice littéraire appelé, je crois, prose poétique, qui consiste à user des mots pour les harmoniques obscures qui résonnent autour d'eux et qui sont faites de sens vagues en contradiction avec la signification claire.

Je sais : le propos de maint auteur a été de détruire les mots, comme celui des surréalistes fut de détruire conjointement le sujet et l'objet : c'était l'extrême pointe de la littérature de consommation. Mais aujourd'hui, je l'ai montré, il faut construire. Si l'on se met à déplorer comme Brice Parain l'inadéquation du langage à la réalité, on se fait complice de l'ennemi, c'est-à-dire de la propagande. Notre premier devoir d'écrivain est donc de rétablir le langage dans sa dignité. Après tout nous pensons avec des mots. Il faudrait que nous fussions bien fats pour croire que nous recelons des beautés ineffables que la parole n'est pas digne d'exprimer. Et puis, je me méfie des incommunicables, c'est la source de toute violence. Quand les certitudes dont nous jouissons nous semblent impossibles à faire partager, il ne reste plus qu'à battre, à brûler ou à pendre. Non : nous ne valons pas mieux que notre vie et c'est par notre vie qu'il faut nous juger ; notre pensée ne vaut pas mieux que notre langage et l'on doit la juger par la façon dont elle en use. Si nous voulons restituer aux mots leurs vertus, il faut mener une double opération : d'une part un nettoyage analytique qui les débarrasse de leurs sens adventices, d'autre part un élargissement synthétique qui les adapte à la situation historique. Si un auteur voulait se consacrer entièrement à cette tâche, il n'aurait pas trop de toute sa vie. En nous y mettant tous ensemble, nous la mènerons à bien sans tant de peine.

Ce n'est pas tout : nous vivons à l'époque des mystifications. Il en est de fondamentales qui tiennent à la structure de la société : il en est de secondaires. De toute façon, l'ordre social repose aujourd'hui sur la mystification des consciences, comme aussi le désordre. Le nazisme était une mystification, le gaullisme en est une autre, le catholicisme une troisième ; il est hors de doute, à présent, que le communisme français en est une quatrième. Nous pourrions évidemment n'en pas tenir compte et faire notre travail honnêtement, sans agressivité. Mais comme l'écrivain s'adresse à la liberté de son lecteur et comme chaque conscience mystifiée, en tant qu'elle est complice de la mystification qui l'enchaîne, tend à persévérer dans son état, nous ne pourrons sauvegarder la littérature que si nous prenons à tâche de démystifier notre public. Pour la même raison le devoir de l'écrivain est de prendre parti contre toutes les injustices, d'où qu'elles viennent. Et comme nos écrits n'auraient pas de sens si nous ne nous étions fixé pour but l'avènement lointain de la liberté par le socialisme, il importe de faire ressortir, en chaque cas, qu'il y a eu violation des libertés formelles et personnelles ou oppression matérielle ou les deux à la fois. De ce point de vue, il nous faut dénoncer aussi bien la politique de l'Angleterre en Palestine et celle des États-Unis en Grèce que les déportations soviétiques. Et si l'on nous dit que nous faisons bien les importants et que nous sommes bien puérils d'espérer que nous changerons le cours du monde, nous répondrons que nous n'avons aucune illusion, mais qu'il convient pourtant que certaines choses soient dites, fût-ce seulement pour sauver la face aux yeux de nos fils, et d'ailleurs que nous n'avons pas la folle ambition d'influencer le State Department — mais celle, un peu moins folle, d'agir sur l'opinion de nos concitoyens.

Il ne faut pas cependant que nous déchargions au hasard et sans discernement de grands coups d'écritoire. Nous avons, en chaque cas, à considérer le but poursuivi. D'anciens communistes voudraient nous faire voir dans la Russie soviétique l'ennemi n° 1 parce qu'elle a pourri l'idée même de socialisme et qu'elle a transformé la dictature du prolétariat en dictature de la bureaucratie ; on souhaiterait, en conséquence, que nous consacrions tout notre temps à stigmatiser ses exactions et ses violences ; on nous représente en même temps que les injustices capitalistes sont fort manifestes et ne risquent pas de tromper : donc nous perdrions notre temps à les dévoiler. Je crains de trop bien deviner les intérêts que servent ces conseils. Quelles que soient les violences considérées, encore y a-t-il lieu, avant de porter un jugement sur elles, d'envisager la situation du pays qui les commet et les perspectives dans lesquelles il les a commises. Il faudrait d'abord prouver, par exemple, que les agissements actuels du gouvernement soviétique ne lui sont pas dictés, en dernière analyse, par son désir de protéger la Révolution en panne et de « tenir » jusqu'au moment où il sera possible de reprendre sa marche en avant. Au lieu que l'antisémitisme et la négrophobie des Américains, notre colonialisme, l'attitude des puissances vis-à-vis de Franco, conduisent souvent à des injustices moins spectaculaires, mais n'en visent pas moins à perpétuer le régime actuel d'exploitation de l'homme par l'homme.

Tout le monde le sait, dira-t-on. C'est peut-être vrai, mais si personne ne le *dit*, à quoi nous sert-il de le savoir ? C'est notre tâche d'écrivain que de représenter le monde et d'en témoigner.

Au reste, même s'il était prouvé que les Soviets et le parti communiste poursuivent des fins authentiquement révolutionnaires, cela ne nous dispenserait pas de juger des *moyens*. Si l'on tient la liberté pour le principe et le but de toute activité humaine, il est également faux que l'on doive juger les moyens sur la fin et la fin sur les moyens. Mais plutôt la fin est l'unité synthétique des moyens employés. Il y a donc des moyens qui risquent de détruire la fin qu'ils se proposent de réaliser, en brisant par leur simple présence l'unité synthétique où ils veulent entrer. On a tenté de déterminer par des formules quasi mathématiques à quelles conditions un moyen peut être dit légitime : on fait entrer dans ces formules la probabilité de la fin, sa proximité, ce qu'elle rapporte en regard de ce que coûte le moyen employé. On croirait retrouver Bentham et l'arithmétique des plaisirs[184]. Je ne dis pas qu'une formule de ce genre ne puisse s'appliquer à certains cas. Par exemple dans l'hypothèse, elle-même quantitative, où il faut sacrifier un certain nombre de vies humaines pour en sauver d'autres. Mais, dans la majorité des cas, le problème est tout différent : le moyen utilisé introduit dans la fin une altération *qualitative* et qui, par conséquent, n'est pas mesurable. Imaginons qu'un parti révolutionnaire mente systématiquement à ses militants pour les protéger contre les incertitudes, les crises de conscience, la propagande adverse. La fin poursuivie est l'abolition d'un régime d'oppression ; mais le mensonge est lui-même oppression. Peut-on perpétuer l'oppression sous prétexte d'y mettre fin ? Faut-il asservir l'homme pour mieux le libérer ? On dira que le moyen est transitoire. Non, s'il contribue à créer une humanité *mentie* et *menteuse*, car alors les hommes qui prendront le pouvoir ne sont plus ceux qui mériteraient de s'en emparer ; et les raisons qu'on avait d'abolir l'oppression sont sapées par la façon dont on s'y prend pour l'abolir. Ainsi la politique du parti communiste qui consiste à mentir devant ses propres troupes, à calomnier, à cacher ses défaites et ses fautes, compromet-elle le but qu'il poursuit. D'autre part il est facile de répondre qu'on ne peut, à la guerre — et tout parti révolutionnaire est en guerre —, dire toute la vérité aux soldats. Il y a donc ici une question de mesure ; aucune formule toute faite ne dispensera de l'examen en chaque cas particulier. Cet examen, c'est à nous de le faire. Laissé à lui-même, le politique prend toujours le moyen le plus commode, c'est-à-dire qu'il descend la pente. Les masses, dupées par la propagande, le suivent. Qui donc peut *représenter* au gouvernement, aux partis, aux citoyens, la valeur des moyens employés, si ce n'est l'écrivain ? Cela ne signifie pas que nous devions nous opposer systématiquement à l'usage de la violence. Je reconnais que la violence, sous quelque forme qu'elle se manifeste, est un échec. Mais c'est un échec inévitable parce que nous sommes dans un univers de violence ; et s'il est vrai que le recours à la violence contre la violence risque de la perpétuer, il est vrai aussi que c'est l'unique moyen de la faire cesser. Tel journal où l'on écrivait, assez superbement, qu'il fallait refuser toute complicité directe ou indirecte avec la violence d'où qu'elle vienne, devait annoncer, le lendemain, les premiers combats de la guerre indochinoise[185]. Je lui demande aujourd'hui : comment faut-il faire pour refuser toute participation indirecte aux violences ? Si vous ne dites rien, vous êtes nécessairement pour la continuation de la guerre : on est toujours responsable de ce qu'on n'essaie pas d'empêcher. Mais si vous obteniez qu'elle cesse sur l'heure et à tout prix, vous seriez à l'origine de quelques massacres et vous feriez violence à tous les Français qui ont des intérêts là-bas. Je ne parle pas, bien entendu, des compromis, puisque c'est d'un compromis que la guerre est née. Violence pour violence, il faut choisir. Selon d'autres principes. Le politique se demandera si les transports de troupes sont possibles, si une continuation de la guerre lui aliénera l'opinion publique, quelles en seront les répercussions internationales. Il incombe à l'écrivain de juger les moyens, non du point de vue d'une morale abstraite, mais dans les perspectives d'un but précis qui est la réalisation d'une démocratie socialiste. Ainsi ce n'est pas seulement en théorie mais dans chaque cas concret que nous devons méditer sur le problème moderne de la fin et des moyens.

Comme on voit, il y a fort à faire. Mais quand nous consumerions notre vie dans la *critique*, qui donc pourrait nous le reprocher ? La tâche de la critique est devenue *totale*, elle engage l'homme entier. Au XVIIIe siècle, l'outil était forgé ; la simple utilisation de la raison analytique suffisait à nettoyer les concepts ; aujourd'hui qu'il faut à la fois nettoyer et compléter, pousser jusqu'à l'achèvement des notions qui sont devenues fausses parce qu'elles se sont arrêtées en route, la critique est *aussi* synthétique ; elle met en jeu toutes les facultés d'invention ; au lieu de se limiter à faire usage d'une raison déjà constituée par deux siècles de mathématiques, c'est elle au contraire qui formera la raison moderne, en sorte que pour finir elle a pour fondement la liberté créatrice. Sans doute n'apporte-t-elle pas par elle-même de solution positive. Mais qui en apporte aujourd'hui ? Je ne vois partout que formules vieillies, replâtrages, compromis sans bonne foi, mythes périmés et repeints à la hâte. Si nous n'avions rien fait sauf de crever une à une toutes ces vessies pleines de vent, nous aurions bien mérité de nos lecteurs.

Toutefois la critique était vers 1750 une préparation directe du changement de régime puisqu'elle contribuait à affaiblir la classe d'oppression en démantelant son idéologie. Aujourd'hui il n'en est pas de même puisque les concepts à critiquer appartiennent à toutes les idéologies et à tous les camps. Aussi n'est-ce plus la négativité seule qui

peut servir l'Histoire, même si elle s'achève en positivité.
L'écrivain isolé peut se limiter à sa tâche critique mais
notre littérature, en son ensemble, doit être surtout construction. Cela ne signifie pas que nous devions prendre à
tâche, ensemble ou isolément, de trouver une idéologie
nouvelle. À chaque époque, je l'ai montré, c'est la littérature tout entière qui *est* l'idéologie parce qu'elle constitue
la totalité synthétique et souvent contradictoire^y de tout ce
que l'époque a pu produire pour s'éclairer, compte tenu de
la situation historique et des talents. Mais puisque nous
avons reconnu qu'il nous fallait faire une littérature de la
praxis, il convient de nous tenir jusqu'au bout à notre propos. Il n'est plus temps de *décrire* et de *narrer* ; nous ne
pouvons pas non plus nous borner à *expliquer*. La description, fût-elle psychologique, est pure jouissance contem-
plative, l'explication est acceptation, elle excuse tout ; l'une
et l'autre supposent que les jeux sont faits. Mais si la perception même est action, si, pour nous, montrer le monde
c'est toujours le dévoiler dans les perspectives d'un changement possible, alors, dans cette époque de fatalisme
nous avons à révéler au lecteur, en chaque cas concret, sa
puissance de faire et de défaire, bref, d'agir.

Révolutionnaire en ceci qu'elle est parfaitement insupportable, la situation actuelle demeure stagnation parce
que les hommes se sont dépossédés de leur propre destin ;
l'Europe abdique devant le conflit futur et cherche moins
à le prévenir qu'à se ranger par avance dans le camp des
vainqueurs, la Russie soviétique se croit seule et acculée
comme un sanglier au milieu d'une meute acharnée à le
coiffer, l'Amérique, qui ne craint pas les autres nations,
s'affole devant sa propre pesanteur ; plus elle est riche,
plus elle est lourde ; accablée de graisse et d'orgueil, elle se
laisse rouler, les yeux clos, vers la guerre ; nous autres,
nous n'écrivons que pour quelques hommes dans notre
pays et pour une poignée d'autres en Europe ; mais il faut
que nous allions les chercher où ils sont, c'est-à-dire per-

dus dans leur temps comme des aiguilles dans une meule,
et que nous leur rappelions leurs pouvoirs. Prenons-les,
dans leur métier, dans leur famille, dans leur classe, dans
leur pays et mesurons avec eux leur servitude, mais que ce
ne soit point pour les y enfoncer davantage : montrons-
leur que dans le geste le plus mécanique du travailleur se
trouve déjà la négation entière de l'oppression ; n'envisa-
geons jamais leur situation comme une donnée de fait,
mais comme un problème, faisons voir qu'elle tient sa
forme et ses limites d'un horizon infini de possibilités, en
un mot qu'elle n'a d'autre figure que celle qu'ils lui confè-
rent par la manière qu'ils ont choisie de la dépasser ;
enseignons-leur qu'ils sont à la fois victimes et responsables de tout, ensemble opprimés, oppresseurs et complices
de leurs propres oppresseurs et qu'on ne peut jamais faire
le départ entre ce qu'un homme subit, ce qu'il accepte et
ce qu'il veut ; montrons que le monde où ils vivent ne se
définit jamais que par l'avenir qu'ils projettent devant eux
et, puisque la lecture leur révèle leur liberté, profitons-en
pour leur rappeler que cet avenir où ils se placent pour
juger le présent n'est autre que celui où l'homme se joint
lui-même et s'atteint enfin comme totalité par l'avènement
de la Cité des fins ; car c'est seulement le pressentiment de
la Justice qui permet de s'indigner contre une injustice
singulière, c'est-à-dire, précisément, de la constituer en
injustice ; enfin, en les invitant à se placer du point de vue
de la Cité des fins pour comprendre leur époque, ne leur
laissons pas ignorer ce que cette époque présente de favorable pour la réalisation de leur dessein. Le théâtre, autrefois, était de « caractères » ; on faisait paraître sur la scène
des personnages plus ou moins complexes, mais entiers, et
la situation n'avait d'autre rôle que de mettre ces caractères aux prises, en montrant comment chacun d'eux était
modifié par l'action des autres. J'ai montré ailleurs comment, depuis peu, d'importants changements s'étaient faits
en ce domaine[186] ; plusieurs auteurs reviennent au théâtre

de situation. Plus de caractères : les héros sont des libertés prises au piège, comme nous tous. Quelles sont les issues ? Chaque personnage ne sera rien que le choix d'une issue et ne vaudra pas plus que l'issue choisie. Il est à souhaiter que la littérature entière devienne morale et problématique, comme ce nouveau théâtre. Morale — non pas moralisatrice : qu'elle montre simplement que l'homme est *aussi* valeur et que les questions qu'il se pose sont toujours morales. Surtout qu'elle montre en lui l'inventeur. En un sens, chaque situation est une souricière, des murs partout : je m'exprimais mal, il n'y a pas d'issues à *choisir*. Une issue, ça s'invente. Et chacun, en inventant sa propre issue, s'invente soi-même. L'homme est à inventer chaque jour.

En particulier, tout est perdu si nous voulons *choisir* entre les puissances qui préparent la guerre. Choisir l'U.R.S.S., c'est renoncer aux libertés formelles sans même avoir l'espoir d'acquérir les matérielles : le retard de son industrie lui interdit, en cas de victoire, d'organiser l'Europe, d'où le prolongement indéfini de la dictature et de la misère. Mais après la victoire de l'Amérique, quand le P.C. serait anéanti, la classe ouvrière découragée, désorientée et, pour risquer ce néologisme, atomisée, le capitalisme d'autant plus impitoyable qu'il serait maître du monde, croit-on qu'un mouvement révolutionnaire qui repartirait de zéro aurait beaucoup de chances ? Il faut compter, dira-t-on, avec les inconnues. Justement : je veux compter avec ce que je connais. Mais qui nous oblige à choisir ? Est-ce vraiment en choisissant entre des ensembles donnés, simplement parce qu'ils sont donnés, et en se rangeant du côté du plus fort, que l'on fait l'Histoire ? En ce cas tous les Français eussent dû, vers 1941, se ranger du côté de l'Allemagne, comme le proposaient les collaborateurs. Or, il est manifeste, au contraire, que l'action historique ne s'est jamais réduite à un choix entre des données brutes mais qu'elle a toujours été caractérisée par l'invention de solutions nouvelles à partir d'une situation définie.

Le respect des « ensembles » est du pur et simple empirisme, il y a beau temps que l'homme a dépassé l'empirisme dans la science, la morale et la vie individuelle. Les fontainiers de Florence « choisissaient entre des ensembles » : Torricelli a inventé la pesanteur de l'air, je dis qu'il l'a inventée plutôt que découverte parce que, quand un objet est caché à tous les yeux, il faut l'inventer de toutes pièces pour pouvoir le découvrir. Pourquoi, par quel complexe d'infériorité nos réalistes refusent-ils, quand il s'agit du fait historique, cette faculté de création qu'ils proclament partout ailleurs ? L'agent historique est presque toujours l'homme qui, mis en face d'un dilemme, fait paraître soudain un troisième terme, jusque-là invisible. Entre l'U.R.S.S. et le bloc anglo-saxon, il est vrai qu'il faut *choisir*. L'Europe socialiste, elle, n'est pas « à choisir », puisqu'elle n'existe pas ; elle est *à faire*. Non point d'abord avec l'Angleterre de M. Churchill, ni même avec celle de M. Bevin[187] : sur le continent d'abord, par l'union de tous ces pays qui ont les mêmes problèmes. On dira qu'il est trop tard, mais qu'en sait-on ? L'a-t-on seulement essayé ? Nos relations avec nos voisins immédiats passent toujours par Moscou, Londres ou New York : ignore-t-on qu'il y a aussi des chemins directs ? Quoi qu'il en soit et tant que les circonstances n'auront pas changé, les chances de la littérature sont liées à l'avènement d'une Europe socialiste, c'est-à-dire d'un groupe d'États à structure démocratique et collectiviste, dont chacun se serait, en attendant mieux, dessaisi d'une partie de sa souveraineté au profit de l'ensemble. Dans cette hypothèse seulement il reste un espoir d'éviter la guerre ; dans cette hypothèse seulement la circulation des idées restera libre sur le continent et la littérature retrouvera un objet et un public[188].

*

Voilà bien des tâches à la fois — et bien disparates, dira-t-on. Il est vrai. Mais Bergson a bien montré que l'œil —

organe d'une complexité extrême, si on l'envisage comme une juxtaposition de fonctions — retrouve une sorte de simplicité si on le replace dans le mouvement créateur de l'évolution. De même pour l'écrivain : si vous dénombrez, par l'analyse, les thèmes que Kafka développe, les questions qu'il pose dans ses livres et si vous considérez ensuite, en vous reportant au début de sa carrière, que c'étaient pour lui des thèmes *à traiter*, des questions *à poser*, vous serez effrayés. Mais ce n'est point ainsi qu'il faut le prendre : l'œuvre de Kafka est une réaction libre et unitaire au monde judéo-chrétien de l'Europe centrale ; ses romans sont le dépassement synthétique de sa situation d'homme, de Juif, de Tchèque, de fiancé récalcitrant, de tuberculeux, etc., comme l'étaient aussi sa poignée de main, son sourire et ce regard que Max Brod admirait tant[189]. Sous l'analyse du critique, ils s'effondrent en problèmes ; mais le critique a tort, il faut les lire *dans le mouvement*. Je n'ai pas voulu donner des pensums aux écrivains de ma génération : de quel droit le ferais-je et qui m'en a prié ? Et je n'ai pas de goût non plus pour les manifestes d'école. J'ai seulement tenté de décrire une situation, avec ses perspectives, ses menaces, ses consignes ; une littérature de la *praxis* prend naissance à l'époque du public introuvable : voilà la donnée ; à chacun son issue. Son issue, c'est-à-dire son style, sa technique, ses sujets. Si l'écrivain est pénétré, comme je suis, de l'urgence de ces problèmes, on peut être sûr qu'il y proposera des solutions *dans l'unité créatrice de son œuvre*, c'est-à-dire dans l'indistinction d'un mouvement de libre création[z].

Rien ne nous assure que la littérature soit immortelle ; sa chance, aujourd'hui, son unique chance, c'est la chance de l'Europe, du socialisme, de la démocratie, de la paix. Il faut la jouer ; si nous la perdons, nous autres écrivains, tant pis pour nous. Mais aussi, tant pis pour la société. Par la littérature, je l'ai montré, la collectivité passe à la réflexion et à la médiation, elle acquiert une conscience malheureuse, une image sans équilibre d'elle-même qu'elle cherche sans cesse à modifier et à améliorer. Mais, après tout, l'art d'écrire n'est pas protégé par les décrets immuables de la Providence ; il est ce que les hommes le font, ils le choisissent en se choisissant. S'il devait se tourner en pure propagande ou en pur divertissement, la société retomberait dans la bauge de l'immédiat, c'est-à-dire dans la vie sans mémoire des hyménoptères et des gastéropodes. Bien sûr, tout cela n'est pas si important : le monde peut fort bien se passer de la littérature. Mais il peut se passer de l'homme encore mieux.

NOTES DE L'AUTEUR[190]

a. La littérature américaine est encore au stade du régionalisme.

b. De passage à New York, en 1945, j'avais prié un agent littéraire d'acquérir les droits de traduction pour *Miss Lonelyhearts*, l'ouvrage de Nathanael West[191]. Il ne connaissait pas le livre et conclut un accord de principe avec l'auteur d'un certain *Lonelyheart*, une vieille demoiselle fort surprise qu'on songeât à la traduire en français. Détrompé, il reprit ses recherches et trouva enfin l'éditeur de West qui lui avoua ne pas savoir ce que cet auteur était devenu. Sur mes instances, ils firent une enquête l'un et l'autre et apprirent enfin que West était mort depuis plusieurs années dans un accident d'automobile. Il paraît qu'il avait encore un compte en banque à New York et l'éditeur y envoyait un chèque de temps à autre.

c. Les âmes bourgeoises, chez Jouhandeau, possèdent la même qualité de merveilleux ; mais souvent ce merveilleux change de signe : il devient négatif et satanique. Comme bien l'on pense, les messes noires de la bourgeoisie sont plus fascinantes encore que les fastes permis.

d. Se faire le clerc de la violence, cela implique qu'on adopte délibérément la violence comme méthode de pensée, c'est-à-dire qu'on recourt communément à l'intimidation, au principe d'autorité, qu'on refuse avec hauteur de démontrer, de discuter. C'est ce qui donne aux textes dogmatiques des surréalistes une ressemblance purement formelle, mais troublante, avec les écrits politiques de Charles Maurras.

e. Autre ressemblance avec l'Action Française dont Maurras a pu dire qu'elle n'était pas un parti, mais une conspiration. Et les expéditions punitives des surréalistes ne ressemblent-elles pas aux espiègleries des Camelots du roi ?

f. Ces remarques sans passion ont provoqué des remous passionnés. Pourtant, loin de me convaincre, défenses et attaques m'ont renforcé dans la conviction que le surréalisme avait perdu — provisoirement peut-être — son actualité. Je constate en effet que la plupart de ses défenseurs sont des éclectiques. On en fait un phénomène culturel « de haute importance », une attitude « exemplaire » et l'on tente de l'intégrer, en douce, à l'humanisme bourgeois. S'il était encore vivant, croit-on qu'il accepterait d'épicer, avec le poivre freudien, le rationalisme un peu fade de M. Alquié[192] ? Au fond il est victime de cet idéalisme contre lequel il a tant lutté ; la *Gazette des Lettres*, *Fontaine*, *Carrefour*, autant de poches stomacales, acharnées à le digérer. Si quelque Desnos[193] eût pu lire en 1930 ces lignes de M. Claude Mauriac, jeune diastase de la IVe République : « L'homme se bat contre l'homme sans savoir que c'est contre une certaine conception de l'homme, étriquée et fausse, que le front commun de tous les esprits devrait d'abord être réalisé. Mais cela, le surréalisme le sait et le crie depuis vingt ans. Entreprise de connaissance, il proclame que tout est à réinventer des modes de penser et de sentir traditionnels[194] », il aurait certainement protesté : le surréalisme n'était pas une « entreprise de *connaissance* » ; il se réclamait nommément de la phrase célèbre de Marx : « Nous ne voulons pas comprendre le monde, nous voulons le changer » ; il n'a jamais voulu ce « front commun des esprits » qui rappelle agréablement le Rassemblement populaire français[195]. Contre cet optimisme assez sot, il a toujours affirmé la connexion rigoureuse de la censure intérieure et de l'oppression ; s'il devait y avoir un front commun de tous les esprits (mais que cette expression d'*esprits* au pluriel est peu surréaliste !), il viendrait après la Révolution. Dans son beau temps, il n'eût pas toléré qu'on se penchât ainsi sur lui pour le comprendre. Il considérait — semblable en ceci au parti communiste — que tout ce qui n'était pas totalement et exclusivement pour lui était contre. Se rend-il bien compte aujourd'hui de la manœuvre dont il fait l'objet ? Pour l'éclairer, je lui révélerai donc que M. Bataille, avant d'informer publiquement Merleau-

Ponty qu'il nous retirait son article[196], l'avait avisé de ses intentions dans une conversation privée. Ce champion du surréalisme avait alors déclaré : « Je fais les plus grands reproches à Breton mais il faut nous unir contre le communisme. » Voilà qui suffit. Je crois faire montre de plus d'estime envers le surréalisme en me reportant au temps de sa vie ardente et en discutant son propos qu'en essayant sournoisement de l'assimiler. Il est vrai qu'il ne m'en saura pas beaucoup de gré car, comme tous les partis totalitaires, il affirme la continuité de ses vues pour masquer leur perpétuel changement et n'aime point, de ce fait, qu'on se reporte à ses déclarations antérieures. Beaucoup des textes que je rencontre aujourd'hui dans le catalogue de l'exposition surréaliste (*Le surréalisme en 1947*) et qui sont approuvés par les chefs du mouvement sont plus proches du doux éclectisme de M. C. Mauriac que des âpres révoltes du premier surréalisme. Voici, par exemple, quelques lignes de M. Pastoureau : « L'expérience politique du surréalisme qui le fit évoluer autour du parti communiste pendant quelque dix ans est très nettement concluante. Tenter de la poursuivre serait s'enfermer dans le dilemme de la compromission et de l'inefficacité. Il est contradictoire aux mobiles qui ont autrefois poussé le surréalisme à entreprendre une action politique — et qui sont autant *des revendications immédiates dans le domaine de l'esprit et plus spécialement dans celui de la morale* que la poursuite de la fin lointaine qu'est la libération totale de l'homme — de suivre le parti communiste dans la voie de collaboration des classes où il s'est engagé. Et pourtant il est patent que la politique sur laquelle on puisse fonder l'espoir de voir se réaliser les aspirations du prolétariat n'est pas celle de l'opposition dite de gauche au parti communiste ni celle des groupuscules anarchistes... Le surréalisme, dont c'est le rôle assigné de revendiquer d'innombrables réformes dans le domaine de l'esprit et en particulier des réformes éthiques, ne peut plus participer à une action politique nécessairement immorale pour être efficace, non plus qu'il ne peut, à moins de renoncer à la libération de l'homme comme but à atteindre, participer à une action politique nécessairement inefficace parce que respectueuse des principes qu'elle estime ne pas avoir à transgresser. Il se replie donc sur lui-même. Ses efforts tendront encore à faire aboutir les mêmes revendications et à précipiter la libération de l'homme, mais *par d'autres moyens*[197]. »

(On trouvera des textes analogues et même des phrases identiques dans « Rupture inaugurale », déclaration adoptée le 21 juin 1947 par le groupe en France, cf. p. 8 à 11[198].)

On notera au passage ce mot de « réforme » et le recours inusité à la morale. Lirons-nous quelque jour un périodique intitulé : « Le surréalisme au service de la Réforme » ? Mais surtout ce texte consacre la rupture du surréalisme avec le marxisme : il est entendu, à présent, qu'on peut agir sur les superstructures sans que l'infrastructure économique soit modifiée. Un surréalisme *éthique* et *réformiste*, voulant borner son action à changer les idéologies : voilà qui sent dangereusement l'idéalisme. Reste à déterminer quels sont « ces autres moyens » dont on nous parle. Le surréalisme va-t-il nous offrir de nouvelles tables de valeurs ? Va-t-il produire une idéologie nouvelle ? Mais non : le surréalisme va s'employer, « poursuivant ses objectifs de toujours, à la réduction de la civilisation chrétienne et à la préparation des conditions d'avènement de la *Weltanschauung*[199] ultérieure ». Il s'agit toujours, on le voit, de négation. La civilisation occidentale, de l'aveu même de Pastoureau, est moribonde ; une guerre immense menace, qui se chargera de l'enterrer ; notre temps appelle une idéologie neuve qui permette à l'homme de vivre : mais le surréalisme continuera à s'attaquer au « stade chrétien-thomiste » de la civilisation. Et comment peut-on s'y attaquer ? Par le joli bonbon si vite sucé de l'Exposition 1947 ? Revenons plutôt au *vrai* surréalisme, celui de *Point du jour*, de *Nadja*, des *Vases communicants*[200].

Alquié et Max-Pol Fouchet[201] insistent avant tout sur ce qu'il fut une tentative de libération. Il s'agit, selon eux, d'affirmer les droits de la totalité humaine, sans en rien exclure, fût-ce l'inconscient, le rêve, la sexualité, l'imaginaire. Je suis tout à fait d'accord avec eux : c'est là ce que le surréalisme a *voulu* ; c'est certainement la grandeur de son entreprise. Encore faut-il noter que l'idée « totalitaire » est d'époque ; c'est elle qui anime la tentative nazie, la tentative marxiste, aujourd'hui la tentative « existentialiste ». Il faut certainement revenir à Hegel comme à la source commune de tous ces efforts. Seulement je discerne une contradiction grave à l'origine du surréalisme : pour employer le langage hégélien, je dirai que ce mouvement a eu le *concept* de la totalité (c'est ce qui ressort très clairement du mot fameux de Breton : liberté couleur d'homme[202]) et qu'il a *réalisé* tout autre

chose dans ses manifestations concrètes. La totalité de l'homme
en effet est nécessairement une synthèse, c'est-à-dire l'unité organique et schématique de toutes ses structures secondaires. Une
libération qui se propose d'être *totale* doit partir d'une connaissance totale de l'homme par lui-même (je ne cherche pas ici à
montrer qu'elle est possible : on sait que j'en suis profondément
convaincu). Cela ne signifie pas que nous devions connaître — ni
ne puissions connaître — *a priori* tout le contenu anthropologique de la réalité humaine, mais que nous puissions nous atteindre nous-mêmes *d'abord* dans l'unité, profonde et manifeste à la
fois, de nos conduites, de nos affections et de nos rêves. Le surréalisme, fruit d'une époque déterminée, s'embarrasse au départ
de survivances antisynthétiques : d'abord la négativité analytique
qui s'exerce sur la *réalité quotidienne*. Hegel écrit du scepticisme :
« La pensée devient la pensée parfaite anéantissant l'être du
monde dans la *multiple variété de ses déterminations* et la néga-
vité de la conscience de soi libre, au sein de cette configuration
multiforme de la vie, devient négativité réelle... le scepticisme
correspond à la réalisation de cette conscience, à l'attitude négative à l'égard de l'être-autre ; il correspond donc au désir et au
travail » (Ph. de l'E., trad. Hyppolite, p. 172[203]). De même, ce qui
me paraît essentiel dans l'activité surréaliste c'est la descente de
l'esprit négatif *dans le travail* : la négativité sceptique *se fait concrète* ; les morceaux de sucre de Duchamp aussi bien que le loup-
table, ce sont des *travaux*, c'est-à-dire précisément la destruction
concrète et avec effort de ce que le scepticisme détruit seulement
en parole. J'en dirai autant du *désir*, une des structures essentielles de l'amour surréaliste et qui est, on le sait, désir de consommation, de destruction.

On voit le chemin parcouru et qui ressemble justement aux
avatars hégéliens de la conscience : l'analytique bourgeoise est
destruction idéaliste du monde, par digestion ; l'attitude des écrivains ralliés mérite le nom que Hegel donne au stoïcisme : « elle
est seulement concept de la négativité ; elle s'élève au-dessus de
cette vie comme la conscience du maître. » Au contraire le surréalisme « pénètre dans cette vie comme la conscience de
l'esclave ». C'est certainement sa valeur et c'est par là, sans
aucun doute, qu'il peut prétendre rejoindre la conscience du travailleur qui éprouve sa liberté dans le travail. Seulement le travailleur détruit pour construire : sur l'anéantissement de l'arbre

il construit la poutre et le pieu. Il apprend donc les deux faces de la liberté qui est négativité constructrice. Le surréalisme, empruntant sa méthode à l'analyse bourgeoise, inverse le processus : au lieu de détruire pour construire, c'est pour détruire qu'il construit. La construction est toujours aliénée, chez lui, elle se fond dans un processus dont la fin est l'anéantissement. Cependant, comme la construction est réelle et la destruction symbolique, l'objet surréaliste peut être aussi conçu directement comme sa propre fin. Selon la direction de l'attention il est « sucre de marbre » ou contestation du sucre. L'objet surréaliste est nécessairement chatoyant, parce qu'il figure l'ordre humain renversé et que, comme tel, il contient en soi sa propre contradiction. C'est ce qui permet à son constructeur de prétendre à la fois qu'il détruit le réel et qu'il crée poétiquement une surréalité au-delà de la réalité. En fait le surréel ainsi construit devient un objet du monde parmi d'autres ou n'est que l'indication figée de la destruction possible du monde. Le loup-table de la dernière Exposition, c'est aussi bien un effort syncrétique pour faire passer dans notre chair un sens obscur de la lignosité et, aussi bien, une contestation réciproque de l'inerte par le vivant et du vivant par l'inerte. L'effort des surréalistes est pour présenter ces deux faces de leurs productions dans l'unité d'un même mouvement. Mais il manque la synthèse : c'est que nos auteurs n'en veulent pas ; il leur convient de présenter les deux moments comme fondus dans une unité essentielle et, à la fois, comme étant chacun l'essentiel, ce qui ne nous fait pas sortir de la contradiction. Et sans doute le résultat escompté est-il obtenu : l'objet créé détruit sollicite une tension dans l'esprit du spectateur et c'est cette tension qui est à proprement parler l'*instant* surréaliste ; la chose *donnée* est détruite par contestation interne mais la contestation même et la destruction sont contestées à leur tour par le caractère positif et *l'être-là* concret de la création. Mais cet irritant chatoiement de l'impossible n'est *rien* au fond, sinon l'écart impossible à combler entre les deux termes d'une contradiction. Il s'agit ici de provoquer techniquement l'*insatisfaction* baudelairienne. Nous n'avons aucune révélation, aucune intuition d'objet neuf, aucune saisie de matière ou de contenu mais seulement la conscience *purement formelle* de l'esprit comme dépassement, appel et vide. Et j'appliquerai encore au surréalisme la formule de Hegel sur le scepticisme : « Dans le (surréalisme) la conscience fait en vérité l'expérience d'elle-même comme conscience se contredisant à l'intérieur de soi-même. » Au moins va-t-elle se retourner sur elle-même, opérer une conversion philosophique ? L'objet surréaliste aura-t-il l'efficience concrète de l'hypothèse du malin génie ?

Mais ici intervient un deuxième préjugé du surréalisme : j'ai montré qu'il refuse la subjectivité tout comme le libre arbitre. Son amour profond de la matérialité (objet et support insondable de ses destructions) l'amène à professer le matérialisme. Il recouvre donc aussitôt cette conscience qu'il a un instant découverte, il substantifie la contradiction ; il ne s'agit plus d'une tension de la subjectivité mais d'une structure objective de l'univers. Lisez *Les Vases communicants* : le titre aussi bien que le texte montrent la regrettable absence de toute médiation ; rêve et veille sont des vases communicants, cela veut dire qu'il y a mélange, flux et reflux mais non unité synthétique. J'entends bien ce qu'on me dira : mais cette unité synthétique, elle est à faire et c'est justement le but que le surréalisme se propose. « Le surréalisme, dit encore Arpad Mezei[204], part des réalités distinctes du conscient et de l'inconscient et va vers la synthèse de ces composantes. » J'entends ; mais *avec quoi* se propose-t-il de la faire ? Quel est l'outil de la médiation ? Voir tout un manège de fées tourner sur une citrouille (même si cela est possible, ce dont je doute), c'est *mélanger* le rêve et la réalité, ce n'est pas les unifier dans une forme nouvelle qui retiendrait en elle, transformés et dépassés, les éléments du rêve et ceux du réel. En fait nous sommes toujours sur le plan de la contestation : la citrouille *réelle*, soutenue par le monde réel tout entier, conteste ces fées pâlissantes qui courent sur sa peau ; et les fées, inversement, contestent la cucurbitacée. Reste la conscience, seul témoin de cette destruction réciproque, seul recours ; mais on ne veut pas d'elle. Que si nous peignons ou sculptons nos rêves, c'est le sommeil qui est mangé par la veille : l'objet scandaleux ressaisi par les lumières électriques, présenté dans une chambre close, au milieu d'autres objets, à deux mètres dix d'un mur, à trois mètres quinze d'un autre, devient chose du monde (je me place ici dans l'hypothèse surréaliste qui reconnaît à l'image la *même nature* que la perception ; il va de soi qu'il n'y aurait même plus lieu de discuter si l'on pensait, comme je fais, que ces natures sont radicalement distinctes) en tant qu'il est création positive, et n'y

échappe qu'en tant qu'il est négativité pure. Ainsi l'homme surréaliste est une addition, un mélange mais jamais une synthèse.
Ce n'est pas un hasard si nos auteurs doivent tant à la psychanalyse : elle leur offrait précisément sous le nom de « complexes »
le modèle de ces interprétations contradictoires, multiples et
sans cohésion réelle dont ils usent partout. Et il est vrai que les
« complexes » existent. Mais ce qu'on n'a pas assez remarqué,
c'est qu'ils ne peuvent exister que sur le fondement d'une réalité
synthétique préalablement donnée. Ainsi l'homme total, pour le
surréalisme, n'est que la somme exhaustive de toutes ses manifestations. Faute de l'idée synthétique ils ont organisé des tourni-
quets de contraires ; ce papillotement d'être et de non-être eût pu
révéler la subjectivité, comme les contradictions du sensible renvoient Platon aux formes intelligibles ; mais leur refus du subjectif a transformé l'homme en une simple maison hantée ; en cet
atrium vague qu'est pour eux la conscience apparaissent et disparaissent des objets auto-destructifs, rigoureusement semblables à des choses. Ils entrent par les yeux ou par la porte de
derrière. De grandes voix sans corps résonnent, comme celle qui
annonça la mort de Pan[205]. Plus encore que le matérialisme, cette
collection hétéroclite évoque le néo-réalisme américain. Après
cela, pour remplacer les unifications synthétiques qu'opère la
conscience, on concevra une sorte d'unité magique, par participation, qui se manifeste capricieusement et qu'on nommera
hasard objectif. Mais ce n'est que l'image invertie de l'activité
humaine. On ne libère pas une collection, on la recense. Et c'est
bien là ce qu'est le surréalisme : un recensement. Mais non une
libération : car il n'y a personne à libérer ; il s'agit seulement de
lutter contre le discrédit où sont tombés certains lots de la collection humaine. Le surréalisme est hanté par le tout-fait, le
solide, il a horreur des genèses et des naissances ; la création
n'est jamais pour lui une émanation, un passage de la puissance
à l'acte, une gestation ; c'est le surgissement *ex nihilo*, l'apparition brusque d'un objet tout constitué qui enrichit la collection.
Au fond, une *découverte*. Comment donc pourrait-il « délivrer
l'homme de ses monstres » ? Il a tué les monstres, peut-être,
mais il a tué l'homme aussi.

Reste, dira-t-on, le désir. Les surréalistes ont voulu libérer le
désir humain, ils ont proclamé que l'homme était désir. Mais
cela n'est pas tout à fait vrai ; d'abord ils ont jeté l'interdit sur

toute une catégorie de désirs (homosexualité, vices, etc.) sans jamais justifier cet interdit. Ensuite ils ont jugé conforme leur haine du subjectif de n'apprendre jamais le désir que par ses produits, comme fait aussi la psychanalyse. Ainsi le désir est encore *chose*, collection. Seulement, au lieu de remonter des choses (actes manqués, images du symbolisme onirique, etc.) à leur source subjective (qui est le désir proprement dit), les surréalistes restent fixés sur la chose. Au fond le désir est pauvre et ne les intéresse pas par lui-même et puis il représente l'explication rationnelle des contradictions qu'offrent les complexes et leurs produits. On trouvera bien peu de choses, et fort vagues, sur l'inconscient et la libido chez Breton. Ce qui le passionne, ce n'est pas le désir à chaud mais le désir cristallisé, ce qu'on pourrait appeler, en empruntant une expression de Jaspers, le chiffre du désir[206] dans le monde. Aussi bien ce qui m'a frappé chez les surréalistes ou ex-surréalistes que j'ai fréquentés n'a jamais été la magnificence des désirs ou de la liberté. Ils ont mené des vies modestes et pleines d'interdits, leurs violences sporadiques faisaient plutôt penser aux spasmes d'un possédé qu'à une action concertée ; pour le reste, solidement harponnés par de puissants complexes. Pour libérer le désir, il m'a toujours semblé que les grands dogues de la Renaissance ou même les Romantiques avaient fait beaucoup plus. Au moins, dira-t-on, sont-ce de grands poètes. À la bonne heure : voilà un terrain d'entente. Des naïfs ont déclaré que j'étais « antipoétique » ou « contre la poésie ». Phrase absurde, autant dire que *je suis contre* l'air ou contre l'eau[207]. Je reconnais hautement, au contraire, que le surréalisme est *le seul* mouvement poétique de la première moitié du xxe siècle[208] ; je reconnais même qu'il contribue, par un certain côté, à la libération de l'homme ; mais ce qu'il libère ce n'est ni le désir, ni la totalité humaine, c'est l'imagination pure. Or, précisément, l'imaginaire pur et la *praxis* sont difficilement compatibles[209]. J'en trouve l'aveu touchant chez un surréaliste de 47, que son nom semble prédisposer à la sincérité la plus entière :

« Je dois reconnaître (et sans doute, parmi ceux qui ne se satisfont pas à bon compte ne suis-je pas le seul) qu'un écart existe entre mon sentiment de la révolte, la réalité de ma vie, les lieux enfin du combat de poésie que peut-être je livre, que les œuvres de ceux qui sont mes amis m'aident à livrer. Malgré eux, malgré moi, je ne sais guère vivre. Le recours à l'imaginaire, qui est critique de l'état social, qui est protestation, et précipitation de l'histoire, risque-t-il de couper les ponts qui nous relient, en même temps qu'à la réalité, aux autres hommes ? Je sais qu'il ne peut être question de liberté pour l'homme seul » (Yves Bonnefoy : « Donner à vivre », dans *Le Surréalisme en 1947*, page 68[210]).

Mais entre les deux guerres, le surréalisme parlait d'un tout autre ton. Et c'est à tout autre chose que je m'en prenais plus haut : lorsque les surréalistes signaient des manifestes politiques, faisaient comparaître en jugement ceux d'entre eux qui n'étaient pas fidèles à la ligne, définissaient une méthode d'action sociale, entraient au P.C., en sortaient avec éclat, se rapprochaient de Trotsky, se souciaient de préciser leur position vis-à-vis de la Russie soviétique, j'ai peine à croire qu'ils pensaient agir en poètes. À cela on répondra que l'homme est tout un et qu'on ne le divise pas en politique et en poète. J'en demeure d'accord et j'ajouterai même que je suis plus à l'aise pour le reconnaître que des auteurs qui font de la poésie un produit de l'automatisme et de la politique un effort conscient et réfléchi. Mais enfin c'est un truisme, vrai et faux à la fois, comme tous les truismes. Car si l'homme est le même, si, d'une certaine façon, on retrouve partout sa marque, cela ne signifie point que ses *activités* soient identiques ; et si, en chaque cas, elles mettent en jeu tout l'esprit, il n'en faut pas conclure qu'elles le mettent en jeu de la même manière. Ni non plus que la réussite de l'une soit la justification des échecs de l'autre. Pense-t-on d'ailleurs qu'on flatterait les surréalistes en leur disant qu'ils ont fait de la politique en poètes ? Cependant il est loisible à un écrivain qui veut marquer l'unité de sa vie et de son œuvre de montrer par une *théorie* la communauté de visées de sa poésie et de sa *praxis*. Mais précisément cette théorie ne peut être elle-même que *de la prose*. Il y a une prose surréaliste et c'est elle seule que j'ai étudiée dans les pages qu'on incrimine. Seulement le surréalisme est insaisissable ; c'est Protée. Il se présente tantôt comme tout engagé dans la réalité, dans la lutte, dans la vie ; et si on lui demande des comptes, il se met à crier qu'il est poésie pure et qu'on l'assassine et qu'on n'entend rien à la poésie. C'est ce que montre assez cette anecdote que chacun sait, mais qui est lourde de signification : Aragon avait écrit un poème qui parut, à juste titre, une provocation au meurtre ; il fut question de poursuites[211] ; alors, tout le groupe surréaliste affirma solennellement l'irresponsabilité du poète : les produits de l'automatisme ne sauraient être assimilés à des propos concertés. Cependant, pour qui avait quelque pratique de l'écriture automatique, il était visible que le poème d'Aragon était d'une espèce fort différente. Voici un homme vibrant d'indignation qui réclame en termes violents et clairs la mort de l'oppresseur ; l'oppresseur s'émeut et tout à coup ne trouve plus rien en face de lui qu'un poète, qui s'éveille et se frotte les yeux et s'étonne qu'on le blâme pour des songes. C'est ce qui vient de se produire : j'ai tenté un examen critique du fait global « surréalisme » comme engagement dans le monde, en tant que les surréalistes tentaient d'en expliciter *par la prose* les significations ; on me répond que j'offense les poètes et que je méconnais leur « apport » à la vie intérieure. Mais enfin ils se moquaient bien de la vie intérieure, ils voulaient la faire éclater, rompre les digues entre subjectif et objectif, et faire la Révolution aux côtés du prolétariat.

Concluons : le surréalisme entre en période de repli, il rompt avec le marxisme et le P.C. Il veut démolir pierre à pierre l'édifice chrétien-thomiste. Fort bien. Mais je demande quel public il compte atteindre. Autrement dit, *dans quelles âmes* il compte ruiner la civilisation occidentale. Il a dit et répété qu'il ne pouvait toucher directement les ouvriers et qu'ils n'étaient pas encore accessibles à son action. Les faits lui donnent raison : combien d'ouvriers sont entrés à l'Exposition de 1947 ? Combien de bourgeois, au contraire ? Ainsi son propos ne peut être que négatif : détruire dans l'esprit des bourgeois qui forment son public les derniers mythes chrétiens qui s'y trouvent encore. C'est ce que je voulais démontrer.

g. Qui les caractérisent surtout depuis cent ans, à cause du malentendu qui les sépare du public et qui les oblige à décider eux-mêmes des marques de leur talent.

h. Prévost a affirmé plus d'une fois sa sympathie pour l'épicurisme ; mais c'était l'épicurisme revu et corrigé par Alain[212].

i. Si je n'ai parlé, plus haut, ni de Malraux ni de Saint-Exupéry, c'est qu'ils appartiennent à notre génération. Ils ont écrit avant nous et sont sans doute un peu plus âgés que nous[213]. Mais alors qu'il nous a fallu, pour nous découvrir, l'urgence et la réalité physique d'un conflit, le premier a eu l'immense mérite de reconnaître, dès son premier ouvrage, que nous étions en guerre et de faire une littérature de guerre, quand les surréalistes et même Drieu se consacraient à une littérature de paix. Pour le second, contre le subjectivisme et le quiétisme de nos prédécesseurs, il a su esquisser les grands traits d'une littérature du travail et de l'outil. Je montrerai plus loin qu'il est le précurseur d'une littérature de construction qui tend à remplacer la littérature de consommation. Guerre et construction, héroïsme et travail, faire, avoir et être, condition humaine, on verra, à la fin de ce chapitre, que ce sont les principaux thèmes littéraires et philosophiques d'aujourd'hui. Quand je dis « nous », par conséquent, je crois pouvoir parler aussi d'eux.

j. Que font Camus, Malraux, Koestler, Rousset[214], etc., sinon une littérature de situations extrêmes ? Leurs créatures sont au sommet du pouvoir ou dans des cachots, à la veille de mourir ou d'être torturés, ou de tuer ; guerres, coups d'État, action révolutionnaire, bombardements et massacres, voilà pour le quotidien. À chaque page, à chaque ligne, c'est toujours l'homme tout entier qui est en question.

k. Bien entendu, certaines consciences sont plus riches que d'autres, plus intuitives ou mieux armées pour l'analyse ou pour la synthèse ; il en est même de prophétiques et quelques-unes sont mieux placées pour prévoir parce qu'elles ont en main certaines cartes ou parce qu'elles découvrent un horizon plus large. Mais ces différences sont *a posteriori* et l'appréciation du présent, du proche avenir reste conjecturale.

Pour nous aussi, l'événement n'apparaît qu'au travers des subjectivités. Mais sa transcendance vient de ce qu'il les déborde toutes parce qu'il s'étend à travers elles et révèle à chacune un aspect différent de lui-même et d'elles-mêmes. Ainsi notre problème technique est de trouver une orchestration des consciences qui nous permette de rendre la pluridimensionnalité de l'événement. De plus, en renonçant à la fiction du narrateur tout-connaissant, nous avons assumé l'obligation de supprimer les intermédiaires entre le lecteur et les subjectivités-points-de-vue de nos personnages ; il s'agit de le faire entrer dans les consciences comme dans un moulin, il faut même qu'il coïncide successivement avec chacune d'entre elles. Ainsi avons-nous appris de Joyce[215] à rechercher une deuxième espèce de réalisme : le réalisme brut de la subjectivité sans médiation ni distance. Ce qui nous entraîne à professer un troisième réalisme : celui de la temporalité. Si nous plongeons, en effet, sans médiation, le lecteur dans une conscience, si nous lui refusons tous les moyens de la survoler, alors il faut lui imposer sans raccourcis le temps de cette conscience. Si je ramasse six mois en une page, le lecteur saute hors du livre. Ce dernier aspect du réalisme suscite des difficultés que personne de nous n'a résolues et qui, peut-être, sont partiellement insolubles, car il n'est ni possible ni souhaitable de limiter tous les romans au récit d'une seule journée. S'y résignât-on même, il resterait que le fait de consacrer un livre à vingt-quatre heures plutôt qu'à une, à une heure plutôt qu'à une minute implique l'intervention de l'auteur et un choix transcendant. Il faudra alors masquer ce choix par des procédés purement esthétiques, construire des trompe-l'œil et, comme toujours en art, mentir pour être vrai.

l. De ce point de vue, l'objectivité absolue, c'est-à-dire le récit à la troisième personne qui présente les personnages uniquement par leurs conduites et leurs paroles, sans explication ni incursion dans leur vie intérieure, en conservant l'ordre chronologique strict, est rigoureusement équivalente à l'absolue subjectivité. Logiquement, bien sûr, on pourrait prétendre qu'il y a au moins une conscience témoin : celle du lecteur. Mais en fait, le lecteur oublie de se voir pendant qu'il voit et l'histoire garde pour lui l'innocence d'une forêt vierge dont les arbres poussent loin de tous les regards.

m. Je me suis parfois demandé si les Allemands, qui disposaient de cent moyens pour connaître les noms des membres du C.N.E., ne nous épargnaient pas. Pour eux aussi, nous étions de purs consommateurs. Le processus, ici, est inverse : la diffusion de nos journaux était fort restreinte ; il eût été plus néfaste à la prétendue presse de collaboration d'arrêter Éluard ou Mauriac que dangereux de les laisser chuchoter en liberté. La Gestapo a sans doute préféré concentrer ses efforts sur les forces clandestines et sur les maquisards, dont les destructions réelles la gênaient plus que notre abstraite négativité. Sans doute ils ont arrêté et fusillé Jacques Decour[216]. Mais à l'époque, Decour n'était pas encore très connu.

n. Voir surtout *Terre des hommes*[217].

o. Comme Hemingway, par exemple, dans *Pour qui sonne le glas*[218].

p. D'ailleurs, il ne faut pas exagérer. *En gros* la situation de l'écrivain s'est améliorée. Mais c'est surtout, comme on verra, par des moyens extra-littéraires (radio, cinéma, journalisme) dont il ne disposait pas autrefois. Celui qui ne peut ou ne veut pas recourir à ces moyens doit exercer un second métier ou vivre dans la gêne : « Il est extrêmement rare que j'aie du café à boire, assez de cigarettes, écrit Julien Blanc[219] (« Doléances d'un écrivain », *Combat*, 27-4-47). Demain, je ne mettrai pas de beurre sur mon pain et le phosphore qui me manque coûte des prix fous chez les pharmaciens... Depuis 1943, j'ai été opéré cinq fois, gravement. Je vais l'être ces jours-ci une sixième fois, très gravement. Écrivain, je ne suis pas assuré social. J'ai une femme et un enfant... L'État ne se rappelle à mon bon souvenir que pour me demander des impôts excessifs sur mes droits d'auteur insignifiants... Il va falloir que je fasse des démarches pour que l'on réduise les frais d'hospitalisation... Et la Société des Gens de Lettres, et la Caisse des lettres ? La première appuiera mes démarches, la seconde m'ayant fait cadeau le mois dernier de quatre mille francs... Passons. »

q. Mis à part, bien entendu, les « écrivains » catholiques. Quant aux soi-disant écrivains communistes, j'en parle plus loin.

r. Je ne fais pas de difficulté pour admettre la description marxiste de l'angoisse « existentialiste » comme phénomène d'époque et de classe[220]. L'existentialisme, sous sa forme contemporaine, apparaît sur la décomposition de la bourgeoisie et son origine est bourgeoise. Mais que cette décomposition puisse *dévoiler* certains aspects de la condition humaine et rendre possibles certaines intuitions métaphysiques, cela ne signifie pas que ces intuitions et ce dévoilement soient des illusions de la conscience bourgeoise ou des représentations mythiques de la situation.

s. L'ouvrier, c'est sous la pression des circonstances qu'il a adhéré au P.C. Il est moins suspect parce que ses possibilités de choix sont plus réduites.

t. Dans la littérature communiste, en France, je trouve un seul écrivain authentique. Ce n'est pas non plus par hasard qu'il écrit sur le mimosa et les galets[221].

u. Ils ont fait lire Hugo ; plus récemment ils ont répandu les ouvrages de Giono dans certaines campagnes.

v. J'excepte la tentative avortée de Prévost et de ses contemporains. J'en ai parlé plus haut.

w. Cette contradiction se retrouve partout et singulièrement dans *l'amitié* communiste. Nizan avait beaucoup d'amis. Où sont-ils[222] ? Ceux qu'il a le plus chaudement aimés appartenaient au P.C. : ce sont eux qui l'accablent aujourd'hui. Les seuls qui lui demeurent fidèles ne sont pas du Parti. C'est que la communauté stalinienne, avec son pouvoir excommunicateur, demeure présente dans l'amour et dans l'amitié qui sont des relations de personne à personne.

x. Et l'idée de liberté ? Les critiques effarantes qu'on fait à l'existentialisme prouvent que les gens n'y entendent plus rien. Est-ce leur faute ? Voici le P.R.L.[223] antidémocratique, antisocialiste, recrutant d'anciens fascistes, d'anciens collaborationnistes, d'anciens P.S.F.[224]. Il se nomme pourtant Parti républicain de la liberté. Si vous êtes contre lui, c'est donc que vous êtes contre la liberté. Mais les communistes aussi se réclament de la liberté, seulement c'est de la liberté hégélienne qui est assomption de la nécessité. Et les surréalistes aussi, qui sont déterministes. Un jeune oison m'a dit un jour : « Après *Les Mouches* où vous avez sans faute parlé de la liberté d'Oreste, vous vous êtes trahi vousmême et vous nous avez trahis en écrivant *L'Être et le Néant* et en manquant à fonder un humanisme déterministe et matérialiste. » Je comprends ce qu'il a voulu dire : c'est que le matérialisme délivre l'homme de ses mythes. Il est libération, je le veux, mais pour mieux asservir encore. Cependant, dès 1760, des colons américains défendaient l'esclavage au nom de la liberté : si le colon, citoyen et pionnier, veut acheter un Nègre, n'est-il pas libre ? Et, l'ayant acheté, n'est-il pas libre de s'en servir ? L'argument est resté. En 1947, le propriétaire d'une piscine refuse d'y admettre un capitaine juif, héros de la guerre. Le capitaine écrit aux journaux pour se plaindre. Les journaux publient sa protestation et concluent : « Admirable pays que l'Amérique. Le propriétaire de la piscine était *libre* d'en refuser l'accès à un Juif. Mais le Juif, citoyen des États-Unis, était *libre* de protester dans la presse. Et la presse, libre comme on sait, mentionne sans prendre parti le pour et le contre. Finalement, tout le monde est libre. » Le seul ennui c'est que le mot de *liberté* qui recouvre ces acceptions si différentes — et cent autres — soit employé sans qu'on croie devoir prévenir du sens qu'on lui donne en chaque cas.

y. Parce qu'elle est, comme l'Esprit, du type de ce que j'ai appelé ailleurs « totalité détotalisée[225] ».

z. La Peste, de Camus, qui vient de paraître, me semble un bon exemple de ce mouvement unificateur qui fond dans l'unité organique d'un seul mythe une pluralité de thèmes critiques et constructeurs.

1947-1948

PRÉFACE
À
« PORTRAIT D'UN INCONNU »

En 1947, lorsque Sartre accepta de préfacer Portrait d'un inconnu, *premier roman de Nathalie Sarraute (1900-1999), celle-ci faisait partie de ses relations depuis 1939 : « Avant la guerre une inconnue avait envoyé à Sartre un petit livre,* Tropismes, *qui avait passé inaperçu et dont la qualité nous frappa ; c'était Nathalie Sarraute ; il lui avait écrit, il l'avait rencontrée… » (S. de Beauvoir,* La Force des choses, *Gallimard, 1963, p. 30). L'auteur de ces courts récits a publié par la suite dans les* TM, *outre des fragments de* Portrait d'un inconnu *en janvier 1946 (n° 4), une critique littéraire, « Paul Valéry et l'enfant d'éléphant » (n° 16, janvier 1947) et un essai, « De Dostoïevsky à Kafka » (n° 25, octobre 1947) dans lequel elle affirme hautement la nécessité de renouveler l'art romanesque. Voici donc Sartre renvoyé au roman de l'exis, dont il souhaite la même année dans « Qu'est-ce que la littérature ? » — par sentiment d'urgence, parce qu'il lui semble que l'époque l'exige — qu'il cède le pas au roman de la praxis. Mais c'est bien de l'auteur de* La Nausée *et du critique littéraire de* La NRF *d'avant-guerre que Nathalie Sarraute a désiré une préface, certaine qu'il saurait mettre en lumière ce que l'invention de sa technique permet pour appréhender « ces mouvements indéfinissables, qui glissent très rapidement aux limites de notre conscience » (voir* L'Ère du soupçon, *recueil d'essais sur le roman, Gallimard, 1956, « Folio essais », n° 76).*

La préface de Sartre à Portrait d'un inconnu *ne semble pas avoir contribué à éveiller l'attention des critiques sur la nouveauté de la tentative de Nathalie Sarraute, contestation radicale de l'art du*

roman. Après la publication du Voyeur *(1955) et des articles-
manifestes d'Alain Robbe-Grillet pour une autre littérature, de* Passage de Milan *et de* L'Emploi du temps *de Michel Butor (1954 et
1956), elle sera associée, aux yeux de la critique et du public comme
à ses propres yeux, à ce qu'on appellera, malgré les différences, le
Nouveau Roman (voir sa préface à* L'Ère du soupçon, *op. cit.).*

*En 1960, dans un entretien avec Madeleine Chapsal publié par la
suite dans* Situations, IX *(1972), Sartre se dira déçu par les livres
ultérieurs de Nathalie Sarraute,* Martereau *et* Le Planétarium *:
« Elle croit atteindre, par les échanges protoplasmiques qu'elle décrit,
des relations individuelles et élémentaires alors qu'elle ne fait que
montrer les effets abstraits et infinitésimaux d'un milieu social très
défini... La structure paranoïaque qui s'accuse de plus en plus dans
ses livres révèle un type de rapports propre à ces milieux. Mais...
nous restons sur le plan indifférencié et illusoire de l'immédiat. »
Préface reprise dans* Situations, IV *(1964).*

A. E.-S.

Un des traits les plus singuliers de notre époque littéraire c'est l'apparition, çà et là, d'œuvres vivaces et toutes
négatives qu'on pourrait nommer des anti-romans. Je ran-
gerai dans cette catégorie les œuvres de Nabokov, celles
d'Evelyn Waugh[1] et, en un certain sens, *Les Faux-Monnayeurs*[2]. Il ne s'agit point d'essais contre le genre romanesque, à la façon de *Puissances du roman* qu'a écrit Roger
Caillois[3] et que je comparerais, toute proportion gardée, à
la *Lettre sur les spectacles* de Rousseau. Les anti-romans
conservent l'apparence et les contours du roman ; ce sont
des ouvrages d'imagination qui nous présentent des personnages fictifs et nous racontent leur histoire. Mais c'est
pour mieux décevoir : il s'agit de contester le roman par
lui-même, de le détruire sous nos yeux dans le temps
qu'on semble l'édifier, d'écrire le roman d'un roman qui ne
se fait pas, qui ne peut pas se faire, de créer une fiction
qui soit aux grandes œuvres composées de Dostoïevsky et
de Meredith ce qu'était aux tableaux de Rembrandt et de

Rubens cette toile de Miró, intitulée *Assassinat de la peinture*[4]. Ces œuvres étranges et difficilement classables ne témoignent pas de la faiblesse du genre romanesque, elles marquent seulement que nous vivons à une époque de réflexion et que le roman est en train de réfléchir sur lui-même. Tel est le livre de Nathalie Sarraute : un anti-roman qui se lit comme un roman policier. C'est d'ailleurs une parodie de roman « de quête » et elle y a introduit une sorte de détective amateur et passionné qui se fascine sur un couple banal — un vieux père, une fille plus très jeune — et les épie et les suit à la trace et les devine parfois, à distance, par une sorte de transmission de pensée, mais sans jamais très bien savoir ni ce qu'il cherche ni ce qu'ils sont. Il ne trouvera rien, d'ailleurs, ou *presque* rien. Il abandonnera son enquête pour cause de métamorphose : comme si le policier d'Agatha Christie, sur le point de découvrir le coupable, se muait tout à coup en criminel.

C'est la mauvaise foi du romancier — cette mauvaise foi *nécessaire* — qui fait horreur à Nathalie Sarraute. Est-il « avec » ses personnages, « derrière » eux ou dehors ? Et quand il est derrière eux, ne veut-il pas nous faire croire qu'il reste dedans ou dehors ? Par la fiction de ce policier des âmes qui se heurte au « dehors », à la carapace de ces « énormes bousiers » et qui pressent obscurément le « dedans » sans jamais le toucher, Nathalie Sarraute cherche à sauvegarder sa bonne foi de conteuse. Elle ne veut prendre ses personnages ni par le dedans ni par le dehors parce que nous sommes, pour nous-mêmes et pour les autres, tout entiers dehors et dedans à la fois. Le dehors, c'est un terrain neutre, c'est ce *dedans* de nous-mêmes que nous voulons être pour les autres et que les autres nous encouragent à être pour nous-mêmes. C'est le règne du *lieu commun*. Car ce beau mot a plusieurs sens : il désigne sans doute les pensées les plus rebattues mais c'est que ces pensées sont devenues le lieu de rencontre de la communauté. Chacun s'y retrouve, y retrouve les autres. Le lieu commun est à tout le monde et il m'appartient ; il appartient en moi à tout le monde, il est la présence de tout le monde en moi. C'est, par essence, *la généralité* ; pour me l'approprier, il faut un acte : un acte par quoi je dépouille ma particularité pour adhérer au général, pour devenir la généralité. Non point *semblable* à tout le monde mais, précisément, *l'incarnation* de tout le monde. Par cette adhésion éminemment sociale, je m'identifie à *tous* les autres dans l'indistinction de l'universel. Nathalie Sarraute paraît distinguer trois sphères concentriques de généralité : il y a celle du caractère, celle du lieu commun moral, celle de l'art et, justement, du roman. Si je fais le bourru bienfaisant, comme le vieux père de *Portrait d'un inconnu*, je me cantonne dans la première ; si je déclare, quand un père refuse de l'argent à sa fille : « Si ce n'est pas malheureux de voir ça ; et dire qu'il n'a qu'elle au monde... ah ! il ne l'emportera pas avec lui, allez », je me projette dans la seconde ; dans la troisième, si je dis d'une jeune femme que c'est une Tanagra, d'un paysage que c'est un Corot, d'une histoire de famille qu'elle est balzacienne. Du même coup, les autres, qui ont accès de plain-pied dans ces domaines, m'approuvent et me comprennent ; en réfléchissant mon attitude, mon jugement, ma comparaison, ils lui communiquent un caractère sacré. Rassurant pour autrui, rassurant pour moi-même puisque je me suis réfugié dans cette zone neutre et commune qui n'est pas tout à fait l'objectif, puisque enfin je m'y tiens par décret, ni tout à fait subjective puisque tout le monde m'y peut atteindre et s'y retrouver, mais qu'on pourrait nommer à la fois la subjectivité de l'objectif et l'objectivité du subjectif. Comme je prétends n'être que cela et comme je proteste que je n'ai pas de tiroirs secrets, il m'est permis, sur ce plan, de bavarder, de m'émouvoir, de m'indigner, de montrer « un caractère » et même d'être un « original », c'est-à-dire d'assembler les lieux communs d'une manière inédite : il y a même, en effet, des « paradoxes communs ». On me laisse, en somme, le loisir d'être subjectif dans les limites de l'objectivité. Et plus je serai subjectif entre ces frontières étroites, plus on m'en saura gré : car je démontrerai par là que le subjectif n'est rien et qu'il n'en faut pas avoir peur.

Dans son premier ouvrage, *Tropismes*[5], Nathalie Sarraute montrait déjà comment les femmes passent leur vie à *communier* dans le lieu commun : « Elles parlaient : "Il y a entre eux des scènes lamentables, des disputes à propos de rien. Je dois dire que c'est lui que je plains dans tout cela quand même. Combien ? Mais au moins deux millions. Et rien que l'héritage de la tante Joséphine... Non... Comment voulez-vous ? Il ne l'épousera pas. C'est une femme d'intérieur qu'il lui faut, il ne s'en rend pas compte lui-même. Mais non, je vous le dis. C'est une femme d'intérieur qu'il lui faut... D'intérieur... D'intérieur..." On le leur avait toujours dit. Cela, elles l'avaient bien toujours entendu dire, elles le savaient : les sentiments, l'amour, la vie, c'était leur domaine. Il leur appartenait. »

C'est la « parlerie » de Heidegger, le « on[6] » et, pour tout dire, le règne de l'inauthenticité. Et, sans doute, bien des auteurs ont effleuré, en passant, éraflé le mur de l'inauthenticité, mais je n'en connais pas qui en ait fait, de propos délibéré, le sujet d'un livre : c'est que l'inauthenticité n'est pas romanesque. Les romanciers s'efforcent au contraire de nous persuader que le monde est fait d'individus irremplaçables, tous exquis, même les méchants, tous passionnés, tous particuliers. Nathalie Sarraute nous fait voir le mur de l'inauthentique ; elle nous le fait voir partout. Et derrière ce mur ? Qu'y a-t-il ? Eh bien justement *rien*. Rien ou presque. Des efforts vagues pour fuir quelque chose qu'on devine dans l'ombre. L'*authenticité*, vrai rapport avec les autres, avec soi-même, avec la mort, est partout suggérée mais invisible. On la pressent parce qu'on la fuit. Si nous jetons un coup d'œil, comme l'auteur nous y invite, à l'intérieur des gens, nous entrevoyons un grouillement de fuites molles et tentaculaires. Il y a la fuite dans les objets qui réfléchissent paisiblement l'universel et la permanence, la fuite dans les occupations quotidiennes, la fuite dans le mesquin. Je connais peu de pages plus impressionnantes que celles qui nous montrent « le vieux » échappant de justesse à l'angoisse de la mort en se jetant, pieds nus et en chemise, à la cuisine pour vérifier si sa fille lui vole du savon[7]. Nathalie Sarraute a une vision proto-plasmique de notre univers intérieur : ôtez la pierre du lieu commun, vous trouverez des coulées, des baves, des mucus, des mouvements hésitants, amiboïdes. Son voca-bulaire est d'une richesse incomparable pour suggérer les lentes reptations centrifuges de ces élixirs visqueux et vivants. « Comme une sorte de bave poisseuse, leur pensée s'infiltrait en lui, se collait à lui, le tapissait intérieure-ment. » (*Tropismes*, p. 11.) Et voici la pure femme-fille « silencieuse sous la lampe, semblable à une fragile et douce plante sous-marine toute tapissée de ventouses mou-vantes ». (*Ibid.*, p. 50.) C'est que ces fuites tâtonnantes, hon-teuses, qui n'osent dire leur nom sont aussi des rapports avec autrui. Ainsi la conversation sacrée, échange rituel de lieux communs, dissimule une « sous-conversation » où les ventouses se frôlent, se lèchent, s'aspirent. Il y a d'abord le *malaise* : si je soupçonne que vous n'*êtes pas* tout simple-ment, tout uniment le lieu commun que vous *dites*, tous mes monstres mous se réveillent ; j'ai peur : « Elle était accroupie sur un coin du fauteuil, se tortillait, le cou tendu, les yeux protubérants : "Oui, oui, oui", disait-elle, et elle approuvait chaque membre de phrase d'un branle-ment de la tête. Elle était effrayante, douce et plate, toute lisse, et seuls ses yeux étaient protubérants. Elle avait quelque chose d'angoissant, d'inquiétant et sa douceur était menaçante. Il sentait qu'à tout prix il fallait la redres-ser, l'apaiser, mais que seul quelqu'un doué d'une force surhumaine pourrait le faire... Il avait peur, il allait s'affo-ler, il ne fallait pas perdre une minute pour raisonner, pour réfléchir... Il se mettait à parler, à parler sans arrêt, de n'importe qui, de n'importe quoi, à se démener (comme le serpent devant la musique ? comme les oiseaux devant le boa ? Il ne savait plus) vite, vite, sans s'arrêter, sans une minute à perdre, vite, vite, pendant qu'il en est temps encore, pour la contenir, pour l'amadouer. » (*Ibid.*, p. 35.) Les livres de Nathalie Sarraute sont remplis de ces terreurs : on parle, quelque chose va éclater, illuminer soudain le fond glauque d'une âme et chacun sentira les bourbes mouvantes de la sienne. Et puis non : la menace écartée, le danger évité, on se remet tranquillement à échanger des lieux communs. Ceux-ci, pourtant, s'effondrent parfois et l'effroyable nudité protoplasmique apparaît : « Il leur sem-ble que leurs contours se défont, s'étirent dans tous les sens, les carapaces, les armures craquent de toutes parts, ils sont nus, sans protection, ils glissent enlacés l'un à l'autre, ils descendent comme au fond d'un puits... ici, où ils descendent maintenant, comme dans un paysage sous-marin, toutes les choses ont l'air de vaciller, elles oscillent, irréelles et précises comme des objets de cauchemar, elles se boursouflent, prennent des proportions étranges... une grosse masse molle qui appuie sur elle, l'écrase... elle essaie maladroitement de se dégager un peu, elle entend sa propre voix, une drôle de voix trop neutre[8]... » Il n'arrive rien d'ailleurs : il n'arrive jamais rien. D'un commun accord, les interlocuteurs tirent sur cette défaillance passagère le rideau de la généralité. Ainsi ne faut-il pas chercher dans le livre de Nathalie Sarraute ce qu'elle ne veut pas nous donner ; un homme, pour elle, ce n'est pas un caractère, ni d'abord une histoire ni même un réseau d'habitudes : c'est le va-et-vient incessant et mou entre le particulier et le général. Quelquefois, la coquille est vide, un « M. Dumon-tet » entre soudain, qui s'est débarrassé savamment du particulier, qui n'est plus rien qu'un assemblage charmant et vif de généralités. Alors tout le monde respire et reprend espoir : c'est donc possible ! c'est donc encore possible. Un calme mortuaire entre avec lui dans la chambre.

Ces quelques remarques visent seulement à guider le lecteur dans ce livre difficile et excellent ; elles ne cherchent pas à en épuiser le contenu. Le meilleur de Nathalie Sarraute, c'est son style trébuchant, tâtonnant, si honnête, si plein de repentirs, qui approche de l'objet avec des précautions pieuses, s'en écarte soudain par une sorte de pudeur ou par timidité devant la complexité des choses et qui, en fin de compte, nous livre brusquement le monstre tout baveux, mais presque sans y toucher, par la vertu magique d'une image. Est-ce de la psychologie ? Peut-être Nathalie Sarraute, grande admiratrice de Dostoïevsky, voudrait-elle nous le faire croire. Pour moi je pense qu'en laissant deviner une authenticité insaisissable, en montrant ce va-et-vient incessant du particulier au général, en s'attachant à peindre le monde rassurant et désolé de l'inauthentique, elle a mis au point une technique qui permet d'atteindre, par-delà le psychologique, la réalité humaine, dans son *existence* même.

1947

LA RECHERCHE DE L'ABSOLU

Préface pour le catalogue de l'exposition Alberto Giacometti à la Pierre Matisse Gallery de New York qui eut lieu du 19 janvier au 14 février 1948 ; le texte y parut en anglais. La version originale a été publiée dans le n° 28 des TM, *de janvier 1948, et reprise dans* Situations, III *(1949). Sartre et S. de Beauvoir connaissaient Giacometti depuis quelques années — depuis 1939 selon James Lord, son biographe, depuis mars 1941 selon S. de Beauvoir, qui évoque leur amitié dans* La Force de l'âge *(Gallimard, 1960).*

Désormais célèbre, Sartre était de plus en plus sollicité pour des préfaces à des œuvres littéraires, politiques ou artistiques ; il acceptait souvent et de bonne grâce, lorsque l'œuvre l'intéressait, ou qu'il l'estimait, mais il arrivait que cet intérêt ne soit pas très puissant. Tel n'est pas le cas pour cette préface : l'art et la personnalité de Giacometti le séduisaient absolument. Signalons qu'il écrira aussi « Les peintures de Giacometti » à l'occasion d'une exposition à la galerie Maeght en 1954.

A. E.-S.

Il n'est pas besoin de regarder longtemps le visage antédiluvien de Giacometti pour deviner son orgueil et sa volonté de se situer au commencement du monde. Il se moque de la Culture et ne croit pas au Progrès, du moins au Progrès dans les Beaux-Arts. Il ne se juge pas plus « avancé » que ses contemporains d'élection, l'homme des

Eyzies, l'homme d'Altamira. En cette extrême jeunesse de
la nature et des hommes, ni le beau ni le laid n'existent
encore, ni le goût, ni les gens de goût, ni la critique : tout
est à faire, pour la première fois l'idée vient à un homme
de tailler un homme dans un bloc de pierre. Voilà donc le
modèle : l'homme. Ni dictateur, ni général, ni athlète, il ne
possède pas encore ces dignités et ces chamarrures qui
séduiront les sculpteurs de l'avenir. Ce n'est qu'une longue
silhouette indistincte qui marche à l'horizon. Mais on peut
voir déjà que ses mouvements ne ressemblent pas à ceux
des choses : ils émanent de lui comme des commence-
ments premiers, ils dessinent dans les airs un avenir léger :
il faut les comprendre à partir de leurs fins — cette baie à
cueillir, cette ronce à écarter — non à partir des causes. Ils
ne se laissent jamais séparer ni localiser : de l'arbre, je peux
isoler cette branche qui se balance ; de l'homme jamais *un*
bras qui se lève, *un* poing qui se ferme. *L'homme* lève le
bras, *l'homme* crispe le poing, *l'homme* est l'unité indissoluble et la source absolue de ses mouvements. Au demeurant,
c'est un charmeur de signes ; les signes se prennent dans
ses cheveux, brillent dans ses yeux, dansent entre ses
lèvres, se perchent au bout de ses doigts ; il parle avec tout
son corps : s'il court il parle, s'il s'arrête il parle, s'il s'endort
son sommeil est parole. À présent, voici la matière : un
rocher, simple grumeau d'espace. Avec de l'espace, il faut
donc que Giacometti fasse un homme ; il faut qu'il inscrive
le mouvement dans la totale immobilité, l'unité dans la
multiplicité infinie, l'absolu dans la relativité pure, l'avenir
dans le présent éternel, le bavardage des signes dans le
silence obstiné des choses. Entre la matière et le modèle
l'écart paraît impossible à combler ; et pourtant cet écart
n'existe que parce que Giacometti s'en est fait la mesure.
Je ne sais s'il faut voir en lui un homme qui veut imposer
un sceau d'homme à l'espace ou un roc en train de rêver
l'humain. Ou plutôt il est l'un et l'autre et la médiation
entre l'un et l'autre. La passion du sculpteur, c'est de se
faire tout entier étendue pour que, du fond de l'étendue,

toute une statue d'homme puisse jaillir. Des pensées de pierre le hantent. Une fois, il a eu la terreur du vide ; pendant des mois, il allait et venait avec un gouffre à son côté ; c'était l'espace qui prenait conscience, en lui, de sa stérilité désolée. Une autre fois, il lui parut que les objets, ternes et morts, ne touchaient plus terre ; il habita un univers flottant, il réalisa dans sa chair et jusqu'au martyre qu'il n'y a ni haut ni bas dans l'étendue, ni de contact réel entre les choses ; mais, dans le même temps, il connaissait qu'un sculpteur a pour tâche de tailler dans cet archipel infini la figure pleine du seul être qui peut *toucher* les autres êtres. Je ne connais personne qui soit autant que lui sensible à la magie des visages et des gestes ; il les regarde avec une envie passionnée, comme s'il était d'un autre règne. Mais parfois, de guerre lasse, il a tenté de minéraliser ses semblables : il voyait les foules s'avancer sur lui en aveugles, roulant sur les boulevards comme les pierres d'une avalanche. Ainsi chacune de ses obsessions restait un travail, une expérience, une façon d'éprouver l'espace.

« Il est bien fou, dira-t-on. Voici trois mille ans qu'on sculpte — et fort bien — sans faire tant d'histoires. Que ne s'applique-t-il à réaliser des œuvres sans défaut selon des techniques éprouvées, au lieu de faire semblant d'ignorer ses devanciers ? » C'est que, depuis trois mille ans, on ne sculpte que des cadavres. Parfois on les nomme gisants et on les couche sur des tombes ; d'autres fois on les assied sur des chaises curules, on les juche sur des chevaux. Mais un mort sur un cheval mort, cela ne fait même pas la moitié d'un vivant. Il ment, ce peuple des Musées, ce peuple rigide, aux yeux blancs. Ces bras prétendent bouger, mais ils flottent, soutenus entre haut et bas par des tiges de fer ; ces formes figées ont peine à contenir en elles un éparpillement infini ; c'est l'imagination du spectateur, mystifié par une grossière ressemblance, qui prête le mouvement, la chaleur, la vie à l'éternel affaissement de la matière. Il faut donc repartir de zéro. Après trois mille ans, la tâche de Giacometti et des sculpteurs contemporains n'est pas d'enrichir les galeries avec des œuvres nouvelles, mais de prouver que la sculpture est possible. De le prouver en sculptant, comme Diogène, en marchant, prouvait le mouvement. De le prouver, comme Diogène, contre Parménide et Zénon. Il faut aller aux limites et voir ce que l'on peut faire. Si l'entreprise devait mal finir, il serait impossible, dans le cas le plus favorable, de décider si cela signifie l'échec du sculpteur ou celui de la sculpture : d'autres viendraient, qui devraient recommencer.

Giacometti lui-même recommence perpétuellement. Il ne s'agit pas cependant d'une progression infinie ; il y a un terme fixe qu'il faut atteindre, un problème unique qu'il faut résoudre : comment faire un homme avec de la pierre sans le pétrifier ? C'est tout ou rien : si le problème est résolu, le nombre des statues importe peu. « Que je sache seulement en faire une, dit Giacometti, et j'en pourrai faire mille... » Tant qu'il ne l'est pas, il n'y a pas de statues du tout, mais seulement des ébauches qui n'intéressent Giacometti qu'autant qu'elles le rapprochent de son but. Il brise tout et recommence encore. De temps en temps ses amis parviennent à sauver du massacre une tête, une jeune femme, un adolescent. Il laisse faire et se remet à la tâche. En quinze ans, il n'a pas fait une seule exposition. Pour celle-ci, il s'est laissé séduire parce qu'il faut bien vivre, mais il en reste troublé ; il écrit pour s'excuser : « C'est surtout parce que j'étais poussé par la terreur de la misère que ces sculptures existent à ce point-là (qu'elles sont en bronze et photographiées), mais je n'en suis pas tout à fait sûr ; elles étaient tout de même un peu ce que je voulais. À peine. » Ce qui le gêne, c'est que ces esquisses mouvantes, toujours à mi-chemin entre le néant et l'être, toujours modifiées, améliorées, détruites et recommencées, se sont mises à exister seules et pour de bon, ont entrepris loin de lui une carrière sociale. Il va les oublier. L'unité merveilleuse de cette vie, c'est son intransigeance dans la recherche de l'absolu.

Ce travailleur vif et obstiné n'aime pas la résistance de la pierre qui ralentirait ses mouvements. Il s'est choisi une matière sans poids, la plus ductile, la plus périssable, la plus spirituelle : le plâtre. Il le sent à peine au bout de ses doigts, c'est l'envers impalpable de ses mouvements. Ce qu'on voit d'abord dans son atelier, ce sont d'étranges épouvantails faits de croûtes blanches qui coagulent autour de longues ficelles rousses. Ses aventures, ses idées, ses désirs et ses songes se projettent un moment sur les bonshommes de plâtre, leur donnent une forme et passent, et la forme passe avec eux. Chacune de ces nébuleuses en perpétuelle métamorphose semble la vie même de Giacometti transcrite dans un autre langage. Les statues de Maillol jettent insolemment aux yeux leur lourde éternité. Mais l'éternité de la pierre est synonyme d'inertie ; c'est un présent figé pour toujours. Giacometti ne parle jamais d'éternité, n'y pense jamais. J'ai trouvé beau qu'il me dise un jour, à propos de statues qu'il venait de détruire : « J'en étais content mais elles n'étaient faites que pour durer quelques heures. » Quelques heures : comme une aube, comme une tristesse, comme un éphémère. Et il est vrai que ses personnages, pour avoir été destinés à périr dans la nuit même où ils sont nés, sont seuls à garder, entre toutes les sculptures que je connais, la grâce inouïe de sembler périssables. Jamais la matière ne fut moins éternelle, plus fragile, plus près d'être humaine. La matière de Giacometti, cette étrange farine qui poudroie, ensevelit lentement son atelier, se glisse sous ses ongles et dans les rides profondes de son visage, c'est de la poussière d'espace.

Mais l'espace, fût-il nu, est encore surabondance. Giacometti a horreur de l'infini. Non point de l'infini pascalien, de l'infiniment grand : il est un autre infini, plus sournois, plus secret, qui court sous les doigts : l'infini de la divisibilité ; dans l'espace, dit Giacometti, il y a trop. Ce *trop*, c'est la pure et simple coexistence de parties juxtaposées. La plupart des sculpteurs s'y sont laissé prendre ; ils ont confondu la prolificité de l'étendue avec la générosité, ils ont mis du trop dans leurs œuvres, ils se sont complu à la grasse courbe d'un flanc de marbre, ils ont étalé, empâté, distendu le geste de l'homme. Giacometti sait qu'il n'y a rien de trop dans l'homme vivant, parce que tout y est fonction ; il sait que l'espace est un cancer de l'Être, qui ronge tout ; sculpter, pour lui, c'est dégraisser l'espace, c'est le comprimer pour lui faire égoutter toute son extériorité. Cette tentative peut sembler désespérée ; et Giacometti, je crois, à deux ou trois reprises, a côtoyé le désespoir. Si, pour sculpter, il faut tailler et recoudre dans ce milieu incompressible, alors c'est que la sculpture est impossible. « Et pourtant, disait-il, si je commence ma statue, comme ils font, par le bout du nez, ce ne sera pas trop d'une infinité de temps pour que j'arrive à la narine. » C'est alors qu'il fit sa découverte.

Voici Ganymède sur son socle. Si vous me demandez à quelle distance il est de moi, je vous répondrai que je ne sais pas de quoi vous parlez. Entendez-vous par Ganymède le jouvenceau qui fut enlevé par l'aigle de Jupiter ? En ce cas je vous dirai qu'il n'y a de lui à moi aucune relation *réelle* de distance, pour la raison qu'il n'existe pas. Faites-vous allusion, au contraire, au bloc de marbre que le sculpteur a façonné à l'image du mignon ? En ce cas, il s'agit d'une chose vraie, d'un minéral existant et nous pouvons mesurer. Les peintres ont compris tout cela depuis longtemps parce que, dans les tableaux, l'irréalité de la troisième dimension entraîne de soi l'irréalité des deux autres. Ainsi la distance des personnages à mes yeux est *imaginaire*. Si j'avance, je me rapproche de la toile, non d'eux. Quand même je mettrais le nez dessus, je les verrais toujours à vingt pas, puisque c'est à vingt pas de moi qu'ils existent une fois pour toutes. Ainsi la peinture échappe-t-elle aux apories de Zénon : même si je divisais en deux l'espace qui sépare le pied de la Vierge du pied de saint Joseph et chacune des deux moitiés encore en deux et ainsi de suite à l'infini, c'est une certaine longueur de la toile que je diviserais ainsi, non pas le dallage qui supporte la Vierge et son mari. Les sculpteurs n'ont pas reconnu ces vérités élémentaires parce qu'ils travaillaient dans un espace à trois dimensions sur un vrai bloc de marbre et quoique le produit de leur art fût un homme imaginaire, ils pensaient le produire dans une étendue réelle. Cette confusion de deux espaces a eu de curieux résultats : en premier lieu, lorsqu'ils sculptaient d'après nature, au lieu de rendre ce qu'ils *voyaient* — c'est-à-dire un modèle à dix pas — ils figuraient dans la glaise ce qui *était* — c'est-à-dire le modèle en lui-même. Comme ils souhaitaient en effet que leur statue procurât au spectateur placé à dix pas d'elle l'impression qu'ils éprouvaient devant le modèle, il leur paraissait logique de faire une figure qui fût pour lui ce que le modèle était pour eux ; et cela n'était possible que si le marbre était *ici* comme le modèle était là-bas.

Mais qu'est-ce donc qu'être *en soi* et *là-bas* ? À dix pas, je me fais de cette femme nue une certaine image ; si je me rapproche et si je la regarde de tout près je ne la reconnais plus : ces cratères, ces galeries, ces gerçures, ces herbes noires et rêches, ces luisances graisseuses, toute cette orographie lunaire, il ne se peut pas que ce soit la peau lisse et fraîche que j'admirais de loin. Est-ce donc cela que le sculpteur doit imiter ? Mais il n'en finirait jamais et puis, si près qu'il ait été de ce visage, on peut s'en approcher encore davantage. Ainsi la statue ne ressemblera vraiment ni à ce qu'*est* le modèle, ni à ce que *voit* le sculpteur : on la construira selon certaines conventions assez contradictoires, en figurant certains détails qui ne sont pas visibles de si loin, sous le prétexte qu'ils existent, et négligeant certains autres, qui existent tout autant, sous le prétexte qu'on ne les voit pas. Qu'est-ce à dire sinon qu'on s'en remet à l'œil du spectateur pour recomposer une figure acceptable ? Mais, dans ce cas, mon rapport à Ganymède varie selon ma position ; si je suis proche, je découvrirai des détails que, de loin, j'ignorais. Et nous voilà conduits à ce paradoxe que j'ai des rapports *réels* avec une illusion ; ou, si l'on préfère, que ma distance vraie au bloc de marbre s'est confondue avec ma distance imaginaire à Ganymède. Il en résulte que les propriétés de l'espace vrai recouvrent et masquent celles de l'espace imaginaire : en particulier la divisibilité réelle du marbre détruit l'indivisibilité du personnage. C'est la pierre qui triomphe et Zénon. Ainsi le sculpteur classique verse dans le dogmatisme parce qu'il croit pouvoir éliminer son propre regard et sculpter en l'homme la nature humaine sans les hommes ; mais en fait il ne sait ce qu'il fait puisqu'il ne fait pas ce qu'il voit. En cherchant le vrai, il a rencontré la convention. Et comme, en fin de compte, il se décharge sur le visiteur du soin d'animer ces simulacres inertes, ce chercheur d'absolu finit par faire dépendre son œuvre de la relativité des points de vue qu'on prend sur elle. Quant au spectateur, il prend l'imaginaire pour le réel et le réel pour l'imaginaire ; il cherche l'indivisible et rencontre partout la divisibilité.

En prenant le contre-pied du classicisme, Giacometti a restitué aux statues un espace imaginaire et sans parties. En acceptant d'emblée la relativité, il a trouvé l'absolu. C'est qu'il s'est avisé le premier de sculpter l'homme tel qu'on le *voit*, c'est-à-dire à distance. À ses personnages de plâtre il confère une *distance absolue* comme le peintre aux habitants de sa toile. Il crée sa figure « à dix pas », « à vingt pas » et, quoi que vous fassiez, elle y reste. Du coup, la voilà qui saute dans l'irréel, puisque son rapport à vous ne dépend plus de votre rapport au bloc de plâtre : l'art est libéré. Une statue classique, il faut l'apprendre ou s'en approcher, à chaque instant on saisit de nouveaux détails ; les parties s'isolent, puis les parties des parties, on finit par s'y perdre. On n'approche pas d'une sculpture de Giacometti. N'espérez pas que cette poitrine s'épanouisse à mesure que vous avancez sur elle : elle ne changera pas et vous aurez en marchant l'étrange impression de piétiner.

Les pointes de ces seins, nous les pressentons, nous les devinons, nous voilà sur le point de les voir : un pas de plus, ou deux, et nous en sommes toujours à les pressentir ; un pas de plus encore, tout s'évanouit : il reste les plissements du plâtre ; ces statues ne se laissent voir qu'à distance respectueuse. Pourtant tout est là : la blancheur, la rondeur, l'affaissement élastique d'une belle poitrine mûre. Tout sauf la matière : à vingt pas on croit voir, on ne voit pas le fastueux désert des tissus adipeux ; il est suggéré, esquissé, signifié, mais non donné. Nous savons maintenant de quel pressoir Giacometti s'est servi pour comprimer l'espace : il n'en est qu'un seul, la distance ; il met la distance à portée de la main, il pousse sous nos yeux une femme lointaine — et qui reste lointaine quand même nous la touchons du bout des doigts. Ce sein entrevu, espéré, ne s'éploiera jamais : il n'est qu'un espoir ; ces corps n'ont de matière qu'autant qu'il en faut pour promettre.

« Pourtant, dira-t-on, cela n'est pas possible : il ne se peut pas qu'un même objet soit vu de près et de loin à la fois. » Aussi n'est-ce pas le même : c'est le bloc de plâtre qui est proche, c'est le personnage imaginaire qui est éloigné. « Au moins, alors, faudrait-il que la distance opérât sa contraction dans les trois dimensions. Or, c'est la largeur et la profondeur qui sont touchées : la hauteur reste intacte. » Il est vrai. Mais il est vrai aussi que l'homme possède aux yeux des autres hommes des dimensions absolues : s'il s'éloigne, je ne vois pas qu'il rapetisse, mais ses qualités se condensent, c'est sa « tournure » qui demeure ; s'il se rapproche, il ne grandit pas : ses qualités s'épanouissent. Il faut avouer pourtant que les hommes et les femmes de Giacometti sont plus proches de nous en hauteur qu'en largeur : comme si leur taille était en avant d'eux-mêmes. Mais c'est à dessein que Giacometti les a étirés. Il faut comprendre, en effet, que ces personnages qui sont tout entiers et d'un coup ce qu'ils sont ne se laissent ni apprendre, ni observer. Dès que je les vois, je les sais, ils jaillissent dans mon champ visuel comme une idée dans mon esprit, l'idée seule possède cette immédiate translucidité, l'idée seule est d'un coup tout ce qu'elle est. Ainsi Giacometti a résolu à sa façon le problème de l'unité du multiple : il a tout bonnement supprimé la multiplicité. C'est le plâtre ou le bronze qui sont divisibles ; mais cette femme qui marche a l'indivisibilité d'une idée, d'un sentiment ; elle n'a pas de parties parce qu'elle se livre toute à la fois. C'est pour donner une expression sensible à cette présence pure, à ce don de soi, à ce surgissement instantané que Giacometti recourt à l'élongation. Le mouvement originel de la création, ce mouvement sans durée, sans parties, si bien figuré par les longues jambes graciles, traverse ces corps à la Greco, et les dresse vers le ciel. En eux mieux qu'en un athlète de Praxitèle, je reconnais l'homme, commencement premier, source absolue du geste. Giacometti a su donner à sa matière la seule unité vraiment humaine : l'unité de l'acte.

Telle est, je crois, l'espèce de révolution copernicienne que Giacometti a tenté d'introduire dans la sculpture. Avant lui on croyait sculpter de *l'être* et cet absolu s'effondrait en une infinité d'apparences. Il a choisi de sculpter l'apparence *située* et il s'est révélé que par elle on atteignait à l'absolu. Il nous livre des hommes et des femmes *déjà vus* mais non pas déjà vus par lui seul. Ces figures sont déjà vues comme la langue étrangère que nous tentons d'apprendre est déjà parlée. Chacune d'elles nous découvre l'homme tel qu'*on* le voit, tel qu'il est pour d'autres hommes, tel qu'il surgit dans un milieu interhumain, non pas, comme je l'ai dit plus haut pour simplifier, à dix pas, à vingt pas, mais à distance d'homme ; chacune nous livre cette vérité que l'homme n'est pas d'abord pour être vu par après, mais qu'il est l'être dont l'essence est d'exister pour autrui. En percevant cette femme de plâtre, c'est mon regard refroidi que je rencontre sur elle. De là ce plaisant malaise où me jette sa vue : je me sens contraint et je ne sais à quoi ni par qui, jusqu'à ce que je découvre que je suis contraint à voir et contraint par moi.

Souvent, d'ailleurs, Giacometti ajoute par plaisir à notre embarras en posant, par exemple, une tête lointaine sur un corps proche, de façon que nous ne sachions plus où nous mettre et, à la lettre, comment accommoder. Mais, même sans cela, elles déconcertent, ces images ambiguës, tant elles heurtent les plus chères habitudes de nos yeux : il y a si longtemps que nous sommes les familiers de créatures lisses et muettes, faites pour nous guérir du mal d'avoir un corps ; ces génies domestiques ont surveillé les jeux de notre enfance, ils témoignent dans les jardins que le monde est sans risques, qu'il n'arrive rien à personne et, par le fait, il ne leur est rien arrivé que de mourir à leur naissance. Or à ces corps-ci, quelque chose est arrivé ; sortent-ils d'un miroir concave, d'une fontaine de jouvence ou d'un camp de déportés ? Au premier regard, nous croyons avoir affaire aux martyrs décharnés de Buchenwald. Mais l'instant d'après nous avons changé d'avis ; ces natures fines et déliées montent au ciel, nous surprenons tout un envol d'Ascensions, d'Assomptions ; elles dansent, ce *sont* des danses, elles sont faites de la même matière raréfiée que ces corps glorieux qu'on nous promet[1]. Et quand nous en sommes encore à contempler cet élan mystique, voici que ces corps émaciés s'épanouissent, nous n'avons plus sous les yeux que des fleurs terrestres. Cette martyre n'était qu'une femme. Mais *toute* une femme, entrevue, furtivement désirée et qui s'éloigne et passe, avec la dignité comique de ces longues filles impotentes et cassables que des mules à talon haut promènent paresseusement du lit au cabinet de toilette, avec l'horreur tragique des victimes boucanées d'un incendie, d'une famine, toute une femme donnée, refusée, proche, lointaine, toute une femme dont l'embonpoint délicieux est hanté par une maigreur secrète et l'atroce maigreur par un suave embonpoint, toute une femme, en danger sur la terre et qui n'est déjà plus tout à fait sur terre, et qui vit et qui nous raconte l'étonnante aventure de la chair, *notre* aventure. Car il lui est arrivé de naître, comme à nous.

Pourtant Giacometti n'est pas content. Il pourrait gagner la partie sur l'heure : il n'a qu'à décider qu'il l'a gagnée. Mais il ne peut s'y résoudre, il remet sa décision d'heure en heure, de jour en jour ; parfois, au cours d'une nuit de travail, il est tout près d'avouer sa victoire ; au matin tout est brisé. Craint-il l'ennui qui l'attend de l'autre côté du triomphe, cet ennui qui morfondit Hegel lorsque celui-ci eut imprudemment bouclé son système ? Ou peut-être c'est la matière qui se venge. Cette divisibilité infinie qu'il a chassée de son œuvre, peut-être renaît-elle sans cesse entre lui et son but. Le terme est là, pour l'atteindre il faut mieux faire. Voilà qui est fait : à présent il faut faire *un peu* mieux. Et puis *un tout petit peu* mieux : ce nouvel Achille n'atteindra jamais la tortue[2] ; un sculpteur, d'une manière ou d'une autre, doit être la victime élue de l'espace ; si ce n'est dans son œuvre, ce sera dans sa vie. Mais surtout, entre lui et nous, il y a une différence de position. Il sait ce qu'il voulait faire et nous ne le savons pas ; mais nous savons ce qu'il a fait et il l'ignore : ces statues sont encore engagées plus qu'à demi dans sa chair, il ne peut les voir : à peine les a-t-il faites qu'il est déjà au-delà à rêver de femmes encore plus minces, encore plus longues, encore plus légères et c'est grâce à son œuvre qu'il conçoit l'idéal au nom duquel il la juge imparfaite. Il n'en finira pas : simplement parce qu'un homme est toujours au-delà de ce qu'il fait. « Quand j'aurai fini, dit-il, j'écrirai, je peindrai, je me donnerai du bon temps. » Mais il mourra avant de finir. De nous ou de lui, qui a raison ? Lui d'abord, parce que, comme dit Vinci, il n'est pas bon qu'un artiste soit content. Mais nous aussi — et en dernier ressort. Kafka, au moment de sa mort, voulait qu'on brûlât ses livres et Dostoïevsky, dans les tout derniers temps de sa vie, rêvait de donner une suite aux *Karamazov*. Peut-être moururentils l'un et l'autre avec mauvaise humeur, celui-ci pensant qu'il n'avait encore rien fait de bon, celui-là qu'il glisserait hors du monde sans même l'avoir égratigné. Et pourtant ces deux-là ont gagné quoi qu'ils aient pu penser. Giacometti aussi et il le sait bien. C'est en vain qu'il s'accroche à ses statues comme un avare à son magot ; en vain qu'il atermoie, temporise, trouve cent ruses pour voler un peu de temps : des hommes vont entrer chez lui, l'écarter, emporter toutes ses œuvres et jusqu'au plâtre qui couvre son plancher. Il le sait ; son air traqué le trahit : il sait qu'il a gagné, en dépit de lui-même, et qu'il nous appartient.

Les Temps Modernes, janvier 1948

LA PÉRIODE R.D.R.

Dans la première édition des Situations, *il manquait, pour les années 1948 et 1949, la trace d'une expérience inédite pour Sartre et qu'il ne renouvellera pas : l'appartenance à un parti.*

David Rousset, auteur de L'Univers concentrationnaire, *et le directeur du quotidien* Le Franc-Tireur, *Georges Altman, conçurent le projet d'un « Rassemblement démocratique révolutionnaire ». Un comité fut créé qui, le 27 février 1948, émit un Appel signé par des personnalités de la gauche non communiste, dont Sartre. Y adhérèrent des socialistes déçus du manque d'ardeur révolutionnaire du parti socialiste (S.F.I.O.), d'anciens trotskystes, des chrétiens proches de la revue* Esprit, *intellectuels, étudiants, quelques syndicalistes aussi, acquis à l'idée de révolution mais refusant l'inféodation à l'U.R.S.S.*

Parmi les événements qui entretenaient un climat d'inquiétude à l'époque où le R.D.R. vit le jour, il en est un qui mit le comble à l'obsession de l'apocalypse : le « coup de Prague ». Il eut lieu trois jours avant la diffusion de l'Appel de David Rousset. Les Soviétiques s'appliquaient méthodiquement à communiser les pays de l'Europe centrale et orientale ; la Tchécoslovaquie reconstituée avait joui jusqu'en octobre 1947 d'un semblant d'indépendance ; à force de pressions et de menaces, le régime communiste du parti unique lui fut imposé le 25 février 1948, ses frontières avec l'Ouest fermées. Si, pour le parti communiste français, ce n'était là qu'une conséquence normale et heureuse des accords de Yalta sur les zones d'influence (voir Dominique Desanti, Les Staliniens, *Arthème Fayard, 1975), bien d'autres Français se souvenaient des*

accords de Munich de 1938 dont la Tchécoslovaquie, pays ami,
avait fait aussitôt les frais, et qui n'avaient pas apporté la paix.

À sa naissance le R.D.R se définissait comme un rassemblement de prolétaires et d'hommes libres pour lutter contre la
guerre et la dictature par la Révolution sociale. En face de
l'État totalitaire russe aussi bien que de la démocratie américaine du dollar, il affirmait son entière indépendance.
Repoussant à la fois le recours exclusif aux moyens parlementaires qui sont inefficaces et l'utilisation des méthodes stali-
niennes qui sont anti-démocratiques, il entendait faire appel à
l'initiative des masses et donner à la démocratie une base
populaire. Décidé à combattre sans compromissions toutes
les formations politiques qui font, directement ou indirectement, le jeu du capitalisme, de l'impérialisme et du colonialisme, il voulait s'associer pour des objectifs précis et en
conservant son indépendance absolue, à toutes celles qui
défendaient les intérêts de la classe ouvrière...

Ce texte inachevé, de la main de Sartre, est le début d'un article
sur « la crise du R.D.R. » ; sans doute des militants opposés à
David Rousset (contesté pour avoir pris l'initiative de solliciter du
syndicat américain CIO une aide financière) ont-ils rédigé la fin de
l'article, publié en mai 1949 dans le bulletin intérieur du mouve-
ment, quelques mois avant sa dissolution. Car la réunion de ces
bonnes volontés venues d'horizons trop divers ne dura guère plus
d'un an et demi : la question des positions à soutenir au jour le
jour pour dissuader les Français — et, si possible les Européens de
l'Ouest — de se considérer d'avance comme les vassaux de l'un ou
de l'autre des deux Grands, était plus qu'ardue ; et que dire de
l'espoir de convaincre le prolétariat travaillé par le stalinisme
qu'une révolution était possible sans le concours de l'U.R.S.S.

Raymond Aron, militant R.P.F. (parti gaulliste) à cette époque,
écrivait dans Le Figaro *un an plus tôt (26 mai 1948) : « La place*
que les staliniens laissent vide, le Rassemblement démocratique
révolutionnaire, du Franc-Tireur *jusqu'aux* Temps Modernes,
cherche à l'occuper. Entre le despotisme bureaucratique et le capi-
talisme, ils tentent de frayer la voie du romantisme révolutionnaire,
déçu par tant d'échecs, mais toujours disponible... » L'expression
de « romantisme révolutionnaire » irrita Sartre. Pourtant, sur ce

seul point, il semblera donner raison à Aron quatre ans plus tard ;
dans ses notes pour une autobiographie (op. cit.), il verra comme
une illusion sa tentative « d'agir politiquement » autrement que
par ses propres écrits :

Éclatement du R.D.R. Coup dur. Nouvel et définitif apprentissage du réalisme... Il y avait bien un besoin abstrait de ce
mouvement, défini par la considération des circonstances.
Mais il n'y avait pas un besoin réel chez les gens.

L'échec du R.D.R. imposera une conclusion aussi amère à
Emmanuel Mounier, chrétien de gauche, directeur de la revue
Esprit *: « Je sais maintenant qu'en dehors du parti communiste il*
n'y a pas de volonté réelle de changer le monde... C'est ce qui fait
le drame. L'exemple du R.D.R. est éblouissant : en dehors du P.C.,
on est condamné à parler politique *» (notes personnelles citées par*
Michel Winock : cf. « Esprit », Des intellectuels dans la cité, *édi-*
tions du Seuil, 1975-1996).

Sur la période du R.D.R., voir ici, p. 339 et suiv., « Il nous faut
la paix pour refaire le monde, réponse à ceux qui nous appellent
"munichois" », article publié dans Le Franc-Tireur *le 10 décembre*
1948, et, p. 369 et suiv., dans les « Textes complémentaires » « Le
point de vue de Raymond Aron », commentaire par Sartre des posi-
tions de l'analyste du Figaro *sur la question sociale et sur la*
guerre, extrait des Entretiens sur la politique *avec Gérard Rosen-*
thal et David Rousset (Gallimard, 1949). Voir aussi, par ce dernier,
Une vie dans le siècle *(Plon, 1991).*

A. E.-S.

ORPHÉE NOIR

*Préface à l'*Anthologie de la nouvelle poésie nègre et malgache de langue française *composée par Léopold Sédar Senghor (P.U.F., 1948, coll. « Pays d'Outre-Mer »), « Orphée noir » fut publié en partie dans le numéro 37 des* TM, *d'octobre 1948, peu avant la parution du livre ; l'ensemble, avec ajout de deux notes, figure dans* Situations, III *(édition de 1949). L'anthologie a accueilli des poètes originaires de Guyane, de Martinique, de Guadeloupe, de Haïti, d'Afrique noire et de Madagascar. Senghor, alors député du Sénégal sous régime colonial, quitta la S.F.I.O. cette année-là pour fonder son propre groupe, les Indépendants d'Outre-Mer. Sartre venait de parrainer, aux côtés du futur président du Sénégal indépendant, la naissance de la revue* Présence Africaine, *d'Alioune Diop.*

Charles-André Julien écrit, dans son avant-propos remanié vingt ans plus tard : « Plus encore que nous le prévoyions, l'étude de Sartre fut lue et discutée avec passion, notamment aux États-Unis dans une traduction anglaise. "Orphée Noir" devint aussitôt un classique et le demeura. Son rayonnement fut tel que ce ne fut sans doute pas un hasard si un film qui voulait exprimer les conditions de vie et les croyances des Noirs du Brésil prit pour titre Orfeu negro. *»*

A. E.-S.

Qu'est-ce donc que vous espériez, quand vous ôtiez le bâillon qui fermait ces bouches noires ? Qu'elles allaient entonner vos louanges ? Ces têtes que nos pères avaient courbées jusqu'à terre par la force, pensiez-vous, quand elles se relèveraient, lire l'adoration dans leurs yeux ? Voici des hommes debout qui nous regardent et je vous souhaite de ressentir comme moi le saisissement d'être vus. Car le Blanc a joui trois mille ans du privilège de voir sans qu'on le voie ; il était regard pur, la lumière de ses yeux tirait toute chose de l'ombre natale, la blancheur de sa peau, c'était un regard encore, de la lumière condensée. L'homme blanc, blanc parce qu'il était homme, blanc comme le jour, blanc comme la vérité, blanc comme la vertu, éclairait la Création comme une torche, dévoilait l'essence secrète et blanche des êtres. Aujourd'hui ces hommes noirs nous regardent et notre regard rentre dans nos yeux ; des torches noires, à leur tour, éclairent le monde et nos têtes blanches ne sont plus que de petits lampions balancés par le vent. Un poète noir, sans même se soucier de nous, chuchote à la femme qu'il aime :

> *Femme nue, femme noire*
> *Vêtue de ta couleur qui est vie*
> *Femme nue, femme obscure !*
> *Fruit mûr à la chair ferme, sombres extases du vin noir*[1]

et notre blancheur nous paraît un étrange vernis blême qui empêche notre peau de respirer, un maillot blanc, usé aux coudes et aux genoux, sous lequel, si nous pouvions l'ôter, on trouverait la vraie chair humaine, la chair couleur de vin noir. Nous nous croyions essentiels au monde, les soleils de ses moissons, les lunes de ses marées : nous ne sommes plus que des bêtes de sa faune. Même pas des bêtes :

> *Ces messieurs de la ville*
> *Ces messieurs comme il faut*
> *Qui ne savent plus danser au clair de lune*
> *Qui ne savent plus marcher sur la chair de leurs pieds*
> *Qui ne savent plus conter les contes aux veillées*[2]...

Jadis Européens de droit divin, nous sentions depuis quelque temps notre dignité s'effriter sous les regards américains ou soviétiques ; déjà l'Europe n'était plus qu'un accident géographique, la presqu'île que l'Asie pousse vers l'Atlantique. Au moins espérions-nous retrouver un peu de notre grandeur dans les yeux domestiques des Africains. Mais il n'y a plus d'yeux domestiques : il y a les regards sauvages et libres qui jugent notre terre.

Voici un Noir errant :

> *jusqu'au bout de*
> *l'éternité de leurs boulevards*
> *à flics*[3]...

Et voici un autre qui crie à ses frères :

Hélas ! Hélas ! L'Europe arachnéenne bouge ses doigts et ses phalanges de navires[4]...

Voici :

> *Au silence sournois de cette nuit d'Europe*[5]...

où

> *... il n'est rien que le temps ne déshonore*[6].

Un nègre écrit :

Montparnasse et Paris, l'Europe et ses tourments sans fin nous hanteront parfois comme des souvenirs ou comme des malaises[7]...

et tout à coup, à nos propres yeux, la France paraît exotique. Ce n'est plus qu'un souvenir, un malaise, une brume blanche qui reste au fond d'âmes ensoleillées, un arrière-pays tourmenté où il ne fait pas bon vivre ; elle a dérivé vers le nord, elle s'ancre près du Kamtchatka : c'est le soleil qui *est essentiel*, le soleil des tropiques et la mer « pouilleuse d'îles » et les roses d'Imangue et les lys d'Iarive et les volcans de la Martinique. L'Être est noir, l'Être est de feu, nous sommes accidentels et lointains, nous avons à nous justifier de nos mœurs, de nos techniques, de notre pâleur de mal-cuits et de notre végétation vert-de-gris. Par ces regards tranquilles et corrosifs, nous sommes rongés jusqu'aux os :

Écoutez le monde blanc
horriblement las de son effort immense
ses articulations rebelles craquer sous les étoiles dures,
ses raideurs d'acier bleu transperçant la chair mystique
écoute ses victoires proditoires trompeter ses défaites
écoute aux alibis grandioses son piètre trébuchement.
Pitié pour nos vainqueurs omniscients et naïfs[8] *!*

Nous voilà *finis* ; nos victoires, le ventre en l'air, laissent voir leurs entrailles, notre défaite secrète. Si nous voulons faire craquer cette finitude qui nous emprisonne, nous ne pouvons plus compter sur les privilèges de notre race, de notre couleur, de nos techniques : nous ne pourrons nous rejoindre à cette totalité d'où ces yeux noirs nous exilent qu'en arrachant nos maillots blancs pour tenter simplement d'être des hommes.

Si pourtant ces poèmes nous donnent de la honte, c'est sans y penser : ils n'ont pas été écrits pour nous ; tous ceux, colons et complices, qui ouvriront ce livre, croiront lire, par-dessus une épaule, des lettres qui ne leur sont pas destinées. C'est aux Noirs que ces Noirs s'adressent et c'est pour leur parler des Noirs ; leur poésie n'est ni satirique ni imprécatoire : c'est *une prise de conscience*. « Alors, direz-vous, en quoi nous intéresse-t-elle, si ce n'est à titre de document ? Nous ne pouvons y entrer ». Je voudrais montrer par quelle voie on trouve accès dans ce monde de jais et que cette poésie qui paraît d'abord raciale est finalement un chant de tous et pour tous. En un mot, je m'adresse ici aux Blancs et je voudrais leur expliquer ce que les Noirs savent déjà : pourquoi c'est nécessairement à travers une expérience poétique que le Noir, dans sa situation présente, doit d'abord prendre conscience de lui-même et, inversement, pourquoi la poésie noire de langue française est, de nos jours, la seule grande poésie révolutionnaire.

*
* *

Si le prolétariat blanc use rarement de la langue poétique pour parler de ses souffrances, de ses colères et de la fierté qu'il a de soi, ce n'est pas un hasard ; et je ne crois pas non plus que les travailleurs soient moins « doués » que nos fils de famille : le « don », cette grâce efficace, perd toute signification quand on prétend décider s'il est plus répandu dans une classe que dans une autre classe. Ce n'est pas non plus que la dureté du travail leur ôte la force de chanter : les esclaves trimaient plus dur encore et nous connaissons des chants d'esclaves. Il faut donc le reconnaître : ce sont les circonstances actuelles de la lutte des classes qui détournent l'ouvrier de s'exprimer poétiquement. Opprimé par la technique, il se veut technicien parce qu'il sait que la technique sera l'instrument de sa libération ; s'il doit un jour contrôler la gestion des entreprises, il sait qu'il y parviendra seulement par un savoir professionnel, économique et scientifique. Il a de ce que les poètes ont nommé la Nature une connaissance profonde et pratique, mais qui lui vient plus par les mains que par les yeux : la Nature, c'est pour lui la Matière, cette résistance passive, cette adversité sournoise et inerte qu'il laboure de ses outils ; la Matière ne chante pas. Dans le

même temps, la phase présente de son combat réclame de
lui une action continue et positive : calcul politique, prévisions exactes, discipline, organisation des masses ; le rêve,
ici, serait trahison. Rationalisme, matérialisme, positivisme,
ces grands thèmes de sa bataille quotidienne sont les
moins propices à la création spontanée de mythes poétiques. Le dernier d'entre ces mythes, ce fameux « grand
soir », a reculé devant les nécessités de la lutte : il faut cou-
rir au plus pressé, gagner cette position, cette autre, faire
élever ce salaire, décider cette grève de solidarité, cette
protestation contre la guerre d'Indochine : c'est l'efficacité
seule qui compte. Et sans doute, la classe opprimée doit
prendre d'abord conscience d'elle-même. Mais cette prise
de conscience est exactement le contraire d'une redescente
en soi : il s'agit de reconnaître dans et par l'action la situation objective du prolétariat qui peut se définir par les circonstances de la production ou de la répartition des biens.
Unis et simplifiés par une oppression qui s'exerce sur tous
et sur chacun, par une lutte commune, les travailleurs ne
connaissent guère les contradictions intérieures qui fécon-
dent l'œuvre d'art et nuisent à la praxis. Se connaître, pour
eux, c'est se situer par rapport aux grandes forces qui les
entourent, c'est déterminer la place exacte qu'ils occupent
dans leur classe et la fonction qu'ils remplissent dans le
Parti. Le langage même dont ils usent est exempt de ces
légers desserrements d'écrous, de cette impropriété constante et légère, de ce jeu dans les transmissions qui créent le
Verbe poétique. Dans leur métier ils emploient des termes
techniques et bien déterminés ; quant au langage des partis
révolutionnaires, Parain a montré[9] qu'il est pragmatique : il
sert à transmettre des ordres, des mots d'ordre, des informa-
tions ; s'il perd sa rigueur, le Parti se défait. Tout cela tend à
l'élimination de plus en plus rigoureuse du sujet ; or il faut
que la poésie demeure subjective par quelque côté. Il a manqué au prolétariat une poésie qui fût sociale tout en prenant
ses sources dans la subjectivité, qui fût sociale dans l'exacte

mesure où elle était subjective, qui s'établît sur un échec du langage et qui fût pourtant aussi exaltante, aussi communément comprise que le plus précis des mots d'ordre ou que le « Prolétaires de tous les pays, unissez-vous » qu'on lit aux portes de la Russie soviétique. Faute de quoi la poésie de la révolution future est restée entre les mains de jeunes bourgeois bien intentionnés qui puisaient leur inspiration dans leurs contradictions psychologiques, dans l'antinomie de leur idéal et de leur classe, dans l'incertitude de la vieille langue bourgeoise.

Le nègre, comme le travailleur blanc, est victime de la structure capitaliste de notre société ; cette situation lui dévoile son étroite solidarité, par-delà les nuances de peau, avec certaines classes d'Européens opprimés comme lui ; elle l'incite à projeter une société sans privilèges où la pigmentation de la peau sera tenue pour un simple accident. Mais, si l'oppression est une, elle se circonstancie selon l'histoire et les conditions géographiques : le Noir en est la victime, *en tant que noir*, à titre d'indigène colonisé ou d'Africain déporté. Et puisqu'on l'opprime dans sa race et à cause d'elle, c'est d'abord de sa race qu'il lui faut prendre conscience. Ceux qui, durant des siècles, ont vainement tenté, parce qu'il était nègre, de le réduire à l'état de bête, il faut qu'il les oblige à le reconnaître pour un homme. Or il n'est pas ici d'échappatoire, ni de tricherie, ni de « passage de ligne » qu'il puisse envisager : un Juif, blanc parmi les Blancs, peut nier qu'il soit juif, se déclarer un homme parmi les hommes. Le Nègre ne peut nier qu'il soit nègre ni réclamer pour lui cette abstraite humanité incolore : il est noir. Ainsi est-il acculé à l'authenticité : insulté, asservi, il se redresse, il ramasse le mot de « nègre » qu'on lui a jeté comme une pierre, il se revendique comme Noir, en face du Blanc, dans la fierté. L'unité finale qui rapprochera tous les opprimés dans le même combat doit être précédée aux colonies par ce que je nommerai le moment de la séparation ou de la négativité : ce racisme antiraciste est le

seul chemin qui puisse mener à l'abolition des différences
de race. Comment pourrait-il en être autrement ? Les
Noirs peuvent-ils compter sur l'aide du prolétariat blanc,
lointain, distrait par ses propres luttes, avant qu'ils ne
soient unis et organisés sur leur sol ? Et ne faut-il pas,
d'ailleurs, tout un travail d'analyse pour apercevoir l'identité des intérêts profonds sous la différence manifeste des
conditions : en dépit de lui-même l'ouvrier blanc profite
un peu de la colonisation ; si bas que soit son niveau de
vie, sans elle il serait plus bas encore. En tout cas il est
moins cyniquement exploité que le journalier de Dakar et
de Saint-Louis. Et puis l'équipement technique et l'industrialisation des pays européens permettent de concevoir
que des mesures de socialisation y soient immédiatement
applicables ; vu du Sénégal ou du Congo, le socialisme
apparaît surtout comme un beau rêve : pour que les paysans noirs découvrent qu'il est l'aboutissement nécessaire de
leurs revendications immédiates et locales, il faut d'abord
qu'ils apprennent à formuler en commun ces revendications,
donc qu'ils se pensent comme Noirs.

Mais cette prise de conscience diffère en nature de celle
que le marxisme tente d'éveiller chez l'ouvrier blanc. La
conscience de classe du travailleur européen est axée sur
la nature du profit et de la plus-value, sur les conditions
actuelles de la propriété des instruments de travail, bref,
sur les caractères objectifs de leur *situation* ; au contraire,
comme le mépris que les Blancs affichent pour les Noirs
— et qui n'a pas d'équivalent dans l'attitude des bourgeois
vis-à-vis de la classe ouvrière — vise à toucher ceux-ci au
profond du cœur, il faut que les nègres lui opposent une
vue plus juste de la *subjectivité* noire ; aussi la conscience
de race est-elle d'abord axée sur l'âme noire ou plutôt,
puisque le terme revient souvent dans cette anthologie, sur
une certaine qualité commune aux pensées et aux conduites des nègres que l'on nomme la *négritude*. Or il n'est,
pour constituer des concepts raciaux, que deux manières

d'opérer : on fait passer à l'objectivité certains caractères subjectifs, ou bien on tente d'intérioriser des conduites objectivement décelables ; ainsi le Noir qui revendique sa négritude dans un mouvement révolutionnaire se place d'emblée sur le terrain de la Réflexion, soit qu'il veuille retrouver en lui certains traits objectivement constatés dans les civilisations africaines, soit qu'il espère découvrir l'Essence noire dans le puits de son cœur. Ainsi reparaît la subjectivité, rapport de soi-même avec soi, source de toute poésie dont le travailleur a dû se mutiler. Le Noir qui appelle ses frères de couleur à prendre conscience d'eux-mêmes va tenter de leur présenter l'image exemplaire de leur négritude et se retournera sur son âme pour l'y saisir. Il se veut phare et miroir à la fois ; le premier révolution-naire sera l'annonciateur de l'âme noire, le héraut qui arrachera de soi la négritude pour la tendre au monde, à demi prophète, à demi partisan, bref, un poète au sens précis du mot *vates*. Et la poésie noire n'a rien de commun avec les effusions du cœur : elle est fonctionnelle, elle répond à un besoin qui la définit exactement. Feuilletez une anthologie de la poésie blanche d'aujourd'hui : vous trouverez cent sujets divers, selon l'humeur et le souci du poète, selon sa condition et son pays. Dans celle que je vous présente, il n'y a qu'un sujet que tous s'essayent à trai-ter, avec plus ou moins de bonheur. De Haïti à Cayenne, une seule idée : *manifester* l'âme noire. La poésie noire est évangélique, elle annonce la bonne nouvelle : la négritude est retrouvée.

Seulement cette négritude qu'ils veulent pêcher dans leurs profondeurs abyssales ne tombe pas d'elle-même sous le regard de l'âme : dans l'âme rien n'est *donné*. Le héraut de l'âme noire a passé par les écoles blanches, selon la loi d'airain qui refuse à l'opprimé toutes les armes qu'il n'aura pas volées lui-même à l'oppresseur ; c'est au choc de la culture blanche que sa négritude est passée de l'exis-tence immédiate à l'état réfléchi. Mais du même coup il a plus ou moins cessé de la vivre. En choisissant de voir ce qu'il est, il s'est dédoublé, il ne coïncide plus avec lui-même. Et, réciproquement, c'est parce qu'il était déjà exilé de lui-même qu'il s'est trouvé ce devoir de manifester. Il commence donc par l'exil. Un exil double : de l'exil de son cœur l'exil de son corps offre une image magnifique ; il est pour la plupart du temps en Europe, dans le froid, au milieu des foules grises ; il rêve à Port-au-Prince, à Haïti. Mais ce n'est pas assez : à Port-au-Prince il était déjà en exil ; les négriers ont arraché ses pères à l'Afrique et les ont dispersés. Et tous les poèmes de ce livre (sauf ceux qui ont été écrits en Afrique) nous offriront la même géographie mystique. Un hémisphère ; au plus bas, selon le premier de trois cercles concentriques, s'étend la terre de l'exil, l'Europe incolore ; vient le cercle éblouissant des Iles et de l'enfance qui dansent la ronde autour de l'Afrique ; l'Afrique, dernier cercle, nombril du monde, pôle de toute la poésie noire, l'Afrique éblouissante, incendiée, huileuse comme une peau de serpent, l'Afrique de feu et de pluie, torride et touffue, l'Afrique fantôme vacillant comme une flamme, entre l'être et le néant, plus *vraie* que les « éternels boulevards à flics » mais absente, désintégrant l'Europe par ses rayons noirs et pourtant invisible, hors d'atteinte, l'Afrique, continent *imaginaire*. La chance inouïe de la poésie noire, c'est que les soucis de l'indigène colonisé trouvent des symboles évidents et grandioses qu'il suffit d'approfondir et de méditer sans cesse : l'exil, l'esclavage, le couple Afrique-Europe et la grande division manichéiste du monde en noir et blanc. Cet exil ancestral des corps figure l'autre exil : l'âme noire est une Afrique dont le Noir est exilé au milieu des froids buildings de la culture et de la technique blanches. La négritude toute présente et dérobée le hante, le frôle, il se frôle à son aile soyeuse, elle palpite, tout éployée à travers lui comme sa plus profonde mémoire et son exigence la plus haute, comme son enfance ensevelie, trahie, et l'enfance de sa race et l'appel de la

terre, comme le fourmillement des instincts et l'indivisible
simplicité de la Nature, comme le pur legs de ses ancêtres
et comme la Morale qui devrait unifier sa vie tronquée.
Mais qu'il se retourne sur elle pour la regarder en face, elle
s'évanouit en fumée, les murailles de la culture blanche se
dressent entre elle et lui, *leur* science, *leurs* mots, *leurs*
mœurs :

> *Rendez-les-moi mes poupées noires que je joue avec elles*
> *les jeux naïfs de mon instinct*
> *rester à l'ombre de ses lois*
> *recouvrer mon courage*
> *mon audace*
> *me sentir moi-même*
> *nouveau moi-même de ce que hier j'étais*
> *hier*
> *sans complexité*
> *hier*
> *quand est venue l'heure du déracinement...*
> *ils ont cambriolé l'espace qui était mien*[10].

Il faudra bien, pourtant, briser les murailles de la cul-
ture-prison, il faudra bien, un jour, retourner en Afrique :
ainsi sont indissolublement mêlés chez le *vates* de la négritude le thème du retour au pays natal et celui de la redescente aux Enfers éclatants de l'âme noire. Il s'agit d'une
quête, d'un dépouillement systématique et d'une ascèse
qu'accompagne un effort continu d'approfondissement. Et
je nommerai « orphique » cette poésie parce que cette
inlassable descente du nègre en soi-même me fait songer à
Orphée allant réclamer Eurydice à Pluton. Ainsi, par un
bonheur poétique exceptionnel, c'est en s'abandonnant aux
transes, en se roulant par terre comme un possédé en proie
à soi-même, en chantant ses colères, ses regrets et ses
détestations, en exhibant ses plaies, sa vie déchirée entre
la « civilisation » et le vieux fonds noir, bref, c'est en se

montrant le plus lyrique que le poète noir atteint le plus sûrement à la grande poésie collective : en ne parlant que de soi il parle pour tous les nègres ; c'est quand il semble étouffé par les serpents de notre culture qu'il se montre le plus révolutionnaire, car il entreprend alors de ruiner systématiquement l'acquis européen et cette démolition en esprit symbolise la grande prise d'armes future par quoi les Noirs détruiront leurs chaînes. Un seul exemple suffit pour éclairer cette dernière remarque.

La plupart des minorités ethniques au XIXe siècle, en même temps qu'elles luttaient pour leur indépendance, ont passionnément tenté de ressusciter leurs langues nationales. Pour pouvoir se *dire* Irlandais ou Hongrois, il faut sans doute appartenir à une collectivité qui jouisse d'une large autonomie économique et politique, mais pour *être* Irlandais, il faut aussi *penser* irlandais, ce qui veut dire avant tout : penser en langue irlandaise. Les traits spécifiques d'une société correspondent exactement aux locutions intraduisibles de son langage. Or ce qui risque de freiner dangereusement l'effort des Noirs pour rejeter notre tutelle, c'est que les annonciateurs de la négritude sont contraints de rédiger *en français* leur évangile. Dispersés par la traite aux quatre coins du monde, les Noirs n'ont pas de langue qui leur soit commune ; pour inciter les opprimés à s'unir ils doivent avoir recours aux mots de l'oppresseur. C'est le français qui fournira au chantre noir la plus large audience parmi les Noirs au moins dans les limites de la colonisation française. C'est dans cette langue à chair de poule, pâle et froide comme nos cieux et dont Mallarmé disait qu'« elle est la langue neutre par excellence... puisque le génie particulier d'ici exige une atténuation de toute couleur trop vive et des bariolages[11] », c'est dans cette langue pour eux à demi morte que Damas, Diop, Laleau, Rabéarivelo vont verser le feu de leurs ciels et de leurs cœurs : par elle seule ils peuvent communiquer ; semblables aux savants du XVIe siècle qui ne s'entendaient qu'en latin, les Noirs ne se retrouvent que sur le terrain plein de chausse-trapes que le Blanc leur a préparé : entre les colonisés le colon s'est arrangé pour être l'éternel médiateur ; il est là, toujours là, même absent, jusque dans les conciliabules les plus secrets. Et comme les mots sont des idées, quand le nègre déclare en français qu'il rejette la culture française, il prend d'une main ce qu'il repousse de l'autre, il installe en lui, comme une broyeuse, l'appareil-à-penser de l'ennemi. Ce ne serait rien ; mais, du même coup, cette syntaxe et ce vocabulaire forgés en d'autres temps, à des milliers de lieues, pour répondre à d'autres besoins et pour désigner d'autres objets, sont impropres à lui fournir les moyens de parler de lui, de ses soucis, de ses espoirs. La langue et la pensée française sont analytiques. Qu'arriverait-il si le génie noir était avant tout de synthèse ? Le terme assez laid de « négritude » est un des seuls apports noirs à notre dictionnaire[12]. Mais enfin, si cette « négritude » est un concept définissable ou tout au moins descriptible, elle doit se composer d'autres concepts plus élémentaires et correspondant aux données immédiates de la conscience nègre : où sont les mots qui permettent de les désigner ? Comme on comprend la plainte du poète haïtien :

> *Ce cœur obsédant, qui ne correspond*
> *Pas à mon langage ou à mes costumes,*
> *Et sur lequel mordent, comme un crampon,*
> *Des sentiments d'emprunt et des coutumes*
> *D'Europe, sentez-vous cette souffrance*
> *Et ce désespoir à nul autre égal*
> *D'apprivoiser, avec des mots de France,*
> *Ce cœur qui m'est venu du Sénégal[13] ?*

Il n'est pas vrai pourtant que le Noir s'exprime dans une langue « étrangère » puisqu'on lui enseigne le français dès son plus jeune âge et puisqu'il y est parfaitement à son aise dès qu'il pense en technicien, en savant ou en politique. Il faudrait plutôt parler du décalage léger et constant qui sépare ce qu'il dit de ce qu'il voudrait dire, dès qu'il parle de lui. Il lui semble qu'un Esprit septentrional lui vole ses idées, les infléchit doucement à signifier plus ou moins que ce qu'il voulait, que les mots blancs boivent sa pensée comme le sable boit le sang. Qu'il se ressaisisse brusquement, qu'il se rassemble et prenne du recul, voici que les vocables gisent *en face de lui*, insolites, à moitié signes et choses à demi. Il ne dira point sa négritude avec des mots précis, efficaces, qui fassent mouche à tous les coups. Il ne dira point sa négritude *en prose*. Mais chacun sait que ce sentiment d'échec devant le langage considéré comme moyen d'expression directe est à l'origine de toute expérience poétique.

La réaction du parleur à l'échec de la prose, c'est en effet ce que Bataille nomme l'holocauste des mots. Tant que nous pouvons croire qu'une harmonie préétablie régit les rapports du verbe et de l'Être, nous usons des mots sans les voir, avec une confiance aveugle, ce sont des organes sensoriels, des bouches, des mains, des fenêtres ouvertes sur le monde. Au premier échec, ce bavardage tombe hors de nous ; nous voyons le système entier, ce n'est plus qu'une mécanique détraquée, renversée, dont les grands bras s'agitent encore pour *indiquer* dans le vide ; nous jugeons d'un seul coup la folle entreprise de nommer ; nous comprenons que le langage est prose par essence et la prose, par essence, échec ; l'Être se dresse devant nous comme une tour de silence et si nous voulons encore le capter, ce ne peut être que par le silence : « évoquer, dans une ombre exprès, l'objet tu par des mots allusifs, jamais directs, se réduisant à du silence égal » (Mallarmé, *Magie*). Personne n'a mieux dit que la poésie est une tentative incantatoire pour suggérer l'Être dans et par la disparition vibratoire du mot : en renchérissant sur son impuissance verbale, en rendant les mots fous, le poète nous fait soupçonner par-delà ce tohu-bohu qui s'annule de lui-même d'énormes densités silencieuses ; puisque nous ne pouvons pas nous taire, il faut *faire du silence avec le langage.* De Mallarmé aux surréalistes, le but profond de la poésie française me paraît avoir été cette autodestruction du langage. Le poème est une chambre obscure où les mots se cognent en ronde, fous. Collision dans les airs : ils s'allument réciproquement de leurs incendies et tombent en flammes.

C'est dans cette perspective qu'il faut situer l'effort des évangélistes noirs. À la ruse du colon ils répondent par une ruse inverse et semblable : puisque l'oppresseur est présent jusque dans la langue qu'ils parlent, ils parleront cette langue pour la détruire. Le poète européen d'aujourd'hui tente de déshumaniser les mots pour les rendre à la nature ; le héraut noir, lui, va les *défranciser* ; il les concassera, rompra leurs associations coutumières, les accouplera par la violence.

> *à petits pas de pluie de chenilles*
> *à petits pas de gorgée de lait*
> *à petits pas de roulements à billes*
> *à petits pas de secousse sismique*
> *les ignames dans le sol marchent à grands pas de trouées*
>   *d'étoiles...*

> Césaire, *Les armes miraculeuses*, Tam-Tam II

C'est seulement lorsqu'ils ont dégorgé leur blancheur qu'il les adopte, faisant de cette langue en ruine un superlangage solennel et sacré, la Poésie. Par la seule Poésie les Noirs de Tananarive et de Cayenne, les Noirs de Port-au-Prince et de Saint-Louis peuvent communiquer entre eux sans témoins. Et, puisque le français manque de termes et de concepts pour définir la négritude, puisque la négritude est silence, ils useront pour l'évoquer de « mots allusifs, jamais directs, se réduisant à du silence égal ». Courts-circuits du langage : derrière la chute enflammée des mots, nous entrevoyons une grande idole noire et muette. Ce n'est donc pas seulement le propos que le Noir a de se peindre qui me paraît poétique : c'est aussi sa manière propre d'utiliser les moyens d'expression dont il dispose. Sa situation l'y incite ; avant même qu'il songe à chanter, la lumière des mots blancs se réfracte en lui, se polarise et s'altère. Nulle part cela n'est plus manifeste que dans l'usage qu'il fait des deux termes couplés « noir-blanc » qui recouvrent à la fois la grande division cosmique « jour et nuit » et le conflit humain de l'indigène et du colon. Mais c'est un couple hiérarchisé : en le livrant au nègre, l'instituteur lui livre par surcroît cent habitudes de langage qui consacrent la priorité du blanc sur le noir. Le nègre apprendra à dire « blanc comme neige » pour signifier l'innocence, à parler de la noirceur d'un regard, d'une âme, d'un forfait. Dès qu'il ouvre la bouche il s'accuse, à moins qu'il ne s'acharne à renverser la hiérarchie. Et s'il la renverse *en français*, il poétise déjà : imagine-t-on l'étrange saveur qu'auraient pour nous des locutions comme « la noirceur de l'innocence » ou « les ténèbres de la vertu » ? C'est elle que nous goûtons à toutes les pages de ce livre et, par exemple, quand nous lisons :

Tes seins de satin noir rebondis et luisants...
ce blanc sourire
des yeux
dans l'ombre du visage
éveillent en moi ce soir
les rythmes sourds dont s'enivrent là-bas au pays de Guinée
nos sœurs
noires et nues
et font lever en moi
ce soir
des crépuscules nègres lourds d'un sensuel émoi
car
l'âme du noir pays où dorment les anciens

vit et parle
ce soir
en la force inquiète le long de tes reins creux[14]...

Tout le long de ce poème le noir est une couleur ; mieux encore : une lumière ; son rayonnement doux et diffus dissout nos habitudes ; le noir pays où dorment les anciens n'est pas un enfer ténébreux ; c'est une terre de soleil et de feu. Mais, d'autre part, la supériorité du blanc sur le noir ne traduit pas seulement celle que le colon prétend avoir sur l'indigène : plus profondément elle exprime l'universelle adoration du *jour* et nos terreurs nocturnes qui sont universelles aussi. En ce sens les Noirs rétablissent cette hiérarchie qu'ils renversaient tout à l'heure. Ils ne se veulent point poètes de la *nuit*, c'est-à-dire de la révolte vaine et du désespoir : ils annoncent une aurore, ils saluent

l'aube transparente d'un jour nouveau[15].

Du coup le noir retrouve, sous leur plume, son sens de présage néfaste :

Nègre noir comme la misère[16],

s'écrie l'un d'eux et un autre :

Délivre-moi de la nuit de mon sang[17].

Ainsi le mot de *noir* se trouve à la fois contenir tout le Mal et tout le Bien, il recouvre une tension presque insoutenable entre deux classifications contradictoires : la hiérarchie solaire et la hiérarchie raciale. Il y gagne une poésie extraordinaire comme ces objets auto-destructifs qui sortent des mains de Duchamp et des surréalistes[18] ; il y a une noirceur secrète du blanc, une blancheur secrète du noir, un papillotement figé d'être et de non-être qui, nulle part peut-être, ne s'est traduit si heureusement que dans ce poème de Césaire :

Ma grande statue blessée une pierre au front ma grande chair inattentive de jour à grains sans pitié ma grande chair de nuit à grains de jour[19]...

Le poète ira plus loin encore ; il écrit :

Nos faces belles comme le vrai pouvoir opératoire de la négation[20].

Derrière cette éloquence abstraite qui évoque Lautréamont on aperçoit l'effort le plus hardi et le plus fin pour donner un sens à la peau noire et pour réaliser la synthèse poétique des deux faces de la nuit. Quand David Diop dit du nègre qu'il est « noir comme la misère », il présente le noir comme pure privation de lumière. Mais Césaire développe et approfondit cette image : la nuit n'est plus absence, elle est refus. Le noir n'est pas une couleur, c'est la destruction de cette clarté d'emprunt qui tombe du soleil blanc. Le révolutionnaire nègre est négation parce qu'il se veut pur dénuement : pour construire sa Vérité, il faut d'abord qu'il ruine celle des autres. Les visages noirs, ces taches de nuit[21] qui hantent nos jours, incarnent le travail obscur de la Négativité qui ronge patiemment les concepts. Ainsi, par un retournement qui rappelle curieusement celui du nègre humilié, insulté, quand il se revendique comme « sale nègre », c'est l'aspect privatif des ténèbres qui fonde leur valeur. La liberté est couleur de nuit.

Destructions, autodafé du langage, symbolisme magique, ambivalence des concepts, toute la poésie moderne est là, sous son aspect négatif. Mais il ne s'agit pas d'un jeu gratuit. La situation du Noir, sa « déchirure » originelle, l'*aliénation* qu'une pensée étrangère lui impose sous le nom d'assimilation le mettent dans l'obligation de reconquérir

son unité existentielle de nègre ou, si l'on préfère, la pureté
originelle de son projet par une ascèse progressive, au-delà
de l'univers du discours. La négritude, comme la liberté,
est point de départ et terme ultime : il s'agit de la faire
passer de l'immédiat au médiat, de la thématiser. Il s'agit
donc pour le Noir de mourir à la culture blanche pour
renaître à l'âme noire, comme le philosophe platonicien
meurt à son corps pour renaître à la vérité. Ce retour dialectique et mystique aux origines implique nécessairement
une méthode. Mais cette méthode ne se présente pas
comme un faisceau de règles pour la direction de l'esprit.
Elle ne fait qu'un avec celui qui l'applique ; c'est la loi dialectique des transformations successives qui conduiront le
nègre à la coïncidence avec soi-même dans la négritude. Il
ne s'agit pas pour lui de *connaître*, ni de s'arracher à lui-
même dans l'extase mais de découvrir, à la fois, et de devenir ce qu'il est.

À cette simplicité originelle d'existence il est deux voies
d'accès convergentes : l'une objective, l'autre subjective.
Les poètes de notre anthologie emploient tantôt l'une, tantôt l'autre, parfois toutes deux ensemble. Il existe, en effet,
une négritude objective qui s'exprime par les mœurs, les
arts, les chants et les danses des populations africaines. Le
poète se prescrira pour exercice spirituel de se laisser fas-
ciner par les rythmes primitifs, de couler sa pensée dans
les formes traditionnelles de la poésie noire. Beaucoup des
poèmes ici réunis se nomment des tams-tams, parce qu'ils
empruntent aux tambourinaires nocturnes un rythme de
percussion tantôt sec et régulier, tantôt torrentueux et
bondissant. L'acte poétique est alors une danse de l'âme ;
le poète tourne comme un derviche jusqu'à l'évanouisse-
ment, il a installé en lui le temps de ses ancêtres, il le sent
s'écouler avec ses saccades singulières ; c'est dans cet
écoulement rythmique qu'il espère se retrouver ; je dirai
qu'il tente de se faire posséder par la négritude de son peuple ; il espère que les échos de son tam-tam viendront

réveiller les instincts immémoriaux qui dorment en lui. On aura l'impression en feuilletant ce recueil que le tam-tam tend à devenir un genre de la poésie noire, comme le sonnet ou l'ode le furent de la nôtre. D'autres s'inspireront, comme Rabémananjara, des proclamations royales, d'autres puiseront à la source populaire des hain-tenys[22]. Le centre calme de ce maelström de rythmes, de chants, de cris, c'est la poésie de Birago Diop[23], dans sa majesté naïve : elle seule est en repos parce qu'elle sort directement des récits de griots et de la tradition orale. Presque toutes les autres tentatives ont quelque chose de crispé, de tendu et de désespéré parce qu'elles visent à rejoindre la poésie folklorique plus qu'elles n'en émanent. Mais, si éloigné qu'il soit « du noir pays où dorment les anciens », le Noir est plus proche que nous de la grande époque où, comme dit Mallarmé, « la parole crée les dieux ». Il est à peu près impossible à nos poètes de renouer avec les traditions populaires : dix siècles de poésie savante les en séparent et d'ailleurs l'inspiration folklorique s'est tarie ; tout au plus pourrions-nous en imiter du dehors la simplicité. Les Noirs d'Afrique, au contraire, sont encore dans la grande période de fécondité mythique et les poètes noirs de langue française ne s'amusent pas de ces mythes comme nous faisons de nos chansons : ils se laissent envoûter par eux pour qu'au terme de l'incantation la négritude, magnifiquement évoquée, surgisse. C'est pourquoi je nomme magie ou charme cette méthode de « poésie objective ».

Césaire a choisi, au contraire, de rentrer chez soi à reculons. Puisque cette Eurydice se dissipera en fumée si l'Orphée noir se retourne sur elle, il descendra le chemin royal de son âme le dos tourné au fond de la grotte, il descendra au-dessous des mots et des significations — « pour penser à toi j'ai déposé tous les mots au mont-de-piété » —, au-dessous des conduites quotidiennes et du plan de la « répétition », au-dessous même des premiers récifs de la révolte, le dos tourné, les yeux clos pour toucher enfin de

ses pieds nus l'eau noire des songes et du désir et s'y laisser noyer. Alors désir et rêve se lèveront en grondant
comme un raz de marée, feront danser les mots comme
des épaves et les jetteront pêle-mêle, fracassés, sur la rive.

*Les mots se dépassent, c'est bien vers un ciel et une terre
que le haut et le bas ne permettent pas de distraire, c'en est
fait aussi de la vieille géographie... Au contraire, un étage-
ment curieusement respirable s'opère réel mais au niveau.
Au niveau gazeux de l'organisme solide et liquide, blanc et
noir jour et nuit*[24].

On reconnaît la vieille méthode surréaliste (car l'écriture
automatique, comme le mysticisme, est une méthode : elle
suppose un apprentissage, des exercices, une mise en
route). Il faut plonger sous la croûte superficielle de la réalité, du sens commun, de la raison raisonnante pour toucher
au fond de l'âme et réveiller les puissances immémoriales du
désir. Du désir qui fait de l'homme un refus de tout et un
amour de tout ; du désir, négation radicale des lois naturelles et du possible, appel au miracle ; du désir qui, par sa
folle énergie cosmique replonge l'homme au sein bouillon-
nant de la Nature et l'élève en même temps au-dessus de la
Nature par l'affirmation de son Droit à l'insatisfaction. Et
d'ailleurs, Césaire n'est pas le premier nègre à s'engager
dans cette voie. Avant lui, Étienne Lero avait fondé *Légitime Défense*[25]. « Plus qu'une revue, dit Senghor, *Légitime
défense* fut un mouvement culturel. Partant de l'analyse
marxiste de la société des "Isles", il découvrait en l'Antillais
le descendant d'esclaves négro-africains maintenus, trois
siècles durant, dans l'abêtissante condition du prolétaire.
Il affirmait que seul le surréalisme pourrait le délivrer de
ses tabous et l'exprimer dans son intégralité. »
Mais, précisément, si l'on rapproche Lero de Césaire, on
ne peut manquer d'être frappé de leurs dissemblances et la
comparaison peut nous faire mesurer l'abîme qui sépare le

surréalisme blanc de son utilisation par un Noir révolutionnaire. Lero fut le précurseur, il inventa d'exploiter le
surréalisme comme une « arme miraculeuse » et un instrument de recherche, une sorte de radar qu'on envoie
cogner dans les profondeurs abyssales. Mais ses poèmes
sont des devoirs d'élève, ils demeurent de strictes imita-
tions : ils ne se « dépassent pas », bien au contraire ils se
ferment sur eux-mêmes :

> *Les chevelures anciennes*
> *Collent aux branches le fond des mers vides*
> *Où ton corps n'est qu'un souvenir*
> *Où le printemps se fait les ongles*
> *L'hélice de ton sourire jeté au loin*
> *Sur les maisons dont nous ne voulons pas*[26]...

« L'hélice de ton sourire », « le printemps qui se fait les
ongles » ; nous reconnaissons au passage la préciosité et la
gratuité de l'image surréaliste, l'éternel procédé qui consiste à jeter un pont entre les deux termes les plus éloignés
en espérant sans trop y croire que ce « coup de dés » déli-
vrera un aspect caché de l'Être. Ni dans ce poème ni dans
les autres je ne vois que Lero revendique la libération du
Noir : tout au plus réclame-t-il la libération formelle de
l'imagination ; dans ce jeu tout abstrait, aucune alliance de
mots n'évoque, fût-ce de loin, l'Afrique. Ôtez ces poèmes
de l'anthologie, cachez le nom de leur auteur : je défie quiconque, Noir ou Blanc, de ne pas les attribuer à un collaborateur européen de la *Révolution Surréaliste* ou du
Minotaure[27]. C'est que le propos du surréalisme est de
retrouver, par-delà les races et les conditions, par-delà les
classes, derrière l'incendie du langage, d'éblouissantes
ténèbres silencieuses qui ne s'opposent plus à rien, pas
même au jour, parce que le jour et la nuit et tous les contraires viennent se fondre et s'abolir en elles ; aussi pourrait-on parler d'une impassibilité, d'une impersonnalité du

poème surréaliste comme il y a une impassibilité et une impersonnalité du Parnasse.

Un poème de Césaire, au contraire, éclate et tourne sur lui-même comme une fusée, des soleils en sortent qui tournent et explosent en nouveaux soleils, c'est un perpétuel dépassement. Il ne s'agit pas de se rejoindre à la calme unité des contraires, mais de faire bander comme un sexe l'un des contraires du couple « noir-blanc » dans son opposition à l'autre. La densité de ces mots, jetés en l'air comme des pierres par un volcan, c'est la négritude qui se définit contre l'Europe et la colonisation. Ce que Césaire détruit, ce n'est pas toute culture, c'est la culture blanche ; ce qu'il met au jour, ce n'est pas le désir de tout, ce sont les aspirations révolutionnaires du nègre opprimé ; ce qu'il touche au fond de lui ce n'est pas l'esprit, c'est une certaine forme d'humanité concrète et déterminée. Du coup on peut parler ici d'écriture automatique engagée et même dirigée, non qu'il y ait intervention de la réflexion, mais parce que les mots et les images traduisent perpétuellement la même obsession torride. Au fond de lui-même, le surréaliste blanc trouve la détente ; au fond de lui-même, Césaire trouve l'inflexibilité fixe de la revendication et du ressentiment. Les mots de Lero s'organisent mollement, en décompression, par relâchement des liens logiques, autour de thèmes larges et vagues ; les mots de Césaire sont pressés les uns contre les autres et cimentés par sa furieuse passion. Entre les comparaisons les plus hasardeuses, entre les termes les plus éloignés court un fil secret de haine et d'espoir. Comparez, par exemple, « l'hélice de ton sourire jeté au loin », qui est un produit du libre jeu de l'imagination et une invite à la rêverie, avec

et les mines de radium enfouies dans l'abysse de mes innocences
sauteront en grains
dans la mangeoire des oiseaux
et le stère d'étoiles

sera le nom commun du bois de chauffage
recueilli aux alluvions des veines chanteuses de nuit[28]

où les « disjecta membra[29] » du vocabulaire s'organisent
pour laisser deviner un « Art poétique » noir.

Ou qu'on lise :

Nos faces belles comme le vrai pouvoir opératoire de la
négation[30]...

Et lisez encore :

et la mer pouilleuse d'îles craquant aux doigts des roses
lance-flamme et mon corps intact de foudroyé[31].

Voici l'apothéose des poux de la misère noire sautant
parmi les cheveux de l'eau, « isles » au fil de la lumière,
craquant sous les doigts de l'épouilleuse céleste, l'aurore
aux doigts de rose, cette aurore de la culture grecque et
méditerranéenne, arrachée par un voleur noir aux sacro-
saints poèmes homériques, et dont les ongles de princesse
en esclavage sont asservis soudain par un Toussaint-
Louverture[32] à faire éclater les triomphants parasites de la
mer nègre, l'aurore qui soudain se rebelle et se métamorphose, verse le feu comme l'arme sauvage des Blancs, et,
lance-flamme, arme de savants, arme de bourreaux, fou-
droie de son feu blanc le grand Titan noir qui se relève
intact, éternel, pour monter à l'assaut de l'Europe et du
ciel. En Césaire la grande tradition surréaliste s'achève,
prend son sens définitif et se détruit : le surréalisme, mouvement poétique européen, est dérobé aux Européens par
un Noir qui le tourne contre eux et lui assigne une fonction rigoureusement définie. J'ai marqué ailleurs comment
le prolétariat tout entier se fermait à cette poésie destructrice de la Raison : en Europe le surréalisme, rejeté par
ceux qui auraient pu lui transfuser leur sang, languit et

s'étiole. Mais au moment même où il perd contact avec la Révolution, voici qu'aux Antilles on le greffe sur une autre branche de la Révolution universelle, voici qu'il s'épanouit en une fleur énorme et sombre. L'originalité de Césaire est d'avoir coulé son souci étroit et puissant de nègre, d'opprimé et de militant dans le monde de la poésie la plus destructrice, la plus libre et la plus métaphysique, au moment où Éluard et Aragon échouaient à donner un contenu politique à leurs vers. Et finalement ce qui s'arrache de Césaire comme un cri de douleur, d'amour et de haine, c'est la négritude-objet. Ici encore il poursuit la tradition surréaliste qui veut que le poème *objective*. Les mots de Césaire ne décrivent pas la négritude, ne la désignent pas, ne la copient pas du dehors comme un peintre fait d'un modèle : ils la *font* ; ils la composent sous nos yeux ; désormais c'est une chose qu'on peut observer, apprendre ; la méthode subjective qu'il a choisie rejoint la méthode objective dont nous avons parlé plus haut : il expulse l'âme noire hors de lui au moment où d'autres tentent de l'intérioriser ; le résultat final est le même dans les deux cas. La négritude, c'est ce tam-tam lointain dans les rues nocturnes de Dakar, ce sont les cris vaudous sortis d'un soupirail haïtien et qui glissent au ras de la chaussée, c'est ce masque congolais mais c'est aussi ce poème de Césaire, baveux, sanglant, plein de glaires, qui se tord dans la poussière comme un ver coupé. Ce double spasme d'absorption et d'excrétion bat le rythme du cœur noir à toutes les pages de ce recueil.

Et qu'est-ce donc à présent que cette négritude, unique objet de ces poètes, unique sujet de ce livre ? Il faut d'abord répondre qu'un Blanc ne saurait en parler convenablement, puisqu'il n'en a pas l'expérience intérieure et puisque les langues européennes manquent des mots qui permettraient de la décrire. Je devrais donc laisser le lecteur la rencontrer au fil de ces pages et s'en faire l'idée qu'il jugera bon. Mais cette introduction serait incomplète si, après avoir indiqué que la quête du Graal noir figurait, dans son intention originelle et dans ses méthodes, la plus authentique synthèse des aspirations révolutionnaires et du souci poétique, je ne montrais que cette notion complexe est, en son cœur, Poésie pure. Je me bornerai donc à examiner ces poèmes objectivement comme un faisceau de témoignages, et à recenser quelques-uns de leurs thèmes principaux. « Ce qui fait, dit Senghor, la négritude d'un poème, c'est moins le thème que le style, la chaleur émotionnelle qui donne vie aux mots, qui transmue la parole en verbe[33]. » On ne saurait mieux nous prévenir que la négritude n'est pas un état, ni un ensemble défini de vices et de vertus, de qualités intellectuelles et morales, mais une certaine attitude affective à l'égard du monde. La psychologie a renoncé depuis le début de ce siècle à ses grandes distinctions scolastiques. Nous ne croyons plus que les faits de l'âme se divisent en volitions ou actions, en connaissances ou perceptions et en sentiments ou passivités aveugles. Nous savons qu'un sentiment est une manière définie de vivre notre rapport au monde qui nous entoure et qu'il enveloppe une certaine compréhension de cet univers. C'est une tension de l'âme, un choix de soi-même et d'autrui, une façon de dépasser les données brutes de l'expérience, bref, un *projet* tout comme l'acte volontaire. La négritude, pour employer le langage heideggerien, c'est l'être-dans-le-monde du nègre.

Voici d'ailleurs ce que nous en dit Césaire :

Ma négritude n'est pas une pierre, sa surdité ruée contre la
   clameur du jour
Ma négritude n'est pas une taie d'eau morte sur
l'œil mort de la terre
ma négritude n'est ni une tour ni une cathédrale
elle plonge dans la chair rouge du sol
elle plonge dans la chair ardente du ciel
elle troue l'accablement opaque de sa droite patience[34].

La négritude est dépeinte en ces beaux vers comme un acte beaucoup plus que comme une disposition. Mais cet acte est une détermination *intérieure* : il ne s'agit pas de *prendre* dans ses mains et de transformer les biens de ce monde, il s'agit d'*exister* au milieu du monde. La relation avec l'univers reste une *appropriation*. Mais cette appropriation n'est pas technique. Pour le Blanc, posséder c'est transformer. Certes, l'ouvrier blanc travaille avec des instruments qu'il ne possède pas. Mais du moins ses techniques sont à lui : s'il est vrai que les inventions majeures de l'industrie européenne sont dues à un personnel qui se recrute surtout dans les classes moyennes, du moins le métier du charpentier, du menuisier, du tourneur leur apparaît-il encore comme un véritable patrimoine, quoique l'orientation de la grande production capitaliste tende à les dépouiller aussi de leur « joie au travail ». Mais l'ouvrier noir, ce n'est pas assez de dire qu'il travaille avec des instruments qu'on lui prête ; on lui prête aussi les techniques.

Césaire appelle ses frères noirs

Ceux qui n'ont inventé ni la poudre ni la boussole, ceux qui n'ont jamais su
dompter la vapeur ni l'électricité, ceux qui n'ont exploré ni les mers ni le ciel[35]...

Cette revendication hautaine de la non-technicité renverse la situation : ce qui pouvait passer pour un manque devient source positive de richesse. Le rapport technique avec la Nature la dévoile comme quantité pure, inertie, extériorité : elle meurt. Par son refus hautain d'être *homofaber*, le nègre lui rend la vie. Comme si, dans le couple « homme-nature », la passivité d'un des termes entraînait nécessairement l'activité de l'autre. À vrai dire, la négritude n'est pas une passivité, puisqu'elle « troue la chair du ciel et de la terre » ; c'est une « patience », et la patience apparaît comme une imitation active de la passivité. L'action du nègre est d'abord action sur soi. Le Noir se dresse et s'immobilise comme un charmeur d'oiseaux et les choses viennent se percher sur les branches de cet arbre faux. Il s'agit bien d'une captation du monde, mais magique, par le silence et le repos : en agissant d'abord sur la Nature, le Blanc se perd en la perdant ; en agissant d'abord sur soi, le nègre prétend gagner la Nature en se gagnant.

... ils s'abandonnent, saisis, à l'essence de toute chose
ignorants des surfaces mais saisis par le mouvement de toute
  chose
insoucieux de dompter, mais jouant le jeu du monde...
véritablement les fils aînés du monde,
poreux à tous les souffles du monde...
chair de la chair du monde palpitant du mouvement même du
  monde[36] *!*

On ne pourra se défendre, à cette lecture, de songer à la fameuse distinction qu'a établie Bergson entre l'intelligence et l'intuition. Et justement Césaire nous appelle

Vainqueurs omniscients et naïfs.

De l'outil le Blanc sait tout. Mais l'outil griffe la surface des choses, ignore la durée, la vie. La négritude, au contraire, est une compréhension par sympathie. Le secret du Noir c'est que les sources de son existence et les racines de l'Être sont identiques.

Si l'on voulait donner une interprétation sociale de cette métaphysique, nous dirions qu'une poésie d'agriculteurs s'oppose ici à une prose d'ingénieurs. Il n'est pas vrai, en effet, que le Noir ne dispose d'aucune technique : le rapport d'un groupe humain, quel qu'il soit, avec le monde extérieur est toujours technique, d'une manière ou d'une autre. Et, inversement, je dirai que Césaire est injuste : l'avion de Saint-Exupéry qui plisse la terre comme un tapis au-dessous de lui est un organe de dévoilement. Seulement le Noir est d'abord un paysan ; la technique agricole est « droite patience » ; elle fait confiance à la vie ; elle attend. Planter, c'est enceinter la terre ; ensuite il faut rester immobile, épier : « chaque atome de silence est la chance d'un fruit mûr[37] », chaque instant apporte cent fois plus que le cultivateur n'a donné, au lieu que l'ouvrier ne retrouve dans l'objet manufacturé que ce qu'il y a mis* ; l'homme croît en même temps que ses blés ; de minute en minute il se dépasse et se dore ; aux aguets devant ce ventre fragile qui se gonfle, il n'intervient que pour protéger. Le blé mûr est un microcosme parce qu'il a fallu, pour qu'il lève, le concours du soleil, des pluies et du vent ; un épi, c'est à la fois la chose la plus naturelle et la chance la plus improbable. Les techniques ont contaminé le paysan blanc mais le noir reste le grand mâle de la terre, le sperme du monde. Son existence, c'est la grande patience végétale ; son travail, c'est la répétition, d'année en année, du coït sacré. Créant et nourri par ce qu'il crée. Labourer, planter, manger, c'est faire l'amour avec la nature. Le panthéisme sexuel de ces poètes est sans doute ce qui frappera d'abord : c'est par là qu'ils rejoignent les danses et les rites phalliques des Négro-Africains.

Oho ! Congo couchée dans ton lit de forêts, reine sur l'Afrique domptée
Que les phallus des monts portent haut ton pavillon
Car tu es femme par ma tête par ma langue, car tu es femme par mon ventre.

écrit Senghor[39]. Et :

---

* C'est en ce sens que l'idée critique (kantienne) exprime le point de vue du technicien non prolétaire. Le sujet retrouve dans les choses ce qu'il y a mis. Mais il n'y met rien qu'en esprit ; il s'agit d'opérations de l'entendement. Le savant et l'ingénieur sont kantiens[38].

*Or je remonterai le ventre doux des dunes et les cuisses ruti-
    lantes du jour*[40]...

et Ribéarivelo :

*le sang de la terre, la sueur de la pierre
et le sperme du vent*[41]

et Laleau :

*Sous le ciel le tambour conique se lamente
et c'est l'âme même du Noir
Spasmes lourds d'homme en rut, gluants sanglots d'amante
outrageant le calme du soir*[42].

Nous voici loin de l'intuition chaste et asexuée de Bergson. Il ne s'agit plus d'être en sympathie avec la vie mais
en amour avec toutes ses formes. Pour le technicien blanc,
Dieu est d'abord ingénieur. Jupiter ordonne le chaos et lui
prescrit des lois ; le Dieu chrétien conçoit le monde par
son entendement et le réalise par sa volonté ; le rapport de
la créature au Créateur n'est jamais charnel, sauf pour
quelques mystiques que l'Église tient en grande suspicion.
Encore l'érotisme mystique n'a-t-il rien de commun avec la
fécondité : c'est l'attente toute passive d'une pénétration
stérile. Nous sommes pétris du limon : des statuettes sor-
ties des *mains* du divin sculpteur. Si les objets manufacturés qui nous entourent pouvaient rendre un culte à leurs
créateurs, ils nous adoreraient sans aucun doute comme
nous adorons le Tout-Puissant. Pour nos poètes noirs, au
contraire, l'Être sort du Néant comme une verge qui se
dresse ; la Création est un énorme et perpétuel accouche-
ment ; le monde est chair et fils de la chair ; sur la mer et
dans le ciel, sur les dunes, sur les pierres, dans le vent, le
nègre retrouve le velouté de la peau humaine ; il se caresse

au ventre du sable, aux cuisses du ciel : il est « chair de la chair du monde » ; il est « poreux à tous ses souffles », à tous ses pollens ; il est tour à tour la femelle de la Nature et son mâle ; et quand il fait l'amour avec une femme de sa race, l'acte sexuel lui semble la célébration du Mystère de l'Être. Cette religion spermatique est comme une tension de l'âme équilibrant deux tendances complémentaires : le sentiment dynamique d'être un phallus qui s'érige et celui plus sourd, plus patient, plus féminin, d'être une plante qui croît. Ainsi la négritude, en sa source la plus profonde, est une androgynie.

> *Te voilà*
> *debout et nu*
> *Limon tu es et t'en souviens*
> *mais tu es en vérité l'enfant de cette ombre parturiante*
> *qui se repaît de lactogène lunaire*
> *puis tu prends lentement la forme d'un fût*
> *sur ce mur bas que franchissent les songes des fleurs*
> *et le parfum de l'été en relâche.*
> *Sentir, croire que des racines te poussent aux pieds*
> *et courent et se tordent comme des serpents assoiffés*
> *vers quelque source souterraine*[43]...

Et Césaire :

> *Mère très usée, mère sans feuille, tu es un flamboyant et ne portes plus que des gousses. Tu es un calebassier, et tu n'es qu'un peuplement de couis*[44]...

Cette unité profonde des symboles végétaux et des symboles sexuels est certainement la plus grande originalité de la poésie noire, surtout à une époque où, comme l'a montré Michel Carrouges[45], la plupart des images des poètes blancs tendent à la minéralisation de l'humain. Césaire, au contraire, végétalise, animalise la mer, le ciel et les pierres.

Plus exactement, sa poésie est un accouplement perpétuel de femmes et d'hommes métamorphosés en animaux, en végétaux, en pierres, avec des pierres, des plantes et des bêtes métamorphosées en hommes. Ainsi le Noir témoigne de l'Éros naturel ; il le manifeste et l'incarne ; si l'on souhaitait trouver un terme de comparaison dans la poésie européenne, il faudrait remonter jusqu'à Lucrèce, poète paysan qui célébrait Vénus, la déesse mère, au temps où Rome n'était pas encore beaucoup plus qu'un grand marché agricole. De nos jours, je ne vois guère que Lawrence[46] pour avoir eu un sentiment cosmique de la sexualité. Encore ce sentiment demeure-t-il chez lui très littéraire.

Mais, bien que la négritude paraisse, en son fond, ce jaillissement immobile, unité de l'érection phallique et de la croissance végétale, on ne saurait l'épuiser avec ce seul thème poétique. Il est un autre motif qui court comme une grosse artère à travers ce recueil :

Ceux qui n'ont inventé ni la poudre ni la boussole...
ils savent en ses moindres recoins le pays de souffrance[47]...

À l'absurde agitation utilitaire du Blanc, le Noir oppose l'authenticité recueillie de sa souffrance ; parce qu'elle a eu l'horrible privilège de toucher le fond du malheur, la race noire est une race élue. Et, bien que ces poèmes soient de bout en bout antichrétiens, on pourrait, de ce point de vue, nommer la négritude une Passion : le Noir conscient de soi se représente à ses propres yeux comme l'homme qui a pris sur soi toute la douleur humaine et qui souffre pour tous, même pour le Blanc.

La trompette d'Armstrong qui sera... au jour du Jugement
l'interprète des douleurs de l'homme[48].

Notons tout de suite qu'il ne s'agit aucunement d'une douleur de résignation. Je parlais tout à l'heure de Bergson et de Lucrèce[49], je serais tenté à présent de citer ce grand adversaire du christianisme : Nietzsche et son « dionysisme ». Comme le poète dionysiaque, le nègre cherche à pénétrer sous les phantasmes du jour et rencontre, à mille pieds sous la surface apollinienne, la souffrance inexpiable qui est l'essence universelle de l'homme. Si l'on voulait systématiser, on dirait que le Noir se fond à la Nature entière en tant qu'il est sympathie sexuelle pour la Vie et qu'il se revendique comme l'Homme en tant qu'il est Passion de douleur révoltée. On sentira l'unité fondamentale de ce double mouvement si l'on réfléchit à la relation de plus en plus étroite que les psychiatres établissent entre l'angoisse et le désir sexuel. Il n'y a qu'un seul orgueilleux surgissement qu'on peut aussi bien nommer un désir qui plonge ses racines dans la souffrance ou une souffrance qui s'est fichée comme une épée au travers d'un vaste désir cosmique. Cette « droite patience » qu'évoquait Césaire, elle est, d'un même jaillissement, croissance végétale, érection phallique et patience contre la douleur, elle réside dans les muscles mêmes du nègre ; elle soutient le porteur noir qui remonte le Niger sur mille kilomètres, accablé par le soleil, avec une charge de vingt-cinq kilos en équilibre sur sa tête. Mais si, en un certain sens, on peut assimiler la fécondité de la Nature à une prolifération de douleurs, en un autre sens — et cela aussi est dionysiaque — cette fécondité, par son exubérance, dépasse la douleur, la noie dans son abondance créatrice qui est poésie, amour et danse. Peut-être faut-il, pour comprendre cette unité indissoluble de la souffrance, de l'Éros et de la joie, avoir vu les Noirs de Harlem danser frénétiquement au rythme de ces « blues » qui sont les airs les plus douloureux du monde. C'est le rythme, en effet, qui cimente ces multiples aspects de l'âme noire, c'est lui qui communique sa légèreté nietzschéenne à ces lourdes intuitions dionysiaques, c'est le rythme — tam-tam, jazz, bondissement de ces poèmes — qui figure la temporalité de l'existence nègre. Et quand un poète noir prophétise à ses frères un avenir meilleur, c'est sous la forme d'un rythme qu'il leur dépeint leur délivrance :

Quoi ?
un rythme
une onde dans la nuit à travers les forêts, rien — ou une âme
  nouvelle
un timbre
une intonation
une vigueur
un dilatement
une vibration qui par degrés dans la moelle déflue, révulse
  dans sa marche un vieux cœur endormi, lui prend la taille
  et vrille
et tourne
et vibre encore dans les mains, dans les reins, le sexe, les cuis-
  ses et le vagin[50]*...*

Mais il faut aller plus loin encore : cette expérience fondamentale de la souffrance est ambiguë ; c'est par elle que la conscience noire va devenir historique. Quelle que soit, en effet, l'intolérable iniquité de sa condition présente, ce n'est pas à elle que le nègre se réfère d'abord quand il proclame qu'il a touché le fond de la douleur humaine. Il a l'horrible bénéfice d'avoir connu la servitude. Chez ces poètes, dont la plupart sont nés entre 1900 et 1918, l'esclavage, aboli un demi-siècle plus tôt, reste le plus vivant des souvenirs :

Mes aujourd'hui ont chacun sur mon jadis
de gros yeux qui roulent de rancœur de honte...
Va encore mon hébétude du temps jadis
de coups de corde noueux de corps calcinés
de l'orteil au dos calcinés
de chair morte de tisons de fer rouge de bras
brisés sous le fouet qui se déchaîne[51]*...*

écrit Damas, poète de Guyane. Et Brière, le Haïtien :

> ... *Souvent comme moi tu sens des courbatures*
> *Se réveiller après les siècles meurtriers,*
> *et saigner dans ta chair les anciennes blessures*[52]...

C'est pendant les siècles de l'esclavage que le Noir a bu la coupe d'amertume jusqu'à la lie ; et l'esclavage est un fait passé que nos auteurs ni leurs pères n'ont connu directement. Mais c'est aussi un énorme cauchemar dont même les plus jeunes d'entre eux ne savent pas s'ils sont bien réveillés*. D'un bout à l'autre de la terre, les Noirs, séparés par les langues, la politique et l'histoire de leurs colonisateurs, ont en commun une mémoire collective. On ne s'en étonnera pas, pour peu qu'on se rappelle que les paysans français, en 1789, connaissaient encore des terreurs paniques dont l'origine remontait à la guerre de Cent Ans. Ainsi, lorsque le Noir se retourne sur son expérience fondamentale, celle-ci se révèle tout à coup à deux dimensions : elle est à la fois la saisie intuitive de la condition humaine et la mémoire encore fraîche d'un passé historique. Je songe ici à Pascal qui, inlassablement, a répété que l'homme était un composé irrationnel de métaphysique et d'histoire, inexplicable dans sa grandeur s'il sort du limon, dans sa misère s'il est encore tel que Dieu l'a fait, et qu'il fallait recourir, pour le comprendre, au fait irréductible de la chute. C'est dans le même sens que Césaire appelle sa race la « race tombée ». Et en un certain sens je vois assez le rapprochement qu'on peut faire d'une conscience noire et d'une conscience chrétienne : la loi d'airain de l'esclavage évoque celle de l'Ancien Testament, qui relate les conséquences de la Faute. L'abolition de l'esclavage rappelle cet

---

* D'ailleurs, qu'est-ce que la condition présente du nègre, au Cameroun, sur la Côte d'Ivoire, sinon l'esclavage, au sens le plus rigoureux du terme[53] ?

autre fait historique : la Rédemption. Le paternalisme dou-
cereux de l'homme blanc après 1848, celui du Dieu blanc
après la Passion se ressemblent. Seulement, la faute inexpiable que le Noir découvre au fond de sa mémoire, ce
n'est pas la sienne propre, c'est celle du Blanc ; le premier
fait de l'histoire nègre, c'est bien un péché originel : mais
le Noir en est l'innocente victime. C'est pourquoi sa conception de la souffrance s'oppose radicalement au dolorisme
blanc. Si ces poèmes sont, pour la plupart, si violemment
antichrétiens, c'est que la religion des Blancs apparaît aux
yeux du nègre, plus clairement encore qu'à ceux du prolétariat européen, comme une mystification : elle veut lui
faire partager la responsabilité d'un crime dont il est la
victime ; les rapts, les massacres, les viols et les tortures
qui ont ensanglanté l'Afrique, elle veut le persuader d'y
voir un châtiment légitime, des épreuves méritées. Direz-
vous qu'elle proclame, en retour, l'égalité de tous les hommes devant Dieu ? *Devant Dieu, oui.* Je lisais récemment
encore dans *Esprit* ces lignes d'un correspondant de Madagascar :

« Je suis aussi persuadé que vous que l'âme d'un Malgache vaut l'âme d'un Blanc... exactement comme l'âme d'un
enfant devant Dieu vaut l'âme de son père. Seulement,
Monsieur le Directeur, vous ne laissez pas conduire votre
automobile, si vous en avez une, par vos enfants. »

On ne peut concilier plus élégamment christianisme et
colonialisme. Contre ces sophismes, le Noir, par le simple
approfondissement de sa mémoire d'ancien esclave, affirme
que la douleur est le lot des hommes et qu'elle n'en est pas
moins imméritée. Il rejette avec horreur le marasme chrétien, la volupté morose, l'humilité masochiste et toutes les
invites tendancieuses à la résignation ; il vit le fait absurde
de la souffrance dans sa pureté, dans son injustice et dans sa
gratuité et il y découvre cette vérité méconnue ou masquée
par le christianisme : la souffrance comporte en elle-même
son propre refus ; elle est par essence refus de souffrir, elle

est la face d'ombre de la négativité, elle s'ouvre sur la révolte et sur la liberté. Du coup il *s'historialise* dans la mesure où l'intuition de la souffrance lui confère un passé collectif et lui assigne un but dans l'avenir. Tout à l'heure encore il était pur surgissement au présent d'instincts immémoriaux, pure manifestation de la fécondité universelle et éternelle. Voici qu'il interpelle ses frères de couleur en un tout autre langage :

> *Nègre colporteur de révolte*
> *tu connais les chemins du monde*
> *depuis que tu fus vendu en Guinée*[54]...

et

> *Cinq siècles vous ont vus les armes à la main*
> *et vous avez appris aux races exploitantes*
> *la passion de la liberté*[55].

Déjà il y a une Geste noire : d'abord l'âge d'or de l'Afrique, puis l'ère de la dispersion et de la captivité, puis l'éveil de la conscience, les temps héroïques et sombres des grandes révoltes, de Toussaint-Louverture et des héros noirs, puis le fait de l'abolition de l'esclavage — « inoubliable métamorphose », dit Césaire — puis la lutte pour la libération définitive.

> *Vous attendez le prochain appel,*
> *l'inévitable mobilisation,*
> *car votre guerre à vous n'a connu que des trêves,*
> *car il n'est pas de terre où n'ait coulé ton sang,*
> *de langue où ta couleur n'ait été insultée.*
> *Vous souriez, Black Boy,*
> *vous chantez,*
> *vous dansez,*
> *vous bercez les générations*

> *qui montent à toutes les heures*
> *sur les fronts du travail et de la peine,*
> *qui monteront demain à l'assaut des bastilles*
> *vers les bastions de l'avenir*
> *pour écrire dans toutes les langues,*
> *aux pages claires de tous les ciels,*
> *la déclaration de tes droits méconnus*
> *depuis plus de cinq siècles*[56]...

Étrange et décisif virage : la *race* s'est transmuée en *historicité*, le Présent noir explose et se temporalise, la Négritude s'insère avec son passé et son avenir dans l'Histoire Universelle, ce n'est plus un état ni même une attitude existentielle, c'est un devenir ; l'apport noir dans l'évolution de l'humanité, ce n'est plus une saveur, un goût, un rythme, une authenticité, un bouquet d'instincts primitifs : c'est une entreprise datée, une patiente construction, un futur. C'est au nom des qualités ethniques que le Noir, tout à l'heure, revendiquait sa place au soleil ; à présent, c'est sur sa mission qu'il fonde son droit à la vie ; et cette mission, tout comme celle du prolétariat, lui vient de sa situation historique : parce qu'il a, plus que tous les autres, souffert de l'exploitation capitaliste, il a acquis, plus que tous les autres, le sens de la révolte et l'amour de la liberté. Et parce qu'il est le plus opprimé, c'est la liberté de tous qu'il poursuit nécessairement, lorsqu'il travaille à sa propre délivrance :

> *Noir messager d'espoir*
> *car tu connais tous les chants du monde*
> *depuis ceux des chantiers immémoriaux du Nil*[57].

Mais pouvons-nous encore, après cela, croire à l'homogénéité intérieure de la négritude ? et comment dire ce qu'elle *est* ? Tantôt c'est une innocence perdue qui n'eut d'existence qu'en un lointain passé, et tantôt un espoir qui ne se réalisera qu'au sein de la Cité future. Tantôt elle se contracte dans un instant de fusion panthéistique avec la Nature et tantôt elle s'étend jusqu'à coïncider avec l'histoire entière de l'humanité ; tantôt c'est une attitude existentielle et tantôt l'ensemble objectif des traditions négro-africaines. Est-ce qu'on la découvre ? est-ce qu'on la crée ? Après tout, il est des Noirs qui « collaborent » ; après tout, Senghor, dans les notices dont il a fait précéder les œuvres de chaque poète, semble distinguer des degrés dans la négritude. Celui qui s'en fait l'annonciateur auprès de ses frères de couleur les invite-t-il à se faire toujours plus nègres, ou bien, par une sorte de psychanalyse poétique, leur dévoile-t-il ce qu'ils sont ? Est-elle nécessité ou liberté ? S'agit-il, pour le nègre authentique, que ses conduites découlent de son essence comme les conséquences découlent d'un principe, ou bien est-on nègre comme le fidèle d'une religion est croyant, c'est-à-dire dans la crainte et le tremblement, dans l'angoisse, dans le remords perpétuel de n'être jamais assez ce qu'on voudrait être ? Est-ce une donnée de fait ou une valeur ? L'objet d'une intuition empirique ou d'un concept moral ? Est-ce une conquête de la réflexion ? Ou si la réflexion l'empoisonne ? Si elle n'est jamais authentique que dans l'irréfléchi et dans l'immédiat ? Est-ce une explication systématique de l'âme noire ou un archétype platonicien qu'on peut indéfiniment approcher sans jamais y atteindre ? Est-ce pour les Noirs, comme pour nous notre bon sens d'ingénieurs, la chose du monde la mieux partagée ? Ou descend-elle en certains comme une grâce et choisit-elle ses élus ? Sans doute répondra-t-on qu'elle est tout cela à la fois et bien d'autres choses encore. Et j'en demeure d'accord : comme toutes les notions anthropologiques, la négritude est un chatoiement d'être et de devoir être ; elle vous fait et vous la faites : serment et passion à la fois. Mais il y a plus grave : le nègre, nous l'avons dit, se crée un racisme antiraciste. Il ne souhaite nullement dominer le monde : il veut l'abolition des privilèges ethniques d'où qu'ils viennent ; il affirme sa solidarité avec les opprimés de toute couleur. Du coup la notion subjective, existentielle, ethnique de négritude « passe », comme dit Hegel, dans celle — objective, positive, exacte — de prolétariat. « Pour Césaire, dit Senghor, le "Blanc" symbolise le Capital, comme le "Nègre" le travail. À travers les hommes à peau noire de sa race, c'est la lutte du prolétariat mondial qu'il chante. » C'est facile à dire, moins facile à penser. Et, sans doute, ce n'est pas par hasard que les chantres les plus ardents de la négritude sont en même temps des militants marxistes. Mais cela n'empêche que la notion de race ne se recoupe pas avec celle de classe : celle-là est concrète et particulière, celle-ci universelle et abstraite ; l'une ressortit à ce que Jaspers nomme compréhension et l'autre à l'intellection[58] ; la première est le produit d'un syncrétisme psycho-biologique et l'autre est une construction méthodique à partir de l'expérience. En fait, la négritude apparaît comme le temps faible d'une progression dialectique : l'affirmation théorique et pratique de la suprématie du Blanc est la thèse ; la position de la négritude comme valeur antithétique est le moment de la négativité. Mais ce moment négatif n'a pas de suffisance par lui-même et les Noirs qui en usent le savent fort bien ; ils savent qu'il vise à préparer la synthèse ou réalisation de l'humain dans une société sans races. Ainsi la négritude est pour se détruire, elle est passage et non aboutissement, moyen et non fin dernière. Dans le moment que les Orphées noirs embrassent le plus étroitement cette Eurydice, ils sentent qu'elle s'évanouit entre leurs bras. C'est un poème de Jacques Roumain, communiste noir, qui fournit sur cette nouvelle ambiguïté le plus émouvant témoignage :

Afrique j'ai gardé ta mémoire Afrique
tu es en moi
comme l'écharde dans la blessure
comme un fétiche tutélaire au centre du village
fais de moi la pierre de ta fronde

de ma bouche les lèvres de ta plaie
de mes genoux les colonnes brisées de ton abaissement
POURTANT
je ne veux être que de votre race
ouvriers paysans de tous les pays[59]...

Avec quelle tristesse il retient encore un moment ce qu'il a décidé d'abandonner ! Avec quelle fierté d'homme il ira dépouiller pour les autres hommes sa fierté de nègre ! Celui qui dit à la fois que l'Afrique est en lui « comme l'écharde dans la blessure » et qu'il ne *veut* être que de la race universelle des opprimés, celui-là n'a pas quitté l'empire de la conscience malheureuse. Un pas de plus et la négritude va disparaître tout à fait : ce qui était le bouillonnement ancestral et mystérieux du sang noir, le Noir lui-même en fait un accident géographique, le produit inconsistant du déterminisme universel :

Est-ce tout cela climat étendue espace
qui crée le clan la tribu la nation
la peau la race et les dieux
notre dissemblance inexorable[60] ?

Mais cette rationalisation du concept racial, le poète n'a pas tout à fait le courage de la reprendre à son compte : on voit qu'il se borne à interroger ; sous sa volonté d'union perce un amer regret. Étrange chemin : humiliés, offensés, les Noirs fouillent au plus profond d'eux-mêmes pour retrouver leur plus secret orgueil, et quand ils l'ont enfin rencontré, cet orgueil se conteste lui-même : par une générosité suprême ils l'abandonnent, comme Philoctète abandonnait à Néoptolème son arc et ses flèches[61]. Ainsi le rebelle de Césaire découvre au fond de son cœur le secret de ses révoltes : il est de race royale.

... C'est vrai qu'il y a quelque chose en toi qui n'a jamais pu se soumettre, une colère, un désir, une tristesse, une

impatience, un mépris enfin, une violence... et voilà tes vei-
nes charrient de l'or non de la boue, de l'orgueil non de la
servitude. Roi tu as été roi jadis[62].

Mais il repousse aussitôt la tentation :

Ma loi est que je courre d'une chaîne sans cassure jus-
qu'au confluent de feu qui me volatilise qui m'épure et
m'incendie de mon prisme d'or amalgamé... Je périrai. Mais
nu. Intact.

C'est peut-être cette nudité ultime de l'homme arrachant
de lui les oripeaux blancs qui masquaient sa cuirasse noire,
pour défaire, ensuite, et rejeter cette cuirasse elle-même ;
c'est peut-être cette nudité sans couleur qui symbolise le
mieux la négritude : car la négritude n'est pas un état, elle
est pur dépassement d'elle-même, elle est amour. C'est au
moment où elle se renonce qu'elle se trouve ; c'est au
moment où elle accepte de perdre qu'elle a gagné : à l'homme
de couleur et à lui seul il peut être demandé de renoncer à la
fierté de sa couleur. Il est celui qui marche sur une crête
entre le particularisme passé qu'il vient de gravir et l'universalisme futur qui sera le crépuscule de sa négritude ;
celui qui vit jusqu'au bout le particularisme pour y trouver
l'aurore de l'universel. Et sans doute le travailleur blanc, lui
aussi, prend conscience de sa classe pour la nier puisqu'il
veut l'avènement d'une société sans classes ; mais, encore
une fois, la définition de la classe est objective ; elle résume
seulement les conditions de son aliénation, tandis que le
nègre, c'est au fond de son cœur qu'il trouve la race et c'est
son cœur qu'il doit arracher.

Ainsi la négritude est dialectique ; elle n'est pas seulement et surtout l'épanouissement d'instincts ataviques ;
elle figure le dépassement d'une situation définie par des
consciences libres. Mythe douloureux et plein d'espoir, la
Négritude, née du Mal et grosse d'un Bien futur, est

vivante comme une femme qui naît pour mourir et qui
sent sa propre mort dans les plus riches instants de sa vie ;
c'est un repos instable, une fixité explosive, un orgueil qui
se renonce, un absolu qui se sait transitoire : car en même
temps qu'elle est l'annonciatrice de sa naissance et de son
agonie, elle demeure l'attitude existentielle choisie par des
hommes libres et vécue *absolument*, jusqu'à la lie. Parce
qu'elle est cette tension entre un passé nostalgique où le
Noir n'entre plus tout à fait et un avenir où elle cédera la
place à des valeurs nouvelles, la négritude se pare d'une
beauté tragique qui ne trouve d'expression que dans la poésie. Parce qu'elle est l'unité vivante et dialectique de tant de
contraires, parce qu'elle est un complexe rebelle à l'analyse,
c'est seulement l'unité multiple d'un chant qui la peut manifester et cette beauté fulgurante du poème, que Breton
nomme « explosante-fixe ». Parce que tout essai pour en
conceptualiser les différents aspects aboutirait nécessairement à en montrer la relativité, alors qu'elle est vécue dans
l'absolu par des consciences royales, et parce que le poème
est un absolu, c'est la poésie seule qui permettra de fixer
l'aspect inconditionnel de cette attitude. Parce qu'elle est
une subjectivité qui s'inscrit dans l'objectif, la négritude
doit prendre corps dans un poème, c'est-à-dire dans une
subjectivité-objet ; parce qu'elle est un archétype et une
valeur, elle trouvera son symbole le plus transparent dans
les valeurs esthétiques ; parce qu'elle est un appel et un
don, elle ne peut se faire entendre et s'offrir que par le
moyen de l'œuvre d'art qui est appel à la liberté du spectateur et générosité absolue. La négritude, c'est le contenu
du poème, c'est le poème comme chose du monde, mystérieuse et ouverte, indéchiffrable et suggestive ; c'est le
poète lui-même. Il faut aller plus loin encore ; la négritude,
triomphe du narcissisme et suicide de Narcisse, tension de
l'âme au-delà de la culture, des mots et de tous les faits
psychiques, nuit lumineuse du non-savoir, choix délibéré
de l'impossible et de ce que Bataille nomme le « sup-

plice », acceptation intuitive du monde et refus du monde au nom de la « loi du cœur », double postulation contradictoire, rétraction revendiquante, expansion de générosité, est, *en son essence*, Poésie. Pour une fois au moins, le plus authentique projet révolutionnaire et la poésie la plus pure sortent de la même source.

Et si le sacrifice, un jour, est consommé, qu'arrivera-t-il ? Qu'arrivera-t-il si le Noir, dépouillant sa négritude au profit de la Révolution, ne veut plus se considérer que comme un prolétaire ? Qu'arrivera-t-il s'il ne se laisse plus définir que par sa condition objective ? s'il s'oblige, pour lutter contre le capitalisme blanc, à assimiler les techniques blanches ? La source de la poésie tarira-t-elle ? ou bien le grand fleuve noir colorera-t-il malgré tout la mer dans laquelle il se jette ? Il n'importe : à chaque époque sa poésie ; à chaque époque, les circonstances de l'Histoire élisent une nation, une race, une classe pour reprendre le flambeau, en créant des situations qui ne peuvent s'exprimer ou se dépasser que par la poésie ; et tantôt l'élan poétique coïncide avec l'élan révolutionnaire et tantôt ils divergent. Saluons aujourd'hui la chance historique qui permettra aux Noirs de « *pousser d'une telle raideur le grand cri nègre que les assises du monde en seront ébranlées* * ».

1948

---

* Césaire : *Les Armes miraculeuses*, p. 156.

IL NOUS FAUT LA PAIX
POUR REFAIRE LE MONDE
(RÉPONSE À CEUX
QUI NOUS APPELLENT
« MUNICHOIS »)

C'est en tant que militant du Rassemblement démocratique révolutionnaire que Sartre a écrit cet article, publié le 10 décembre 1948 dans le quotidien Le Franc-Tireur *qui soutenait ce mouvement. La menace d'un conflit planétaire parasitait les espoirs d'une révolution réellement démocratique en France. Une neutralité active, tel était le seul principe d'action politique qui semblait accessible aux membres du R.D.R. : persuader les opinions publiques européennes de manifester leur rejet aussi bien d'une américanisation que d'une soviétisation de leur pays, dans l'espoir que les gouvernements en soient à leur tour convaincus.*

Sur la première page du journal, un placard annonçait une réunion qui aurait lieu salle Pleyel le 13 décembre, à l'invitation du R.D.R., avec J.-P. Sartre, André Breton, Albert Camus, David Rousset, « en compagnie... d'écrivains du monde entier... pour témoigner librement sur l'internationalisation de l'esprit ».

Dans ses notes pour une autobiographie (1953-1954) Sartre écrit laconiquement : « R.D.R. — condamnation par le Parti — dislocation — une ou deux années de silence politique... » (Voir Les Mots et autres écrits..., *« Bibl. de la Pléiade », op. cit., p. 959). Il se souvient sans doute qu'au « Congrès mondial des Intellectuels pour la Paix » de Wroclaw qui s'était tenu en août 1948 à l'initiative de l'U.R.S.S., le romancier soviétique Fédeïev, sur ordre du Kominform, le traita dans son discours sur la culture de « hyène à stylographe », à la stupéfaction de Dominique Desanti, journaliste communiste, épouse du philosophe Jean-Toussaint Desanti — tous deux amis de Sartre. Il y eut un malaise dans l'assistance, mais seul le biologiste anglais Julian Huxley quitta la salle et se retira du congrès (voir* Les Staliniens, *Arthème Fayard, 1975, p. 172, op. cit.).*

L'article figure dans Les Écrits de Sartre, *1970, op. cit. ; il n'a pas été repris dans la première édition des* Situations.

A. E.-S.

Les imbéciles prennent toujours le parti de la colère : ridicules, s'ils raisonnent, ils pensent intimider par leurs cris. Ils défilent en criant, ils appellent la violence parce que, aux époques de violence, tout le monde est imbécile. Si vous restez calme, vous êtes suspect : si vous refusez de crier, c'est par peur. Guillaume II disait un jour au belliqueux François-Joseph : « Que de bruit tu fais avec mon sabre. » Nos imbéciles font encore plus de bruit avec la bombe atomique des Américains. Si vous leur expliquez que les bombes tomberaient d'abord sur nous, ils diront que vous avez peur.

L'argument est vieux comme le monde. Vous ne croyez pas en Dieu et le chrétien vous dit : tu es athée par orgueil ; vous ne voulez pas faire la guerre, et le militaire vous dit : tu es pacifiste par lâcheté. Comme s'il n'arrivait jamais de croire par orgueil ou par lâcheté, comme s'il n'arrivait jamais de se jeter vers la guerre par un héroïsme d'affolement.

Nos tranche-montagnes d'aujourd'hui ressemblent à ces roquets qui se réfugient entre les jambes de leur maître pour aboyer contre les visiteurs : ils hurlent aux chausses de l'U.R.S.S., tapis derrière les jupes américaines. Seulement on a renouvelé depuis peu le vocabulaire belliciste. Si vous aimez la paix, si vous voulez vous y tenir, on ne dit plus que vous êtes un lâche, on vous traite de munichois. Ce n'est qu'une sottise : mais elle court les rues. Il faut donc prendre la peine de la dégonfler.

Qu'est-ce qu'un munichois ? C'est un Français qui, en 1938, a approuvé la capitulation de son gouvernement à

Munich. On appellera donc munichois, en 1948, un Français qui préférera la capitulation à la guerre. Le munichois faisait de la politique à court terme, il ne voyait pas plus loin que le bout de son nez. S'il a reculé la guerre d'un an, il nous a contraints de la faire dans des conditions pires : il a indisposé l'U.R.S.S., laissé démanteler les forteresses de Tchécoslovaquie, il a donné à l'Allemagne le temps de compléter son armement : en un mot, il a livré son pays.

Si donc, nous autres qui ne voulons pas de la guerre, nous sommes munichois, c'est que nous méditons de livrer notre pays. Mais à qui ? À l'U.R.S.S. ? Aux États-Unis ? Il n'est pas besoin de réfléchir longtemps pour voir que la situation s'est retournée depuis 38. En 38, l'Allemagne et la France étaient face à face, c'est à la France que l'Allemagne adressait directement ses exigences. Même si le conflit devait devenir mondial, il était d'abord un épisode de la lutte pour l'hégémonie en Europe. Il fallait se battre ou se soumettre.

La guerre qui menace aujourd'hui est *d'abord* mondiale. Nous n'avons plus l'initiative : deux puissances mondiales se heurtent sur toute la Terre. Accepter la guerre, pour nous, c'est accepter la vassalité. C'est dans et par la guerre que nous perdrons le plus sûrement notre autonomie : l'étranger commandera nos armées, il nous prêtera jusqu'à nos armes.

Il est beau de mourir pour l'indépendance ; mais c'est une rare folie que de choisir la dépendance pour être plus sûr de mourir. Gribouille, un jour, vendit son âme au diable contre la corde qui lui servit à se pendre : nos bellicistes lui ressemblent. C'est dans la paix que nous pouvons conserver notre souveraineté nationale ; et, parce que nous sommes pour les guerres d'indépendance quand elles sont nécessaires, nous voulons aujourd'hui conquérir l'indépendance par la paix.

Mais ce retournement ne doit pas nous surprendre : nous étions contre la capitulation de Munich, nous autres, munichois de 48. Nos antimunichois d'aujourd'hui, qu'est-ce donc qu'ils souhaitaient à l'époque ? La capitulation inconditionnelle. À mieux y regarder, il n'y a pas là d'incohérence : ils ont voulu livrer la France à Hitler, ils veulent, à présent la livrer aux U.S.A., qui ne tiennent pas tellement, d'ailleurs, à la prendre. Guerre, paix, ils s'en moquent. Il s'agit pour eux d'abattre l'U.R.S.S. S'ils ne voulaient pas se battre contre l'Allemagne nationale-socialiste, c'est qu'ils n'y avaient pas d'intérêt. On a lu cent fois leurs raisonnements dans les journaux d'alors : « Vaincus, nous serons dans les mains de Hitler ; vainqueurs, dans celles de Staline. » Nous leur répondions alors que la capitulation sans combat donnerait un tel prestige à l'Allemagne qu'il en résulterait pour nous une défaite aussi grave qu'une guerre perdue. Mais ils s'en moquaient bien ; car ils n'avaient qu'un seul ennemi : l'U.R.S.S. Que leur importait l'hégémonie hitlérienne : ils lui abandonnaient volontiers une liberté dont ils ne savaient que faire pourvu qu'on leur laissât leurs biens. C'étaient leurs biens qu'ils voulaient défendre. Leurs biens et le régime de la propriété privée. Ils voulaient la paix, hier ; aujourd'hui, ils veulent la guerre. Mais c'est qu'ils ont de la suite dans les idées. Ils refusaient en 1938 le conflit qui pouvait profiter à l'U.R.S.S., ils veulent déclencher, dix ans après, celui qui permettra de l'anéantir.

Mais nous, qui avions pris les positions inverses, nous n'avons pas moins de cohérence ; et nous ne sommes pas non plus contre toute guerre. C'est avec la classe ouvrière, *pour* la démocratie et *contre* le totalitarisme que nous refusions Munich ; c'est avec la classe ouvrière, pour la démocratie et contre le totalitarisme que nous refusons la guerre aujourd'hui.

On nous demande de faire la guerre aux Soviets ? Fort bien. Mais pourquoi ? Demandons-le à nos bellicistes. Il n'est pas besoin de les interroger longtemps : c'est — nous diront-ils — que les Russes entretiennent une armée de « séparatistes » dans notre « belle France ». N'allons pas plus loin : vouloir entraîner la France dans un conflit avec l'U.R.S.S., c'est être contre la classe ouvrière dans son ensemble. Je ne dis pas que l'U.R.S.S. protège partout et inconditionnellement les travailleurs, je ne dis pas que tous les travailleurs soient communistes, ni qu'on doive souhaiter qu'ils le soient : je dis que ceux qui sont prêts à faire la guerre à l'U.R.S.S. visent avant tout à faire la guerre dans leur propre pays au prolétariat. On l'a bien vu quand la troupe a tiré sur les mineurs[1]. Dans certains journaux, nous avons vu reparaître le vocabulaire martial de 1914. Il n'était question que d'offensives, de conquêtes, de victoires comme dans les communiqués. Nos antimunichois, en écrasant une population affamée qui réclamait du pain, s'imaginaient anéantir la Russie tout entière. Si nous sommes « munichois », nous, c'est parce que nous pensons qu'*en tout cas et quel que soit le prétexte*, c'est un crime que de tirer sur le prolétariat.

Nous ne choisirions pas davantage d'être aux côtés de l'U.R.S.S. contre l'Amérique. Nous ne saurions envisager de nous battre contre un peuple démocratique qui a fait preuve bien souvent d'un sens admirable de la liberté. Il est vrai que ce sens est en train de s'obscurcir ; mais c'est précisément dans la mesure où les États-Unis craignent la guerre et s'y préparent[2]. Nous ranger dans l'autre camp, c'est précipiter la guerre, inciter les Américains à s'enfermer dans un fascisme de précaution.

Au contraire, tous ceux qui souhaitent la paix en Europe, au lieu de rejeter les États-Unis en bloc, doivent y chercher des alliés contre l'internationale belliciste.

Nous ne voulons pas de la guerre parce que nous n'y sommes pas directement intéressés, parce que nous ne pouvons ni ne voulons choisir entre une démocratie capitaliste et un socialisme autoritaire, parce que le conflit dégénérerait chez nous en guerre civile, parce que notre pays, en tout cas, serait vassalisé et ruiné ; si c'est là être munichois, alors vive Munich !

Mais cette comparaison est absurde pour une autre raison encore : être munichois, en 38, c'était ne rien comprendre à l'Histoire ; nous étions engagés alors dans une double guerre : la guerre impérialiste recouvrait une guerre civile. *Faire la paix* était impossible. Et, aussi bien, les munichois ne *voulaient pas* la faire ; ils voulaient différer la guerre, l'éviter au jour le jour. Il s'agissait pour eux de conserver le plus longtemps possible, en reculant le conflit, un régime social qui, par sa structure interne, rendait le conflit inévitable. Il faudrait être naïf pour croire que la paix c'est seulement l'absence de guerre. Et c'est l'absence provisoire de guerre que voulaient les munichois. Aussi n'avaient-ils qu'un moyen : céder, céder pouce par pouce et sauver du régime ce qui pouvait être sauvé. Cette paix négative et précaire, nous n'en voulons pas, nous : elle n'est pas préférable à la guerre. Refuser de choisir entre l'U.R.S.S. et l'Amérique, ce n'est pas céder à l'une, céder à l'autre, nous laisser ballotter entre elles. C'est faire un choix *positif* : celui de l'Europe, du socialisme et de nous-mêmes. Vouloir la paix, ce n'est pas vouloir sauver ce qui reste d'un régime qui menace ruine ; c'est vouloir faire la paix en construisant le seul régime qui, dans sa structure même, soit pacifié : la démocratie socialiste. Nous ne sommes pas des munichois parce que nous ne voulons pas conserver la paix seule ni la paix à tout prix — et, d'ailleurs, nous ne considérons pas que cette longue guerre larvée soit une paix. La volonté de paix, aujourd'hui, ne se distingue pas de la volonté révolutionnaire et démocratique. Nous ne sommes pas munichois parce que nous ne voulons pas la paix au nom des biens que nous possédons mais au nom de la tâche que nous avons à remplir.

10 décembre 1948

TEXTES COMPLÉMENTAIRES

[KAFKA, ÉCRIVAIN JUIF]

Dans le n° 33 (août 1947) de la revue mensuelle La Nef, *Françoise Derins, critique littéraire, a publié le compte rendu d'une conférence de Sartre intitulée « Kafka, écrivain juif », précisant qu'elle fut prononcée le 31 mai, salle d'Iéna, « sous les auspices de La Ligue française pour la Palestine libre ». À notre connaissance, cette conférence n'a pas été enregistrée, ni sténographiée ; mais le conférencier en avait rédigé un rapide canevas qui, semble-t-il, contient en substance les thèmes principaux qu'il comptait développer de vive voix. Nous le présentons ici. Le texte était dactylographié, avec un court ajout de sa main.*

Impression générale que l'auditrice en avait gardée : « On voit mal ce qu'on pourrait ajouter à l'étude de Kafka après ces heures magistrales ; sans doute ne reste-t-il plus qu'à relire son œuvre, maintenant que Sartre l'a repensée et systématisée pour nous, à la fois dégageant avec vigueur ce que Kafka lui-même ne se précisait certes pas, et suggérant habilement ce qui rend son talent inclassable. Tout — variété de l'éloquence, analyse exhaustive, et jusqu'au geste évocateur des mouvements de la pensée — contribuait à faire de cette conférence un tout nécessaire et suffisant, mieux, une parfaite œuvre d'art. »

Sartre avait lu des récits de Kafka dès la fin des années 1920 ; l'un des premiers fut La Métamorphose *parue dans* La NRF *de janvier à mars 1928. Il avait accepté en 1939 d'écrire une étude sur cet écrivain qu'il aimait pour la revue* Les Volontaires. *La guerre eut raison de ce projet. Voir aussi* Carnets de la drôle de guerre *(op. cit.) et ici même, « Qu'est-ce que la littérature ? » p. 250.*

A. E.-S.

Si l'on considère du dehors l'œuvre de Kafka, il y a indétermination, c'est-à dire que chaque couche de facteurs implique une interprétation totale de l'œuvre : le rapport avec le Père — le rapport avec la communauté juive — avec la sexualité — avec son corps — avec la bourgeoisie (impuissance, insécurité) — avec la bureaucratie. Si l'on veut rendre compte objectivement de l'action de ces facteurs, on n'a que deux possibilités : *ou bien* considérer que ce sont des interprétations également satisfaisantes et parallèles *ou bien* faire une sorte de synthèse magique (complexe) qui dissimule un pur « et » associatif quand ce n'est pas un pur « ou » disjonctif. C'est qu'en réalité il s'agit de reconstruire *l'unité* dans laquelle ces facteurs ont été dépassés et vécus. Et l'unité ne vient pas d'eux mais du Pour-soi qui se projette à travers eux et qui les unifie. Tentons la chose avec Kafka.

Si nous partons de l'explication psychanalytique vulgaire, nous allons trouver d'abord le conflit avec le Père. Mais ce conflit même, nous ne le saisissons pas comme une *action* du Père sur Kafka à la façon de la causalité empirique. Pour que le Père puisse agir sur Kafka, il faut qu'il soit saisi comme père par une conscience qui le dépasse vers ses propres fins. Il est donc éclairé, il se tient dans les rayons de l'entreprise et il est pourvu dès l'origine d'une signification singulière qui lui est conférée par le projet originel. En un mot l'action du père ne se fait pas sur une terre vierge mais dans un lieu signifiant. Or, à travers ce lieu signifiant que nous aurons à déterminer, le père va révéler sa signification propre, celle qu'il se donne dans son rapport au petit Franz. C'est *à partir de là* qu'il se révélera Père terrible par ses actes. Par exemple par sa menace : « Je te déchirerai comme un poisson[1]. » Mais ici cette apparition du *Père terrible* va être appréhendée comme un complexe de relations *à autre chose* que lui. Tout d'abord son caractère sacré lui sera conféré par un *milieu sacral*, c'est-à-dire qu'il émerge pour Kafka du sein d'une communauté juive qu'il symbolise et c'est par le Dieu de courroux de l'Ancien Testament tel qu'on l'enseigne dans cette communauté qu'il recevra ses pouvoirs de chef de famille. Mais réciproquement il fournira à ce Dieu de courroux l'archétype dont il a besoin pour être concret. Ainsi, à travers la compréhension du Dieu de courroux Kafka comprendra son père et, inversement, le foyer virtuel de sacralisation situé derrière ce père et semblable à lui, c'est le Dieu de courroux.

Ainsi, la double relation à la communauté sacrée (religion) et à la petite communauté familiale est au fond une seule relation. Ceci pour le négatif comme pour le positif. *La mère* ne joue pas son rôle intercesseur chez Kafka, mais n'est-ce pas par l'absence d'un mythe marial à travers lequel elle serait saisie comme médiatrice sacrée entre le père et le fils ? Dans *Le Verdict*, elle est morte, tout simplement. La compréhension du Père, à partir de là, et celle du Dieu vont s'identifier mais cette identification se saisira *à travers* le propre dépassement de la situation de Kafka par ses projets, c'est-à-dire par ses conduites de *culpabilité*. Le Père représente un pouvoir à la fois sacré et de fait, donc incompréhensible. Devant ce pouvoir on ne demande pas pourquoi, on n'en cherche pas le bien-fondé : il est *traditionnel* et consacré par l'ensemble sacré qui est religion et communauté à la fois. Mais, inversement, la religion juive est ensemble de préceptes à propos desquels on n'a pas le droit de demander *pourquoi* mais seulement *comment*. À partir de là se fait jour l'idée qu'on ne doit pas interroger *trop* loin. Idée par rapport à laquelle Kafka aura une attitude ambivalente : il enfreint la défense en questionnant mais, du fait qu'il questionne, il se sent seul. « Cherche de toutes tes forces à comprendre les ordres de la Commanderie mais seulement jusqu'à une certaine limite ; sur quoi, cesse d'y penser[2]. » Le chien (*Recherches d'un chien*[3]). Et Kafka avoue dans son journal qu'il ne sait même plus

comment il a pu questionner. Mais *questionner* n'est au
fond que prendre vis-à-vis du droit de la communauté et
de son père l'attitude questionnante, et cela signifie révéler
cet ensemble comme questionnable au sujet de son droit.
Ce qui vient de nouveau du rapport au Père. Car le Père,
judaïste peu convaincu et formaliste, exige de son fils une
assiduité qu'il ne pratique pas. La loi judaïque qui donne
autorité au Père reçoit donc son autorité du Père. Il y a
cercle et elle se détache en face de Kafka comme insuffi-
samment fondée, précisément lorsque Kafka constate la
contradiction entre l'exigence du Père et sa conduite religieuse. À partir de ce moment, Kafka est à la fois *hors de
la Loi* (en tant qu'elle n'est pas respectée par le Père) et
sous la Loi (en tant qu'elle s'incarne dans le Père, en tant
que le Père commande d'y obéir). La Loi devient contrai-
gnante et absurde, dépassée (par le Père) et toujours
demeurant. Or à travers ce conflit, ce que Kafka est en
train de vivre (il en sera conscient plus tard), c'est un certain aspect *historique* de la collectivité judaïque, c'est l'histoire de son père qui est statistiquement définissable (car
si Kafka est unique, son père est tiré à de nombreux exemplaires). Il l'explique lui-même dans la lettre à son père :
« Tu appartiens à cette génération juive transitoire qui,
abandonnant les campagnes encore relativement pieuses,
émigra dans les cités. » Ainsi abordons-nous l'histoire de
la collectivité juive tchèque vers les années 1850-70 [4]. Mais
si nous commençons par en faire *un facteur objectif*
(comme si nous écrivions : Kafka appartient à cette jeune
génération dont les ascendants directs avaient émigré de
la campagne aux villes, les pères avaient apporté une faible dose de judaïsme qui diminua encore à leur arrivée à
la ville), nous arriverons peut-être à dessiner ainsi une
ligne abstraite de causalité mais cette ligne ne se rejoindra
nullement avec la ligne d'interprétation marxiste et la ligne
d'interprétation psychanalytique. En fait il faut commencer par vivre avec Kafka cette totalité synthétique : *son*

père, pour ensuite découvrir avec lui l'interprétation par la généralité de ce qu'il a vécu dans le particulier ; car du particulier la réflexion peut dégager le général, mais avec le général on n'arrive pas à faire du particulier. Si je dis : la génération des années 1870 émigrant des campagnes ne garda qu'un peu de foi, les fils, en conséquence, n'en eurent plus du tout, j'inverse le processus de découverte, j'explique le concret par l'abstrait et l'originalité du vécu par quoi chacun de ces pères se découvrit à leurs fils m'échappe. Je prends alors une interprétation réflexive de Kafka qui n'a de sens que comme schème interprétatif enté sur le processus particulier et, comme le général engendre le général, je manque le particulier de Kafka. En outre, je ne puis prendre cette attitude que parce que je ne suis pas « en situation » vis-à-vis du père de Kafka et que, par conséquent, je prends un point de vue de survol. J'appellerai avec Spinoza connaissance du deuxième genre la connaissance abstraite et causale de celui qui *n'est pas en situation*. Si, au contraire, nous suivons la connaissance du troisième genre, c'est-à-dire si nous revivons le vécu et le suivons dans ses révélations propres en cherchant à tirer les liaisons générales d'une réflexion sur cette subjectivité, nous trouverons *l'unité* des « mobiles » et des « facteurs » dans la lumière du projet qui les dépasse.

Ainsi nous commençons à saisir : cette relation du Père à la communauté juive, relation qui n'existait pas pour le Père, c'est Kafka qui la dévoile en la vivant. Par lui elle se constitue dans l'objectivité d'abord sur le plan du particulier (*le malaise* de Kafka fait apparaître la relation du Père au judaïsme comme quelque chose de singulier) puis par la réflexion de Kafka sur *son propre cas*, c'est-à-dire sur l'*Umwelt*[5] signifiant qu'il dépasse, et par la comparaison réflexive de ce cas avec d'autres considérés dans l'abstrait, elle se constitue comme relation générale et statistique concernant la génération de 70. Mais à travers cette relation Kafka va en vivre d'autres : en effet ce phénomène

religieux est aussi un phénomène de classe. Lui-même
écrira plus tard à son père : « Dans le fond, la loi qui a toujours dirigé ta vie consistait à croire en la justesse des opinions d'une certaine classe juive et par conséquent à croire
en toi-même... » Il parle de « scrupules religieux étroitement mêlés aux scrupules sociaux ». Car la personnalité
du Père ne peut être *vécue* qu'en totalité, c'est-à-dire qu'il
est *aussi* un riche négociant juif dont l'activité, l'énergie et
l'intelligence terrassent Kafka d'admiration et d'envie.

C'est donc dans sa relation au Père et à l'*Umwelt* du Père
que Kafka découvre le monde social et singulièrement sa
classe. C'est à la fois pour lui le milieu *naturel*, sa destination *naturelle* (il est naturel d'aller au lycée) — sa mission
sacrée : il va au lycée parce que le Père l'y envoie — et un
ensemble de rapports avec les subordonnés de son Père (et
ses supérieurs), où il est lui-même l'inessentiel, le Père
étant l'essentiel, c'est-à-dire où son attitude vis-à-vis de ces
personnes est commandée par l'attitude du Père. Le Père
est médiateur entre Kafka et ses employés, il communique
avec eux par l'intermédiaire du Père et l'autorité du Père
sur ses employés est synthétiquement liée à son autorité
sur Kafka ou plutôt à son autorité dans l'absolu ou puissance ou ( )[6]. Elles se renforcent l'une l'autre ou plutôt l'une
renforce l'autre (l'autorité sociale renforce l'autorité morale
et l'autre revient sur la première pour la justifier), le caractère sacré du Père-Dieu justifie la hiérarchie sociale. Et
dans la hiérarchie Kafka occupe un rang qu'il *tient* du Père.
C'est pourquoi nous verrons Kafka ambivalent vis-à-vis
des bureaucraties puissantes. À la fois il est, en tant que
solidaire, révolté, coupable, hostile et terrifié ; à la fois, en
tant qu'il admire le Père, il admire ces magnifiques et
puissants rouages. Véritable conservatisme social. Certainement dans son esprit « sacrificiel » (sa destruction systématique de lui-même) il y a une façon de vivre son rapport
avec « ceux d'en face » (Le soutier d'*Amérique*[7]). Mais il ne
voit pas d'action sociale possible. Il a une certaine horreur

des *Messieurs* et de leur honorabilité. Mais enfin il est du côté des Messieurs : Kafka est un Monsieur ; le commerçant de *La Taupe géante* en est un autre ; le personnage de *Une petite femme*[8] parle du « diplôme de membre honorable que la société lui a décerné depuis longtemps ». Il est certain que Kafka vit dans le malaise sa situation bourgeoise et c'est ce malaise qui la lui révèle. C'est une certaine manière très ambiguë de la vivre (désir de se détruire lui-même par sacrifice — désir d'avoir le métier le plus voisin de celui de son père) qui lui fait opter brusquement pour le métier d'employé de bureau au lieu de celui de littérateur. Plus tard ce sera un des aspects que prendra pour lui *l'erreur originelle*. Celle du médecin de campagne[9], par exemple, qui s'est trompé sur le coup de sonnette. Celle du singe qui imite pour trouver une issue mais qui ne sera plus qu'une bête blessée[10]. Ce sera le refus de la liberté. Mais ce refus, cette imitation de sa classe, le désir de tranquilliser son père, c'est justement l'expérience vécue qu'un jeune homme fait de sa situation dans le monde social : « À mon avis, écrit Max Brod, c'est ici et non pas dans le complexe paternel que se trouve le germe de cette évolution qui le menait toujours plus profondément au cœur de la souffrance, avant de le conduire de la maladie à la mort[11]. » Mais n'oublions pas que Kafka reste *pour son père* : il est formel dans *La Métamorphose* où Samsa, qui voudrait abandonner son milieu, le conserve à cause d'une dette de ses parents. Et la bureaucratie où il a plongé et qui sera une des sources de ses mythes, c'est au fond l'autorité paternelle : 1° elle ressemble à la Loi tatillonne et inapplicable de la communauté juive, en sorte que *Le Procès* ou *Le Château* seront interprétés aussi bien comme le symbole de la Justice divine, de la Loi, que comme une satire de la Bureaucratie ; 2° il a pris cette carrière de négociant pour imiter le Père[12]. Notons ici que le monde décrit par Kafka est uniquement un monde de négociants, de bureaucrates, de clients, de supérieurs et d'inférieurs.

Le monde bourgeois, précisément. Et les rapports entre les gens sont rapports de *politesse*. Quant au travail, il est aussi politesse. Travail de répartition des marchandises, non de création de marchandises ; univers d'employés, non de prolétaires, où chacun dépend comme un marchand de l'opinion publique, mais la crainte de l'opinion un peu partout : dans *Le Procès*, dans *Une petite femme*, dans *Joséphine*, dans *Les recherches d'un chien*, dans *Le...* [13]. 3° L'autorité sacrée du chef de bureau (cf. *La Métamorphose*) est précisément l'autorité du Père. 4° *Le travail* (qui est finalement travail de politesse) est une partie de *l'éthique* (au sens kierkegaardien) que va représenter le Père et dont les principes sont : obéissance à la Loi, au Père, travail régulier, fondation d'un foyer, paternité. Il y a dans *l'Umwelt* de Kafka comme chez les primitifs une moitié de cercle où tous les objets sont « Père ».

Ce travail improductif, Kafka le sentira comme absurdité et impuissance. Il souffrira du manque de sécurité qui caractérise la classe bourgeoise. Il souffrira de *l'impuissance*. Il vivra cette impuissance en prenant cette attitude de *dormeur éveillé* qui nous vaut précisément ses chefs-d'œuvre. Et il finira par voir dans le monde même un pur rêve de dormeur éveillé. La réalité est *spirituelle*, dit-il. Le monde sensible, c'est le mal dans la réalité spirituelle[14]. Le bureau, la famille sont imaginaires. Nous sommes un rêve de Dieu, nos individualités cachent une unité spirituelle de tous les hommes. N'est-ce pas là précisément *l'idéalisme bourgeois* ? Un travailleur de mine n'aura jamais l'idée de considérer la mine comme un rêve. Mais pour Kafka rien n'est *vrai* parce qu'en effet rien n'est vrai au bureau, il y a fatigue sans efforts. Mais il ne faudrait pas ici encore renverser les termes et déclarer par exemple : c'est parce que Kafka, bourgeois fils de bourgeois, était employé d'assurances qu'il a développé une attitude de dormeur éveillé et conçu des mythes spiritualistes. D'abord nous perdons l'ordre ; nous avons trois explications sans lien : 1° Explication psychanalytique : l'attitude du Père est facteur d'un complexe de culpabilité chez Kafka. 2° Explication historique : la génération du père de Kafka commence à perdre la foi. L'éducation semi-sceptique lui inspire des doutes sur le judaïsme. 3° Explication matérialiste : la classe bourgeoise d'où est issu Kafka, et singulièrement la couche « négociant » à laquelle il appartient, lui dicte son idéalisme. Comment relier ces trois caractères : complexe de culpabilité, scepticisme à l'égard du judaïsme, idéalisme bourgeois ? Sans doute par la *personne* de Kafka. Mais la personne de Kafka ne fera pas de miracles. Elle n'arrivera pas à intérioriser, à compénétrer et à synthétiser trois caractères de niveau très différent : le complexe appartient à l'inconscient, le scepticisme est du domaine de la conscience et de la réflexion, l'idéalisme bourgeois est une réalité collective. En réalité il faut voir que le fonctionnarisme et l'irréalisme de Kafka, son sentiment d'impuissance, etc. sont des manières d'expérimenter sa classe *dans la culpabilité* et comme rapport primaire au Père. Il n'y a pas d'idéalisme bourgeois *a priori* comme facteur idéologique entrant dans les consciences pour les modifier. Il y a invention d'attitudes dévoilantes idéalistes. L'idéalisme de Kafka, c'est sa manière de vivre dans le ressentiment sa situation au bureau. Et ce ressentiment *révèle* en effet le caractère absurde, cauchemaresque et inefficace de la bureaucratie. Et ce n'est pas parce que la bureaucratie est absurdité que Kafka a été déterminé à l'idéalisme, mais le ressentiment complexe et négateur de Kafka tâtonnant pour trouver à nier la bureaucratie a dévoilé son caractère de cauchemar. Et il ne l'a pas dévoilé froidement en *comparant* la bureaucratie à un cauchemar, pour marquer par une métaphore le manque de contact du bureaucrate avec la matière. Il l'a dévoilé en le vivant comme cauchemar, non symboliquement. Si la bureaucratie est *cause* ici, c'est négativement, par sa façon de ne pas résister à l'intention idéalisante, de *se laisser* inventer sans protestation comme pur cauchemar, de remplir docilement les hypothèses. L'expérience vécue est une hypothèse de tout l'être qui, dans son rapport au réel, est sur-dévoilante en ce qu'elle cherche à le dévoiler comme totalité. Mais elle ne se comporte pas, dans sa structure profonde, autrement que l'hypothèse scientifique. Elle va chercher le réel où il est, elle le questionne, elle le vit hypothétiquement et il rentre ou non dans les cadres. De sorte que l'idéalisme de Kafka n'est pas l'idéalisme bourgeois en général qui, par après, sous l'influence du tempérament de Kafka, se serait spécifié en un certain spiritualisme particulier où se refléteraient mystérieusement son complexe de culpabilité et son mysticisme. Mais au contraire cet idéalisme est originellement la réaction singulière et globale d'un être en situation qui dévoile et constitue à la fois cette situation. Il est originellement dans sa singularité ; il n'existe qu'avec ce trait distinctif qui est que Kafka voyait sincèrement le monde bourgeois comme un rêve, le vivait comme un rêve. Mais c'est justement ce qui *fait* le monde bourgeois. Car en effet une profession bourgeoise est choisie par le jeune bourgeois (qui pourrait toujours opter pour la bohème, pour le prolétariat) au lieu que l'ouvrier se voit imposer son travail. Et en même temps elle se présente comme une *obligation* à cause du vœu sacré des parents et de la hiérarchie sociale.

Ainsi retrouvons-nous, à partir de ce choix singulier qui est choix désespéré de se détruire, la généralité du rapport du jeune bourgeois avec sa profession. Et dès lors que Kafka a commencé à esquisser la vie de son père ou vie *sous la Loi*, il voit surgir du fond des lointains les autres tâches, c'est-à-dire qu'à la lumière de ce choix se dévoilent les obligations et les valeurs qui en feront un tout cohérent : le mariage, la paternité. Et le mariage à son tour il le vivra dans l'ambivalence, c'est-à-dire qu'il le fera exister dans son ambivalence : il y verra *à la fois* une façon d'obéir au Père et de se trouver une loi, un foyer, des ancêtres, de s'empêcher d'être indéfiniment responsable, de créer un

être qui sera sa tâche et qui lui échappera pour *le relever*
de ses responsabilités, et *à la fois* une façon de *tuer son
père* (*Verdict*, écrit un mois après ses fiançailles[15]), c'est-à-
dire à la fois une façon d'échapper à la culpabilité et de s'y
enfoncer. Mais là encore cette expérience est dévoilante ;
en poussant à la généralité nous voyons qu'elle dévoile une
structure du mariage : il est à la fois continuation de la
famille et meurtre symbolique du Père. Interprétation du
Verdict : « Je croyais me marier pour obéir à mon père ;
pour lui j'abandonnais la meilleure part de moi-même,
mais en fait je me rends compte 1° que je me mariais pour
pousser mon père dans la tombe et me délivrer de son
autorité ; 2° qu'il n'est pas sûr que cette meilleure part de
moi-même ait jamais existé et qu'en tout cas mon père y
avait part aussi à sa manière. En conséquence je retourne
à mon vide et à la mort. »

Car tout ceci n'apparaît qu'à la lumière du choix premier de Kafka. Nous ne pourrions même pas concevoir
une action du Père ou de la société si ce n'était dans le
cadre d'un choix originel. Pour qu'il y ait complexe de culpabilité, il faut qu'il y ait déjà des valeurs et un univers
spontanément déployés à l'intérieur desquels certains facteurs, en provoquant une impuissance locale, pourront
développer le sens de la faute. Kafka nous a prévenus lui-
même de ne pas l'interpréter *d'abord* psychanalytiquement
(T. 1, 288[16]) : « Toutes les prétendues maladies..., elles sont
des réalités de croyance, des ancrages de l'homme en
détresse dans quelque sol maternel... Or ces ancrages qui
prennent dans un sol réel, ils ne sont pourtant pas une propriété particulière à l'homme mais, préfigurés dans sa
nature, ils la transforment ultérieurement (ainsi que le
corps) dans le même sens. Et l'on prétendrait guérir cela ? »
Et, 309[17] : « Chaque homme... semble fonder son existence
par des justifications ultérieures, mais ce n'est là que
l'image inversée qu'offre le miroir de la psychologie ; en
fait il érige sa vie sur ses justifications. »

Cette justification originelle, solidement ancrée sur un sol religieux, quelle est-elle ? « *C'est un mandat. —* Je ne puis assumer de par ma nature autre chose qu'un mandat que personne ne m'a donné. C'est dans cette contradiction et ce n'est toujours que dans cette contradiction que je puis vivre[18]. »

À partir de ce choix original (influence messianique, dit-on — sans doute, c'est-à-dire que Kafka redécouvre le messianisme juif latent autour de lui par son choix et l'habille alors de messianisme ; un choix analogue eût-il été fait dans un milieu révolutionnaire eût été choix de la Révolution — ce choix est de sauver, d'enseigner, de se justifier par le sacrifice ; il constitue la situation et elle lui rend ce qu'il lui a donné en le précisant) et dans la lumière de ce choix, le Père est éclairé avec son système de valeurs opposées (l'action, la légalité, l'honorabilité, la famille). C'est ce choix (de la sainteté, du sacrifice, du quiétisme) qui va donner leur coloration ambiguë aux valeurs du Père : soutenues par l'autorité sacrée de la communauté et de cet homme-Dieu, elles s'imposent comme *valeurs* absolues. Découvertes à travers une volonté de sainteté et de messianisme, elles apparaissent comme des anti-valeurs. Nous avons affaire à un type particulier de valeurs : elles apparaissent toujours au sein d'un *Umwelt* : elles sont *positives* en elles-mêmes et impératives quant à leur noyau. Elles visent à s'imposer, elles suscitent le respect parce qu'elles émanent d'un autre et d'une liberté sacrée. Mais, quoique demeurant au milieu du champ de l'expérience comme des commandements, elles sont *autres*, colorées comme *autres* par le refus que j'en fais au nom de mes propres valeurs. Mais comme elles visent à s'imposer (elles ne sont pas *autres* au sens où les valeurs religieuses sont *autres* pour un marxiste qui n'en tient pas compte), elles s'imposeront à moi comme *autre* en tant que je leur obéirai, je me sentirai moral et autre en même temps. Moral en tant qu'autre. Demi-exigences — demi-objets. Aliénation. Mais en même temps, du point de vue de l'Autre, qui est le point de vue de l'objectif et du sérieux, Kafka va douter de sa mission. En voici une qu'on me donne : obéir. Mais la mienne, personne ne me l'a donnée. Est-elle un mensonge (*Verdict* : as-tu un ami[19] ?) ou bien n'était-ce pas précisément de fonder un foyer et d'obéir à la Loi qui était ma mission (ton ami, dit le Père, je le connais mieux que toi) ? Suis-je Abraham ? À partir de là, *la région du Père* va apparaître dans toute son étrangeté. Elle sera pénétrée jusqu'au cœur mais comme *l'autre*. Mais cette situation sans issue (deux chaînes et deux colliers : l'une vient du ciel, l'autre vient de la terre[20]) implique la construction d'un *Autre* qui donne le mandat. Ce sera « l'indestructible en moi[21] », la loi intérieure « aussi absurde, aussi discontinue, aussi inévitable, aussi unique, aussi réjouissante, aussi angoissante sans raison, aussi incommunicable dans sa totalité, aussi avide de se communiquer qu'un rêve[22] ».

Ainsi, double aliénation. On n'échappe à l'une qu'en se jetant dans l'autre. On voit l'une du point de vue de l'autre, on voit l'autre partout. La boucle est bouclée : nous sommes un Autre (l'Indestructible), c'est-à-dire un rêve de Dieu. Le monde (monde bourgeois) est notre rêve. Et dans ce rêve, des tâches, des obligations à n'en plus finir. Et du point de vue de ce rêve, c'est l'Indestructible qui est un rêve. À partir de là se déploient les mythes de Kafka. Comment s'étonner qu'on puisse les interpréter dans leur totalité :

1) comme rêve éveillé (Breton) ;
2) comme apologues sur le monde juif (Nemeth)[23] ;
3) comme description de la bureaucratie ;
4) comme description de la maladie (Magny[24]) ;
5) essais pour se libérer du Père (Kafka lui-même) ;
6) théologie négative (Carrive[25]) ;
7) négation de la théologie (Debray).

Ils sont tout cela (toujours sous la dimension de l'Autre) parce que Kafka est précisément cette situation, cet éclairage aliénant, cette expérience de la famille, de la société, de la religion dans son indissolubilité.

Complément

Kafka découvre le monde bourgeois chaque matin dans la mesure même où il le crée, c'est-à-dire dans la mesure où il décide de se lever et d'aller au bureau. Et dans cet acte créateur se découvre et se tient en suspens l'acte créateur *des Autres*, c'est-à-dire le même monde bourgeois devenu *objectivité* par l'action d'Autrui qui est au fond *la même* que celle de Kafka. C'est pourquoi Kafka tient que le paradis est autour de nous, que nous n'en sommes séparés par *rien* : on peut toujours refuser d'aller au bureau, on peut toujours faire s'évanouir ce songe. Et c'est pourquoi en même temps ce songe existera toujours tant que *simultanément* tous les cloportes ne se seront pas aperçus de la vanité de leur tâche. C'est pourquoi le Messie ne viendra que le dernier jour, lorsque déjà *tous* auront en même temps renoncé. Ainsi se repose le problème de deux mondes en d'autres termes : renonciation-quiétisme, « non-oui[26] », et le monde bourgeois devient un rêve et toute l'activité des autres devient activité sur soi de cloportes. Mais *en fait* c'est *moi* qui me suis condamné en me tenant à l'écart : le chien, si seul, si abandonné, le vide opposé à la circulation (*Joséphine*, *Verdict*[27], etc.), car je n'ai pas délivré les autres de leur rêve. Autrement dit, comme l'explique le chien : il suffit que tous veuillent manger l'os pour qu'il s'ouvre de lui-même (le Messie vient). Mais si tous ne s'y mettent pas, le désir de décortiquer l'os est pire poison dans les veines d'un seul. De là la tentation nouvelle de se jeter au contraire sous la loi parmi les autres. Ainsi le paradis est perpétuellement hors d'atteinte et perpétuellement à portée de la main.

Pourtant Kafka pensera à atteindre le monde des cloportes (messages, mandat, écrits). Ainsi verra-t-il une révolution possible mais *par l'intérieur*, par passage de l'éthique au religieux et par le consensus des bonnes volontés, consensus provoqué par un appel. Il est aux antipodes des révolutionnaires marxistes. Dans l'antinomie : changement intérieur-changement extérieur, il choisit *a priori* l'intérieur. Pur yogi. Et comme tous les yogis il respectera l'appareil extérieur d'oppression (la bureaucratie) : il faut le faire *s'évanouir* mais tant qu'il ne s'évanouit pas, s'y soumettre comme au temporel (rendre à César…). Mais c'est précisément réinventer la bourgeoisie, la choisir, la vivre. Du coup il la redécouvre chez les autres : tous les autres sont ses pareils : tous, derrière leur silence et leur refus de questionner, ont le même souci de l'Irréductible, cette même impression de vivre un rêve. Et tous, *en attendant* de se réveiller, constituent ce monde bourgeois *à la fois* librement (par ce choix perpétuellement renouvelé de s'y soumettre) et nécessairement (puisque les *autres* le constituent). La solidarité inventée par Kafka (solidarité religieuse) est précisément une solidarité *bourgeoise* si nous la considérons à présent dans la généralité. En effet c'est une solidarité *spirituelle* (Kafka, comme Nietzsche, dit qu'il faut aimer les hommes dans ce qu'ils ont d'indestructible, non *dans le monde*) et qui nie être une solidarité de classe (à l'opposé de la solidarité ouvrière) : le bourgeois prétend qu'il n'y a pas de classes ; ce n'est pas une solidarité de *revendications* : au contraire, le monde des besoins est un rêve (mais ceci, Kafka s'en est persuadé dans son corps jusqu'à en mourir) ; ce n'est pas une solidarité de travail : Kafka est *contre* le travail. Le travail, justement, c'est l'appel du démon, le mal. Ainsi Kafka ne vit pas dans le monde bourgeois pour lui fournir par après un mythe. Mais inventer un mythe de la bourgeoisie c'est vivre bourgeois. Au fond, loi du cœur et cours du monde : Kafka découvre la loi du cœur (mépris du travail, quiétisme, choix, péché, foi dans une solution éthico-religieuse, individualisme) mais, merveilleusement intelligent comme il est, il sait que cette loi du cœur constitue le cours du monde, c'est-à-dire que *chacun*, plus ou moins, possède l'Indestructible et se perd dans le rêve bureaucratique. Cette connaissance est justement l'expérience du monde bourgeois. Il expérimente le monde bourgeois comme monde des *moyens* sans la fin. Il saisit dans la généralité bourgeoise *lui-même comme autre*.

L'instant kafkéen : C'est la sonnerie du réveille-matin. Comparer : la sonnerie du réveil n'a pas réveillé Samsa[28] ; donc il a atteint le point d'où l'on ne peut revenir en arrière — la sonnerie du malade a tiré de chez lui le médecin[29] *mais c'était une erreur* ; donc il errera indéfiniment en laissant le postillon violer ce qu'il avait de meilleur en lui. C'est donc le réveil en sursaut du dormeur (il a mal dormi, il est épuisé) et sa possibilité de décider : irai-je, n'irai-je pas au travail, c'est-à-dire ferai-je que ce rêve bureaucratique d'un monde bourgeois existe et deviendrai-je corneille, cloporte ou au contraire resterai-je dans le quiétisme du dormeur éveillé[30] ?

Mai 1947

C'EST POUR TOUS
QUE SONNE LE GLAS

Lorsque Sartre écrit ces lignes, en avril 1948, l'Assemblée générale de l'O.N.U. a déjà décidé le plan de partage de la Palestine en deux zones, l'une juive, l'autre arabe (29 novembre 1947). Les Juifs de Palestine, originaires du territoire ou nouveaux immigrants, étaient aussitôt en butte aux attaques d'une légion arabe, formée de Palestiniens qui n'acceptaient pas la résolution de l'O.N.U., encadrés d'officiers anglais — la Palestine était encore sous mandat de la Grande-Bretagne, dont le principal souci avait toujours été de freiner l'immigration juive dans la région, même au plus fort des persécutions nazies. Les opinions publiques, notamment celle des Français, qui avaient suivi dans leurs quotidiens les étapes de l'odyssée tragique de l'Exodus-47, l'un des derniers navires à tenter l'entrée clandestine en Palestine, s'étaient indignées de l'attitude des mandataires anglais : la marine de Sa Majesté, après avoir intercepté le navire en juillet 1947, avait refoulé vers la France ses quelque quatre mille cinq cents passagers rescapés des camps nazis, puis renvoyé vers l'Allemagne la plupart d'entre eux, qui avaient refusé de débarquer sur le sol français ; ils végétaient dans des camps pour « personnes déplacées » près de Hambourg. Le mandat anglais sur la Palestine allait prendre fin officiellement le 15 mai ; on s'attendait que soit proclamée la naissance d'un État souverain sur la zone assignée aux Juifs. À ce moment ils se retrouveraient face aux forces armées des cinq pays de la Ligue arabe.

Article publié dans la revue Caliban *n° 16, de mai 1948, créée par Jean Daniel en 1947, soutenue par Albert Camus. Il n'a pas été repris dans les* Situations, *première édition.*

A. E.-S.

Pour anéantir le peuple juif, les antisémites ont eu recours, dans l'Histoire, à beaucoup de moyens : le fer, le feu, l'eau, la mort lente dans les camps, les chambres à gaz. L'ennui, c'est que ces moyens engageaient tout de même un peu la responsabilité de ceux qui les employaient : avec un peu de malchance, on risquait de passer pour un assassin. Après la Deuxième Guerre mondiale, les méthodes se sont perfectionnées et l'on peut aujourd'hui organiser pogromes et massacres jusque sur le territoire de l'État hébreu en conservant la conscience nette et les mains pures.

Personne n'ignore plus que des mercenaires arabes attendent le départ des Anglais pour massacrer des populations sans armes. Sir Alan Cunningham[1] a déclaré lui-même que la Terre Sainte, après le départ de l'administration anglaise, « serait plongée dans un chaos sanglant ». Mais le coup est si bien monté que ce sang ne retombera sur la tête de personne. Personne n'est responsable ; il paraît que tout le monde, en cette affaire, agit avec les meilleures intentions. Peut-on reprocher à l'O.N.U. d'avoir décidé le partage de la Palestine ? Sans doute, beaucoup d'Hébreux étaient opposés à cette décision qui ne leur paraissait pas offrir de solution réelle au problème palestinien ; mais, enfin, ne fournit-elle pas la preuve de l'extrême sollicitude des Nations Unies ? En conséquence, l'Angleterre s'est engagée à mettre fin à son mandat avant le 15 mai : il n'y a rien à redire à cela non plus ; et, d'ailleurs, c'est ce que les Hébreux demandaient eux-mêmes. Il est vrai que l'administration anglaise interdit de fournir des munitions aux Hébreux, perquisitionne dans toutes les localités et confisque toutes les armes qu'elle peut trouver. Mais on vous expliquera que c'est son droit le plus strict et même son premier devoir : puisqu'elle assume la responsabilité de l'ordre, la première mesure à prendre, c'est d'ôter aux gens les moyens de le troubler. Après cela, vous direz peut-être que l'Angleterre livre officiellement cartouches et fusils aux pays de la Ligue arabe. Mais qui pourrait l'en blâmer ? Les gouvernements de ces pays sont reconnus et ils ont le droit de posséder des armées et des forces de police. Ce qu'ils font ensuite de ces armes ne regarde qu'eux. Ainsi, personne n'est coupable ; tout le monde est bienveillant, généreux, désintéressé.

Cependant, des bandes arabes se rassemblent et s'organisent autour de Jaffa, d'Hébron, de Naplouse ; cependant 1 200 Hébreux sont assiégés par 25 000 hommes, au cœur de Jérusalem ; cependant, des francs-tireurs infestent la campagne et les Hébreux qui se hasardent en convois sur les routes sont attaqués sans pouvoir se défendre. Tout est en place pour la boucherie. Elle commencera le 15 mai, lorsque le dernier soldat anglais se sera « retiré », le sourire aux lèvres, avec la conscience du devoir accompli. Des milliers d'hommes et de femmes risquent d'y trouver la mort. Mais puisqu'il s'agit seulement d'un fâcheux concours de circonstances, nous pouvons nous en laver les mains.

Ce n'est pas vrai : nous ne pouvons pas nous désintéresser de la cause des Hébreux — à moins que nous n'acceptions délibérément qu'on nous traite, nous aussi, d'assassins.

D'abord, toute cette affaire pue. Bien sûr, ce n'est pas à nous de sonder les cœurs et d'apprécier les intentions. Mais la situation offre une signification objective et cette signification saute aux yeux. Objectivement tout se passe comme si on avait cherché à démontrer par l'absurde et le carnage que la présence des Anglais était nécessaire en Palestine. Et cela devrait nous rappeler une vieille histoire qu'on peut exposer « objectivement », elle aussi : à Chicago, entre les deux guerres, d'aimables jeunes gens se présentaient parfois chez un commerçant et lui offraient leur protection. Ce commerçant, surpris, répondait qu'il ne se connaissait pas d'ennemis et que, en conséquence, il n'avait pas besoin d'aide. Les jeunes gens se retiraient poliment. Deux jours après, un pétard faisait sauter les vitrines ou

bien le feu prenait à la boutique. Les jeunes gens reve-
naient ensuite faire leurs offres de service et le brave
homme était trop heureux de les accepter. À l'époque, on
appelait « racket » cet échange de bons procédés. Les voisins laissaient faire, heureux qu'on n'ait pas choisi de les
protéger. Naturellement, ils ne perdaient rien pour attendre. Nous ne perdrons rien pour attendre. Avons-nous si
peu de mémoire ? Tout récemment Jaspers, sans nier la
culpabilité du peuple allemand, a fort bien montré que
toutes les nations européennes étaient plus ou moins responsables de l'avènement du national-socialisme et, par
conséquent, de l'extermination systématique des Israélites
européens[2]. Il paraît que la leçon n'a pas suffi : aujourd'hui
qu'un véritable guet-apens s'organise contre les survivants,
non pas même sur notre sol mais sur celui où la haine des
antisémites les a contraints de s'établir, sur l'unique terre
qu'ils revendiquent et qu'on leur a laissée, allons-nous fermer les yeux et laisser faire une fois de plus ? Si la générosité nous manque, nous devrions du moins montrer plus de
prudence. Voilà tantôt dix ans que nous jouons les Ponce
Pilate et cela ne nous a pas si bien réussi. Nous avons refusé
d'intervenir en Espagne, de nous faire tuer pour les Tchè-
ques et, finalement, nous avons dû déclarer et perdre la
guerre pour Dantzig. Nous avons toléré que les Israélites
fussent poussés en troupeaux dans les chambres à gaz mais,
finalement, on y a poussé aussi des troupeaux d'« Aryens ».
Tout ce qui se passe dans le monde nous concerne et nous
menace, toute injustice, toute violence, où qu'elles soient,
sont un foyer de guerre. C'est un facteur de guerre que
l'occupation permanente de la Palestine par des troupes
européennes. Un État palestinien, un État indépendant,
libre et pacifique, c'est une garantie de la paix, à condition
qu'il soit assez fort pour se faire respecter. Il se peut que le
jeu de certaines puissances soit de démontrer que cet État
n'est pas viable pour pouvoir de nouveau y installer leurs
armées. En ce cas, l'intérêt de tous ceux qui veulent éviter

un troisième conflit mondial, c'est de faire la preuve du contraire. Ce conflit peut commencer n'importe où. Ce sera d'abord une petite moisissure locale, et puis il gagnera du terrain. Notre tâche actuelle n'est pas de faire de vaines déclarations de pacifisme mais de nettoyer le jardin, d'exercer une vigilance perpétuelle et d'arracher les moisissures où qu'elles soient.

Des « massacres arméniens » qui se préparent, nous aurons tous la responsabilité. Et d'abord les Nations Unies. Puisqu'elles ont décidé le partage de la Palestine, comment pourraient-elles refuser aux Hébreux les moyens de défendre le sol qu'elles leur ont concédé ? Mais l'O.N.U., qu'est-ce donc, sinon nous tous ? C'est à nous d'inciter les représentants de nos gouvernements à poser la question. Et il suffit de la poser pour que la réponse soit manifeste : l'État palestinien réclame des munitions tout comme ses voisins de la Ligue arabe à qui l'Angleterre en fournit officiellement ; peut-on refuser ici ce qu'on accorde là ? Pourtant, dira-t-on, puisque l'administration anglaise a la responsabilité de maintenir l'ordre, elle est dans son droit en refusant d'armer les Hébreux. Mais c'est en vain qu'on chercherait à découvrir en cette affaire le moindre cercle vicieux : entre 1936 et 1939, à l'époque de « l'insurrection arabe », les Anglais avaient fourni aux villages hébreux des dépôts d'armes qui restaient scellés jusqu'au moment où il fallait s'en servir pour repousser une attaque. Pourquoi ne pas constituer aujourd'hui de semblables dépôts ? Les Hébreux en auraient l'usage au moment du départ des troupes britanniques. Et si l'on venait objecter que ces mesures comportent des difficultés qui les rendent impraticables, alors il faudrait répondre que c'est à l'O.N.U. de trouver une autre solution et de la trouver d'urgence. Il faut donner des armes aux Hébreux : voilà la tâche immédiate des Nations Unies. Si nous reculons ou si nous masquons ce problème sous prétexte qu'il est insoluble, alors, prenons garde. Cette hécatombe d'enfants, de femmes et d'hommes

désarmés ne sera qu'un commencement ; un beau jour,
c'est sur nous que des soldats voudront tirer et nous
n'aurons pas d'armes. « N'envoie jamais demander, écrit
John Donne, pour qui sonne le glas : il sonne pour toi[3]. »

Mai 1948

[LE POINT DE VUE
DE RAYMOND ARON]

Peu après la naissance du Rassemblement démocratique révolutionnaire, Raymond Aron, dans un article publié dans Le Figaro *du 26 mai 1948, avait qualifié ce mouvement de « romantique » (voir notre notice sur la période du R.D.R., pp. 291-293). Cet article suscita entre les deux anciens amis un échange contradictoire, par textes interposés. En effet, dans un « Entretien sur la politique » daté du 18 juin 1948, publié dans les* TM *en septembre, où David Rousset, Gérard Rosenthal, de sensibilité trotskyste, et Sartre tentaient de donner forme à ce qu'on pourrait appeler les bases idéologiques du R.D.R., ce dernier s'élève contre ce jugement ironique et commente les positions d'Aron sur les questions sociales et les menaces de guerre ; il y fait également allusion à l'une des dernières conversations qu'ils eurent avant leur rupture.*

On a souvent opposé, un peu abstraitement, les idées politiques de l'un et de l'autre ; il nous a paru intéressant d'extraire de l'entretien paru dans les TM *le commentaire de Sartre. Aron adressa au directeur de la revue une lettre de protestation assurant qu'il avait déformé ses propos, renvoyant les lecteurs à son dernier ouvrage,* Le Grand Schisme, *puis écrivit sur le fond une « Réponse à Sartre », publiée dans* Liberté de l'esprit *(n⁰ˢ 5 et 6, juin et été 1949).*

Sous le titre « Un remède de cheval », Jean Pouillon fera dans le numéro 39 des TM, *de décembre-janvier 1949, un compte rendu critique de l'ouvrage d'Aron, relevant certaines contradictions dans les prises de position de son auteur, alors militant du R.P.F (Rassemblement du peuple français, parti fondé par le général de Gaulle en 1947) sans être un gaulliste convaincu — il le reconnaîtra plus*

tard (voir Raymond Aron, Mémoires, 50 ans de réflexion politique, *Presses Pocket, 1990, p. 313 et suiv).*

L'« Entretien sur la politique » n'a pas été repris dans les Situations ; *c'est le premier des deux entretiens publiés par la suite en
un volume intitulé* Entretiens sur la politique *(Gallimard, 1949).
La version de l'extrait proposé ici est celle de l'ouvrage ; elle ne diffère de la version des* TM *que par quelques retouches de style.*

A. E.-S.

Si nous sommes romantiques en ce que nous sommes
révolutionnaires, il est évident qu'Aron — qui n'est certes
pas révolutionnaire — doit se placer du côté du classicisme,
ou plutôt du côté du réalisme. Donc, pour Aron, l'interprétation de la situation présente serait romantique si l'on
juge qu'elle doit aboutir à une révolution, réaliste et analytique si l'on admet qu'elle n'y aboutit pas.

Quel est donc le point de vue d'Aron ? C'est à peu près le
suivant : le seul problème pour lui, le seul problème social,
est le problème de la répartition des biens, lorsque ces
biens sont insuffisants. La société est telle qu'il y a insuffisance de biens de consommation à distribuer. En conséquence, pour lui, le problème est d'unir procédés autoritaires
et procédés de propagande — ou mystifications — pour
empêcher les moins favorisés de provoquer des troubles qui,
par eux-mêmes, ne pourraient aboutir qu'au chaos. Autrement dit, le réalisme, ici, consiste à tenir, à tenir de manière
que la société telle qu'elle est ne soit pas brisée, puisque
l'instauration d'un autre type de société, n'entraînant pas
de soi l'abondance, ne pourrait amener qu'un autre type
d'autorité. Autrement dit encore, pour lui, toutes les sociétés sont semblables aujourd'hui, puisque toutes doivent
être autoritaires, ayant à répartir des biens insuffisants[1].

Or ceci l'amène, sur le plan économique, à admettre
que, lorsque le R.P.F. sera au pouvoir — puisqu'il pense
qu'il sera au pouvoir — sa politique devra consister à blo-
quer les salaires tout en laissant les prix libres de varier

car, dit-il, si le pouvoir d'achat demeure constant à un certain niveau, ce sont les prix qui s'aligneront sur ce pouvoir d'achat. Si on lui demande : « Au bout de combien de temps ? » — il répond : « Au bout d'un an et demi, deux ans environ. » N'est-ce point de l'utopie de croire qu'un parti, dès qu'il a pris le pouvoir, manifeste son hostilité à l'égard de la classe ouvrière en emprisonnant les chefs du parti communiste que celle-ci considère comme ses représentants et, au lieu de compenser ces mesures par une démagogie économique, réalise, comme première mesure économique, un blocage des salaires qui, en attendant l'alignement des prix sur les salaires, aura pour résultat d'abaisser les conditions de vie de la classe ouvrière ? Comment peut-on imaginer que le tiers de la nation française acceptera sans protester ? Si l'on pose cette question à Aron, il répond : « Bah ! la classe ouvrière est très fatiguée ! » J'estime que l'utopie et, si l'on veut, le romantisme à rebours, sont du côté d'Aron...

... Son réalisme le conduit, ainsi d'ailleurs que beaucoup de membres de l'État-Major R.P.F., à se ranger du côté d'une des deux grandes puissances mondiales qui risquent de faire la guerre. Il serait « romantique » de croire que la paix est encore possible. Du coup, en déclarant la guerre fatale, on contribue à la hâter, ce que démontre assez le R.P.F. quand il fait des appels du pied à l'Amérique pour qu'elle organise une armée internationale dans laquelle la France aura son rang, qu'elle équipe des bases ou qu'elle aide à reconstituer l'armée française. Ce théoricien qui prétend que le malheur de la société vient de l'insuffisance des biens de consommation, considère que la politique à suivre est de préparer la guerre, ce qui, en tout état de cause, aura pour résultat de réduire encore ces biens de consommation et par conséquent, d'après son propre principe, de précipiter l'État dans un régime autoritaire.

Cependant, tout en préparant cette apocalypse, il déclare que les gens qui veulent organiser une démocratie socia-

liste et pacifique sont des utopistes. Quel est donc, au
fond, en ce théoricien triste, qui n'envisage d'autre solution que la dictature et la guerre, quel est donc l'espoir qui
le tourne vers la politique ? « C'est que nous maintenions
les choses, pense-t-il, nous et nos descendants, assez longtemps pour que le progrès de la science amène l'abondance sur la terre. »

Je demande, encore une fois, qui est romantique et uto-
piste, de l'homme qui compte sur un développement de la
science dans plusieurs siècles et qui, en attendant, accepte
de vivre sous un régime rigoureusement autoritaire — en
reconnaissant que c'est un régime qui ne peut s'imposer et
se maintenir que par la force — ou de ceux qui, sans chercher à savoir comment leurs petits-neveux régleront le problème de l'alimentation, veulent essayer de se débrouiller
par eux-mêmes...

[Raymond Aron] ne connaît pas les U.S.A. et je l'ai beaucoup déçu en lui disant que le développement social et culturel, l'émancipation des ouvriers en Amérique, n'étaient
certainement pas en proportion directe de l'évolution industrielle mais presque en proportion inverse. J'ai vu, à ce
moment-là, que je détruisais un de ses mythes et il m'a dit,
en effet : « Pour moi, l'émancipation et la culture d'une
société sont en raison directe de sa capacité industrielle »,
ce qui me paraît un mythe tout à fait romantique [2].

18 juin 1948

[INDOCHINE 1949]

Comme « C'est pour tous que sonne le glas » (pp. 363-368), cet article a été écrit « à chaud », suscité par un événement que Sartre venait d'apprendre : l'officialisation de la « Déclaration commune » franco-vietnamienne du 5 juin 1948. L'accord final était signé à l'Élysée le 8 mars 1949 par Vincent Auriol, président de la République et de l'Union française, et l'ex-empereur Bao Daï, chef nationaliste, rival affaibli du communiste Ho Chi Minh. Il confirmait la reconnaissance du Vietnam comme « État indépendant associé à la France dans l'Union française ».

Il ne semble pas que l'article ait été publié du vivant de Sartre ; le texte présenté ici est celui du manuscrit, qui était accompagné d'une copie dactylographiée, à l'en-tête de Révolution, *périodique dont nous n'avons pas trouvé trace pour cette époque, sans doute disparu avant que le projet de publication ne soit concrétisé : c'est ce que laisse supposer le fait que de nombreuses erreurs de lecture du copiste n'ont pas été corrigées par l'auteur.*

Les personnalités et événements politiques évoqués dans le texte indiquent qu'il a été composé le 9 ou le 10 mars 1949.

A. E.-S.

Sans fanfare, sans excessive fierté, le président Auriol vient de signer un accord avec l'ex-empereur Bao Daï. Le moment est bien choisi : Vychinsky ayant remplacé Molotov[1], le monde entier est parti chez les voyantes. À force de nous terroriser avec la Troisième « Mondiale », on a fini par nous faire croire que nous vivions dans la paix et l'on nous

laisse rêver à la guerre future, pendant que le gouvernement poursuit au loin une guerre coloniale, cette guerre
qui n'ose pas dire son nom.

Pourtant la manœuvre n'a pas tout à fait réussi puisque
deux députés, MM. Frédéric-Dupont et Paul Rivet interpel-
leront aujourd'hui ou demain le ministère sur ce qu'on
nomme pieusement « l'affaire » d'Indochine[2]. On dit que
M. Queuille n'en est pas enchanté[3]. C'est ce qui permet d'imaginer ce que les interpellateurs vont lui dire. M. Dupont (P.R.
L.) demandera sans doute pourquoi le gouvernement n'a pas
anéanti les rebelles et fait pleuvoir du ciel ces parachutistes
que M. Paul Claudel appelait récemment des « anges ». Je ne
sais ce que M. Queuille lui répondra. Rien, sans doute, c'est
l'habitude. Mais je sais la réponse qu'il devrait faire, qu'il
ferait vraisemblablement si le souci de conserver sa majorité
ne lui cousait la bouche : « Le gouvernement français a
signé cet accord parce qu'il convenait de mettre un terme à
une guerre coûteuse, malpropre et inefficace. »

Cette guerre est coûteuse : déjà 20 000 morts, selon les
estimations les plus modérées ; chaque mois environ mille
hommes, mille jeunes Français parmi les plus courageux
et les plus sains, qui meurent dans la colère et la haine,
sans savoir pourquoi, héros et victimes à la fois, héros
pour rien. La France est-elle si peuplée qu'on doive lui faire
cette saignée ? Est-elle si riche qu'on doive consacrer à
l'expédition d'Indochine le dixième de son budget ? Avons-
nous tant d'hôpitaux et tant d'écoles que nous puissions
nous offrir ce luxe : payer 95 milliards par an pour qu'on
nous tue mille hommes par mois ? À combien revient le
mort ?

Cette guerre est malpropre. Ce serait un bonheur pour
nous si l'on pouvait la faire passer pour une simple expédition punitive contre une peuplade turbulente et arriérée.
Malheureusement, il y a les faits. La Constitution vietnamienne reconnaît l'égalité de tous les citoyens, garantit les
libertés démocratiques et la propriété privée, établit le suf-

frage universel. Le gouvernement d'Ho Chi Minh a entrepris la lutte contre l'analphabétisme ; partout il a intensifié le travail. Un communiqué de l'État-Major français qui date du mois d'avril reconnaît « les gros efforts réalisés en zone viet-minh au point de vue agricole ». L'an dernier, en pleine guerre, des ingénieurs vietnamiens ont édifié dans la province de Ngê-An un barrage qui doit alimenter une usine de 1000 CV. Naturellement, on aura beau jeu de railler ces réalisations, de prétendre qu'elles existent surtout sur le papier. Mais viendrait-il seulement à l'idée, s'il s'agissait, comme on veut nous le faire croire, d'une révolte de Zoulous ou de Cafres, de mentionner leur politique culturelle ou économique ? La vérité, c'est que nous luttons contre un pays qui s'éveille et qui se réclame de la Révolution française bien plus que de la Révolution russe ; c'est que nous combattons contre nous-mêmes et que la démocratie française a sacrifié trente mille de ses fils pour arracher de l'Indochine sa propre idéologie démocratique.

Cette guerre est impopulaire. Les Français n'aiment pas en parler entre eux, elle leur donne mauvaise conscience. Il n'y a pas si longtemps, en 1944, je crois, les murs de Paris se couvrirent d'affiches reproduisant les photographies de quelques résistants pris les armes à la main. Entre les photos, un texte : on traitait ces hommes de terroristes, d'assassins, de provocateurs vendus à une puissance étrangère. Mais toute la boue dont on les couvrait n'avait pu empêcher ces têtes d'être belles. Ainsi avait-on fourni sans le vouloir des images à notre culte. Ces mots d'assassins, de meurtriers, de traîtres qu'on appliquait alors aux meilleurs d'entre nous et qui provoquaient à la fois notre amertume et notre orgueil, ils ont un drôle de goût dans notre bouche quand nous les retournons contre les Vietnamiens. C'est pourquoi nous parlons de « l'affaire » le moins possible.

Mais l'étranger en parle pour nous. C'est si tentant et si commode : chacune des « grandes démocraties » a une

Palestine ou une Grèce[4] à se faire oublier ; de la Grèce, de la Palestine, nous, Français, nous discourons volontiers. Les Anglais aiment mieux parler de l'Indochine[5]. Ils s'indignent. Les Américains aussi. On peut lire, par exemple, dans le *New York Times* du 7 juillet :

« L'insistance avec laquelle la France cherche à rétablir en Indochine le vieux règne colonial avec l'aide d'une armée de plus de 100 000 hommes n'est pas conforme aux principes de l'O.N.U. » Et Walter Lippmann, qui exprime, en général, l'avis du State Department, écrivait le 11 janvier dans le *New York Herald* : « Nos amis d'Europe occidentale devraient essayer de comprendre... quel désastre ce serait pour eux et pour la cause de la civilisation occidentale, si l'on pouvait dire un jour que l'Union occidentale pour la liberté en Europe était en Asie un syndicat pour la protection d'empires décadents. » Tout cela, nous le recevons en courbant la tête. Bien sûr nous pourrions leur renvoyer la balle. Et puis après ? Ils ont tort quand ils nous ressemblent, ils ont raison quand ils nous jugent. Nous sommes seuls.

Cette guerre où nous perdons nos hommes, notre argent et notre honneur, est enfin *totalement inefficace*. Après deux ans d'efforts, les Français tiennent les grandes villes, les grandes routes et les principaux ports. Mais tout l'arrière-pays, les rizières, les régions montagneuses, certains secteurs côtiers ou frontaliers restent aux mains des résistants. À 30 kilomètres de Saïgon la sécurité n'est pas assurée ; dans les villes, les habitants gardent les volets clos, par peur des grenades. Pendant ce temps, les armées chinoises de Mao Tsé Toung se rapprochent de la frontière. — Bah ! nous disait-on il y a deux ans, l'Indochinois est insouciant, la politique l'ennuie, il nous reviendra vite. — Il y a deux ans, peut-être. Mais cette guerre a fait croître la haine. Peu à peu opportunistes et attentistes passent du côté du Viet-Minh. C'est pour Ho Chi Minh que le temps travaille.

Si nos ministres répliquaient à M. Frédéric-Dupont par un exposé sincère de cette situation, peut-être parviendraient-ils à le convaincre et toute l'assemblée avec lui. Mais ce serait pour tomber de Charybde en Scylla, car ces aveux leur ôteraient tout moyen de répondre à l'interpellation de M. Paul Rivet. Qui pourrait en effet empêcher celui-ci de poser cette question d'un bon sens presque naïf : « Si, comme vous nous en avez convaincus, il est grand temps de mettre fin à la guerre qu'Ho Chi Minh mène contre nous, pourquoi est-ce avec Bao Daï que vous faites la paix ? » J'entends bien que Bao Daï est un homme aimable, un excellent joueur de golf, un client de la France et je comprends qu'il vous soit plus agréable de traiter avec lui que d'engager des conversations avec un ennemi. Malheureusement, quand on veut faire la paix, c'est, jusqu'à nouvel ordre, avec l'ennemi qu'il faut la faire, c'est l'ennemi qu'il faut tenter de changer en ami. Au reste Bao Daï aime-t-il tellement la France ?

L'on reproche à Ho Chi Minh ses sympathies pour les Soviets — mais nous ne sommes pas, que je sache, en guerre avec l'U.R.S.S. En 1944, pendant que les Allemands nous occupaient, les sympathies de Bao Daï pour leur allié le Japon étaient très vives. Plus tard, en 1946, les hommes qui l'entouraient dans son exil à Hong-Kong ne passaient pas pour francophiles. L'un d'eux, d'après le rapport de M. Caput[6], déclarait qu'il préférait sans doute traiter avec la France mais sous la réserve qu'elle accorderait plus que ce qu'il pourrait gagner en s'adressant à d'autres puissances. Pourquoi Bao Daï nous aimerait-il, d'ailleurs ? Il se méfie de la France parce que c'est une puissance coloniale, il la méprise un peu parce que c'est un État démocratique. Il a toujours été et il restera le représentant d'une certaine bourgeoisie réactionnaire et des mandarins. Nous savons, bien sûr, qu'il déteste les communistes et le Viet-Minh. Est-ce suffisant ? Est-ce que cela promet la politique de conciliation qui serait nécessaire ?

Un argument qu'emploient volontiers nos colonialistes : quitter une colonie, disent-ils, c'est livrer l'indigène à l'oppression des féodalités locales. Fort bien. Cela vient, d'ailleurs, de ce que l'administration française a choisi de s'appuyer sur ces féodalités. Mais voici aujourd'hui que nous donnons l'autonomie à un pays colonisé. Et nos colonialistes, si soucieux de la liberté des indigènes, vont les livrer en partant au parti conservateur et féodal. Est-il si nécessaire, si urgent d'écraser la liberté, où qu'elle naisse ? Et pour combien de temps pensez-vous l'écraser ? Nous avons eu, nous aussi, nos rois-collaborateurs, ramenés « dans le fourgon de l'étranger ». Ils ont tenu quinze ans. Il est vrai que quinze ans, pour vous, M. Queuille, c'est un siècle : les élections cantonales sont dans un mois[7]. Mais il y a pis : Bao Daï n'a jamais témoigné beaucoup d'empressement pour accepter le cadeau que vous teniez à lui faire. C'est qu'il sait fort bien ce que nous faisons semblant d'ignorer : il sait que personne ne le suit et que 80 % de la population vietnamienne est derrière Ho Chi Minh, non pas seulement les communistes mais aussi les chrétiens, les bouddhistes, les socialistes et les démocrates ; il sait qu'il n'aura la chance de regrouper quelques partisans que s'il apporte à son pays au moins autant que demandait Ho Chi Minh. S'il était prouvé que nous traitons avec lui dans l'espoir de lui donner moins, il serait considéré par ses compatriotes comme un traître ; la radio du Viet-Minh ne le lui a pas laissé ignorer. Un étrange article de *France-Soir* (paru mardi dernier) peut nous éclairer sur ce point : un envoyé de ce journal ayant demandé à Ho Chi Minh ce qu'il pensait de l'accord Bao Daï-Auriol, Ho Chi Minh a répondu qu'il persistait à réclamer l'indépendance réelle et entière du Vietnam. *France-Soir* ayant communiqué cette réponse à Bao Daï, l'ex-empereur déclara qu'il était sur ce point entièrement d'accord avec Ho Chi Minh.

Ainsi donnons-nous à Bao Daï ce que nous refusons à Ho Chi Minh. Mais le donnons-nous vraiment ? Pour qu'une détente se manifeste, il faudrait que, dès le retour de Bao Daï, la population commence à jouir des bienfaits de l'indépendance. Mais comment échapper à ce cercle vicieux ? L'ex-empereur ne sera pas accepté par le Viet-Minh qui a pris position sur ce sujet hier matin ; il faudra donc l'imposer. Pour cela nous devrons maintenir et peut-être renforcer nos troupes en Indochine. Et tant que le conflit durera, les avantages concédés à Bao Daï demeureront lettre morte : comment pourrions-nous espérer, dès lors, qu'il rallie des partisans ? On verra donc une armée française se battre pour contraindre les Vietnamiens à accepter les conditions de paix qu'ils demandaient eux-mêmes et que nous leur refusions.

Ce qui est plus grave encore, c'est que les tractations avec Bao Daï ont provoqué un raidissement du Viet-Minh. Jusqu'ici il réclamait l'indépendance au sein de l'Union française. Puisque c'est à Bao Daï qu'on l'accorde, Ho Chi Minh doit nécessairement demander davantage. Radio Viet-Minh traitait hier matin toute indépendance au sein de l'Union de « fausse et mensongère autonomie ». Nous voilà lancés, par notre faute, dans la course infernale des surenchères. Qui nous prouve que Bao Daï, pour se maintenir, ne sera pas obligé de faire siennes à son tour les revendications d'Ho Chi Minh ?

Si ces questions lui sont posées devant l'Assemblée, qu'est-ce donc que M. Queuille pourra répondre ? Comment pourra-t-il expliquer une politique condamnée par une partie de sa majorité, par les masses ouvrières, par les démocraties étrangères — et qui ne rencontre même pas l'approbation unanime des conservateurs ? Dira-t-il qu'il lutte en Indochine contre le communisme ? Qu'il veut conserver certaines positions en vue d'une guerre future ? Ce serait proclamer la marshallisation de notre politique extérieure ; mais, en même temps, ce serait faire preuve d'un zèle bien maladroit : on a vu que nos nouveaux seigneurs ne nous en demandaient pas tant. Ils nous blâment, ils nous condamnent, ils vont même jusqu'à nous accuser de maintenir à Saïgon « d'anciens nazis sous l'uniforme français » (*New York Times*, 7 juillet 48).

D'ailleurs il est temps de considérer ce problème avec lucidité. On a dit et répété que les communistes vietnamiens sont une minorité, que la majorité des membres du Viet-Minh sont socialistes, bouddhistes et chrétiens, que la Constitution est d'inspiration libérale (puisqu'on y reconnaît le droit de propriété), que les membres du gouvernement sont de tous les partis et de toutes les confessions. À cela on a répondu que l'argument n'était pas convaincant, que les communistes ont le pouvoir en Tchécoslovaquie où cependant ils sont loin d'être la majorité. Peut-être y a-t-il du vrai dans l'une et l'autre thèse. Mais la question n'est pas là. Il faut le dire brutalement, l'armée communiste chinoise est aux portes de l'Indochine. Déjà des observateurs étrangers prétendent qu'Ho Chì Minh est entré en contact avec elle. Ho Chi Minh le niait hier encore. Mais ce qui est faux aujourd'hui peut être vrai demain. L'alternative est la suivante : ou bien l'on traite avec Hi Chi Minh en obtenant, en échange de la réunion des trois Ky sous son autorité[8], des garanties substantielles de nos intérêts culturels et économiques, alors nous demeurons *présents* en Indochine et nous pouvons espérer changer la haine en amitié ; ou bien nous risquons de voir Ho Chi Minh appeler Mao Tsé Toung à son secours ; alors sommes-nous prêts à envoyer des *millions* d'hommes en Indochine pour tenter de reconquérir ce qu'une mauvaise politique nous a fait perdre ?

Mais peut-être M. Queuille préférera-t-il avouer qu'il a eu peur du R.P.F. À quoi on lui répondra sans doute à l'Assemblée que la peur est mauvaise conseillère. Un gouvernement n'est pas fait pour ausculter l'opinion des partis mais pour proposer une politique en expliquant les raisons qui la lui ont fait choisir. Et s'il avait mieux considéré, notre ministre se serait rendu compte que l'opinion du

R.P.F. elle-même n'est pas monolithique. Depuis quelques mois elle a même, sur cette question, considérablement évolué. Il y a un an environ, le général de Gaulle manifestait son hostilité à la réunion des trois Ky. Sans doute est-il mieux informé aujourd'hui puisque, à Lille, une motion rédigée par le général Catroux[9] accepte cette éventualité. On sait d'ailleurs que M. de Lachevrotière, leader R.P.F. d'Indochine, a écrit noir sur blanc dans un journal de Saïgon qu'il fallait traiter avec Ho Chi Minh qui, lui au moins, savait ce qu'il voulait. Enfin M. Pleven[10], dans un article tout récent, ne semblait pas opposé à une reprise des négociations avec le Viet-Minh. Il est vrai que le Rassemblement réclame, en même temps, l'envoi de nouveaux contingents sur le théâtre des opérations : il n'en reste pas moins évident que les gaullistes ont mesuré la gravité de la situation et qu'ils hésitent. C'était donc le moment, pour un gouvernement actif et entreprenant, de faire le grand jour sur cette triste affaire et d'entraîner avec lui l'adhésion de tous. C'est en voulant demeurer jusqu'au bout dans le clair-obscur qu'on a laissé se former les avis les plus divers et se renforcer les oppositions. Si le gouvernement tombe dans les jours qui viennent, sous les feux croisés de ses adversaires, il pourra se dire qu'il ne l'a pas volé.

Quelle est donc, pour finir, l'unique raison de ces cent revirements, de ces demi-aveux, de cette politique hésitante et maladroite ? C'est, d'un mot, la faiblesse. Faiblesse intérieure d'un gouvernement qui n'a d'autre arme que le silence, qui croit se débarrasser des problèmes en les escamotant ou en leur donnant des solutions symboliques. Faiblesse d'une majorité tirée à quatre chevaux et qui craint à tout instant d'être écartelée. Faiblesse d'une France encore épuisée par la guerre et qui n'a pas le courage de considérer en face sa véritable situation. Les forts, dans l'Histoire, ont toujours pu se permettre de changer brusquement leur politique ; on a vu des renversements d'alliance qui ont gagné des guerres ou sauvé la paix. Les faibles ont peur d'être taxés de faiblesse : ils jouent aux forts. Mais comme ils sont faibles, ils lâchent chaque jour quelque chose, ils font des concessions chaque jour. À regret et, chaque fois, en croyant compenser leurs abandons par la violence de leurs discours. Le résultat n'a jamais varié : en cédant, ils montrent leur faiblesse, en menaçant ils perdent le bénéfice de leur concession. La seule attitude qu'une France vraiment forte pouvait prendre, c'eût été — c'est peut-être encore — de se tourner vers Ho Chi Minh et de lui dire : Le gouvernement français ne veut pas continuer une guerre contre la démocratie et contre une résistance nationale ; il est temps de reprendre les négociations.

Mais je crains de m'abuser sur la discussion qui aura lieu demain à l'Assemblée. Et quand je prévoyais tout à l'heure la chute du gouvernement, c'était en rêve. M. Queuille connaît trop les traditions parlementaires. Il fera une même réponse à ses deux interpellateurs ; il leur dira : « La majorité n'est pas solide, remettons ce débat à plus tard. » S'il y a une loi sacrée du parlementarisme, c'est qu'on ne renverse pas les ministères à la veille des élections.

Mars 1949

DÉFENSE
DE LA CULTURE FRANÇAISE
PAR LA CULTURE EUROPÉENNE

La construction de l'Union européenne n'en était encore qu'à ses débuts lorsque Sartre, le 23 avril 1949, a donné cette conférence au Centre d'études de politique étrangère. Le 17 mars 1948 à Bruxelles un traité de coopération économique et d'assistance mutuelle en cas de guerre avait été signé par la France, la Grande-Bretagne et le Benelux (Belgique, Pays-Bas, Luxembourg). Suscité par « les Cinq », un Conseil de l'Europe était créé en janvier 1949, composé de deux organes : Comité des ministres et Assemblée consultative dont la composition n'était pas encore déterminée, mais il était prévu que le Conseil pourrait être ouvert à tous les pays européens bénéficiaires de l'aide américaine orchestrée par le plan Marshall. Réaliser une union plus étroite entre les membres afin de sauvegarder et de promouvoir les idéaux et les principes qui sont leur patrimoine commun et favoriser leur progrès économique et social, tel serait le but du Conseil, énoncé le 5 mai dans son statut par ces pionniers de l'Europe ; il n'existera officiellement que le 3 août 1949.

La conférence a été publiée dans la revue Politique Étrangère, *4ᵉ année, n° 3 ; elle n'a pas été reprise dans la première édition des* Situations.

A. E.-S.

La culture française, nous dit-on de tous côtés, est aujourd'hui menacée. On constate, un peu partout à l'étranger, une moindre influence de cette culture française et, au contraire, on se plaint, chaque jour, de l'importation d'idéologies étrangères en France qui, dit-on, risquent de faire craquer le cadre culturel traditionnel.

Notre culture est-elle menacée ? Peut-on la sauver, et comment ? Et tout d'abord, qu'est-ce, en général, que la culture ? Il n'est pas question, pour moi, de la définir et je voudrais seulement présenter quelques observations utiles à notre propos.

Si nous considérons une communauté à une époque quelconque (par exemple le milieu du XVIIIᵉ siècle ou les années d'aujourd'hui), nous remarquons que, trop souvent, des époques de ce genre sont regardées comme un présent et, à la rigueur, comme un passé. On ne voit pas qu'elles sont aussi un avenir et un avenir à deux faces très différentes.

Actuellement, nous pouvons dire qu'il y a un avenir de notre présent constitué par un certain nombre de possibilités, de problèmes en cours, de recherches qui sont faites sur notre sol ou dans notre communauté par des groupes et des individus. Tel problème scientifique est en voie de solution. Telles réformes ou telles séries de réformes sont entreprises, tel roman-fleuve, comme celui des *Thibault*[1], est en voie d'achèvement, etc. En d'autres termes, nous avons là une sorte d'avenir qui fait partie de notre présent, qui revient sur lui pour lui donner un sens. En même temps, cette communauté se trouve engagée dans un avenir plus large qui peut être européen ou mondial et dans lequel, très souvent, l'avenir vient à elle sans qu'elle veuille ou qu'elle puisse facilement l'éviter. Dans ce cas-là, c'est l'action de l'avenir des autres sur elle-même qui s'exerce, car, en même temps que se poursuivent ces inventions, ces ouvrages ou cette peinture, existe, par exemple, la menace d'une guerre dans laquelle notre communauté risque d'être entraînée.

De sorte que nous sommes en face d'un double avenir : un avenir-destin qui est celui dans lequel nous sommes engagés avec plus ou moins de possibilités de l'éviter et un avenir libre qui est proprement le produit de cette communauté, son sens actuel et l'explication de son présent.

Ceci dit, qu'est-ce que la culture d'une communauté par rapport à ces deux avenirs ? Nous constatons que, depuis Hegel, on a appelé, à juste titre, la culture d'un groupe social donné l'*esprit objectif* de ce groupe ou de cette communauté, constitué par l'ensemble des idées, valeurs, sentiments sans doute voulus, sentis, aimés, créés par d'autres, mais qui, précisément à cause de cela, pour la génération qui apparaît à ce moment-là, sont objets : livres, tableaux, doctrines, paysages urbains, modes de la sensibilité. Mais ces objets ont une signification. D'une part, en effet, ils reflètent une situation, c'est-à-dire qu'on peut lire dans un essai un mode d'explication ordinaire de l'ouvrage, la situation à partir de laquelle il a été conçu. On peut interpréter Nietzsche ou Racine à partir d'un contexte social, économique, etc. Et, d'autre part, chacun de ces objets représente un dépassement de cette situation par son auteur, c'est-à-dire qu'il y a, même lorsque cette explication a été tentée, un résidu, si l'on peut dire, qui est l'essentiel de l'ouvrage en question et la manière dont l'auteur, au lieu d'être le pur produit de cette situation, a cherché à la dépasser, à la comprendre et à y trouver une solution.

Ainsi, ces ouvrages sont monuments du passé et, en ce sens, nous sont hermétiquement fermés, car il a existé une situation, vécue par Nietzsche, Descartes ou Racine, que nous ne vivrons jamais. Et, en même temps, ces ouvrages ont été un avenir de l'époque révolue puisqu'ils représentaient un effort pour donner une solution à un conflit particulier, un effort, par exemple, pour trouver une place à une Allemagne nouvelle dans l'Europe — comme pour Nietzsche — ou pour donner un sens à certaines prescriptions esthétiques du passé. Bref, à ce moment-là, leur autre face est l'avenir. De sorte que, quand nous lisons Nietzsche, quand nous assistons à la représentation d'une tragédie de Racine, ces objets, qui étaient primitivement devant nous comme un produit rejeté du passé et imperméable, se trouvent brusquement ouverts, se referment sur nous et nous suggèrent un avenir. Cet avenir, d'ailleurs, n'est pas exactement notre avenir, mais celui de l'homme ou du groupe qui a produit cette œuvre à une époque déterminée ; et, dans le moment où nous nous prêtons à un ouvrage, cet avenir nous apparaît sous forme d'exigence. Nous sommes circonvenus par l'ouvrage qui a l'exigence soit de l'œuvre d'art, c'est-à-dire d'une liberté qui s'adresse à une autre liberté, soit l'exigence et l'urgence d'une raison qui a essayé de penser une situation et qui nous offre avec passion sa solution au point que, si nous lisons un ouvrage aussi loin de nos préoccupations que la *Lettre sur les Spectacles* de Rousseau (car personne d'entre nous, je crois, n'est hostile, *a priori*, au théâtre), l'urgence et la passion de la démonstration nous apparaissent, pendant un moment, comme une sorte d'exigence de l'avenir qui chercherait à obtenir de nous une condamnation du spectacle.

Ainsi, ces phénomènes ambigus que nous appelons faits culturels ou objets de culture, d'une part, s'expliquent à partir d'une situation géographique, économique, sociale, démographique, technique, politique, etc., mais, d'autre part, ne s'expliquent pas, car ils sont précisément une création libre dans cette situation et, dans cette mesure, constituent des exigences. Tout objet culturel est, à la fois, un fait quand on le regarde du dehors et une exigence quand on se glisse dedans, et c'est précisément parce qu'il est un fait, dans une certaine mesure, et qu'il a besoin d'être un fait pour être une exigence, qu'il y a des facteurs de fait qui influent sur une culture et qui peuvent la maintenir ou la détruire.

On a plus précisément expliqué les différences d'aspects entre cultures européennes par des faits. Par exemple, on montre comment l'importance de la littérature en France vient de ce que l'unité nationale assez tôt réalisée entraîne une unité de mœurs relative. Lorsqu'un écrivain français réfléchit sur la conduite et les mœurs des gens qui l'entourent et de lui-même, il réalise par là des œuvres accessibles à l'ensemble des membres de la communauté à laquelle il appartient. Ainsi, atteignant une unité avec ses contemporains dans la vie elle-même, la littérature française apparaît comme une réflexion à un premier degré sur la vie, c'est-à-dire une réflexion sur la conduite, les mœurs, la morale, l'amour, etc. Au contraire, dans un pays plus divisé, comme l'Allemagne du XVIIIᵉ ou du XIXᵉ siècle, les écrivains communiqueront avec les membres des diverses communautés allemandes par un universel du second degré. Mais cela entraînera le besoin de s'élever à un universel différent, par exemple l'examen des conditions de possibilité d'une conduite[2] ; bref, c'est par une réflexion plus philosophique que se constitueront une unité et un rapport avec l'universel.

Par exemple, il est bien certain qu'on peut voir chez Nietzsche un produit de l'unification allemande, du conflit du militaire et du bourgeois industriel, du problème des rapports de l'Allemagne, comme nouvellement unifiée et jeune puissance économique et militaire, avec les marchés européens, un résultat aussi du scientisme qui, vers la fin du XVIIIᵉ siècle, refuse la philosophie et la métaphysique. Mais Nietzsche est surtout, et avant tout, une solution vécue et cherchée à l'ensemble de ces conflits, de sorte que nous découvrons, chez lui, la préfiguration d'un avenir. Et, même si l'ensemble des problèmes et des faits qui a donné naissance à cette réflexion devient passé, cet avenir lui-même, comme avenir, ne subit pas nécessairement le sort de la situation qu'il a engendrée. Il est des avenirs pour Nietzsche et pour les admirateurs de Nietzsche à la fin du XIXᵉ siècle ; la situation a changé, le problème n'est plus le même, mais l'œuvre de Nietzsche s'adresse toujours à nous en nous proposant un avenir. Et, dans ces conditions, nous pouvons dire que nous naissons dans une communauté avec un avenir déjà esquissé, qui se propose à nous et que nous devons dépasser vers le nôtre propre.

Et c'est cet avenir, fait d'une foule d'exigences, d'une foule de solutions proposées, d'une foule de recherches entreprises, c'est cet avenir que nous appelons la culture.

Naître dans une culture, ce qui nous arrive à tous, c'est naître avec une proposition d'avenir que nous ne pouvons pas rejeter, mais que nous sommes obligés de dépasser et qui devient situation à son tour. Autrement dit, l'ensemble d'une situation, pour nous, se transforme en passé.

Nous dirons qu'une culture est vivante quand la communauté présente l'enveloppe et la dépasse, lorsqu'il y a encore, par delà chaque individu qui naît, un ensemble de possibilités de développement qui correspondent à ce qu'il va chercher. Autrement dit, l'avenir d'une communauté ou d'une époque sur le plan culturel est caractérisé par le dépassement de sa culture ; et tout écrivain, tout philosophe contemporain est obligé de reprendre en soi et de dépasser l'ensemble des solutions philosophiques proposées à des problèmes, ou à des positions de problèmes philosophiques, car il est évident que, sans cela, il ne serait pas philosophe.

L'histoire que Paulhan raconte dans *Les Fleurs de Tarbes*[3] est toujours valable, de ce garçon-boucher génial, qui, vers 1895, découvrit, par les seuls moyens de son activité technique, la circulation du sang. C'était parfait, mais il était trop tard, parce que cette découverte se présentait non pas au bout d'un ensemble de découvertes antérieures, mais comme un phénomène singulier, isolé et non culturel. En ce sens, la culture représente à la fois la limite à dépasser — il faut aller plus loin, adapter la culture à la situation — et ce dépassement même qui prête une vie au passé avec son futur.

Ainsi, ce qui pose l'unité d'une culture, à un moment donné, c'est l'unité de situation d'une communauté dont elle émane ; et, de ce point de vue, nous comprendrons qu'il y a deux sortes de cultures selon les communautés : la culture active et la culture passive. Ce que j'appelle culture active, c'est, évidemment, une culture vivante qui dépasse la situation donnée dans laquelle entre l'ensemble culturel hérité comme esprit objectif et esquisse un avenir et un nouvel esprit objectif, qui sera, à son tour, situation pour les descendants.

Il y aura donc culture active, à la fois, si cet héritage existe, si l'esprit objectif existe déjà et si la situation est telle qu'il puisse être dépassé. Il ne sert de rien d'avoir un microscope si nous n'avons aucune raison d'examiner des objets au microscope. Donc, pour qu'une culture demeure vivante, il faut que l'autonomie et la souveraineté de la communauté soient telles que le penseur, l'artiste ou l'homme religieux puissent dépasser les problèmes vers des solutions.

Si la communauté est asservie ou impuissante, l'artiste ou l'écrivain ne peut pas concevoir de solution, parce que ces solutions ne sont pas entre les mains de la communauté ; et, dans un peuple entièrement réduit à l'esclavage, la culture disparaît parce qu'il n'y a plus de solutions dont l'écrivain, le philosophe, le peintre, le musicien puissent se considérer comme responsables.

En effet, un intellectuel, dans un pays souverain, puisque les communautés actuelles, pour les cadres, sont nationales, se sent, comme l'a dit, dans son journal, Kafka, porteur d'un mandat que personne ne lui a donné[4]. Mais, il a quand même un mandat qui est, au fond, celui de penser les problèmes généraux et les problèmes particuliers qui se posent à son époque : problèmes généraux : vie, mort, amour ; problèmes plus particuliers : guerre, structure sociale avec ses injustices ; problèmes même politiques ou éthiques, singuliers ; et un écrivain, par exemple, dans une communauté libre a ceci de particulier — et là réside la grandeur des plus grands — qu'il se considère comme responsable de tout ; il a à proposer des solutions pour tout. Si vous prenez un Tolstoï ou un Dostoïevsky, vous verrez l'orgueil légitime de ces grands hommes qui est, d'ailleurs, à la source de leur valeur.

Lorsque Tolstoï écrit *Guerre et Paix*, il considère qu'il est responsable, dans la mesure où il peut la dénoncer, de la guerre elle-même, et qu'il a à donner une interprétation et une description de cette guerre valables pour toute une communauté. Mais cela a un sens pour lui dans la mesure où il pense que cette communauté, avertie par des ouvrages de ce genre, aura plus de répulsion pour la guerre et, par conséquent, risquera moins d'entrer dans un conflit. Si, au contraire, nous supposons que cette communauté n'a aucun moyen d'éviter la guerre ou de la faire, le problème qu'elle émet est beaucoup moins urgent et tentera moins l'écrivain ; car, à supposer que sa description soit bonne, il ne pourra pas agir sur la communauté quand la guerre viendra de tel peuple conquérant ou de tel conflit national.

Si, par exemple, il n'y a pas de très grands écrivains féminins — il y en a de grands comme Colette, mais pas de très grands —, si on ne trouve pas, bien que des femmes aient écrit depuis bien des siècles, l'équivalent d'un Cervantès, d'un Tolstoï ou d'un Stendhal chez elles, ce n'est pas parce que les cases de leur cerveau sont autrement faites que celles des hommes mais essentiellement parce que l'univers masculin est un univers dans lequel la femme vit, mais dont elle n'est pas responsable.

Elle ne peut pas prendre parti aujourd'hui sur la guerre, sur la justice, sur l'héroïsme, sur la sagesse parce qu'en fait il s'agit là de valeurs d'hommes, strictement réservées aux hommes, sur lesquelles elle ne peut pas agir. Il lui est réservé un monde bien plus borné : celui des passions, de l'amour, de la psychologie, de la nature. De même qu'on n'imagine pas, aux XVIIIe et XIXe siècles, une femme écrivant *Guerre et Paix*, non pas parce qu'elle en serait incapable, mais parce que l'ensemble des valeurs de la guerre et de la paix lui sont ôtées (elle ne sait, par elle-même, ni l'horreur d'un champ de bataille, ni l'héroïsme militaire, ni le hasard et l'absurdité du prétendu plan militaire ; elle ignore toutes ces choses et n'a pas affaire, là, à un monde dans lequel elle puisse entrer et sur lequel elle puisse agir), de même, il faut bien affirmer qu'il y a culture et production culturelle lorsque l'ensemble des individus qui contribuent à cette culture sont libres et responsables des valeurs de la société dans une communauté elle-même relativement autonome.

Si, en outre, un groupe culturel a une importance telle — par rapport à d'autres groupes — qu'il puisse apparaître aux autres groupes comme un facteur important de leur avenir, la culture de ce groupe a une signification précise. Elle reflète des possibilités d'avenir qui viennent du dehors aux autres groupes, elle reflète comme leur destin. Si on a vu tant de gens tentés, dans de petits pays limitrophes, par la culture nazie et par l'idéologie nazie, c'est parce que l'Allemagne était, à ce moment-là, un impérialisme redoutable qui pouvait, d'un jour à l'autre, les dévaster et les conquérir ; alors l'idéologie elle-même prenait une force, une urgence et une valeur qui n'étaient pas contenues dans les idées elles-mêmes, mais qui étaient contenues dans la puissance capable d'imposer ces idées. Autrement dit, à ces moments-là, les communautés inférieures sur le plan de la force interrogent l'idéologie et la culture du pays le plus fort comme leur destin. On interroge l'idéologie nazie, quand on est Luxembourgeois ou Hollandais, en se disant : peut-être est-ce l'idéologie qui, pour deux cents ans, régnera sur mon pays. Donc, les idées culturelles, tout à fait indépendamment de leur valeur interne, ont un potentiel de diffusion qui dépend de l'importance, économique ou militaire, du pays considéré. Ainsi acquièrent-elles une universalité. Dans un groupe puissant comme la France du XVIIIe siècle, l'écrivain atteint l'universel par le particulier. Et la formule type : *c'est en devenant le plus particulier, le plus national que l'on est le plus universel*, est parfaitement vraie, à condition que le type humain de cette nation ait une puissance de diffusion sur les autres groupes.

Lorsque Voltaire disait, à peu près, que le Français était l'universel au XVIIIᵉ siècle, cela signifiait, avec un certain orgueil, qu'au fond il n'y avait qu'à être Français pour que ce type humain culturel qu'on réalisait fût celui que l'on retrouverait partout dans le monde. On le retrouvait tout simplement parce que l'hégémonie française impliquait, du même coup, une sorte d'imitation et de diffusion des idées.

Si, au contraire, le pays est petit, menacé, sans réelle puissance, la phrase-type devient fausse.

Il n'est pas vrai que c'est en étant le plus portugais ou le plus luxembourgeois qu'on sera le plus universel. Ce n'est pas vrai parce que les autres considèrent le petit pays comme un accident et le type humain réalisé par ce petit pays comme un provincialisme et non pas comme une réalité profonde ; de sorte que, lorsque l'écrivain d'un petit pays recherche la communion avec d'autres groupes sociaux, il se place immédiatement sur le plan de l'universel et du formel. Il recherchera le monde et les valeurs humaines parce qu'il sent très bien qu'il n'a pas une puissance capable d'imposer une culture singulière et particulière qui est celle de son pays.

À supposer que nous empruntions, à ce titre, par suite du jeu de la politique et des luttes sociales, des éléments de la culture et de l'idéologie américaines, nous les empruntons comme indépassables en ce sens qu'ils ont leur origine dans une certaine réaction à une structure économique et sociale des U.S.A. que nous, personnellement, nous ne pouvons pas changer.

Si, par ailleurs, le même groupe qui emprunte des idées à l'étranger a eu, autrefois, une culture vivante, il ne pourra pas la ranimer puisque ce n'est plus elle qu'il dépasse vers un avenir. De sorte qu'il se trouvera avoir deux cultures différentes et opposées : l'une qui sera une sorte de rêverie sur un destin — c'est la culture qui lui vient de l'étranger ; l'autre un passéisme et une rêverie sur le passé — c'est sa propre culture mais demi-morte, remplacée, oubliée. Il en résulte que le rapport des cultures est, dans une certaine mesure, déterminé par un rapport de forces.

On croit bien souvent que les livres, les idées s'exportent comme des produits manufacturés ou des richesses naturelles ; il est évident que certains petits pays exportent des montres ou du blé bien que leur puissance soit inférieure à celle des pays qui les entourent. Il semble qu'il pourrait en être de même pour les idées, mais ce qui est vrai pour les richesses naturelles est faux pour la culture. Dans le domaine culturel, il est certain qu'il y a des échanges sans réciprocité. En effet, l'idée, même faible, banale, *descend* du plus fort au plus faible, sans pourtant qu'au même titre l'idée, même excellente, *monte* du plus faible au plus fort. Je ne dis pas qu'elle ne monte pas, mais elle épuise son énergie à monter et finit par n'avoir plus aucune valeur d'exigence pour la nouvelle communauté, par n'être plus qu'un fait.

Jamais un Américain n'est pris par une idée européenne. C'est pourquoi nous avons tendance à parler d'une sorte de perpétuelle supériorité indulgente des Américains sur ce que nous écrivons ou pensons. Cela ne vient pas de ce qu'ils seraient superbes ou orgueilleux ; mais alors que nos voisins hollandais sont intrigués, écœurés ou passionnés par un ouvrage français parce qu'ils sont dans la même situation que nous, les Américains, eux, reçoivent de nous des idées à demi mortes qui ne les passionnent absolument pas ; et, cela, non seulement parce que le continent a d'autres problèmes, mais surtout parce que les Américains ne voient pas cette idée comme leur avenir. Ils la voient, au contraire, comme un passé par rapport à eux, comme un faux avenir de pays dont ils se considèrent eux-mêmes comme l'avenir.

Je n'ai jamais vu personne aux U.S.A. s'amuser, ou se passionner, ou s'attrister devant la très belle pièce d'Anouilh qui s'appelle *Antigone*[5]. Je me rappelle encore ce critique américain qui avait écrit : « Pourquoi le producteur améri-

cain a-t-il eu l'idée de chercher à nous intéresser avec ces
mœurs primitives d'une petite peuplade de Grèce ? » Et ce
problème est totalement dépourvu d'intérêt si on le prend
ainsi, comme un problème périmé. De la même façon, j'ai
bien souvent entendu dire, à propos de l'ensemble des théories qu'on appelle existentialistes et qui ont des représentants en Angleterre, en Allemagne, en Hollande ou en
France : oui, pauvres Européens, ils ont souffert, et, ma foi,
ils ont eu soit une séquelle de souffrances, soit un rhume.
Cette attitude n'est pas du tout celle d'un Européen qui
refusera de faire siennes les idées existentialistes. Il dira :
c'est idiot, répugnant, ça me fait mal, mais certainement
pas : pauvre France, elle a beaucoup souffert. Cette attitude n'est pas concevable lorsqu'il y a homogénéité de problèmes ou de culture. Et si, cependant, l'écrivain d'un petit
pays est élément constitutif de la culture et s'impose,
comme il est arrivé pour Kierkegaard ou Kafka[6], les pays à
grande culture, à grand potentiel, sollicitent cet écrivain,
l'annexent de quelque façon et le renvoient plus tard au
petit pays sous une forme que celui-ci n'imaginait pas ;
très souvent, on nous vole des éléments que nous retrouvons dix ans plus tard, et qui deviennent sous la pensée
d'un autre, sous l'aspect d'un autre, notre destin.

La conclusion qui s'imposerait à ces quelques remarques
est que, si nous étions libres de choisir les pays avec lesquels
nous pouvons entrer en relations culturelles réciproques,
nous devrions renouer des relations culturelles avec des pays
qui ont un potentiel égal au nôtre, une égale histoire, des
problèmes égaux et, au contraire, nous abstenir de tout
commerce avec des pays d'un potentiel supérieur. Malheureusement, nous ne sommes pas libres de choisir. L'hégémonie politique, économique, démographique, militaire d'un
pays impose des échanges culturels sans réciprocité.

Je voudrais que nous considérions ensemble le rapport
d'aujourd'hui entre les éléments culturels qui nous viennent d'Amérique et la culture française proprement dite.

Nous verrons comment des éléments qui sont naturelle-ment spontanés en Amérique, et qui y ont un sens, peu-vent devenir ruineux pour la culture française. On dira : pourquoi la culture américaine et pourquoi pas la culture russe ? Je répondrai que, si nous avons affaire à deux grandes puissances, qui chacune amènent une idéologie, la culture russe entraîne des problèmes plus compliqués puisque l'idéologie russe nous revient à travers les élé-ments de notre propre pays.

À vrai dire, le problème est profond, puisqu'un écrivain américain noir qui aime beaucoup la France, Richard Wright[7], me disait un jour, avec une sorte de tristesse : « Au fond, ce que j'aime en vous, c'est ce qui risque de vous faire mourir. » En effet, il y a une culture française qui, très évi-demment, se maintient par suite d'un malentendu ; car, si nous trouvons, en France, certaines formes de culture, cer-taines conceptions de la vie et du travail intellectuel que nous ne trouvons pas ailleurs, elles sont liées à un équipe-ment industriel insuffisant, à une société elle-même basée sur l'injustice et à une natalité insuffisante. Il est certain que si nous avons une culture qui, en un certain sens, pose des valeurs humaines, des valeurs individuelles et person-nelles, des valeurs de recherches, d'autonomie et d'indépen-dance qui sont celles qui séduisent des gens comme Wright, cela vient, en grande partie, de ce que nous ne sommes pas un grand pays industrialisé comme l'Amérique, où tout le monde est employé, ou comme l'U.R.S.S., où tout le monde est fonctionnaire. C'est précisément parce que nous n'avons pas atteint ce degré d'industrialisation ou de reconstruction sociale ou de construction sociale que nous présentons encore des valeurs qui, pour nous, sont des futurs mais qui, pour beaucoup d'étrangers, ont le charme du passé.

Il y a eu, en effet, un précieux malentendu, en 1918. Nous avons gagné une guerre qui nous a ruinés démogra-phiquement et qui a contribué à accroître notre glissement par rapport à des puissances neuves ; mais, en même temps, le prestige de cette victoire nous a maintenus long-temps au même niveau pour l'opinion internationale de sorte que les idées, la culture qui étaient produites en France entre 1918 et 1939 avaient encore, pour les autres pays, une valeur d'avenir. La façon dont on accueillait Proust, aux États-Unis, en 1925 ou 1930, supposait toute l'armée française derrière et le mythe du Français meilleur soldat du monde. Sinon, quelques intellectuels seulement auraient été séduits par Proust, mais de la façon dont, par exemple, le *Journal* de Gide trouve aujourd'hui des admirateurs en Amérique, c'est-à-dire comme témoignage d'un délicieux passé.

C'est une espèce de malentendu qui a donné à la France pendant encore trente ans une force et une puissance par rapport aux autres pays. Et ce malentendu, à la Seconde Guerre mondiale, s'est dissipé de sorte que nous sommes en face de ce problème : pour recréer un milieu dans lequel nos idées puissent retrouver un potentiel et valoir encore, non pas comme passé, mais comme avenir pour les autres pays, nous devons nous rééquiper et nous réindustrialiser. Mais pour retrouver cette place, pour nous rééquiper et nous réindustrialiser, nous nous tournons vers l'Amérique et, à partir de ce moment, l'idéologie américaine et la culture américaine viennent nécessairement à nous avec les écrous, les objets manufacturés et les boîtes de jus de fruit. L'avenir devenant, pour nous, l'Amérique, les idées américaines sont, pour nous, l'avenir. Elles sont donc cette fausse culture en France, même si elles sont vraie culture là-bas.

Ce qui caractérise la culture européenne, d'une manière générale, je dirai que c'est une lutte séculaire contre le Mal. Je pense qu'un intellectuel, un écrivain, un philosophe français ne fait au fond, qu'exprimer un sentiment commun à tous les membres de la communauté française : notre société est mal faite. Rien ne peut justifier, rien ne peut sauver, expliquer la mort d'un jeune homme à vingt ans, dans des circonstances particulièrement affreuses, alors que son destin n'est pas accompli ; rien ne peut justifier certains désespoirs, certaines injustices ; même si elles sont réparées, il restera que des milliers d'hommes en ont souffert. Le Mal est inexpiable dans le monde et la culture européenne, certainement, est une réflexion sur le problème du Mal, sur la pensée : que peut faire, que peut être un homme, que peut-il réussir s'il est admis que le Mal est dans le monde?

Or, en général, le Mal n'est pas un concept américain. Il n'y a pas de pessimisme en Amérique touchant la nature humaine et l'organisation sociale. Si je compare le rationalisme français au rationalisme américain, je dirai que le rationalisme américain est blanc, au sens de magie blanche, et que le rationalisme français est un rationalisme noir. Que nous considérions la raison chez Descartes, raison à la fois toute-puissante et, en un sens, complètement absurde puisqu'elle ne fait que refléter les vérités qu'il plaît à Dieu de créer, que nous considérions la raison chez Pascal, savant et rationaliste, mais qui, précisément, ne croit à la raison que pour en marquer les limites, que nous la considérions de nos jours, chez un Valéry, par exemple, où elle est vraiment une sorte de lumière à laquelle l'homme se cramponne dans un monde absurde, nous constatons que ce qu'on a appelé le rationalisme français est toujours, en fait, un pessimisme. Aussi la raison française est-elle une construction sur une situation irrationnelle, avec le sentiment profond, même chez les plus rationalistes, chez un Voltaire, par exemple, qu'au fond l'universel échappe, dans une certaine mesure, à la raison. La raison est cette lutte contre un universel qui partout nous échappe et qu'on essaie de rattraper ; elle est une sorte de confiance limitée dans la liberté humaine vue dans une situation à peu près désespérée.

Mais, au contraire, la raison américaine est d'abord technique, pratique et scientifique. Elle est définie immédiatement par son efficacité ; elle semble prouver ou que l'univers est rationnel ou, en tout cas, comme le déclarent les pragmatistes ou les instrumentalistes, que nous pouvons rationaliser cet univers ; et, par conséquent, ce rationalisme-là est un optimisme[8]. Cet optimisme a une signification profonde sur laquelle je ne veux pas insister. On connaît l'histoire américaine. On voit comment il y a place pour un optimisme en Amérique. Mais il est certain que, revenant sur nous et déferlant avec des ouvrages américains plus ou moins vulgarisés, avec une certaine conception idéologique américaine qui devient notre avenir, cela nous conduit tout droit au scientisme comme, d'ailleurs, ainsi que le montre la revue *La Pensée*[9], le type de rationalisme constructif russe conduit également à un scientisme optimiste et destructeur de la culture. Alors les problèmes disparaissent. Que nous prenions le scientisme venant des Américains ou d'une pensée marxiste vulgarisée, dans les deux cas, nous verrons que la vérité est la donnée, le fait, qu'il n'y a qu'à suivre la science comme une locomotive suit des rails et que, par conséquent, il n'y a rien à chercher, il n'y a pas de risque, il n'y a pas de doute, il n'y a pas de Mal[10].

Or un écrivain français, quel qu'il soit, a toujours eu l'impression, depuis des siècles, que le Mal existait. Ce Mal, toujours dénoncé, a pu être la guerre de religions, le type de la culture jésuite d'après Pascal, au temps de l'Encyclopédie un certain conservatisme. Toujours les écrivains ont mené une lutte contre les pouvoirs, contre les idéologies établies, pour la justice sociale ; non pas parce que les écrivains français sont plus généreux ou plus intelligents ou plus justes que les autres, mais parce que la situation culturelle était telle qu'il était à peu près impossible de prendre un autre parti, parce que le destin, par exemple, de la liberté de pensée était lié au destin de certaines classes, comme on le voit au XVIIIe siècle, où bourgeois et écrivains font cause commune.

Donc, il y a une tendance, qui est la tendance vivante et vraie en France, je ne dirai pas, puisque le mot a été si décrié, à s'engager, mais, en tout cas, à considérer l'ensemble de la communauté sous tous ses aspects comme l'objet et le sujet de la littérature.

Alors que l'intellectuel et l'écrivain sont divisés en Amérique, un écrivain en France est aussi un intellectuel ; en Amérique, souvent, l'écrivain est un homme brutal, sans technique, qui vient du prolétariat, qui dit ce qu'il a à dire et qui disparaît après l'avoir dit, qui ne constitue pas un phénomène culturel réflexif, mais plutôt une sorte d'explosion lyrique. C'est le cas de Faulkner, de Caldwell, etc. L'intellectuel américain est, au contraire, plutôt du type universitaire ; il ne produit rien, il n'aime pas les écrivains de son pays, dont il blâme la puissance brutale. Il se tourne vers l'Europe — tout en la méprisant — parce qu'il regrette un certain type de civilisation européenne. Il cherche l'esthétisme, marque type de supériorité intellectuelle, en grande partie parce qu'on lui refuse de jouer un rôle dans la civilisation américaine.

En France, cette différence n'existe pas. Le hasard et notre chance ont fait qu'en France l'écrivain et même l'artiste ont une influence sociale et politique ; ils l'ont toujours eue et, si nous arrivons à préserver la culture en France, ils l'auront toujours. En Amérique, si on n'est pas un technicien, on ne dit pas des choses qui ont, sur le plan politique ou social, une valeur précise. On peut bouleverser avec un ouvrage d'économie politique, avec un ouvrage bien documenté sur la sexualité comme le rapport Kinsey[11], mais un roman, une pièce n'ont jamais une action de bouleversement.

Si donc nous nous laissons influencer par l'ensemble de la culture américaine, une situation vivante et vivable *chez eux* viendra *chez nous* rompre complètement nos traditions culturelles, et créera un certain rapport de l'intellectuel et de l'écrivain qui pour nous n'aura pas de sens. Que les intellectuels américains ne soient pas productifs n'a pas tellement d'importance puisque, dans la société américaine, les écrivains sortent d'autres couches sociales, et particulièrement du prolétariat. Mais, chez nous, où l'intellectuel et l'écrivain ne font qu'un, si l'influence américaine conduit l'écrivain à l'idée de la limitation de son influence sociale et à l'idée de l'esthétisme, comme nous n'avons pas la possibilité, pour l'instant, en l'état social actuel, de voir surgir des couches du prolétariat des écrivains qui, perpétuellement, viendraient apporter de l'air frais, nous sombrerons dans *la scolastique*. En particulier, il y a un virus américain qui pourrait nous contaminer fort vite, et qui est le pessimisme de l'intellectuel.

Dans son rapport remarquable sur la question noire, Myrdal, dans les premières pages, insiste sur un fait qui lui a paru très général et que j'estime être l'une des caractéristiques de l'intellectuel américain[12]. Au milieu de cet optimisme qu'on appelle l'américanisme, un certain nombre d'intellectuels, professeurs, etc., estiment qu'aucun changement ne peut intervenir par eux et se considèrent comme totalement impuissants. Il est évident que ce mélange d'*optimisme* (qui consiste à dire : ne parlons pas de l'oppression, n'y pensons pas et elle disparaîtra, il n'y a pas de mal au fond du cœur des hommes) et de *pessimisme* (qui consiste à dire : le pays est trop grand, de toute façon l'influence intellectuelle est trop faible pour changer quoi que ce soit), s'il est introduit dans une culture comme la culture française, ne peut amener qu'un résultat : briser les cadres de cette culture.

Peut-on défendre la culture française en tant que telle ? À cela, je réponds simplement : non. Le phénomène paraît fatal : la France, livrée à ses seules ressources, n'a d'autre solution, sur le plan bourgeois, que de se tourner vers l'Amérique, de lui demander son aide et, par conséquent, d'adopter son idéologie ; sur le plan, au contraire, de la lutte sociale, de se tourner vers l'idéologie telle qu'elle nous vient des pays de l'Est et, par conséquent, de retrouver des éléments communs quoique opposés et de perdre aussi son idéologie. Autrement dit, celui qui, comme en 1899-1900 Jules Lemaitre[13], voudrait conserver intacte la culture française, en tant que telle, dans un cadre conservateur où il songerait à réaliser peu de réformes de structure, mais surtout un léger progrès industriel grâce à une aide discrète de l'Amérique, celui-là est assuré que, par sa position même, il détruira la culture française.

Avons-nous donc un autre moyen de sauver les éléments essentiels de cette culture? Oui. Mais à la condition de reprendre le problème d'une façon entièrement différente et de comprendre qu'aujourd'hui il ne peut plus être question d'une culture française, pas plus que d'une culture hollandaise ou suisse ou allemande. Si nous voulons que la culture française reste, il faut qu'elle soit intégrée aux cadres d'une grande culture européenne. Pourquoi? J'ai dit que la culture était la réflexion sur une situation commune. Or la situation de tous les pays européens est commune. En Italie, en France, dans le Bénélux, en Suède, en Norvège, en Allemagne, en Grèce, en Autriche, on retrouve toujours les mêmes problèmes et les mêmes dangers.

D'abord, le même problème économique, c'est-à-dire la nécessité de se rééquiper et l'impossibilité de s'adresser à d'autres qu'aux Américains, est le problème aussi bien des Grecs que des Suédois. Partout la même catastrophe vient d'être vécue, laissant le même paysage. Rotterdam était profondément différente de Florence, mais, actuellement, qu'on se promène dans le quartier des Offices ou à Rotterdam, ou au Havre, on est toujours dans ce même paysage qui est né comme une architecture humaine commune à l'Europe. Et, même si on habite dans des villes épargnées, la présence de ces villes détruites pèse et change le paysage. Nous savons ce qu'est une ville mutilée et que cette ville mutilée est européenne. Mais, en même temps, cette catastrophe qui a fait surgir ce même paysage autour de nous nous a confirmés dans cette idée tragique du Mal et de la lutte contre le Mal, nous a confirmés dans l'idée que l'optimisme n'était pas possible ou plutôt que l'optimisme était possible dans un cadre où le Mal était donné ; en même temps que nous avons appris par l'Occupation, par les tortures, par l'ensemble des faits qui se sont produits pendant quatre ans, la possibilité, pour certains hommes, de résister jusqu'à la limite extrême, jusqu'à la mort, en même temps nous avons appris qu'il y a des situations qui n'ont d'autres solutions que la mort. Et non pas une mort nécessairement héroïque, mais simplement la mort. Nous avons appris, en quelque sorte, que le Bien ne naissait que dans la lutte contre le Mal.

Il est certain que la plupart des Européens ont été, dans les années qui ont précédé — et sont encore, dans beaucoup de cas —, amenés à vivre une morale des situations extrêmes, une morale dans laquelle on se demande comment se comportera l'homme devant les tortures, la famine, ou la mort, toutes situations qui apparaissaient, il y a trente ans, comme le problème abstrait qu'un professeur de philosophie, qui ne l'avait jamais vécu, posait à ses élèves. Parlerez-vous sous la torture ? était une question absurde. Dans une morale des situations extrêmes, l'homme arrive au maximum de la résistance humaine et de la liberté, ou, au contraire, s'il cède, tombe, tout d'un coup, dans la situation la plus abjecte. Cette morale ne m'apparaît pas nécessairement la meilleure ni la seule. Il y a des morales des situations moyennes, elles s'appellent *casuistiques*.

Aujourd'hui, nous avons encore nos jansénistes et nos jésuites ; et si, comme l'a écrit Jean Bloch-Michel[14], nous devons nous méfier de l'homme que nous devenons dans « les grandes circonstances », il n'en demeure pas moins que la morale qui s'impose à l'Europe d'aujourd'hui n'est pas la morale optimiste et jésuite des Américains, mais une morale janséniste des grandes circonstances.

En effet, dans tous les domaines, politiques, sociaux,

économiques, métaphysiques même, une même situation est celle de l'homme européen d'aujourd'hui. Les circonstances, le passé et l'avenir immédiat posent à cet homme les mêmes problèmes, de sorte qu'un étudiant français par exemple est beaucoup plus près d'un étudiant berlinois que d'un étudiant de Boston ou de Princeton.

Nous découvrons ici une entente très singulière, entente qui s'est manifestée pour moi, au cours de mes voyages, par deux impressions, quant au contact avec les hommes, très différentes l'une de l'autre. Avant la guerre, on rencontrait des gens extrêmement polis, courtois, qui essayaient d'entrer dans vos idées comme vous dans les leurs, mais, très souvent, pas de plain-pied. Les problèmes nationaux étaient différents, les recherches différentes, la culture différente. Aujourd'hui, on rencontre des Suédois, des Hollandais, des Grecs : l'abord est immédiat. Que ce soit la guerre, le roman américain, le dernier livre, immédiatement le sujet est là, et on parle non pas la même langue, mais le même langage. Et la plupart des œuvres culturelles qui, aujourd'hui, ont séduit l'Europe sont des ouvrages qu'au fond n'importe quel écrivain aurait pu écrire en Europe.

Stalingrad, de Plievier[15], évidemment est le livre de la défaite nazie, mais nous rappelle pourtant la défaite de 1940. *Les Jours de notre mort* [16]? Les Allemands peuvent lire ce livre. *L'Effondrement*[17], qui est le dernier livre et le plus beau d'Eric Nossack, peut être compris par tous ; on retrouve dans les livres de Carlo Levi[18] les mêmes préoccupations que chez nous. Ainsi avons-nous là, très nettement, les éléments d'une culture européenne. Elle n'existe pas encore, mais nous possédons les éléments de base parce que les mêmes problèmes se posent à tous et, comme je l'ai dit tout à l'heure, l'unité de culture est conditionnée par l'unité réelle économique et sociale de la communauté.

Reste naturellement que cette unité culturelle ne peut se constituer seule. Bien sûr, on peut, dès à présent, demander aux gouvernements, aux associations ou aux particuliers, d'inaugurer une politique culturelle ; bien sûr, on peut multiplier les échanges, les traductions, les contacts, on peut faire une politique du livre, on peut concevoir des journaux internationaux. Tout cela a été tenté avant la guerre de 1939. Aujourd'hui ces réalisations, qui ne manquent pas d'intérêt, seraient inefficaces parce que nous aurions alors une superstructure, l'unité culturelle, qui ne correspondrait à aucune unité des infrastructures. Il s'agit donc de concevoir — et c'est ici que je m'arrêterai, parce que je souhaite éviter la question politique — l'unité culturelle européenne comme la seule capable de sauver, dans son sein, les cultures de chaque pays en ce qu'elles ont de valable.

C'est en visant à une unité de culture européenne que nous sauverons la culture française, mais cette unité de culture n'aura aucun sens et ne sera faite que de mots, si elle ne se place pas dans le cadre d'un effort beaucoup plus profond pour réaliser une unité économique et politique de l'Europe. Cette politique culturelle n'a de chances que si elle est un des éléments d'une politique qui cherche à défendre non seulement l'autonomie culturelle de l'Europe contre l'Amérique et contre l'U.R.S.S., mais aussi son autonomie politique et économique, afin de constituer l'Europe comme une force entière entre les deux blocs et non pas comme un troisième bloc, mais comme une force autonome qui refusera de se laisser déchirer entre l'optimisme américain et le scientisme russe. Le problème culturel, aujourd'hui, n'est qu'un aspect d'un problème beaucoup plus grand, qui est celui du destin entier de l'Europe. Et si l'on pense qu'aucune action n'est possible contre les deux blocs, si l'on pense que l'Europe divisée entre deux zones d'influence doit être un champ de bataille, la culture européenne est assurément perdue.

Si l'on suppose qu'on la sauvera par une sorte de monachisme des écrivains qui parleraient des oiseaux dans des couvents pendant qu'on se battrait à côté, elle est perdue de toute façon et pour toujours. Si, au contraire, on suppose qu'il y a possibilité de constituer une société européenne unifiée, socialiste, et dans laquelle les problèmes économiques se posent à l'échelle européenne et non pas à l'échelle nationale, et si cette Europe essaie de reprendre une autonomie en jouant de l'hostilité des États-Unis contre l'U.R.S.S. et de l'hostilité de l'U.R.S.S. contre les États-Unis au lieu d'être ballottée entre l'un et l'autre, alors elle peut être sauvée. Autrement dit, comme la culture est, dans le fait total qu'est l'Histoire, un élément seulement, nous avons affaire à un problème total et qui suppose des solutions totales.

23 avril 1949

APPENDICES

NOTES DE L'ÉDITRICE

Qu'est-ce que la littérature ? (pp. 9-267)

1. Sartre s'adresse ici plus particulièrement à André Gide qui dans un billet intitulé *Existentialisme* (*Terre des hommes* du 17 novembre 1945) écrivait ironiquement à propos de sa « Présentation des *Temps Modernes* » : «... j'espère bien que Sartre ne va pas s'en tenir là ; qu'à la suite de la littérature, nous le verrons "engager" peinture et musique. » Voir *Situations, II*, nouvelle édition, 2012, p. 205 et suiv.

2. Maurice Merleau-Ponty, *Phénoménologie de la perception*, Gallimard, 1945, « Bibl. des Idées ».

3. Dans *La Crucifixion*, tableau peint pour la Scuola di San Rocco.

4. *Glossaire : j'y serre mes gloses*, de Michel Leiris, a été publié en 1939 (Éd. Gallimard) ; l'ouvrage encore inédit auquel Sartre fait allusion est *Biffures*, premier volume de *La Règle du jeu*, qui paraîtra en 1948 chez le même éditeur.

5. On aura remarqué que ces deux vers du poème de Mallarmé, *Brise marine*, ne se suivent pas en réalité. Sartre aurait dû citer :

> *Perdus, sans mâts, sans mâts ni fertiles îlots...*
> *Mais ô mon cœur, entends le chant des matelots !*

Sa réflexion n'en reste pas moins valable.

6. « Si Saint-Pol Roux avait voulu dire "carafe", il l'aurait dit » (André Breton, *Introduction au discours sur le peu de réalité* [1925], « Bibl. de la Pléiade », t. II, 1992). Saint-Pol Roux (1861-1940), poète symboliste. Le sens de ses poèmes généreux en métaphores était souvent obscur ; il était apprécié par les surréalistes.

7. Pierre Emmanuel (1916-1984), poète chrétien ami d'Emmanuel Mounier directeur de la revue *Esprit*, avait écrit dans des revues de

caractère résistant sous l'Occupation. Il a violemment attaqué la philosophie de Sartre après la guerre.

8. Citation exacte : « Le hasard peut amener un mot qui donnera un nom à ce qu'ils sentent l'un pour l'autre et après, en un instant, toutes les conséquences » (Stendhal, *La Chartreuse de Parme*).

9. Sur Brice Parain (1897-1971), voir « Aller et retour » dans *Situations, I* (2010), essai de Sartre à propos de son ouvrage, *Recherches sur la nature et les fonctions du langage* (Gallimard, 1943).

10. Il s'agit du romancier et critique littéraire Ramon Fernandez, qui a d'ailleurs intitulé *Messages* l'un de ses recueils d'études critiques (Gallimard, 1926).

11. Isabelle, sœur d'Arthur Rimbaud, était l'épouse de Paterne Berrichon, éditeur et biographe très controversé du poète.

12. Xanthippe : épouse de Socrate. L'historien grec Xénophon (426 ? - 355 ? av. J.-C.) a écrit entre autres une *Apologie de Socrate* et *Le Banquet*.

13. Rappelons que le personnage de Bergotte et celui de Swann appartiennent à l'univers de Proust, Siegfried et Bella à l'univers de Giraudoux, Monsieur Teste à celui de Paul Valéry. — Nathanaël et Ménalque, personnages symboliques des *Nourritures terrestres*, d'André Gide.

14. Joseph Arthur de Gobineau, auteur d'*Essai sur l'inégalité des races humaines* (1853-1855).

15. *Sylvie*, l'une des nouvelles du recueil *Les Filles du feu* (1854), de Gérard de Nerval.

16. Les notes b, d et e de cette section ne figuraient pas dans la version originale (*TM*, 1947) ; l'auteur les a écrites pour *Situations, II* (ancienne édition, 1948).

17. Charles Estienne, alors critique d'art au quotidien *Combat*, écrivait aussi dans la revue *Fontaine*. Dans les numéros 60 (« De l'inspiration à l'expression ») et 61 (« Le réalisme des primitifs flamands »), respectivement de mai et septembre 1947, il s'en prend à l'esthétique de Sartre qui, selon lui, est atteint de « frigidité picturale et poétique ».

18. Des idées essentielles développées dans *Critique de la Raison dialectique*, dont le tome I ne parut qu'en 1960, étaient donc en germe dès 1948. Voir notamment, à la fin du tome II (posthume), parmi les notions clés de l'ensemble de l'ouvrage, les rubriques *Antidialectique* et *Pratico-inerte* (Gallimard, 1985).

19. Baudelaire, dans son étude sur Edgar Poe (1852) : « Il existe dans la littérature de chaque pays des hommes qui portent le mot *guignon* écrit en caractères mystérieux dans les plis sinueux de leurs fronts. » Par ailleurs, l'auteur des *Fleurs du mal* et le jeune Mallarmé

ont tous deux écrit un poème intitulé « Le guignon », le premier paru pour la première fois en 1851, le second en 1862 (première version). Sartre a écrit sur ces deux poètes : voir *Baudelaire* (Gallimard, 1946, « Folio essais » n° 105) et *Mallarmé : la lucidité et sa face d'ombre*, posthume (Gallimard, 1986, coll. « Arcades »).

20. *Le Grand Meaulnes* (1913) d'Alain-Fournier ; *Armance* (1827) de Stendhal.

21. Le héros de *Crime et châtiment*, de Dostoïevsky.

22. Dans *La Chartreuse de Parme* : l'abbé Blanès est le précepteur de Fabrice del Dongo.

23. Inspirée par l'Occupant. Jean Paulhan, directeur de *La Nouvelle Revue Française*, s'en était retiré après le numéro de juin 1940, à la veille de la débâcle. Sur Drieu la Rochelle, voir dans *Situations, I* (éd. de 2010), « Drieu la Rochelle ou la haine de soi », p. 167 et suiv.

24. Allusion à *La Trahison des clercs* (Grasset, 1927), l'ouvrage de Julien Benda qui eut le plus de retentissement. Selon cet auteur, qui avait fait ses premières armes de polémiste à propos de l'affaire Dreyfus, les « clercs » modernes trahissent leur mission en cédant dans leurs écrits aux passions collectives alors qu'ils devraient leur opposer les jugements de la Raison éternelle. Benda collabora régulièrement à *La NRF* entre les deux guerres et fut antipacifiste.

25. Cette note de Sartre n'était pas dans la version des *TM*.

26. Héros des contes de Voltaire : rappelons que Micromégas est un extraterrestre, l'Ingénu un jeune sauvage transplanté en France.

27. Cf. note 13.

28. Personnage des *Thibault* (1922-1940), roman-cycle de Roger Martin du Gard.

29. *Le Silence de la mer*, récit de Vercors, publié clandestinement en 1942 aux Éditions de Minuit ; des copies circulèrent un peu partout en France, en Angleterre et aux États-Unis. Ce fut un succès public dès la Libération, qu'amplifia son adaptation cinématographique en 1948 par Jean-Pierre Melville, avec pour interprètes Nicole Stéphane, Howard Vernon et Jean-Marie Robain.

30. Selon le philosophe Hippolyte Taine (1828-1893), les productions de l'esprit humain, « comme celles de la nature vivante, ne s'expliquent que par leur milieu » (*Philosophie de l'art*, 1865).

31. *Vis a tergo*, expression latine : force (qui vous pousse) par-derrière.

32. Lignes extraites de la « Présentation des *Temps Modernes* ». René Étiemble (1909-2002), romancier et essayiste, ami de Jean Paulhan, écrivait encore dans les *TM* à cette époque, aussi bien que dans *Combat*.

33. C'est dans la section 3 de son essai *Réflexions sur la question juive*, publié en 1946, que Sartre traite de l'être-en-situation du Juif en France. Voir « Folio essais » n° 10, édition de 2009, p. 64 et suiv.

34. De l'écrivain américain Richard Wright les *TM* publiaient alors (de janvier à juin 1947) la traduction française de *Black Boy*, roman largement autobiographique (Gallimard, 1947. Voir « Folio » n° 965).

35. C.I.O. : Congress of Industrial Organization, l'un des deux grands syndicats américains.

36. Allusion à une formule du poète dans *Mon cœur mis à nu* (1862-1864) : « Il y a dans tout homme, à toute heure, deux postulations simultanées... »

37. *Le Mariage de Figaro*, comédie de Pierre Caron de Beaumarchais, fut représenté en 1784 et publié en 1785.

38. Dans cette comédie du poète comique Aristophane (425 av. J.-C.), dont l'action se déroule pendant la guerre du Péloponnèse, le héros, un paysan chassé de ses terres par les hostilités, signe une trêve personnelle avec Sparte.

39. Cathos et Magdelon, personnages des *Précieuses ridicules* ; Philaminte, personnage des *Femmes savantes*.

40. Chrysale et Oronte, personnages de bourgeois, le premier dans *Les Femmes savantes*, le second dans *L'École des femmes*.

41. Racine, préface à *Phèdre* (1677).

42. Catherine II, impératrice de Russie, et Frédéric II, roi de Prusse.

43. Ayant relu ce passage au début des années 50, Sartre écrivait : *La contradiction n'était pas dans les idées. Elle était dans mon être. Car cette liberté* que j'étais *impliquait celle de tous. Et tous n'étaient pas libres. Je ne pouvais pas* sans craquer *me mettre sous la discipline de tous. Et je ne pouvais pas être libre seul.* Voir *Les Mots et autres écrits autobiographiques*, « Bibl de la Pléiade », pp. 948-949 (2010).

44. *Rhum* : récit romancé de Blaise Cendrars (Grasset, 1930) sur la vie de l'aventurier Jean Galmot.

45. Johann Joachim Winckelmann (1717-1768), historien de l'art et archéologue allemand, a écrit entre autres *Histoire de l'Art chez les Anciens* (1764). — Gotthold Ephraïm Lessing, écrivain allemand (1729-1781), a traité dans son ouvrage *Laocoon* (1766) des lois spécifiques qui régissent les diverses formes de l'art.

46. « J'appelle bourgeois quiconque pense bassement » : cité par Guy de Maupassant dans *Études sur Gustave Flaubert*. Voir *Chroniques 3*, U.G.E., collection 10/18, 1980.

47. Honoré de Balzac a été un lecteur enthousiaste de *La Chartreuse de Parme* (1839) ; Barbey d'Aurevilly (1808-1889), romancier et critique, a écrit, entre autres, sur Baudelaire ; quant à ce dernier, il a traduit une partie importante des récits d'Edgar Poe et transcrit en prose son célèbre poème *The Raven* (« *Le Corbeau* »).

48. Ces « mots » sont cités de mémoire ; le premier fait référence aux brouillons d'une lettre de Stendhal à Balzac (1840), le second à une phrase de Gide : « Combien de grands artistes ne gagnent leur procès qu'en appel ! » : voir *Journal* (Feuillets), « Bibl. de la Pléiade », t. I, p. 1160.

49. Effet du « penser contre soi » (voir notice, p. 12), Sartre est injuste envers Stendhal, auteur qu'il a particulièrement aimé, et qui écrit dans *Vie de Henry Brulard* (1836) : « J'écris ceci comme une lettre à un ami. Quelles seront les idées de cet ami en 1880 ? Combien différentes des nôtres !... Ceci est nouveau pour moi : parler à des gens dont on ignore absolument la tournure d'esprit, le genre d'éducation, les préjugés, la religion ! »

50. « Le mauvais vitrier », poème en prose de Baudelaire (dans *Le Spleen de Paris*, 1855-1862).

51. *Épochè* : mot grec dont le sens premier est « arrêt » ; « suspension de jugement » chez les philosophes sceptiques.

52. *Je suis belle, ô mortels ! comme un rêve de pierre.*

Premier vers du poème « La beauté » (Baudelaire, *Les Fleurs du mal*).

53. Jean Des Esseintes est le héros du roman de Joris-Karl Huysmans, *À rebours* (1884).

54. Allusion à Rimbaud, puis au surréalisme.

55. Peu après avoir écrit « Qu'est-ce que la littérature ? », Sartre prendra des notes en vue d'une étude sur Mallarmé qu'il considérera tout autrement, bien que le poète ne se soit guère exprimé clairement sur les affaires de son temps : *Mais c'est l'homme même, tout l'homme, que veut être Mallarmé : l'homme mourant sur tout le Globe d'une désintégration de l'atome ou d'un refroidissement du soleil et murmurant — à la pensée de la société qu'il voulait construire : « Croyez que ce devait être très beau »* (*Mallarmé : la lucidité et sa face d'ombre*, édition posthume, *op. cit.*). Évoquant l'auteur du *Coup de dés*, Sartre donnera en 1960 cette définition de l'engagement littéraire : *Si la littérature n'est pas tout, elle ne vaut pas une heure de peine. C'est cela que je veux dire par « engagement ». Elle sèche sur pied si vous la réduisez à l'innocence, à des chansons. Si chaque phrase écrite ne résonne pas à tous les niveaux de l'homme et de la société, elle ne signifie rien. La littérature d'une époque, c'est l'époque digérée par sa littérature* (Entretien avec Madeleine Chapsal, *Situations, IX*, 1972).

56. Monsieur Teste : voir plus haut, note 13.

57. Bel-Ami : héros du roman éponyme de Maupassant (1886).

58. Voir *Philoctète ou le Traité des trois morales*, 1899 (Gallimard, coll. « Folio » n° 1044).

59. Allusion au « miglionnaire » du *Prométhée mal enchaîné*, 1899 (*Romans, récits et soties*, Gallimard, « Bibl. de la Pléiade », 1958).

60. Bernard Profitendieu, Lafcadio et Ménalque sont respectivement des personnages des *Faux-Monnayeurs* (1925), des *Caves du Vatican* (1914) et des *Nourritures terrestres* (1896) ; voir *Romans, récits et soties, op. cit.*

61. Voir *Second Manifeste du surréalisme*, 1930. In *O.C.*, André Breton, I, « Bibl. de la Pléiade », 1983.

62. *Ibid.*

63. Allusion ironique à l'exclamation d'Hernani :

Monts d'Aragon ! Galice ! Estramadoure !
— Oh je porte malheur à tout ce qui m'entoure ! —

Victor Hugo, Hernani, acte III, scène IV.

64. Henry Bordeaux (1870-1963), « romancier moral », peintre de la vie provinciale bourgeoise, essayiste ; Paul Bourget (1852-1935), romancier, critique littéraire et essayiste ; ses ouvrages les plus célèbres : *Essais de psychologie contemporaine* (1883) et *Le Disciple* (roman, 1889). Tous deux étaient membres de l'Académie française.

65. Le passage qui suit, jusqu'à *de l'avoir mise au point*, n'est pas dans la version *TM*.

66. *Décaméron* : de l'écrivain italien Jean Boccace (1313-1375).

67. *Dominique* (1863), roman d'Eugène Fromentin. Cf. « Bibl. de la Pléiade », *O.C.* de l'auteur, Gallimard, 1984.

68. D'Émile Meyerson (1859-1933), philosophe qui peut être classé parmi les rationalistes critiques, voir *Identité et réalité* (Félix Alcan, 1908).

69. Alphonse Daudet, auteur entre autres des *Lettres de mon moulin* (1869) et de *Tartarin de Tarascon* (1872).

70. Pierre Janet (1859-1947), neurologue français, contemporain de Freud, qui explorait de son côté l'hypothèse d'une vie psychique inconsciente. Il a étudié les phénomènes somnambuliques dans *L'Automatisme psychologique* (Félix Alcan, 1889).

71. Dans la version originelle (*TM*), l'alinéa finit ici.

72. Sartre avait lu « Théorie de la fête », I et II, du sociologue Roger Caillois, dans *La NRF* (décembre 1939 et janvier 1940). Voir *L'Homme et le sacré*, Gallimard, 1950 (coll. « Folio essais » n° 84).

73. Rappelons que Racine avait reçu une éducation janséniste.

74. Dans *Les Fleurs de Tarbes ou la Terreur dans les Lettres* (Gallimard, 1941), essai de Jean Paulhan sur le langage en littérature et, plus particulièrement, sur le rôle de la rhétorique.

75. Cf. n. 24. Bien des critiques raillent alors Julien Benda pour le rationalisme, jugé un peu court, dont il continue à se faire le champion dans ses articles sur les questions d'actualité ; son dernier ouvrage, *La France byzantine ou le Triomphe de la littérature pure* (Gallimard, 1945), condamne les écrivains des cinquante dernières années — Gide, Paul Valéry, Alain, etc. — comme « purs manieurs de formes verbales », n'ayant aucun souci d'offrir à leurs lecteurs des vérités pensées de façon rigoureuse.

76. Il s'agit de Gabriel Marcel (1889-1973), philosophe et dramaturge, tenu pour le représentant français de l'existentialisme chrétien.

77. Sartre a ajouté à son essai les notes d, e et f de cette section à l'occasion de sa reprise dans *Situations, II* (1948).

78. Jules Vallès (1832-1885), polémiste et romancier. Fils de petits-bourgeois modestes, il a vécu une enfance malheureuse ; il est l'auteur d'une trilogie autobiographique, *Jacques Vingtras* (*L'Enfant*, 1879 — *Le Bachelier*, 1881 — *L'Insurgé*, 1886) ; il fut membre de la Commune de 1871.

79. Sibylle de Riqueti de Mirabeau, dite Gyp (1850-1932), a écrit de très nombreux romans, certains de satire politique ou sociale de caractère nationaliste ; d'autres, du genre « sentimental », lui ont conservé une grande popularité jusqu'à la dernière guerre. — Henri Lavedan (1859-1940), chroniqueur de talent, auteur dans un premier temps d'œuvres satiriques légères, fantaisies dialoguées et pièces dont certaines furent célèbres ; ses écrits se firent sérieux et moralisateurs dès les prémices de la Première Guerre mondiale : il a publié à partir de 1920 un roman en sept volumes, *Le Chemin du salut* (Plon), qui peint les transformations morales de la société d'après-guerre. — Abel Hermant (1862-1950), grammairien, essayiste et romancier ; membre de l'Académie française depuis 1927, il en fut radié à la Libération pour faits de collaboration.

80. *Les lauriers sont coupés*, d'Édouard Dujardin (1861-1949), parut en 1887 ; le jeune auteur innova en concevant son récit tout entier en forme de monologue intérieur. Parmi les romanciers qui, plus tard, s'en inspirèrent, seuls James Joyce et Valery Larbaud, semble-t-il, reconnurent leur dette. — *Mademoiselle Else*, de l'écrivain autrichien Arthur Schnitzler (1862-1931), parut en 1924 (traduction française : Stock, 1932).

81. Voir dans *Situations, II*, nouvelle édition, 2012, p. 412 et suiv., « Les romanciers américains vus par les Français ». Les plus célèbres

des romans de John Steinbeck (1902-1968) peignent l'existence errati-
que de « pauvres Blancs » de l'Amérique profonde pendant la crise
économique des années 1930, ouvriers agricoles exploités, petits paysans dépossédés de leurs terres (*En un combat douteux*, 1936 ; *Les Rai-
sins de la colère*, 1939).

82. *Chanceux* : ce mot est pris dans le sens, qu'il n'a plus guère
aujourd'hui, de *soumis au hasard*.

83. L'U.N.R.R.A. (United Nations Relief and Rehabilitation Administration) : département de l'O.N.U. constitué pour assister les pays
dévastés par la Seconde Guerre mondiale.

84. Après avoir scandalisé les États-Unis, *Tropique du Cancer* et *Tropique du Capricorne*, romans d'Henry Miller, provoquèrent des remous
en France dès leur parution — le premier ouvrage en 1945 aux Éditions Denoël, le second en 1946 aux Éditions du Chêne. Un « cartel
d'action sociale et morale » faillit en obtenir l'interdiction pour immoralité. Sartre fit partie d'un comité de soutien à l'auteur.

85. André Billy (1882-1971), essayiste, romancier, critique littéraire
estimé ; il écrivait depuis 1936 dans *Le Figaro* puis dans *Le Figaro littéraire* des « Propos du samedi ».

86. À l'époque où Sartre écrit ces lignes, le sort de Trieste est en
question. Ce port italien sur l'Adriatique, occupé par les Allemands en
1943, par les forces de Tito en 1945, est revendiqué par l'Italie et la
Yougoslavie. — Quant au territoire de la Sarre, sous contrôle français
après la Seconde Guerre mondiale, il est revendiqué par l'Allemagne.

87. Les V-3 : troisième version des « bombes volantes », armes
secrètes inventées par l'Allemagne nazie, ancêtres des missiles. Vingt-
cinq canons longs de 125 mètres installés sous terre dans le Pas-de-
Calais en 1943, face à l'Angleterre, auraient pu tirer un obus toutes les
douze secondes contre Londres, remplaçant avantageusement les
bombardiers. Ils furent détectés et détruits par l'aviation alliée avant
d'être opérationnels. (Voir Anthony Cave Brown, *La Guerre secrète*,
Pygmalion, 1981.)

88. *Jean-Christophe* parut pour la première fois en fascicules dans
les *Cahiers de la Quinzaine* de 1904 à 1912 ; rappelons que le héros de
ce roman-cycle est musicien.

89. Autocritique clandestine : ce sont aussi bien de ses propres rêve-
ries d'adolescent que Sartre se moque ici : voir dans *Carnets de la drôle
de guerre* (Gallimard, 1995 ou « Bibl. de la Pléiade », 2010, *op. cit.*), en
date du 1er décembre 1939, ses réflexions sur « le problème moral des
rapports de l'art et de la vie ».

90. *De la Carrière* : expression peut-être vieillie ; il s'agit de la carrière de diplomate.

91. Jean Jaurès était entré à l'École normale supérieure en 1878 ; il fut professeur de philosophie avant de se consacrer entièrement à la politique. — Charles Péguy est passé aussi par l'E.N.S.

92. Léon Blum fut un essayiste et critique littéraire d'une grande finesse ; Marcel Proust et lui ont collaboré à la *Revue blanche*, revue d'avant-garde anarchisante dirigée en 1891 par les frères Thadée et Alexandre Natanson ; le futur leader socialiste y publiait des chroniques, Proust des esquisses de ce qui deviendra *Les Plaisirs et les Jours*, son premier ouvrage publié en volume.

93. Maurice Barrès (1862-1923) était élu député de Nancy en 1889, l'année même de la publication d'*Un homme libre*, deuxième tome de sa trilogie, *Le Culte du moi*. Évoquant cette période, il notait en 1911 dans ses *Cahiers* (posthumes) : « Le rôle de la politique à un instant donné dans ma vie et dans l'effort que je fis pour saisir mon moi — oui, j'ai failli être fou. Je ne sais plus ce qui me sauva. Si, je le sais : la politique. » Voir *Mes Cahiers* (1896-1923), anthologie, Plon, 1963.

94. Allusion aux lieux où André Gide, François Mauriac, André Maurois ont des attaches familiales et sociales. Signalons que Frontenac est une petite commune du Bordelais, province natale de Mauriac ; c'est aussi le patronyme des personnages de son roman autobiographique, *Le Mystère Frontenac* (1933).

95. Allusion au dramaturge Paul Claudel, ancien diplomate.

96. Maurice Barrès a souvent exprimé, dans le cours de ses *Cahiers* (*op. cit.*), le sentiment d'appartenance réciproque que lui inspirait la Lorraine, « sa patrie locale ». Sa trilogie *Le Roman de l'énergie nationale* (Fasquelle, 1897-1902) a tenté de montrer la nécessité pour chacun d'une telle appartenance.

97. Il s'agit de l'écrivain américain Herman Melville, et de son roman *Le Grand Escroc* (1857 ; traduction française : Henri Thomas, Éditions de Minuit, 1950).

98. Le romancier Édouard Estaunié (1862-1942) a écrit entre autres *La Vie secrète* (Perrin, 1908) et *L'Infirme aux mains de lumière* (Grasset, 1923).

99. Orgon et Chrysale, personnages de bourgeois, respectivement dans *Tartuffe* et *Les Femmes savantes*.

100. André Maurois dirigea à Elbeuf la manufacture paternelle ; François Mauriac était fils d'un propriétaire terrien.

101. Alain-Fournier (1886-1914), auteur du *Grand Meaulnes*, Émile-Paul, 1913. Voir « Folio » n° 4943, 2009.

102. *Terres étrangères*, de Marcel Arland (1899-1986), parut en 1923 aux Éditions Gallimard. Dans son avant-propos écrit trente ans plus tard, l'auteur évoquera « ces années inquiètes — c'était l'époque de

Dada — où tant de jeunes écrivains se trouvaient partagés entre le défi, le jeu et la détresse ». *L'Ordre*, du même auteur (prix Goncourt 1929), a pour héros un jeune bourgeois acquis aux idées révolutionnaires, amoureux de sa belle-sœur, qui sème le trouble au sein de sa famille... Il meurt, victime d'un cancer, et tout rentrera, apparemment, dans l'ordre.

103. Référence ironique à une œuvre de Jacques Chardonne (1884-1968), *L'amour c'est beaucoup plus que l'amour, pensées d'un romancier*, Stock, 1937. Sartre est coutumier de ces clins d'œil au lecteur. De plus, certaines phrases d'auteurs, dont la rencontre l'a frappé ou amusé, lui reviennent sous la plume ; celle-ci se trouve déjà, avec le nom de son auteur, dans *Carnets de la drôle de guerre* et dans *L'Être et le Néant*.

104. Il s'agit de « la décompression après les pressions du mensonge » de la Première Guerre mondiale : voir Albert Thibaudet, *Réflexions sur la littérature*, « Examens de conscience », *La NRF*, n° 157, octobre 1926, et *Situations, II*, édition de 2012, p. 444, n. 27.

105. Dans une lettre de 1827 citée par sa biographe Antonina Vallentin, le poète juif allemand écrivait : « Paris est la nouvelle Jérusalem et le Rhin est le Jourdain qui sépare le pays sacré de la liberté du pays des Philistins » (*Henri Heine*, Gallimard, 1934). Il fut enthousiasmé par la révolution de Juillet et finira par s'exiler en France en 1831. Sartre avait lu pendant la drôle de guerre l'ouvrage d'A. Vallentin qui lui avait inspiré quelques réflexions sur la condition de l'homme juif (voir *Lettres au Castor*, Gallimard, 1983, t. II, 6 et 8 janvier 1940).

106. Joseph Prudhomme, personnage de bourgeois, sot et sentencieux, créé par le caricaturiste et écrivain Henri Monnier (1799-1877).

107. Marcel Duchamp (1887-1968), peintre cubiste puis adepte du mouvement anti-art.

108. Dans un article intitulé « Dernières modes d'excitation intellectuelle pour l'été 1934 » publié dans le numéro spécial de *Documents 34* (juin), Salvador Dalí définit l'activité paranoïaque critique : « Méthode spontanée de "connaissance irrationnelle" basée sur l'objectivation critique et systématique des associations et interprétations délirantes. »

109. Arthur Rimbaud, *Une saison en enfer* (1873).

110. Citation d'un « document intérieur » du mouvement surréaliste, non signé, communiqué par Raymond Queneau (1926). Cf. *Histoire du surréalisme*, par Maurice Nadeau, Éditions du Seuil, 1945-1948, t. II.

111. Cf. *supra*, n. 51.

112. Dans l'allocution au Congrès des écrivains du 24 juin 1935. Voir *O.C.*, André Breton, « Bibl. de la Pléiade », II, 1992.

113. Sous le pseudonyme de François Arouet, Georges Politzer (1903-1942), jeune philosophe communiste, a publié contre Henri Bergson *La Fin d'une parade philosophique : le bergsonisme* (Les revues, 1929). C'est dans le même esprit que Paul Nizan, son contemporain, s'attaquera trois ans plus tard à « l'idéalisme bourgeois » du philosophe Léon Brunschvicg (voir *Les Chiens de garde*, Rieder, 1932).

114. In *Second Manifeste du surréalisme*, *op. cit.*

115. C'est en 1927 que Breton a adhéré au parti communiste ; il s'en est éloigné en 1935 tout en restant partisan d'une révolution prolétarienne.

116. Le général Aupick : second mari de la mère de Baudelaire.

117. Émile Combes (1835-1921), radical, fut sous la Troisième République président du Sénat, ministre de l'Instruction publique, puis chef du gouvernement (1902-1904) ; il mena avec constance une politique rigoureusement anticléricale.

118. Auguste Comte, père de la sociologie, distinguait dans l'évolution de l'humanité trois états : théologique, métaphysique et positif. Ce dernier état, encore à promouvoir, établirait un ordre humain pacifié. (*Cours de philosophie positive*, première leçon, 1830.)

119. Jacques Vaché, né en 1896, est mort en 1919 après avoir consommé une dose excessive d'opium ; André Breton publiera l'année suivante les seuls écrits de son ami, des *Lettres de guerre* (Éditions Au Sans Pareil) ; Jacques Rigaut, né en 1899, était adepte du mouvement Dada ; il se suicida en 1929. Selon Breton, « Jacques Rigaut, vers vingt ans, s'est condamné lui-même à mort et a attendu impatiemment, d'heure en heure, pendant dix ans, l'instant de parfaite convenance où il pourrait mettre fin à ses jours » (*Anthologie de l'humour noir, O.C.*, II, *op. cit.*).

120. « C'est notre rejet de toute loi consentie, notre espoir en des forces neuves, souterraines et capables de bousculer l'Histoire... qui nous font tourner les yeux vers l'Asie... C'est au tour des Mongols de camper sur nos places » (*La Révolution surréaliste*, n° 5, 1925).

121. S.F.I.O. : Section française de l'Internationale ouvrière (socialiste).

122. Voir « Légitime défense » (1926) ; cette lettre de Breton à son ami Pierre Naville (1904-1993), écrivain communisant, circula sous forme de brochure. Cf. *O.C.*, A. Breton, II, *op. cit.*

123. Le « groupe Breton » réplique à Sartre dans *Rupture inaugurale, déclaration adoptée le 21 juin 1947 par le groupe en France pour définir son attitude préjudicielle à l'égard de toute politique partisane* : « Nous croyons comprendre que cette "phase d'organisation constructrice" se situe vers 1934-1935 et correspond au début de la collaboration du parti communiste avec cette même classe bourgeoise à la

consolidation de laquelle M. Sartre nous fait grief de travailler. Auparavant M. Sartre avait pris soin de nous confier que "la littérature est, par essence, la subjectivité d'une société en révolution permanente". On aimerait savoir ce qu'il en est de la révolution permanente dans la société soviétique » (Éditions surréalistes, 1947). À son tour Sartre réagira à ces objections : voir sa note f, *infra*, p. 253 et suiv. Breton et Sartre étaient en fait dans une situation comparable vis-à-vis du parti communiste à cette époque (bonne volonté totale quant à la défense du prolétariat, recul devant le dogmatisme du Parti, d'inspiration soviétique). Quelques mois plus tard, en février 1948, ils participeront tous deux à la formation du Rassemblement démocratique révolutionnaire (R.D.R.), mouvement éphémère qui se voulait plus à gauche que la S.F.I.O., mais ni inféodé au Parti ni anticommuniste : voir nos notices, p. 291 et suiv. et p. 339 et suiv.

124. Benjamin Péret (1899-1959), écrivain, fidèle de Breton depuis 1920. — Le poète Robert Desnos (1900-1945), exclu du groupe surréaliste en 1930. Déporté au camp de Terezín en 1944, il mourut du typhus peu de temps après sa libération.

125. *L'Europe galante* (Grasset, 1925) et *Rien que la terre* (*id.*, 1926) : œuvres de Paul Morand.

126. Dans *Drôle de voyage* (Gallimard, 1933).

127. Allusion à la « La valise vide », nouvelle de Pierre Drieu la Rochelle, dans *Plainte contre inconnu* (Gallimard, 1924).

128. *Gilles*, roman de Drieu la Rochelle d'inspiration autobiographique pour ce qui est de la personnalité du héros et de sa vie sentimentale, mais l'intrigue, imaginaire, tourne autour d'un complot fomenté par des surréalistes, dont il n'est que le témoin, impuissant à le déjouer. Rappelons que Drieu lui-même avait fréquenté les surréalistes au début des années 1920.

129. Voir dans *Situations, I*, édition de 2010, « Drieu la Rochelle ou la haine de soi ».

130. Jean Prévost (1901-1944), Pierre Bost (1901-1975), Claude Aveline (1901-1992), André Chamson (1900-1983), André Beucler (1898-1985), ont tous écrit, entre autres, des romans.

131. *L'Imbécile*, comédie en quatre actes de Pierre Bost, a été représentée au Vieux-Colombier en 1923 et publiée la même année chez Gallimard. Frère aîné de Jacques-Laurent Bost — ami intime de Sartre —, Pierre Bost est l'auteur de quelques romans, dont *Le Scandale*, prix Interallié 1931, qui évoque à travers l'évolution de deux étudiants les problèmes psychologiques et moraux de la jeunesse après la Grande Guerre ; il deviendra plus tard un scénariste réputé.

132. Jean Prévost a publié à partir de 1925 une douzaine de livres, essais, romans et nouvelles. Les plus remarqués : *Dix-huitième année* (Gallimard, 1929), récit autobiographique sur sa vie d'étudiant et son apprentissage politique, et *Les Frères Bouquinquant* (Gallimard, 1930), roman qui fut porté à l'écran par Louis Daquin en 1947. Résistant, il est mort en combattant dans le Vercors.

133. Émile Chartier, dit Alain (1868-1951), professeur de philosophie, moraliste, auteur de « Propos », courtes chroniques écrites tout au long de sa vie pour divers journaux, a publié, entre autres, *Éléments d'une doctrine radicale* (Gallimard, 1925) ; ses cours de philosophie, en province puis à Paris au lycée Henri-IV, ont marqué bien des futurs écrivains ; Jean Prévost et Pierre Bost étaient du nombre.

134. Émile Durkheim (1858-1917), fondateur de l'école française de sociologie, fut professeur de sciences de l'éducation et de sociologie à la Sorbonne. — Le philosophe Léon Brunschvicg (1869-1944) est l'auteur, entre autres, du *Progrès de la conscience dans la philosophie occidentale* (Alcan, 1927).

135. *Marianne*, hebdomadaire de centre gauche, fut lancé par les Éditions Gallimard en 1932 ; Emmanuel Berl en a été le premier directeur.

136. Hebdomadaire concurrent de *Marianne*, *Vendredi*, fondé en 1935 par André Chamson, Jean Guéhenno et Andrée Viollis, était favorable au Front populaire.

137. Georges Bataille (1897-1962). Sartre a publié dans les *Cahiers du Sud* une étude sur *L'Expérience intérieure* (Gallimard, 1943), l'un des ouvrages, malaisément définissable (mi-essai mi-écrit autobiographique), de cet écrivain tourmenté ; voir « Un nouveau mystique », *Situations, I*, éd. de 2010, p. 172 et suiv.

138. Lettrisme : école poétique dont le chef était Isidore Isou (1925-2007) ; elle se donne pour objectif, à cette époque, d'aller au-delà du surréalisme en préconisant « la destruction complète et pratique du vocable, jusqu'à la lettre…, matériel nouveau aussi poétique que l'ancien » (déclaration citée dans *L'Almanach des Lettres 1947*).

139. « Dhôtel est le seul de nos romanciers qui ait l'abondance naïve, le plaisir de raconter — mettons d'un Dickens » (Jean Paulhan, lettre à Marcel Arland, 1945). Bien qu'encore méconnu, André Dhôtel (1900-1991) n'est pas, comme Sartre semble le croire, un débutant en 1947 : son premier roman, *Campements* (Gallimard), est paru en 1930. Il est vrai qu'il ne trouvera sa meilleure inspiration et son public qu'un peu plus tard. L'un de ses nombreux romans, *Le Pays où l'on n'arrive jamais*, obtiendra le prix Femina en 1955. — Marius Grout, né en 1903, fut instituteur puis professeur de Lettres en province ; il a publié

aux Éditions Gallimard un recueil de poèmes et quatre romans empreints de tourments religieux : *Musique d'avent* (1941), *Le vent se lève* (1942), *Passage de l'homme* (prix Goncourt 1943), *Un homme perdu* (1945). Il est mort prématurément en 1946.

140. Julien Green (1900-1998), auteur de nationalité américaine, d'expression française. Si Sartre le range dans la génération littéraire de François Mauriac et Jean Cocteau, ses aînés — et non dans celle de Dhôtel et de Grout — c'est qu'il a connu ses premiers succès dès le milieu des années 1920. En 1947, Green est un écrivain célèbre par ses romans dont beaucoup ont obtenu la faveur du public et de la critique, par son *Journal* aussi, qu'il tient depuis 1926.

141. Joan Miró, dans sa période « anti-art » (1928-1931), a parlé d'assassiner la peinture mais il n'a, semble-t-il, pas peint de tableau qui soit intitulé « Destruction de la peinture » ou « Assassinat de la peinture ». Voir *Miró*, par Jacques Dupin, Flammarion, 1993.

142. Voir dans *Situations, II*, édition de 2012, « Matérialisme et révolution ».

143. À Châteaubriant (Loire-Atlantique), le 22 octobre 1941, vingt-sept prisonniers politiques furent fusillés par les Allemands en représailles de l'assassinat d'un officier allemand par de jeunes résistants communistes ; le 10 juin 1944, à Oradour-sur-Glane (Haute-Vienne), six cent quarante-deux civils furent brûlés vifs ou abattus par un détachement SS ; à Tulle, le 9 juin 1944, les SS ont exécuté par pendaison quatre-vingt-dix-neuf personnes. — 11 rue des Saussaies : immeuble réquisitionné par la Gestapo.

144. Gottfried Wilhelm Leibniz (1646-1716), philosophe et savant allemand. — Jacques Maritain (1882-1973), philosophe chrétien, protestant converti au catholicisme.

145. Sur le thème de la torture, qui l'obsédera longtemps, Sartre a publié pour le théâtre *Morts sans sépulture* quelques mois plus tôt et *Les Séquestrés d'Altona* en 1960.

146. Il s'agit du témoignage de Jean Bloch-Michel, résistant torturé par la Gestapo. Un extrait intitulé « Les grandes circonstances » en fut publié dans les *TM* de juin 1946 ; le livre parut sous le même titre (Gallimard, 1949). Une édition augmentée en sera publiée en 1999.

147. Allusion à un article de la *Pravda* du 24 janvier 1947 intitulé « Les Smertiachkine en France. L'existentialisme », que les *TM* ont publié sous la rubrique « Textes sans commentaire » en mai 1947 (n° 20). Le critique Zaslavski y déclare : « L'existentialisme, du français "existence", enseigne que tout processus historique est absurde et fortuit, toute morale mensongère [...] Il n'y a ni peuples, ni sociétés, mais uniquement l'intérêt et le profit personnel en vertu du principe *Carpe*

diem. » Sartre y répondra : voir « Le processus historique » dans *Les Écrits de Sartre* (Gallimard, 1970), p. 677 et suiv.

148. Voir « Les romanciers américains vus par les Français » dans *Situations, II*, édition de 2012.

149. Le Front national : mouvement de résistance créé à l'initiative du parti communiste en mai 1941.

150. Pierre Hamp (1876-1962), militant socialiste, a regroupé une grande partie de ses romans sur le monde du travail sous le titre *La Peine des hommes* (1908-1957).

151. *Le Culte du moi* comprend *Sous l'œil des Barbares* (Lemerre, 1888), *Un homme libre* (Perrin, 1889) et *Le Jardin de Bérénice* (Perrin, 1891) ; cette trilogie romanesque de Maurice Barrès, de même que *Les Nourritures terrestres*, de Gide (1897), font partie de la « première manière » de ces écrivains, qui avaient moins de trente ans à leur parution (voir aussi notre note 93, *supra*). — *La Possession du monde*, essai de Georges Duhamel (1919) et *A. O. Barnabooth, son journal intime* (1913), de Valery Larbaud, ont compté pour Sartre dans sa jeunesse (voir *Carnets de la drôle de guerre, op. cit.*).

152. Arthur Schopenhauer (1788-1860), philosophe allemand qu'on a classé parmi les « pessimistes » ; voir *Le Monde comme volonté et comme représentation*, traduction française : Alcan, 1888-1890.

153. Jack Pruvost était, comme Jean Effel, dessinateur-humoriste.

154. Ici finit dans les *TM* la livraison de juin. L'alinéa qui suit n'est pas dans cette version originelle (1947) ; inséré un an plus tard dans le texte pour l'édition de *Situations, II*, il témoigne d'une oscillation persistante de la position de Sartre sur l'engagement du *roman* (voir dans notre notice ce qu'il en pensera en 1953). Il est à remarquer que l'auteur de *La Nausée* (1938) — bon exemple de ce qu'il nomme « roman de l'*exis* » —, après avoir achevé le troisième tome des *Chemins de la liberté* commencés avant la guerre, n'a plus composé de romans : c'est par l'art dramatique qu'il s'est attaché à concilier littérairement *exis* et *praxis*, à travers la parole nue de personnages de théâtre.

155. En 1947, apparut en France un petit volume mensuel à vocation internationale, en provenance des États-Unis, dont les textes, traduits en français, étaient essentiellement des documentaires et des livres condensés de littérature, d'histoire, de vulgarisation scientifique, etc. Cette revue, intitulée *Sélection du Reader's Digest*, était très populaire, en tout cas dans les années 1950. Si sa formule était contestable pour ce qui est des œuvres de fiction, son accès facile permit à des gens qui lisaient peu d'acquérir quelques connaissances sur des sujets divers.

156. Les V-1, V-2, V-3 : armes secrètes du programme V de l'Allemagne nazie, fusées à longue portée, destinées à contraindre l'Angleterre à capituler. Les V-3, ou « canons de Londres », devaient être les plus redoutables. Seules les V-1 furent opérationnelles ; elles s'abattirent par milliers sur la capitale au cours du mois de juin 1944. Voir Anthony Cave Brown, *La Guerre secrète, op. cit.*

157. Paul Souday (1869-1929), critique littéraire du *Temps* de 1912 à sa mort, a publié un *André Gide* en 1927 (Éd. Kra).

158. *La Symphonie pastorale*, récit de Gide (Gallimard, 1919), a été porté à l'écran en 1946 par Jean Delannoy dans une adaptation de Jean Aurenche et Pierre Bost, avec Michèle Morgan et Pierre Blanchar.

159. Paul Chack (1875-1945), officier de marine et écrivain, a servi la propagande nazie par ses écrits et par ses actes ; il dirigeait sous l'Occupation le Comité d'action antibolchevique ainsi qu'une association antisémite, le Cercle Aryen ; son anglophobie lui a inspiré *Face aux Anglais* (Éditions de France, 1942). Il a été fusillé à la Libération.

160. Joseph de Maistre (1753-1821), écrivain politique, traditionaliste ennemi des Lumières, auteur des *Soirées de Saint-Pétersbourg ou Entretiens sur le gouvernement temporel de la Providence* (1821).

161. Sur Roger Garaudy, voir *infra*, n. 173, et « Matérialisme et révolution », *Situations, II*, édition de 2012, n. 3.

162. Le capitaine Alfred Dreyfus, accusé de trahison et condamné en 1894, ne fut réhabilité qu'en 1906.

163. Charles Maurras (1868-1952), écrivain et homme politique. Monarchiste, partisan du « nationalisme intégral », il fut le théoricien du mouvement Action française (1899) et fonda le quotidien *L'Action française* (1908). Deux de ses ouvrages qui eurent le plus d'influence à cette époque : *Enquête sur la monarchie, 1900-1909* (Nouvelle Librairie nationale, 1909) et *L'Avenir de l'intelligence* (Flammarion, 1905). Sous l'Occupation, son journal exhortait l'État français à intensifier la persécution des Juifs et des résistants, et n'hésitait pas à user de délation. Maurras fut condamné à la prison en 1945.

164. Voir *supra*, n. 160. Dans le septième entretien des *Soirées de Saint-Pétersbourg*, J. de Maistre écrit : « Le spectacle épouvantable du carnage n'endurcit pas le véritable guerrier. Au milieu du sang qu'il fait couler, il est humain comme l'épouse est chaste dans les transports de l'amour. »

165. *Le Procès* (1925), de l'écrivain tchèque Franz Kafka (1883-1924). Traduction française : Gallimard, 1933.

166. Voir dans *Situations, II*, éd. de 2012, p. 234 et suiv. « La nationalisation de la littérature », et n. 18 correspondante. À l'époque où il rédige « Qu'est-ce que la littérature ? » Sartre décide un coup d'éclat

pour réhabiliter la mémoire de son ami. Aux premiers jours d'avril 1947, un communiqué signé par l'équipe des *TM* et une vingtaine de personnalités, dont Raymond Aron, Julien Benda, André Breton, Albert Camus, Jean Guéhenno, Jean Paulhan, s'élève contre les rumeurs colportées dans les milieux communistes selon lesquelles Paul Nizan « fournissait au ministère de l'Intérieur des renseignements sur l'activité du parti communiste » dès avant la guerre : « Prouvez-le. Si nous restons sans réponse ou si nous ne recevons pas les preuves demandées, nous prendrons acte de votre silence et nous publierons un deuxième communiqué confirmant l'innocence de Nizan. » Le Comité national des écrivains — à grande majorité communiste — publiera le 11 avril dans *Les Lettres françaises* une « mise au point » qui ne répondra pas sur le fond. Les rumeurs cesseront mais entre-temps les œuvres de Nizan étaient tombées dans l'oubli. Elles le resteront jusqu'à la réédition en 1960 d'*Aden Arabie* (1932), préfacé par Sartre. On sait à présent que la calomnie avait été orchestrée en haut lieu : voir « Les traîtres au pilori », article de Maurice Thorez du 21 mars 1940 (cité par Michel Winock dans *Le Siècle des intellectuels*, Éditions du Seuil, 1997, pp. 337-338).

167. Joachim von Ribbentrop (1893-1946) et Molotov (1890-1986), signataires du pacte germano-soviétique du 23 août 1939. Le premier était ministre des Affaires étrangères du Reich, le second commissaire du peuple aux Affaires étrangères de l'U.R.S.S.

168. Voir, dans *Les Écrits de Sartre*, « Le processus historique », pp. 677-679 (*op. cit.*).

169. *L'Arlésienne*, conte qu'Alphonse Daudet écrivit dans sa jeunesse (*Lettres de mon moulin*, 1869) ; il en reprit l'argument dans son drame en trois actes de même titre (1872).

170. Jules Lemaitre (1853-1914), écrivain et critique, fut antidreyfusard ; il adhéra à la fin de sa vie au mouvement d'extrême droite Action française.

171. Sur Georges Politzer, cf. *supra*, n. 113.

172. Rappelons que le Grand Ferré, paysan picard, et le jeune Joseph Bara, tambour dans l'armée républicaine, sont morts tous deux en héros, l'un en luttant contre l'envahisseur anglais (1358), l'autre pour défendre la Révolution (1793).

173. Roger Garaudy vient de publier *Une littérature de fossoyeurs* (Éditions sociales, 1947) ; il est devenu le principal polémiste et propagandiste du parti communiste, chargé de réfuter les ouvrages et manifestations artistiques qui s'éloignent du « réalisme socialiste » tel que l'entendent les instances culturelles soviétiques. L'auteur de *La Nausée*

est une de ses bêtes noires. Voir dans *Situations, II* (2012), « Matérialisme et révolution », p. 320 et n. 3 correspondante.

174. À cette époque, le P.C.F. compte 28 % de députés ; jusqu'au
4 mai 1947, six ministres communistes sont au gouvernement. C'est le
premier parti de France.

175. À l'automne 1947 Sartre accepta de tenir avec l'équipe des *TM*
une chronique politique hebdomadaire à la radiodiffusion française.
Six émissions ont eu lieu, du 20 octobre au 24 novembre, qui n'eurent
l'heur de plaire ni à la presse de droite ni au P.C.F. La « Tribune des
Temps Modernes » fut supprimée à l'occasion d'un remaniement minis-
tériel.

176. Sur les effets pervers de la célébrité, vécue par Sartre dans le
plus grand malaise, voir « La nationalisation de la littérature » (*Situations, II*, éd. de 2012).

177. « De toutes les choses qu'il est possible de concevoir en ce
monde, et même hors de ce monde, il n'y en a aucune qui puisse sans
restriction être regardée comme bonne absolument, excepté une
seule : une bonne volonté » (Emmanuel Kant, *Fondements de la métaphysique des mœurs*, 1785). La « Cité des fins » (ou royaume, ou règne
des fins) : perspective théorique liée au respect par chacun de la loi
morale, dont le principe suprême, pour le philosophe allemand, peut
se formuler ainsi : « Agis de telle sorte que tu traites l'humanité dans
ta personne et dans celle d'autrui toujours en même temps comme une
fin, jamais simplement comme un moyen » (*ibid.*).

178. *Aurélien*, de Louis Aragon (Gallimard, 1944), roman d'apprentissage qui a quelque parenté avec *L'Éducation sentimentale* de
Flaubert. *L'Otage*, drame de Paul Claudel, écrivain catholique (Gallimard, 1911).

179. *Le Cheval de Troie* (1935) et *La Conspiration* (prix Interallié
1938), de Paul Nizan, ont été publiés aux Éditions Gallimard. Sartre a
fait un compte rendu de *La Conspiration* pour *La NRF* en novembre
1938 (voir *Situations, I*, éd. de 2010, pp. 32-36).

180. Camille Desmoulins (1760-1794), député de Paris sous la Convention, ardent révolutionnaire, finit par faire partie des Indulgents
qui condamnaient le régime de la Terreur. Il fut jugé par un tribunal
révolutionnaire et exécuté. — Gracchus Babeuf (1760-1797) conspira
contre le régime bourgeois du Directoire et fut guillotiné.

181. Émile Littré, philosophe positiviste (1801-1881), composa son
Dictionnaire de la langue française entre 1863 et 1873. — Pierre
Larousse (1817-1875), grammairien. Son *Dictionnaire de la langue
française* parut en 1856 ; il travailla de 1866 à sa mort à un *Grand Dictionnaire universel du XIXᵉ siècle* que son neveu Jules Hollier acheva.

182. Voir *Recherches sur la nature et les fonctions du langage*, de Brice Parain (Gallimard, 1943) ; Sartre en fit une étude publiée dans *La NRF* (février à mai 1944) : cf. « Aller et retour », *Situations, I*, 2010 (*op. cit.*).

183. Le philosophe rationaliste André Lalande (1867-1963), auteur des *Théories de l'induction et de l'expérimentation*, enseigna à la Sorbonne de 1904 à 1937 ; le *Vocabulaire technique et critique de la philosophie* (Alcan, 1926), établi sous sa direction, a servi à des générations d'étudiants.

184. Selon le philosophe utilitariste anglais Jeremy Bentham (1748-1832), qui assimile le bien et le mal au plaisir et à la douleur, pour juger de la moralité d'un acte il faut évaluer la somme de plaisir et de peine qu'un individu peut en attendre, en tenant compte non seulement de l'immédiat mais de divers autres paramètres (*Déontologie ou Science de la morale*, Charpentier, 1843).

185. Rappelons que le Viêt-minh devient prépondérant en Indochine à la fin de la Seconde Guerre mondiale, sous la direction du communiste Ho Chi Minh ; les hostilités contre la présence coloniale française sont ouvertes depuis le 19 novembre 1946. À l'époque où Sartre écrit ces lignes, les premières opérations militaires sont en cours.

186. Allusion à une conférence prononcée à New York en 1946, dont une traduction avait paru dans la revue américaine *Theatre Arts* n° 6, de juin 1946, sous le titre « Forgers of myths ». Voir *Un théâtre de situations*, textes rassemblés par Michel Contat et Michel Rybalka, Gallimard, 1973 (dernière édition : coll. « Folio essais », 2005).

187. Ernest Bevin (1881-1951), homme politique anglais, travailliste, était alors secrétaire d'État aux Affaires étrangères.

188. Dans la version des *TM* l'alinéa se terminait par la phrase suivante, supprimée pour l'édition de *Situations, II* (1948) : *Puisque nous sommes écrivains, c'est notre devoir d'aider à faire l'Europe* par nos écrits.

189. Le 31 mai 1947, Sartre a donné une conférence sur « Kafka, écrivain juif ». Cf. Textes complémentaires, p. 347 et suiv.

190. La note f est un ajout écrit à l'occasion de la reprise de *Qu'est-ce que la littérature ?* (1948) en réaction aux critiques formulées par le groupe Breton à la lecture de l'essai dans la revue. Voir notre note 123.

191. *Miss Lonelyhearts* parut aux États-Unis en 1933, en France aux Éditions du Sagittaire en 1946 (*Mademoiselle Cœur-Brisé*). Les œuvres de Nathanael West (1903-1940), critique sombre et violente de la société américaine, seront publiées en 1961 aux Éditions du Seuil.

192. Le philosophe Ferdinand Alquié, ami d'André Breton. Sartre a sans doute lu le texte de sa conférence du 27 février 1947, « Humanisme surréaliste et humanisme existentialiste », dans *L'Homme, le monde, l'Histoire*, Cahiers du Collège philosophique, Éditions Arthaud, 1948. Ce spécialiste de Descartes établit un rapprochement entre surréalisme et existentialisme qui, selon lui, échouent à fonder un nouvel humanisme en dehors de Dieu et de la Raison.

193. Cf. *supra*, n. 124.

194. D'un article paru dans l'hebdomadaire *Carrefour* le 10 septembre 1947, intitulé « Sartre contre Breton ». Claude Mauriac a publié à la même époque « André Breton, mystique et moraliste » dans les n°s 33 et 34 de *La Nef* (août et septembre 1947). Loin de savoir gré à l'essayiste de cette défense du surréalisme, Breton la tenait, au même titre que d'autres interventions chrétiennes en faveur de son mouvement, pour une tentative de récupération : voir « À la niche les glapisseurs de dieu ! », tract du 14 juin 1948 signé par le groupe Breton (Éditions surréalistes). Notons d'autre part que, le 31 mai 1947, l'auteur de *Nadja* déclarait dans *Combat* : « ... je porte à Sartre une vive estime intellectuelle, en dépit de son *Baudelaire* qui, vous vous en doutez, n'est pas le mien, et de nos formations d'esprit très différentes. Remarquez en passant que c'est presque toujours à des fins suspectes que certains s'ingénient à opposer un mouvement à un autre, quand bien même ces mouvements se produiraient sur deux plans très différents. » Dans son introduction à l'Exposition internationale du surréalisme à Prague, André Breton parle, cependant, sans citer Sartre, de « l'ignoble mot d'"engagement" » (voir « Seconde Arche », in *Fontaine* n° 63, novembre 1947).

195. Le R.P.F. a été créé par le général de Gaulle le 7 avril 1947. Claude Mauriac, fils de François Mauriac, en était membre.

196. « nous retirait » : retirait des *Temps Modernes*. Dans les numéros d'avril et mai 1947, un article de Georges Bataille était annoncé ; dans le numéro de juin, la revue précisait qu'il y serait question de Nietzsche. Entre-temps l'auteur de *L'Expérience intérieure* avait lu la suite de « Qu'est-ce que la littérature ? » dans le numéro de mai, dont une partie porte sur le surréalisme ; dans une lettre ouverte du 24 juin 1947 (publiée dans *Combat* du 4 juillet) il informait Merleau-Ponty qu'il ne confierait pas son article à la revue : « Le dernier numéro des *Temps Modernes* met en cause le surréalisme. Or, le surréalisme est lui-même attaqué et qu'elles soient le fait de Sartre n'y change rien : ces attaques ne me paraissent pas moins en porte-à-faux que celles dont Nietzsche est victime... » Il n'est pas impossible que sa colère ait été avivée par une courte remarque de Sartre dans le numéro de juin,

qui l'égratignait personnellement (« les gloses sur l'impossible de Georges Bataille ne valent pas le moindre trait surréaliste »). Voir ici p. 181.

197. Henri Pastoureau : « Pour une offensive de grand style contre la civilisation chrétienne », texte écrit pour le catalogue de l'exposition *Le surréalisme en 1947* (Éditions Pierre à feu, Maeght, 1947).

198. *Rupture inaugurale, déclaration...* (*op. cit.* ; cf. *supra*, n. 123). Cette déclaration s'inspire de celle de Pastoureau.

199. *Weltanschauung* : vision du monde, idéologie.

200. Voir *O.C.*, André Breton, « Bibl. de la Pléiade », I et II.

201. Max-Pol Fouchet, critique littéraire, directeur de la revue *Fontaine*, qui lisait *Qu'est-ce que la littérature ?* dans les livraisons *TM*, ne s'est pas borné à contester vigoureusement l'analyse de Sartre sur les positions politiques des surréalistes ; son article vindicatif, intitulé « Mal d'aurore », prête à l'auteur de *La Nausée* des ambitions totalitaires (voir *La Gazette des Lettres* du 28 juin 1947, numéro consacré au surréalisme).

202. *Liberté couleur d'homme* : premier vers du poème « Il n'y a pas à sortir de là », in *Clair de terre* (1923), *O.C.*, Breton, I, *op. cit.*

203. *La Phénoménologie de l'esprit*, de G.W.F. Hegel, I, Aubier-Montaigne, 1939 ; Sartre n'ignore pas que Breton a quelque connaissance de ce philosophe : voir notamment *Les Vases communicants*, III (1932), in *O.C.*, II, *op. cit.*

204. Arpad Mezei a écrit articles et essais sur le surréalisme en collaboration avec Marcel Jean. Voir Maurice Nadeau, *Histoire du Surréalisme*, Éditions du Seuil, 1945-1948.

205. Selon un récit fabuleux transmis par Plutarque (46 ?-120 ?), à bord d'un navire grec voguant vers l'Italie on entendit au loin une voix formidable interpeller l'un des pilotes et lui enjoindre de crier cette annonce : « Le grand Pan est mort. » Ce prodige aurait eu lieu sous l'empereur Tibère. L'écrivain grec voulait-il par ce conte signifier symboliquement que le règne des dieux était voué à disparaître ? (Voir « Des oracles qui ont cessé et pourquoy », Plutarque, *Œuvres*, tome XVII, trad. Amyot, Éditions Janet et Cotelle, 1819).

206. Karl Jaspers (1883-1969), psychiatre et philosophe allemand. S'il n'est pas de preuves que la spéculation philosophique puisse fournir de la présence d'une Transcendance, il y a, selon lui, des « chiffres », c'est-à-dire des signes ou symboles dans le monde qui la manifestent. Voir *Karl Jaspers et la philosophie de l'existence*, Mikel Dufrenne et Paul Ricœur, Éditions du Seuil, 1947.

207. Sartre *opposé* à la poésie ? Ce non-sens a la vie dure. On le rencontre encore de nos jours dans certains commentaires sur l'auteur de *La Nausée* ; il est le fruit d'un raisonnement boiteux : la poésie n'a pas

pour vocation l'engagement politique — or Sartre est un homme engagé — donc il est contre la poésie. Il pourrait y être indifférent, en réalité ce n'est pas le cas. Il cite dans son journal les poètes qui l'ont charmé ou ému dans sa jeunesse et il écrit : « J'enrage de n'être pas poète, d'être si lourdement rivé à la prose. Je voudrais pouvoir créer de ces objets étincelants et absurdes, les poèmes, pareils à un navire dans une bouteille et qui sont comme l'éternité d'un instant » (*Carnets de la drôle de guerre*, 9 mars 1940, p. 564, *op. cit.*). Citons aussi, entre autres, « Orphée noir » (ici même) et son essai, *Mallarmé : la lucidité et sa face d'ombre* (Gallimard, 1986, posthume).

208. Dans une lettre à S. de Beauvoir du 28 janvier 1940, l'auteur de *La Nausée* écrivait : *J'ai entrepris de dire ce que je devais au surréalisme.* Le carnet où il notait ses réflexions est malheureusement perdu. (*Lettres au Castor*, t. II, *op. cit.*)

209. « L'imaginaire pur et la *praxis* sont difficilement compatibles », écrit Sartre ; c'est bien pourquoi son jugement semble osciller sur l'engagement du roman ; certes il ne s'agit pas dans ce cas d'imaginaire « pur ». Reste que si le romancier doit orienter son imagination pour construire ses personnages et conduire son récit, elle est sollicitée dès le départ et à tout moment ; il peut aller jusqu'à la domestiquer pour atteindre une efficacité pratique mais le résultat risque de valoir ce que valent les romans « soporifiques » que Sartre reproche à Pierre Hamp.

210. Le poète Yves Bonnefoy, né en 1923, s'est éloigné du surréalisme en 1947.

211. « Front rouge », long poème sanglant appelant au massacre de la bourgeoisie publié par Louis Aragon en août 1931 dans la revue *Littérature de la révolution mondiale*. Breton prit la défense du poète dans *Misère de la poésie*, « *L'Affaire Aragon* » *devant l'opinion publique* (1932). Voir *O.C.*, A. Breton, II, *op. cit.*

212. Jean Prévost (1901-1944), qui fut l'élève du philosophe Alain, a fait dans *Dix-huitième année* (1928) le portrait de son professeur ; il a écrit *Les Épicuriens français*, *Trois vies exemplaires (Stendhal, Sainte-Beuve, Hérault de Séchelles)*, Gallimard, 1931. Cf. *supra*, n. 132.

213. *Les Conquérants* (Grasset, 1928), d'André Malraux (1901-1976), ont pour sujet un épisode révolutionnaire en Chine en 1925. — Le premier roman d'Antoine de Saint-Exupéry (1900-1944), *Courrier sud* (Gallimard, 1929).

214. Venait de paraître aux Éditions Gallimard *La Peste*, d'Albert Camus ; d'Arthur Koestler (1905-1983), écrivain de langue anglaise, deux romans étaient parus en France, *Le Zéro et l'infini* (Calmann-Lévy, 1945) et *Croisade sans croix* (*id.*, 1946). — Dans la version des *TM* David Rousset (1912-1997) n'était pas mentionné ; rescapé de

Buchenwald, il est l'auteur de *L'Univers concentrationnaire*, prix Renaudot 1946 (Éditions du Pavois), et des *Jours de notre mort* (*id.*, 1947), il sera en 1948 l'un des fondateurs du Rassemblement démocratique révolutionnaire auquel Sartre adhérera. Voir ici p. 291 et suiv.

215. La traduction française d'*Ulysses*, du romancier irlandais James Joyce, était parue en 1929 (La Maison des Amis des Livres). Voir aussi *supra*, n. 80.

216. Daniel Decourdemanche, dit Jacques Decour, membre du parti communiste, résistant, fondateur sous l'Occupation du premier Comité des Écrivains et, avec Jean Paulhan, des *Lettres françaises* clandestines, fusillé en juillet 1942.

217. *Terre des hommes*, récit de Saint-Exupéry (Gallimard, 1939), que Sartre avait lu et longuement commenté dans son journal (voir *Carnets de la drôle de guerre, op. cit.*).

218. *Pour qui sonne le glas*, d'Ernest Hemingway (première traduction française, Londres, Heinemann et Zsolnay, 1944).

219. Julien Blanc, né en 1908, écrivain autodidacte, protégé de Jean Paulhan, a vécu une jeunesse chaotique — orphelinats, maisons de correction, prisons, compagnies disciplinaires. Outre trois romans, il a publié deux récits d'inspiration autobiographique, *Confusion des peines* (Gallimard, 1943) et *Joyeux, fais ton fourbi*, prix Sainte-Beuve 1947 (Éditions du Pré aux Clercs) dont un compte rendu par Étiemble est paru dans le numéro double des *TM*, d'août-septembre 1947. — Rappelons que le terme argotique « joyeux » désignait les soldats des bataillons d'Afrique, recrutés parmi les délinquants en détention. Un article d'Armand Lanoux dans la revue anarchiste *Défense de l'Homme* (octobre 1948) fera le portrait de ce conteur attachant d'une vie cousue de désastres, à l'occasion de la parution de son dernier ouvrage, *Le Temps des hommes* (Pré aux Clercs, 1948). Julien Blanc mourra trois ans plus tard. *Confusion des peines* a été réédité en 2011 (Éditions Finitudes).

220. L'une des dernières interprétations de ce type, que Sartre a sans doute lue, celle de Henri Féraud dans le n° 281 des *Cahiers du Sud* (1er semestre 1947), « Une philosophie de naufragés : l'Existentialisme », qui se veut plus mesurée que les attaques des *Lettres françaises* ou d'*Action* ; il n'en est pas moins clair, pour ce marxiste, que la pensée de Sartre est le simple *reflet* du désarroi des classes moyennes, menacées de disparition par le développement du « capitalisme monopolisateur ».

221. On aura reconnu le poète communiste Francis Ponge, auteur du *Parti pris des choses*. Voir dans *Situations, I*, « L'homme et les choses », p. 276 et suiv., édition de 2010.

222. Cf. *supra*, n. 166.

223. Le P.R.L. (Parti républicain de la liberté), créé en décembre 1945 par Joseph Laniel, entendait unifier des groupes de droite indépendants. Il disparut en 1948.

224. Le P.S.F. (Parti social français), issu des Croix-de-Feu, mouvement d'extrême droite créé par le colonel de La Rocque en 1936 ; dissous en 1937, il ressurgit pendant l'Occupation sous le nom de « Progrès social français ». Son chef se rallia à la Résistance en 1942.

225. Sartre fait allusion à sa conception du pour-soi (ou être de la conscience), *totalité détotalisée qui se temporalise dans un inachèvement perpétuel.* Voir *L'Être et le Néant* (1943), deuxième partie, chapitre III, « De la détermination comme négation ».

Préface à « *Portrait d'un inconnu* » (pp. 269-276)

1. Vladimir Nabokov (1899-1977), écrivain russe naturalisé américain, est en 1947 plus connu aux États-Unis qu'en France où il a séjourné durant quelques années avant la guerre et où ont été publiés *La Course du fou* (Arthème Fayard, 1933) et *La Méprise* (1939) dont Sartre avait fait un compte rendu dans *Europe* (voir *Situations, I*, 2010, *op. cit.*, pp. 76-79). En 1958 son roman *Lolita* obtiendra un succès mêlé de scandale. — Evelyn Waugh (1903-1966), reporter et romancier anglais, auteur de récits de satire sociale à la fois cocasses et sinistres qu'il intitule « romans ». L'un des plus célèbres : *Scoop* (1938 ; traduction française sous le titre *Sensation*, Presses de Belgique, 1946).

2. Gide écrivait dans son *Journal* en août 1893 : « J'aime assez qu'en une œuvre d'art, on retrouve ainsi transposé, à l'échelle des personnages, le sujet même de cette œuvre... Cette rétroaction du sujet sur lui-même m'a toujours tenté. » Et le 18 juin 1923, tandis qu'il travaille aux *Faux-Monnayeurs* : « Ce que je voudrais que soit ce roman ? Un carrefour — un rendez-vous de problèmes. » Les événements du roman sont racontés tantôt par le romancier, tantôt par l'un de ses personnages, Édouard, qui lui-même tente, sans succès, d'élaborer un roman dont le titre serait « Les Faux-Monnayeurs », et qui a un point de vue personnel sur les autres personnages.

3. Roger Caillois, *Puissances du roman* (Le Sagittaire, Marseille, 1942). — *Lettre à d'Alembert sur les spectacles* (1758). Rappelons que J.-J. Rousseau estimait que le théâtre corrompait les mœurs.

4. Voir ici « Qu'est-ce que la littérature ? », n. 141, p. 422.

5. *Tropismes*, publié chez Denoël en 1939, sera repris aux Éditions de Minuit en 1957.

6. Le « on », *Das man*, sphère de la socialité impersonnelle chez Heidegger.

7. Dans *Portrait d'un inconnu*, 1948 ; voir Gallimard, coll. « Folio », n° 942, p. 119 et suiv.

8. *Ibid.*, pp. 167-168.

La recherche de l'absolu (pp. 277-289)

1. Expression de la théologie chrétienne : le corps transfiguré des Élus après la Résurrection.

2. Allusion à l'un des arguments de Zénon d'Élée, philosophe présocratique (ve siècle avant J.-C.), pour prouver que l'Être est un, contre les pythagoriciens qui soutiennent que les choses du monde sont nombres, c'est-à-dire composées d'unités (ou points) discontinues : que ces points aient ou non une grandeur, il peut toujours y avoir entre deux d'entre eux un autre point et cela à l'infini ; poursuivant une tortue, Achille en reste toujours distant d'une infinité de points. C'est dire que le mouvement n'existe pas. Les paradoxes de Zénon ont inspiré à Paul Valéry ces vers :

> *Zénon ! Cruel Zénon ! Zénon d'Élée !*
> *M'as-tu percé de cette flèche ailée*
> *Qui vibre, vole, et qui ne vole pas !*
> *Le son m'enfante et la flèche me tue !*
> *Ah ! le soleil... Quelle ombre de tortue*
> *Pour l'âme, Achille immobile à grands pas !*

« Le cimetière marin », dans *Charmes* (1922).

Orphée noir (pp. 295-338)

1. « Femmes noires » dans *Chants d'ombre* (Éditions du Seuil, 1945) de L.S. Senghor (1906-2001) ; poème cité dans l'*Anthologie de la nouvelle poésie nègre et malgache*, P.U.F., 1948 ; dans l'édition de 1998 : p. 151. Les indications de pages ayant trait à cet ouvrage correspondent à cette dernière édition.

2. « Prière d'un petit enfant nègre », 1943, du poète guadeloupéen Guy Tirolien (1917-1988). In *Anthologie*, p. 86.

3. « Un clochard m'a demandé dix sous », dans *Pigments* (G.L.M., 1937) de Léon-G. Damas (1912-1978), poète guyanais. In *Anthologie*, p. 13.

4. « Et les chiens se taisaient », tragédie d'Aimé Césaire né en 1913 à la Martinique, mort en 2008 ; voir *Les Armes miraculeuses*, Gallimard, 1946 (ou coll. « Poésie », n° 59).

5. « À l'Appel de la race de Saba », dans *Hosties noires*, de L.S. Senghor (Éditions du Seuil, 1948). In *Anthologie*, p. 152.

6. *Il n'est rien ici que les mains du temps ne déshonorent.* Dans *Lyre à sept cordes*, du poète malgache Jacques Rabémananjara (1943-2005). In *Anthologie*, p. 196.

7. *Id.*

8. *Cahier d'un retour au pays natal*, d'Aimé Césaire, préfacé par André Breton (Bordas, 1945) ; fragment in *Anthologie*, p. 59. Rappelons que Césaire était alors député communiste et déjà maire de Fort-de-France.

9. De Brice Parain, voir *Recherches sur la nature et les fonctions du langage* et l'article de Sartre « Aller et retour », p. 216 et suiv. dans *Situations, I*, édition de 2010.

10. « Limbe », dans *Pigments* (*op. cit.*), de Léon-G. Damas. In *Anthologie*, pp. 8 et 9.

11. Voir *Les Mots anglais* (*O.C.*, Mallarmé, « Bibl. de la Pléiade », 1945).

12. La notion de « négritude » fut forgée par les rédacteurs de la revue martiniquaise *L'Étudiant noir*, créée en 1935 autour de Césaire et de L.S. Senghor. Ce mot, dont la paternité est attribuée à Césaire, sera communément utilisé en France après la guerre : voir *Retour au pays natal*, écrit vers 1939 (*op. cit.*).

13. « Trahison », de Léon Laleau (1892-1979), écrivain et diplomate haïtien. In *Anthologie*, p. 108.

14. « L'âme du noir pays » (1943), de Guy Tirolien. In *Anthologie*, p. 87.

15. *Hosties noires*, de L.S. Senghor (*op. cit.*). In *Anthologie*, p. 157.

16. « Souffre, pauvre Nègre », de David Diop (1927-1960), né à Bordeaux d'une mère camerounaise et d'un père sénégalais. In *Anthologie*, p. 176.

17. « Congo », du recueil *Éthiopiques*, de Senghor (Éditions du Seuil, 1956). In *Anthologie*, p. 168 et suiv.

18. Allusion à l'invention des objets « ready-made » par le peintre dadaïste Marcel Duchamp dans un esprit anti-art.

19. « L'Irrémédiable », *Les Armes miraculeuses* (*op. cit.*). Rappelons que l'écrivain et homme politique antillais Aimé Césaire, qui avait vécu en France avant la guerre et y avait fait de solides études, avait été sensible à la poésie surréaliste ; d'autre part, s'il honnissait le colonialisme, agent de déchéance pour son peuple, c'est en communiste qu'il espérait alors la libération de la Martinique : par une Révolution qui prenne en compte ses valeurs et ses aspirations, non par l'indépendance. Voir sa revue *Tropiques* (1941-1945), notamment le n° 10, de février 1944.

20. Aimé Césaire, « Barbare », dans *Soleil cou coupé*, 1948. In *Anthologie*, p. 56.

21. Variante : *ces taches de nuit* ont remplacé dans *Situations, III* (1949) *ces souvenirs nocturnes* (version de l'*Anthologie*).

22. Poésies populaires malgaches ; Jean Paulhan contribua à les faire connaître en France (*Les Hains-Tenys*, Gallimard, 1939).

23. Birago Diop (1906-1989), poète et conteur sénégalais, auteur des *Contes d'Amadou Koumba* (Fasquelle, 1947) ; il fut ambassadeur sous la présidence de Senghor.

24. « L'Irrémédiable » (*op. cit.*).

25. Étienne Lero (1910-1939), poète martiniquais, fut le principal fondateur du mouvement « Légitime Défense » en 1932, d'inspiration à la fois communiste et surréaliste.

26. « Châtaignes aux cils... » d'Étienne Lero. In *Anthologie*, p. 53. Une version plus longue de ce poème figurait dans le numéro spécial de la revue surréaliste *Documents 34*, de juin 1934 (nouvelle impression : Didier Deville éd., collection « Fac-Similé », 1998).

27. *La Révolution surréaliste*, revue du groupe Breton, parut de 1924 à 1929 ; *Minotaure*, revue surréaliste d'art et de littérature, de 1933 à 1939 ; elle eut pour premier directeur André Tériade.

28. « Avis de tirs », dans *Les Armes miraculeuses*, de Césaire (*op. cit.*), figure aussi dans l'*Anthologie*, p. 62.

29. *Disjecta membra* (latin) : éléments épars.

30. Voir notre note 20.

31. « Soleil serpent », dans *Les Armes miraculeuse* (*op. cit.*) et *Anthologie*, p. 63.

32. Toussaint-Louverture (1743-1803), homme politique et général haïtien. Après l'abolition de l'esclavage décrétée par le gouvernement français sous la Convention, il proclama l'indépendance d'Haïti mais fut vaincu par les troupes dépêchées par Bonaparte.

33. Citation de la notice biographique sur David Diop établie par Senghor. In *Anthologie*, p. 173.

34. *Cahier d'un retour au pays natal* (*op. cit.*). Et dans l'*Anthologie*, p. 58.

35. *Ibid.* et *Anthologie*, p. 57.

36. *Ibid.* et *Anthologie*, p. 59.

37. Paul Valéry :

> *Chaque atome de silence*
> *Est la chance d'un fruit mûr !*

« Palme », in *Charmes*, Gallimard, 1922.

38. Note écrite pour l'édition de *Situations, III* (1949).

39. Voir *supra*, n. 17.

40. « Chants pour Naëtt », *Anthologie*, p. 166 (Éditions du Seuil, 1949).

41. « Cactus », dans *Presque-Songes*, 1934, du poète malgache Jean-Joseph Rabéarivelo (1901-1937). Hatier, 1990, *Anthologie*, p. 182.

42. « Sacrifice », de Léon Laleau (cf. n. 13). *Anthologie*, p. 108.

43. *Traduit de la nuit*, 1935. *Anthologie*, p. 182 (Hatier, 1990).

44. Voir *supra*, n. 4 ; *Anthologie*, p. 73.

45. Michel Carrouges, écrivain et critique littéraire catholique, ami d'André Breton.

46. David Herbert Lawrence, l'auteur de *L'Amant de lady Chatterley*.

47. *Cahier d'un retour au pays natal* (*op. cit.*). *Anthologie*, p. 57.

48. « Lune » (1945), poème en prose de l'écrivain guadeloupéen Paul Niger (pseudonyme d'Albert Beville, 1915-1962). In *Anthologie*, pp. 101-104.

49. Voir notamment, d'Henri Bergson, *L'Évolution créatrice* (1907). — Du poète latin Lucrèce (99-55 av. J.-C.) *De la nature*, chant V.

50. « Je n'aime pas l'Afrique », 1944, de Paul Niger. In *Anthologie*, pp. 93-100.

51. « La complainte du nègre », dans *Pigments* (*op. cit.*). In *Anthologie*, p. 10.

52. « Me revoici, Harlem », de Jean Fernand Brierre, poète haïtien (1909-1992), fondateur du journal d'opposition *La Bataille* ; militant révolutionnaire, il dut s'exiler au Sénégal où il exerça des fonctions culturelles auprès du président Senghor. In *Anthologie*, pp. 122 et 123.

53. Note ajoutée pour l'édition de *Situations, III*.

54. Dans le recueil *Bois-d'Ébène* (1945), du poète et romancier haïtien Jacques Roumain (1907-1944), *Anthologie*, p. 114. Ce militant communiste a écrit, entre autres, un roman engagé qui fut très populaire, *Gouverneurs de la rosée*, publié peu après sa mort (réédité aux Éditeurs français réunis en 1972).

55. Fragments de *Black Soul* (1947), de J. F. Brierre. *Anthologie*, pp. 124-128.

56. *Id.*, *ibid.*

57. Dans *Bois-d'Ébène*, *Anthologie*, p. 114. Cf. *supra*, n. 54.

58. Dans *Psychopathologie générale* (Alcan, 1933) le philosophe et psychiatre Karl Jaspers oppose la psychologie à vocation explicative à la psychologie compréhensive.

59. Jacques Roumain, *Bois-d'Ébène* (*op. cit.*).

60. *Id.*

61. Épisode de la guerre de Troie : compagnon d'Héraclès qui, en mourant, lui a légué son arc et ses flèches, Philoctète, bien qu'ayant

été gravement offensé par les Grecs — ils l'avaient abandonné, blessé, sur une île déserte — finit par leur faire don de ces armes magiques sans lesquelles ils ne pouvaient vaincre les Troyens. Ce mythe inspira une tragédie à Sophocle mais Sartre pense ici à l'interprétation de Gide : par ce dessaisissement douloureux, Philoctète se délivre de la rancœur qui empoisonnait son âme. Voir *Philoctète ou le traité des trois morales* (Gallimard, 1912).

62. Césaire : « Et les chiens se taisaient », dans *Les Armes miraculeuses* (*op. cit.*). Ni ce passage, ni les suivants du même auteur ne figurent dans l'*Anthologie* (voir Gallimard, 1946 ou n° 59 de la coll. « Poésie »).

Il nous faut la paix pour refaire le monde (pp. 339-344)

1. Le 4 octobre 1948, les mineurs du Pas-de-Calais déclenchèrent une grève qui s'étendit à d'autres sites ; elle dura jusqu'au 28 novembre. Le gouvernement la considéra comme une grève insurrectionnelle inspirée par l'U.R.S.S. ; elle fut durement réprimée par Jules Moch, ministre de l'Intérieur socialiste.

2. Allusion à la commission sur les Activités antiaméricaines ; les communistes des États-Unis étaient alors étroitement surveillés : en juillet 1948, le président du P.C. américain, William Foster, ainsi que d'autres dirigeants communistes furent arrêtés et inculpés de conspiration — prélude de la « chasse aux sorcières » que le sénateur McCarthy orchestrera à partir de 1950.

[Kafka, écrivain juif] (pp. 347-362)

1. Voir « Lettre au Père » (1919) dans *Préparatifs de noce à la campagne* (Gallimard, 1957) ou « Bibl. de la Pléiade », *O.C.*, Kafka, t. IV. Ami et biographe de l'écrivain, Max Brod en cite des fragments et les commente dans *Franz Kafka* (Gallimard, 1945). Il indique que la mère de Kafka a refusé de remettre la lettre à son destinataire.

2. *La Muraille de Chine et autres récits* (Gallimard, coll. « Folio » n° 654 ou « Bibl. de la Pléiade », *O.C.*, Kafka, t. II).

3. *Ibid.* Signalons qu'au fil du temps, les traductions françaises des écrits de Kafka ont été, à tort ou à raison, retouchées ou refaites : les citations de Sartre peuvent ne pas se retrouver exactement dans les éditions accessibles aujourd'hui.

4. Dans la marge du « tapuscrit », en face des trois lignes précédentes, Sartre a écrit : « Mais on retrouve le *fait* général de la bourgeoisie (déchristianisation de la France, 1830). »

5. *Umwelt* : entours, milieu.

6. Un blanc dans la copie. Il faut peut-être lire : « puissance du sacré ».

7. « Le soutier » (ou, selon les traductions, « Le chauffeur »), premier chapitre du récit inachevé de Kafka intitulé *L'Amérique*. Voir « Folio », n° 803.

8. « La taupe géante » et « Une petite femme » : voir *O.C.*, t. II, *op. cit.*

9. « Un médecin de campagne », dans *La Métamorphose et autres récits*, « Folio classique », n° 2017, ou *O.C.*, t. II, *op. cit.*

10. « Rapport pour une académie » (*ibid.*).

11. Max Brod, *Franz Kafka* (*op. cit.*).

12. Franz Kafka (1883-1924) fut employé successivement dans deux compagnies d'assurances. Entre 1911 et 1915, il dut aussi faire acte de présence non dans un négoce, mais dans une fabrique d'amiante où son père — par ailleurs négociant — avait des intérêts. Voir son *Journal*, « Bibl. de la Pléiade », t. III.

13. Voir *O.C.* de Kafka, *ibid.*, t. II.

14. Voir *Méditations sur le péché, la souffrance, l'espoir et le vrai chemin*, dans *Préparatifs de noce à la campagne* (Gallimard, 1957, p. 42).

15. Kafka a entièrement écrit *Le Verdict* dans la nuit du 22 au 23 septembre 1912, un mois après avoir fait la connaissance de Félice Bauer ; il ne lui proposera le mariage qu'en juin 1913 (voir son *Journal*, 23 septembre 1912, et *O.C.*, Chronologie, « Bibl. de la Pléiade », t. I).

16. Voir « Cahiers divers et feuilles volantes », dans *Préparatifs de noce à la campagne*, p. 295 (*op. cit.*). Il s'agit, semble-t-il, du brouillon d'une lettre à Milena.

17. Voir « Cahiers in-octavo », p. 107, dans *Préparatifs...* (*op. cit.*).

18. Dans « Cahiers divers et feuilles volantes », p. 270, *Préparatifs...* (*op. cit.*).

19. « As-tu vraiment cet ami à Pétersbourg ? » Interrogation ironique du père à son fils qui prétend avoir l'obligation morale d'écrire à son ami dans la détresse.

20. « C'est un libre citoyen de la terre et il est en sûreté, car il est rivé à une chaîne assez longue pour lui permettre l'accès de tous les espaces terrestres, mais juste assez pour que rien ne puisse l'emporter au-delà des frontières de la terre. En même temps c'est un libre citoyen du ciel et il est en sûreté, car il est rivé à une chaîne céleste calculée de la même manière. S'il veut aller sur terre, c'est le collier du ciel qui l'étrangle, s'il veut aller au ciel, c'est celui de la terre » (Kafka,

« *Méditations sur le péché, la souffrance, l'espoir et le vrai chemin* », dans *Préparatifs...*, p. 44 (*op. cit.*).

21. « L'homme ne peut pas vivre sans une confiance constante en quelque chose d'indestructible en lui, ce qui n'empêche pas qu'indestructible et confiance peuvent lui rester constamment cachés » (*ibid.*, p. 42).

22. « Cahiers in-octavo », dans *Préparatifs...*, p. 100.

23. André Nemeth, *Kafka ou le mystère juif*, traduit du hongrois par Victor Hintz (Jean Vigneau, 1947).

24. Voir Claude-Edmonde Magny, *Essai sur les limites de la littérature*, 1945 (Petite Bibliothèque, Payot, 1968). Dans son étude sur Kafka qui fait partie de cet ouvrage, intitulée « Procès en canonisation » et dédiée à Sartre, elle écrit : « On pourrait même s'amuser à expliquer la majeure partie des détails du *Procès* par la maladie de Kafka lorsqu'il l'écrivait. » Selon Kafka, sa tuberculose elle-même n'était peut-être que le symbole d'une autre souffrance : le tourment que lui inspirait l'idée de mariage (voir son *Journal*, le 15 septembre 1917, *O.C.*, t. III).

25. Alexandre Vialatte et le poète surréaliste Jean Carrive ont été les premiers traducteurs français des œuvres de Kafka ; ce dernier a traduit notamment, sous le titre *Au Bagne, La Colonie Pénitentiaire* aux Éditions des Cahiers du Sud (1939). Voir *Au Bagne et autres proses*, traduits et commentés par Jean Carrive, suivis de lettres et d'articles relatifs à l'interprétation du traducteur, rassemblés et présentés par J.-P. Jacquier (La Nerthe éditeur, Toulon, 2008).

26. « La différence entre le "Oui Non" qu'il dit à ses semblables et celui qu'il aurait à dire en réalité correspond à celle de la vie et de la mort... » (Paralipomènes in *Préparatifs de noce à la campagne*, p. 366, *op. cit.*).

27. *Le vide opposé à la circulation* : à la fin de *Joséphine la cantatrice*, dernier récit de Kafka, la succession rapide des générations fera que le peuple des souris perdra le souvenir de sa cantatrice, elle tombera dans le vide de l'oubli. — Dernières lignes du *Verdict* (le suicide du héros, Georges Bendemann) : « il guetta, entre les barreaux, le passage d'un autobus dont le bruit recouvrirait facilement celui de sa chute... et se laissa tomber dans le vide. À ce moment, il y avait sur le pont une circulation littéralement folle. » Dans des fiches préparatoires, Sartre a précisé son interprétation de l'opposition *vide-circulation* : « Kafka dispose de deux systèmes de référence contradictoires :
1) celui de l'absolu (religion, transcendance) ;
2) celui de l'activité sociale (éthique).
Du point de vue du premier, le monde lui paraît absurde. Du point de vue du second, Kafka se paraît à lui-même absurde (il devient ver-

mine, chien, etc.). Tantôt il considère les autres du point de vue de l'absolu et ils lui paraissent étranges ; tantôt il se voit du point de vue des autres et son absolu devient *subjectivité* (étrangeté, paresse, idiosyncrasie, vermine). Ainsi le suicide du *Verdict* est *en un sens* sacrifice du coupable qui par sa mort rétablit la circulation qu'il obture : mort Kafka, disparu le point de vue du transcendant qui juge et diminue, dégrade les valeurs éthiques (cf. *Métamorphose* : mort Grégoire Samsa, tout le monde respire, vie, printemps, mariage). D'un autre point de vue, c'est le choix suicidaire (mais psychique cette fois, et non vrai suicide) d'un *état de vide* : il s'agit seulement de *fermer les yeux*. Alors la circulation disparaît (niée par le simple fait de ne plus la voir). — Mais alors, triple développement de l'image :

1) *Journal* (15 décembre 1911) : "le vide libère la douleur".

2) *Verdict* (septembre 1912) : il tombe dans l'eau et se noie = il tombe dans lui-même et s'y noie, s'y perd.

3) Rêve : il tombe dans le vide absolu, dans le *rien*, il n'est plus rien. » (Sartre fait allusion ici à un fragment abandonné du *Procès* : le héros, Joseph K, rêve qu'il se promène dans un cimetière, s'arrête devant une pierre tombale sur laquelle on est en train de graver son nom et s'y engloutit. Voir « Un rêve », *O.C.* de Kafka, t. I, « Bibl. de la Pléiade », pp. 487-489).

28. Samsa, le héros de *La Métamorphose* (*op. cit.*).

29. Voir « Un médecin de campagne (*O.C.*, t. II, *op. cit.*).

30. Dans le cours de sa monographie monumentale consacrée à Gustave Flaubert, entreprise au début des années 1960, Sartre évoque Kafka, parfois longuement, mettant en parallèle l'auteur de *La Tentation de Saint Antoine* et celui du *Procès*, assez comparables par leur histoire familiale et sociale, par les effets sur leur « personnalisation » d'une mère effacée et d'un « père terrible », dont l'autorité sacrée est fondée, pour l'un sur l'aura prestigieuse de la science, pour l'autre sur les lois judaïques — par leurs malheureuses stratégies de défense aussi, qui finiront par s'inscrire dans leur corps. Kafka lui-même avait pris conscience de leur parenté existentielle et du rôle similaire de la littérature dans leur vie. « Grégoire Samsa, transformé en vermine, court au plafond : cet être immonde, sans jamais atteindre au naturel parfait du cafard, n'a plus rien de commun avec le bureaucrate dont il est le dernier avatar. Kafka aimait Flaubert et le cite souvent ; les deux écrivains ont souffert l'un et l'autre d'un père abusif. Dans le récit de Kafka, le remords et le ressentiment sont inséparables. Et, finalement, que décrit-il ? La *crise*. Celle qu'il redoute mais dont il ne sera jamais la victime — immunisé contre elle par la tuberculose dont il mourra —, celle, justement, que se ménage Flaubert. L'inten-

tion de Gustave, nous la devinons quand nous relisons *La Métamorphose* : cette bête horrible qui meurt de honte et qui plonge sa famille dans l'opprobre, coupable punie, innocente victime des siens, c'est un excellent symbole de l'affreux inconnu qu'il s'apprête à devenir par *la crise* [première attaque, dite épileptique, de Flaubert] » (Sartre, *L'Idiot de la famille*, 1971, Gallimard, 1988, t. II, p. 1762). Voir aussi pp. 576 et 577 (t. I du même ouvrage) l'analyse comparative du sentiment religieux chez Flaubert et chez Kafka. Pour ce dernier, conclut Sartre, « on pourrait dire que le Sacré, étant *cruellement* incommunicable, s'affirme comme tel à travers le détraquement de tout un système de communication ».

C'est pour tous que sonne le glas (pp. 363-368)

1. Sir Alan Gordon Cunningham (1887-1983), général, haut-commissaire en Palestine de 1945 au 15 mai 1948, date de l'expiration du mandat anglais.

2. Voir, de Karl Jaspers, *La Culpabilité allemande* (Éd. de Minuit, 1948).

3. « La mort de chaque être humain me diminue, parce que je fais partie de l'humanité, et donc, n'envoie jamais demander pour qui sonne le glas : il sonne pour toi ». Méditation XVII du poète et prédicateur anglais John Donne (1572-1631).

[Le point de vue de Raymond Aron] (pp. 369-372)

1. Raymond Aron n'envisageait les aspirations révolutionnaires du parti communiste, qui se manifestaient par des grèves nombreuses et très dures à cette époque, qu'en relation avec la politique de l'Union soviétique ; l'éventualité qu'il craignait était qu'à la « paix belliqueuse » ne succède la guerre ouverte Est-Ouest, qui trouverait une partie des Français en état d'insurrection révolutionnaire, prêts à accueillir les troupes soviétiques en vainqueurs ; Sartre ne manquait sans doute pas de lire les articles que l'auteur de l'*Introduction à la philosophie de l'histoire* écrivait régulièrement pour *Le Figaro* ; on y pouvait lire le 26 février 1948 : « Qu'on sache un parti... capable, sur un ordre venu du dehors, de précipiter le pays dans une mêlée sanglante, voilà la tragédie permanente. Il n'est pas besoin de désirer les bouleversements pour les évoquer, ni d'être un grand romantique pour ressentir l'obsession des catastrophes. » (Les alternances de la paix belliqueuse, dans *Les Articles du Figaro*, t. I, Éditions de Fallois, 1990). La dernière phrase montre qu'il craignait d'être taxé lui-même de romantisme !

2. Dans sa lettre de protestation (*TM*, novembre 1948) Aron soutient qu'il n'a pas tenu les propos entre parenthèses que Sartre lui prête ; il est possible que celui-ci ait résumé sa pensée en la gauchissant quelque peu. Il ressort des articles de l'éditorialiste du *Figaro* qu'il était en tout cas convaincu que l'émancipation d'un peuple dans un pays industrialisé ne pouvait se réaliser si ses échanges économiques avec les autres pays industrialisés n'étaient pas équilibrés. Signalons que quelque temps plus tard, à un moment dit de « détente » entre les protagonistes de la guerre froide, Raymond Aron écrira, peut-être sensible à la critique de Sartre sur son obsession du réarmement : « Jusqu'à présent, entre le réarmement et la prospérité, on a choisi le deuxième terme. Tout compte fait, on a eu raison... Un renversement de priorité ne se justifierait que si l'on avait des raisons précises de craindre, à brève échéance, une guerre totale. » (Le Pacte Atlantique, *Le Figaro*, 21 février 1949, *op. cit.*).

[Indochine 1949] (pp. 373-382)

1. Andréï Vychinsky a remplacé Vyacheslav Molotov au ministère des Affaires étrangères de l'Union soviétique le 5 mars 1949.

2. Les interpellations demandées à l'Assemblée par les députés Édouard Frédéric-Dupont (Parti républicain de la liberté, droite) et Paul Rivet (socialiste) sur la politique indochinoise du gouvernement, renvoyées *sine die*, n'auront pas de suite.

3. Henri Queuille (parti radical) est alors président du Conseil.

4. Allusion à la guerre civile en Grèce (1946-1949) qui mit aux prises les anciens résistants aux Allemands de l'armée populaire de libération, partisans d'une révolution communiste, et les nouveaux gouvernants, monarchistes ou républicains modérés, soutenus par les U.S.A., fidèles à leur politique de *containment* à l'égard des ambitions soviétiques.

5. À propos de la Palestine et des Anglais, voir « C'est pour tous que sonne le glas », pp. 363-368.

6. En avril 1948, Louis Caput avait été chargé par le haut-commissaire de France en Indochine de prendre langue avec l'ex-empereur Bao Daï afin de faciliter les négociations franco-vietnamiennes.

7. En fait les élections cantonales auront lieu du 21 au 27 mars.

8. « Les trois Ky » : le Tonkin, l'Annam et la Cochinchine.

9. Le général Georges Catroux, ancien gouverneur général d'Indochine, gaulliste.

10. René Pleven, député des Côtes-du-Nord, fondateur de l'U.D.S.R. (Union démocratique et socialiste de la Résistance), fut plusieurs fois

ministre à partir de 1944, et deux fois président du Conseil (entre 1950 et 1952).

Défense de la culture française par la culture européenne (pp. 383-405)

1. *Les Thibault* (1922-1940), roman-cycle de Roger Martin du Gard.

2. Allusion à l'œuvre du philosophe allemand Emmanuel Kant (1724-1804), notamment à *Fondement de la métaphysique des mœurs* (1785).

3. « Il existait à Rennes, vers 1897, un garçon-boucher illettré, un peu sauvage, qui découvrit, après quinze ans de recherches obscures, les lois de la circulation du sang. Et l'on pourrait regretter qu'il n'eût jamais songé à ouvrir, ou se faire lire, un traité de physiologie. Mais le dernier reproche à lui faire eût été de l'accuser de paresse ou d'iner-tie », Jean Paulhan, *Les Fleurs de Tarbes ou La Terreur dans les Lettres*, 1941, chap. II (*op. cit.*).

4. « Conformément à ma nature, je ne peux me charger que d'un mandat que personne ne m'a donné. C'est dans cette contradiction, toujours dans une contradiction seulement, que je peux vivre. Mais il en va sans doute de même pour tout homme... » (Franz Kafka, 15 sep-tembre 1920, dans *Préparatifs de noce à la campagne, op. cit.*, ou *O.C.*, « Bible de la Pléiade », t. III).

5. Jean Anouilh (1910-1987), *Antigone*, tragédie inspirée de Sopho-cle, créée en 1944 ; elle fut représentée dans une adaptation anglaise à New York en 1946, sans grand succès. Sartre, qui se trouvait alors dans cette ville, défendit la pièce à l'occasion d'une conférence sur les nouveaux dramaturges français : « Beaucoup s'étonnent qu'un mythe si ancien ait été porté au théâtre. D'autres reprochent au personnage d'Antigone de n'être ni vivant ni vraisemblable et de ne pas avoir ce qu'on appelle en jargon de théâtre un "caractère"... Les jeunes auteurs dont je parle sont du côté de Corneille... Il n'était pas question d'oppo-sition de caractères entre un stalinien et un trotskyste, ce n'était pas par leur caractère que se heurtaient en 1933 un antinazi et un SS... ce sont, en dernière analyse... les systèmes moraux et conceptuels de l'homme qui se trouvent confrontés » (« Forger des mythes », dans *Un théâtre de Situations*, Gallimard, 1973, coll. « Folio essais », n° 192, retraduction de M. Contat).

6. Sören Kierkegaard (1813-1855) était danois, Franz Kafka (1883-1924) tchèque ; ils ont eu tous les deux une influence en Europe, le premier sur la philosophie, le second sur la littérature.

7. Richard Wright (1908-1960) et Sartre s'étaient connus à New York en 1946 ; ils étaient restés amis ; l'auteur de *Black Boy* (*op. cit.*),

séduit autant par le mode de vie français que par l'absence en France
de préjugés envers les Noirs, s'est expatrié en 1947 et établi à Paris.

8. Lors de son premier séjour aux États-Unis, reporter pour *Le
Figaro* et *Combat* (janvier à mai 1945), Sartre avait été séduit par certains aspects du mode de vie américain et de son organisation, et nettement rebuté par d'autres. À propos de la confiance en l'avenir de
l'Amérique, encore en guerre à cette époque, liée à la conviction de sa
capacité de rationalisation scientifique et technique, il notait : « Il n'est
question partout que de ce paradis sur-mécanique qu'on construira
alors. Dans un *newsreel* de Broadway, j'ai vu des films à court-métrage
qu'on projette dans toute l'Amérique et qui nous dépeignent les extra-
ordinaires perfectionnements de confort qui attendent l'Américain à
son retour. Un homme reçoit ses amis et peut, sans quitter sa table,
simplement en pianotant sur des boutons, faire apparaître à portée de
sa main les mets et les ustensiles les plus divers... Ce triomphe de la
technique est bien fait pour enchanter les Américains. » (Le terme de
« technique » n'avait pas encore été supplanté par celui, plus presti-
gieux, de « technologie »). Voir dans *Situations, II*, nouvelle édition
(2012), Reportages aux États-Unis, p. 67 et suiv.

9. *La Pensée* se présentait alors comme « Revue du rationalisme
moderne » ; d'obédience communiste, cette revue trimestrielle, fondée
en 1939, faisait une large place aux scientifiques.

10. André Siegfried (1875-1959), géographe et historien, spécialiste
des États-Unis renommé dès avant la Seconde Guerre mondiale,
exprime en 1950 une préoccupation analogue à celle dont témoigne
cette conférence : « Il est troublant de penser que ces deux colosses
relèvent géographiquement, l'un comme l'autre, de conditions tout
autres que celles qui ont suscité la naissance de la civilisation européenne. De part et d'autre... il s'agit de masse, de série, de recours
inconditionné à la machine et peut-être — constatation plus inquiétante encore — est-ce là justement l'atmosphère convenant le mieux
aux plus impérieuses nécessités de notre âge mécanique ?... Voyez les
États-Unis... croissance d'un conformisme, d'un collectivisme de la
vie... le contact de la culture gréco-latine n'est déjà plus là-bas qu'universitaire et livresque... Ces considérations géographiques s'appliquent
également à la Russie, disciple technique des États-Unis plus que de
l'Europe... Si la civilisation occidentale... doit rester dans sa ligne, ce
ne peut être qu'avec le concours d'une Europe qui se serait adaptée
sans se renier... de façon à pouvoir vivre indépendante, libérée de ce
qu'il y a toujours de malsain dans une aide extérieure, même prove-
nant d'amis sincères et convaincus » (*L'Année politique 1949*, Introduction, Édition du Grand Siècle, 1950).

11. Les deux rapports du biologiste américain Alfred Charles Kinsey (1894-1956), *Le comportement sexuel de l'homme* et *Le comportement sexuel de la femme*, ont été publiés en France, le premier en 1948, le second en 1954. Ils ont, semble-t-il, contribué à la libération sexuelle des années 1960, des deux côtés de l'Atlantique.

12. Allusion à l'ouvrage du juriste et économiste suédois Karl Gunner Myrdal (1898-1987), *An American Dilemma : The Negro Problem and Modern Democracy* (1942).

13. Sur l'essayiste Jules Lemaitre, voir ici « Qu'est-ce que la littérature ? » n. 170.

14. *Ibid.*, p. 190 et n. 146.

15. *Stalingrad* (Éditions Robert Marin, 1948), roman de Theodor Plievier sur la bataille de Stalingrad, vécue du côté de l'armée allemande. Jean-H. Roy en a fait un compte rendu dans les *T.M.*, n° 39 (décembre 1948-janvier 1949).

16. *Les Jours de notre mort* (Éditions du Pavois, 1947), roman-témoignage de David Rousset (1912-1997) qui fut détenu pendant deux ans dans divers camps de concentration, dont Buchenwald ; il explique dans sa préface : « Ce livre est construit avec la technique du roman, par méfiance des mots. Pour comprendre il faut de quelque façon participer... Toutefois, la fabulation n'a pas de part à ce travail. Les faits, les événements, les personnages sont tous authentiques. »

17. « L'effondrement » est l'un des récits du recueil de l'écrivain allemand Hans Erich Nossack intitulé *Interview avec la mort* (traduction française : Gallimard, 1950). Ce récit cauchemaresque de l'écrasement de Hambourg sous les bombes alliées en juillet 1943 a été publié dans le n° 42 des *T.M.* (avril 1949, rubrique « Témoignages »).

18. Carlo Levi (1902-1975), écrivain et peintre italien communisant, auteur de *Le Christ s'est arrêté à Eboli* (traduction française : Gallimard, 1948).

INDEX DES NOMS CITÉS

INDEX DES ŒUVRES CITÉES

Mes vifs remerciements à Annie Sornaga pour son aide et ses conseils amicaux.

A. E.-S.

TEXTES COMPLÉMENTAIRES

APPENDICES

LE SCÉNARIO FREUD. *Préface de J.-B. Pontalis.*

MALLARMÉ, La lucidité et sa face d'ombre (« Arcades », *n° 10*).

ÉCRITS DE JEUNESSE. *Édition de Michel Contat et Michel Rybalka avec la collaboration de Michel Sicard.*

LA REINE ALBEMARLE OU LE DERNIER TOURISTE, Fragments. *Édition d'Arlette Elkaïm-Sartre.*

LES ÉCRITS DE SARTRE, de Michel Contat et Michel Rybalka.

LES MOTS ET AUTRES ÉCRITS AUTOBIOGRAPHIQUES (« Bibliothèque de la Pléiade »). *Édition de J.-F. Louette.*

Philosophie

L'IMAGINAIRE, Psychologie phénoménologique de l'imagination. *Édition revue et présentée par Arlette Elkaïm-Sartre en 2005* (« Folio essais », *n° 47*).

L'ÊTRE ET LE NÉANT, Essai d'ontologie phénoménologique. *Édition corrigée avec index par Arlette Elkaïm-Sartre en 1994 et 2003.* (« Tel », *n° 1*).

CAHIERS POUR UNE MORALE.

CRITIQUE DE LA RAISON DIALECTIQUE, Théorie des ensembles pratiques, *précédé de* QUESTIONS DE MÉTHODE.

CRITIQUE DE LA RAISON DIALECTIQUE *précédé de* QUESTIONS DE MÉTHODE. *Édition d'Arlette Elkaïm-Sartre* (1985).

Tome I : Théorie des ensembles pratiques.

Tome II : L'Intelligibilité de l'Histoire.

QUESTIONS DE MÉTHODE *in* CRITIQUE DE LA RAISON DIALECTIQUE. *Nouvelle édition revue et annotée par Arlette Elkaïm-Sartre en 1986* (« Tel », *n° 111*).

VÉRITÉ ET EXISTENCE. *Édition d'Arlette Elkaïm-Sartre.*

SITUATIONS PHILOSOPHIQUES. Textes extraits de *Situations*, I à X (« Tel », *n° 171*).

L'EXISTENTIALISME EST UN HUMANISME. *Présentation et notes d'Arlette Elkaïm-Sartre en 1996* (« Folio essais », *n° 284*).

Voir aussi Collectif, KIERKEGAARD VIVANT (« Idées », *n° 106*).

Essais politiques

RÉFLEXIONS SUR LA QUESTION JUIVE. *Édition revue et présentée par Arlette Elkaïm-Sartre en 2004* (« Folio essais », *n° 10*).

ENTRETIENS SUR LA POLITIQUE, avec Gérard Rosenthal et David Rousset.

L'AFFAIRE HENRI MARTIN. *Textes commentés par Jean-Paul Sartre.*

ON A RAISON DE SE RÉVOLTER, avec Philippe Gavi et Pierre Victor.
Voir aussi Collectif, LE CHANT INTERROMPU, Histoire des Rosenberg.
  Illustrations de Picasso.

Scénarios

LES JEUX SONT FAITS, Nagel, 1947 (repris dans « Folio », *n° 2805*, 1996.
  Nouvelle édition).
L'ENGRENAGE, Nagel, 1948 (repris dans « Folio », *n° 2804*, 1996).
TYPHUS, 2007, *édition d'Arlette Elkaïm-Sartre.*
SARTRE, *un film réalisé par Alexandre Astruc et Michel Contat.*

Entretiens

Entretiens avec Simone de Beauvoir, *dans* LA CÉRÉMONIE DES ADIEUX
  de Simone de Beauvoir.

Iconographie

SARTRE, IMAGES D'UNE VIE. *Album préparé par L. Sendyk-Siegel. Commentaire de Simone de Beauvoir.*
ALBUM SARTRE. *Iconographie choisie et commentée par Annie Cohen-Solal.*

*Ouvrage composé
par Nord Compo.
Achevé d'imprimer
sur Roto-Page
par l'Imprimerie Floch
à Mayenne, le 6 novembre 2013.
Dépôt légal : novembre 2013.
Numéro d'imprimeur : 85788.*

ISBN 978-2-07-014327-6 / Imprimé en France.

257208